Susan Page
Jetzt mache ich uns glücklich

Susan Page

Jetzt mache ich uns glücklich

Liebevolle Lenkung in
Partnerschaften

Aus dem Amerikanischen von
Almuth Carstens

Wolfgang Krüger Verlag

Die amerikanische Originalausgabe erschien 1997
unter dem Titel »How One of You Can Bring the Two of You Together«
im Verlag Broadway Books, New York
© 1997 by Susan Page.
Published by arrangement with Broadway Books,
a division of Bantam Doubleday Dell Publishing Group, Inc., New York
Deutsche Ausgabe:
© 1998 Wolfgang Krüger Verlag, Frankfurt am Main
Gesamtherstellung: Clausen & Bosse, Leck
Printed in Germany 1998
ISBN 3-8105-1516-7

Inhalt

Dank   7
Einleitung   11

Teil I
Ist diese Idee etwas für Sie?

1. Wie man allein an einer Beziehung arbeitet.   23

Teil II
Wie Sie Verantwortung übernehmen

2. Weg mit dem Trostpreis und her mit dem Hauptgewinn   59
3. Lernen Sie das VAM (Verfahren zur Aggressions-Minderung)   89

Teil III
Kurzfristige Strategien zur Gestaltung einer erfolg-
reichen Beziehung

4. Schaffen Sie ein harmonisches Zuhause 139
5. Lösen Sie Ihre drängendsten Probleme – ganz allein . 177
6. Wie Sie allein es schaffen, daß Sie beide sich *sehr*
   nahe kommen: Intimität und Zweisamkeit 242

Teil IV
**Langfristige Strategien, mit denen Sie Ihre Beziehung
intakt halten**

7. Üben Sie, für sich selbst zu sorgen. 273
8. Kultivieren Sie Ihren guten Willen 308
9. Liebevolles Lenken: Selbstfürsorge und guter Wille
   als harmonische Mischung 353

Teil V
**Wenn Sie Veränderungen initiieren, kann alles
mögliche passieren**

10. Bewerten Sie Ihre Beziehung 375
11. Die gute Ehe, das gute Selbst 398

Bibliographie 415
Register 417

Dank

Allen Zuhörern meiner Sendungen, die mich gefragt haben: »Was ist denn, wenn mein Partner nicht zu einer Beratung gehen will?« schulde ich vor allem meinen Dank. Desgleichen spreche ich den Menschen, die ich interviewt, unterrichtet und durch Seminare begleitet habe, meine von Herzen kommende Anerkennung aus für ihre Bereitschaft, so offen mit mir zu reden. Erst ihre Geschichten haben dieses Buch ermöglicht.

Wenn Ihnen das Buch gefällt, müssen Sie sich bei meinen Eltern, Helen und Edwin Hammock, bedanken. Von ihnen lernte ich, wie man eine gute Ehe führt, und sie halfen mir, diejenige zu werden, die dieses Buch schreiben konnte. Sie sind beide außergewöhnliche Menschen. (Und ein Dankeschön an sie, daß sie auch all die Jahre meine Grammatik korrigierten. Es ist hängengeblieben!)

Meine erfahrene Agentin Sandra Dijkstra ermutigte mich zu diesem Projekt und war mir in allen Stadien seines Entstehens eine wertvolle Partnerin. Sie ist eine Meisterin in dem, was sie tut.

Sehen Sie den Heiligenschein über der Agentin Patti Breitman? Klug und großzügig steuerte sie den Verleger Bill Shinker in meine Richtung und wollte sich dann nicht einmal von mir zum Essen einladen lassen! Hier mein Dank an Sie, Patti. Ich bin Ihnen ewig verpflichtet.

Äußerst dankbar bin ich auch Bill Shinker von Broadway Books, der die Originalfassung dieses Buches auf den Markt brachte. Die Zusammenarbeit mit ihm war ein besonderes Vergnügen.

Jeder Autor kennt die quälende Suche nach dem perfekten Titel. Diesmal rettete mich das Marketing-Genie David Garfinkel. Der Titel entschlüpfte ihm eines Tages während eines Gesprächs – und er war auch noch so brillant, es zu bemerken! David war das ganze Projekt hindurch eine große Unterstützung.

Die Psychotherapeutinnen Janet Kirk und Harriet Sage und die Lektorin Amanita Rosenbush lasen frühe Versionen der ersten Kapitel. Ihre Ermutigung bedeutete mir viel. Azriela Jaffe, die ebenfalls über Beziehungen schreibt, war eine Quelle zahlreicher Informationen, indem sie mir wichtige Artikel zufaxte und mich auf nützliche Bücher oder Buchkapitel hinwies.

Mit meinem Schriftstellerkollegen Bob Davidson unterhielt ich mich oft und lange über die Philosophie, die diese Seiten durchdringt. Er zeigte spezielles Interesse an jedem Entwicklungsschritt des Buches und stand mir mit nie versiegendem Optimismus hilfreich zur Seite.

Besonderen Dank schulde ich meiner Beraterin in Stilfragen, Susan Schwartz, die mich für meine öffentlichen Auftritte kleidet und wertvolle Ideen zu diesem Buch – und zu meinem Leben – beigesteuert hat. Sie ist ein Juwel!

Unzählige Freunde und Freundinnen halfen mir mit ihren Einsichten und kritischen Anmerkungen. Zu ihnen gehören Rebecca Beardsley, Ida Centoni, Ilene Dillon, Naomi Epel, Robin Everest, Bob Fink, Anita Goldstein, Gail Henningson, Jane Hunter, Jerome Kirk, Malcolm Lubliner, Melinda Marmer, Joanne Mendez, Jim Mittleberger, Annie Mudge, Diane Ohlssen, Roseanne Packard, Ruth Pritchard und Chris Reeg.

Meiner phantastischen Schwester Bonnie Davis, die sich spätere Versionen einiger Kapitel sorgfältig durchlas, sind wichtige Nuancen zu verdanken.

Alice Vdovin, meine findige, einfallsreiche und großzügige Assistentin, unterstützt mich schon seit Jahren unermüdlich. Ich kann ihr gar nicht genug danken. Ohne sie wäre ich verloren.

Mit Janet Goldstein, meiner Lektorin bei Broadway Books, habe ich dank ihrer Professionalität besonders gern zusammengearbeitet. Ihre Assistentin Betsy Thorpe war ebenfalls enorm hilfsbereit.

Mayer Shacter ist als Ehemann erstaunlich. Er hat jeden Aspekt dieses Werks mit mir durchgesprochen, die »Ich-kann-nicht-schreiben!«-Tage mit durchlitten und mit mir die Freude geteilt, die dieses Projekt uns beiden gemacht hat. Er verkörpert die Prinzipien dieses Buches und hat einige sehr wichtige Ideen beigesteuert. Und er sorgt wirklich großartig für mich.

Außerdem möchte ich meinem Sohn Gabe danken und meiner Schwiegertochter Kim, die bei Erscheinen dieses Buches ungefähr sechs Monate verheiratet sein werden. Sie haben mein Leben unendlich bereichert, und ich will ihnen an dieser Stelle sagen, wie sehr ich sie liebe!

Susan Page
Berkeley, Kalifornien

Einleitung

Anrufer bei einer Radio-Talkshow: »Ich weiß, daß unsere Ehe echtes Potential hat, aber meine Partnerin findet, es ist alles in Ordnung, und will nicht mit mir zusammen daran arbeiten, was zu verändern, deshalb fühle ich mich total blockiert und frustriert.«

Es war ein historischer Moment während einer Radio-Talk-Show, als mir dämmerte, daß ich diese Frage eines Anrufers zum tausendsten Male beantwortete, und daß ich sie in Zukunft vielleicht etwas systematischer beantworten sollte. Nach der Sendung begann ich mir, wie ich dachte, ein paar Notizen dazu zu machen. Nachdem ich drei Seiten vollgeschrieben hatte und immer noch am Anfang war, merkte ich, daß ich dieses Buch würde schreiben müssen.

Wie mächtig doch der Glaube ist! Er kann unser Leben in verblüffendem Maße einschränken oder erweitern. Der Glaube, daß beide Partner sich für die Arbeit an einer Beziehung zur Verfügung stellen müssen, ist weit verbreitet – und vollkommen irrig. Ich konnte es gar nicht abwarten, dies zu demonstrieren, jenem Anrufer und Tausenden von Männern und Frauen wie ihm die Neuigkeit mitzuteilen, daß sie nicht darauf warten müssen, bis ihr Partner mitmacht. Sie können auch allein tätig werden, und zwar mit befriedigenden Resultaten.

Ich fing sofort an, meine Theorien in Seminaren vorzutragen und zu vervollkommnen und anhand von intensiven Gesprächen mit Paaren Informationen zu sammeln. Das Ergebnis halten Sie in Händen.

Dieses Buch ist eng verwandt mit meinem letzten, *Endlich verheiratet, warum bin ich nicht glücklich? Acht Wege zum dauerhaften Eheglück*; eigentlich sehe ich sie als zusammengehörig an. Ich habe mich sehr bemüht, Wiederholungen dessen, was ich im ersten Buch darlegte, nämlich die Eigenschaften, die glückliche, in ihrer Beziehung erfolgreiche Paare gemeinsam haben, zu vermeiden. Beiden Büchern liegt dieselbe Philosophie über die Ehe zugrunde, daß nämlich die innere Bereitschaft zum »guten Willen« ein entscheidender Faktor ist, der den Unterschied zwischen einem glücklichen und einem unglücklichen Paar ausmacht.

Meine Arbeit wurzelt tief in persönlicher Erfahrung. Theologisch wie auch psychologisch geschult, beschäftige ich mich seit 1970, als meine Kollegin und ich an der Universität von Kalifornien in Berkeley einen der ersten Studiengänge des Landes über die Sexualität des Menschen begründeten, nunmehr fünfundzwanzig Jahre mit Alleinstehenden und Paaren. Nach einer umfassenden Ausbildung in Gestalttherapie und Bioenergetik, in meiner Tätigkeit als protestantische Pfarrerin und in meinen Beziehungs-Seminaren habe ich die Strategien verfeinert, die Sie in diesem Buch finden.

Ich war acht Jahre verheiratet, sechs Jahre Single und bin jetzt seit 1981 die glückliche, umsorgte Ehefrau von Mayer, über den Sie auf diesen Seiten noch lesen werden. Wenn ich etwas entdecke, das funktioniert, habe ich die starke Neigung, es zu einem nützlichen Werkzeug auszubilden und an andere weiterzugeben. Mein Werk ist also unleugbar autobiographisch. Die Ideen rühren aus meinen eigenen sorgfältig beobachteten Erfahrungen her und wurden von hart arbeitenden Seminar-Teilnehmern und einfühlsamen, klugen Interviewpartnern weiter ausgestaltet.

Wer kann von diesem Buch profitieren?

Die in diesem Buch vorgestellten Methoden eignen sich für Personen in den verschiedensten Beziehungen. Selbst die glücklichsten und beständigsten Paare sind mit Herausforderungen konfrontiert und hegen zumindest *einige* unerfüllte Wünsche. Ich kenne kein Paar, das nicht gern einen Zauberstab hätte, um bestimmte ärgerliche Kleinigkeiten in seiner Beziehung zu verändern. Dieses Buch ist der Zauberstab, nach dem Sie gesucht, aber angenommen haben, er existiere eigentlich gar nicht, und ich gehe jede Wette ein, daß es einen Ansatz bietet, den Sie noch nicht ausprobiert haben – hauptsächlich deswegen, weil er Ihnen nicht eingefallen ist.

Vielleicht fühlen Sie sich enttäuscht und entfremdet voneinander. Sie bauen darauf, daß diese Phase vorübergeht, doch sie erscheint Ihnen höchst unangenehm und störend. Oder Sie befinden sich gerade im Übergang vom Stadium der Verliebtheit zur dauerhaften Alltagsliebe. Dieser Übergang kann an Ihrem Hochzeitstag stattfinden oder auch drei oder vier Jahre später, ist aber in jedem Fall verwirrend. Womöglich durchleben Sie eine Krise, verursacht durch ein plötzliches Ereignis oder das lange, allmähliche Anstauen von Ressentiments oder ungelösten Problemen. Vielleicht haben Sie sogar das Gefühl, daß Sie kurz vor der Scheidung stehen, Ihre Beziehung hoffnungslos ist.

Wenn eine dieser Beschreibungen auf Sie zutrifft, können die Vorschläge in diesem Buch ein »Liebestrank«, wie es ein Seminar-Teilnehmer einmal nannte, für Sie sein. Sie können über Nacht in Ihrer Partnerschaft bedeutsame Veränderungen bewirken – ohne ausgeklügelte, zeitraubende »Übungen« oder »Dialoge«. Unabhängig davon, wie der gegenwärtige Stand Ihrer Beziehung ist, werden Sie in diesem Buch eine Vorgehensweise finden, die erfrischend anders ist als all die »Diskussions«-, »Kommunikations«- und »Zuhör«-Übungen zu zweit, von denen Sie gehört und die Sie vielleicht schon ausprobiert haben. Viele Menschen stellen fest, daß es weniger

Aufwand bedeutet und effektiver ist, sich allein zu bemühen, als es gemeinsam zu versuchen.

Sicher, manche Beziehungen sind wirklich Gift und destruktiv für beide Partner, und sie wären besser dran, wenn sie sie beendeten. Falls Ihre Partnerschaft so unangenehm oder schwierig ist, daß Sie sich fragen, ob Sie überhaupt Zeit und Mühe in sie investieren sollten, oder ob es nicht an der Zeit ist, allen Mut zusammenzunehmen, um auszusteigen, wird das Programm dieses Buches bei der Entscheidung eine enorme Hilfe für Sie sein. Nachdem Sie es ausprobiert haben, werden Sie in Kapitel zehn sogar mittels einer schrittweisen Bewertung konkrete Unterstützung bei dem Entschluß erhalten, ob Sie die Beziehung fortführen oder aufgeben sollten.

Das Buch wendet sich an Personen, die in einer verbindlichen, langfristigen Beziehung leben oder eine solche erwägen. Es ist egal, ob Sie verheiratet sind, deswegen habe ich Begriffe wie Partner, Lebensgefährte und Mann oder Frau abwechselnd benutzt.

Die meisten Beispiele in diesem Buch betreffen Menschen, die *nicht* in Therapie oder bei einer Eheberatung sind. Ich habe festgestellt, daß viele dazu tendieren, von therapierten Paaren gemachte Fortschritte dadurch herabzusetzen, daß sie sagen: »Na ja, das hat bei ihnen geklappt, weil sie in Therapie sind. Aber bei uns würde es nicht funktionieren, weil mein Partner niemals in eine Therapie geht.« Deshalb stammen meine Beispiele absichtlich von Seminar-Teilnehmern, die allein arbeiten, sowie von Personen, die ich interviewt oder beraten habe.

Ich streite den Wert einer Eheberatung nicht ab. Ganz und gar nicht. Wenn beide Partner Hilfe für ihre Beziehung wünschen, kann sie äußerst effektiv sein. Die Strategien in diesem Buch sind für Paare, die sich in einer Therapie befinden, ebenso nützlich.

Ich will nur aufzeigen, daß eine einzelne Person, die sich allein bemüht, folgenschwere Veränderungen bewirken kann, und daß eine Therapie dabei nicht wesentlich ist. Der Ansatz des

»Allein-Arbeitens« unterscheidet sich erheblich von dem, was in Therapien vor sich geht.

Die Strategien funktionieren auch in anderen Beziehungen. Sie werden großen Erfolg damit bei Ihren Kollegen, Familienangehörigen sowie Ihrem Intimpartner haben. Wenn Sie sie erst einmal erlernt haben, werden Sie merken, daß Sie sie in vielen Fällen anwenden können.

Paare willkommen!

Alles, was ich in diesem Buch vorschlage, ist für eine einzelne Person in einer Beziehung gedacht. Sie können jedoch sicher sein, daß es ebensogut funktioniert, wenn beide Partner zusammen an ihrer Beziehung arbeiten. Auf diese Weise wird es außerdem noch viel Spaß machen!

Die Experimente

Ich präsentiere Ihnen das ganze Buch hindurch immer wieder »Experimente«, diese sind jedoch kein Muß: *Sie müssen die Experimente nicht machen, um vollen Nutzen aus diesem Buch zu ziehen!*

Allerdings ermutige ich Sie nachdrücklich, sich die Experimente durchzulesen, auch wenn Sie sie nicht ausführen wollen. Oft fassen sie die Gedanken des vorangegangenen Abschnitts zusammen oder fügen eine neue Dimension hinzu. Vielleicht liefern sie Ihnen eine Idee, die sich irgendwann einmal als nützlich erweist, auch wenn Sie sie im Moment nicht umsetzen.

Ich nenne meine Handlungsvorschläge ganz bewußt »Experimente«. Der einzige Zweck eines Experiments ist es, Daten zu sammeln; ganz gleich also, wie das Ergebnis ausfällt, Sie können nie scheitern, denn Sie haben auf jeden Fall Informationen erhalten! Falls das Resultat nicht so ist, wie Sie es sich gewünscht oder erwartet haben, so ist das eine wichtige Information für Sie. Es bedeutet nicht, daß Sie versagt haben; es bedeutet, daß Sie jetzt eine Strategie eliminieren können, weil sie nicht die erwarteten Ergebnisse bringt. Also wenden Sie sich einem anderen Experiment zu.

In der Tat ist dies generell eine wichtige Erkenntnis fürs Leben: Wenn Sie weiterhin das tun, was Sie bisher getan haben, werden Sie immer wieder dieselben Resultate bekommen. Viele Paare verfahren jahrelang so, wie sie immer schon verfahren sind, und wundern sich, daß sich nichts ändert. Ein Experiment bietet ihnen die Gelegenheit, mit geringem Risiko etwas Neues auszuprobieren. Ich prophezeie Ihnen, daß Sie von den Ergebnissen Ihrer Experimente oft überrascht sein werden.

Wie Sie dieses Buch benutzen können

Sie haben folgende Möglichkeiten, dieses Buch zu nutzen:
1. Lesen Sie das Buch allgemein wegen seines Inhalts. Lesen Sie sich die Experimente durch, aber fühlen Sie sich nicht gedrängt, sie auszuführen. Die generellen Konzepte, die erörtert werden, können an sich schon einen wichtigen Einfluß auf Ihre Ehe haben. Sie werden ein *Gespür* für die Botschaft des Buches entwickeln. Allein an Ihrer Beziehung zu arbeiten, ist eine »Gestaltung«, bei der wir zwar zunächst die einzelnen Bestandteile präsentieren müssen, die sich aber am Ende zu einer gigantischen Verschiebung Ihrer ganzen Herangehensweise an Ihre Beziehung zusammenfügen. Dieses Gesamtbild erhalten Sie auch, ohne die Experimente durchzuführen.
2. Wenn Sie zu Experimenten kommen, die sich zwischendurch machen lassen, vielleicht sogar im Kopf, dann halten Sie inne, um sie durchzuführen, bevor Sie weiterlesen. Es mag nützlich sein, beim Lesen Papier und Stift zur Hand zu haben, damit Sie die kurze Liste, die in einem Experiment vorgeschlagen wird, oder den gewünschten Satz gleich aufschreiben können. Einige Experimente sind ganz einfach, und Sie werden

gespannt darauf sein, was sich bei Ihnen abspielt, wenn Sie sie machen.

3. Machen Sie sich während des Lesens ein Verzeichnis der Experimente, die Sie irgendwann, nachdem Sie das ganze Buch gelesen haben, ausprobieren wollen. Notieren Sie sich diejenigen, die Sie am meisten interessieren, unter A, ihre zweite Wahl unter B und die mit dritter Priorität unter C. Es ist in jedem Fall unwahrscheinlich, daß Sie alle Experimente durchführen wollen, weil manche viel relevanter für Ihre Situation sind als andere.

4. Nutzen Sie dieses Buch als Einzel-Seminar für sich selbst, als Programm, das Sie über einen Zeitraum von Wochen systematisch durcharbeiten werden, so wie ich es mit den Teilnehmern meiner Seminare tue. Vielleicht wollen Sie trotzdem das Buch zuerst ganz lesen, oder Sie entscheiden sich dafür, die Experimente zu machen, wenn Sie im Buch darauf stoßen. Wählen Sie die Experimente, die Sie am meisten interessieren; nicht alle werden auf Ihre Beziehung anwendbar sein.

Falls Sie sich entschließen, das Buch als Einzel-Seminar zu nutzen, müssen Sie sich zwei Grundvoraussetzungen schaffen, bevor Sie anfangen. Sie brauchen ein Tagebuch und eine Person zur Unterstützung.

Der Wert eines Freundes oder einer Freundin, der oder die einwilligt, entweder das Programm mit Ihnen zusammen durchzuarbeiten oder Sie dabei zu unterstützen, kann gar nicht genug betont werden. Erstens benötigen Sie für einige Experimente einen Helfer, der Sie außerdem bei der Stange hält, damit Sie vollenden, was Sie sich vorgenommen haben. Ihr Freund kann Sie daran erinnern, daß Sie mit dem, was Sie sich in Ihrer Ehe wünschen, nicht allein sind, Ihnen versichern, daß Ihr Wunsch berechtigt ist, und Ihnen helfen, Fortschritte bei sich zu bemerken, die Sie selbst vielleicht übersehen. Oft verhilft Ihnen das Reden mit dieser Person zu einer Einsicht, die Sie einfach nicht hätten, wenn Sie nur für sich allein mit Ihrem Tagebuch arbeiteten.

Sie haben Verhaltensweisen und Einstellungen, die Sie allein

Experiment 1
(Falls Sie planen, dieses Buch als Einzel-Seminar zu nutzen)
1. Kaufen Sie sich ein Notizbuch oder leeres, gebundenes Heft, in dem Sie gut schreiben können. Achten Sie darauf, jede Eintragung zu datieren. Besonders aussagekräftig ist es, wenn Sie ein Experiment nach mehreren Monaten wiederholen und Ihre Ergebnisse mit den zuvor gemachten vergleichen.
2. Wählen Sie aus Ihrem Freundeskreis eine Person aus, der Sie vertrauen, die Sie gern haben, und von der Sie annehmen, daß sie Sie bei Ihrem Vorhaben unterstützt. Ideal ist es, wenn Sie jemanden finden, der dieses Programm mit Ihnen zusammen durcharbeiten will. Sie können sich dann gegenseitig helfen und voneinander lernen. Ein Mensch, der nicht mitmacht, reicht aber auch, solange er Interesse hat und Sie ehrlich unterstützen will.
Wählen Sie niemanden, der Ihrem Partner ebenfalls nahesteht, oder der Teil eines Paares ist, das Sie und Ihr Partner häufig sehen. Das könnte Ihre Arbeit unnötig komplizieren und Ihren Freund oder Ihre Freundin in Konflikte stürzen.
Die Person, die Sie unterstützen soll, wird wöchentlich etwa eine Stunde mit Ihnen verbringen müssen, manchmal mehr, manchmal weniger. Einiges läßt sich, falls notwendig, auch telefonisch erledigen.
3. Entscheiden Sie sich für eine Person, und bitten Sie ihn oder sie, sich zu überlegen, ob er oder sie Sie unterstützen oder gemeinsam mit Ihnen das Programm durcharbeiten will. Wenn Sie aus irgendeinem Grund bei der ersten Person kein Glück haben, fragen Sie jemand anderen. Wenn Sie dieses Buch als Einzel-Seminar nutzen wollen, sind Ihre Chancen, Spaß und Erfolg damit zu haben, wesentlich größer, wenn Sie nicht versuchen, es ganz allein durchzuarbeiten. Für das Programm sind Sie, Ihr Tagebuch und eine Sie unterstützende Person nötig.

nicht erkennen, weil Sie so verstrickt in Ihre eigenen Gefühle sind. Ein ehrlicher Freund kann Sie behutsam auf einige dieser Punkte hinweisen, vor allem in dem geschützten Kontext eines spezifischen, begrenzten Experiments.

Die Struktur des Buches

Viele Bücher beginnen mit einer allgemeinen Theorie und dem Versuch, Sie zu überzeugen, daß diese Theorie anwendbar ist. In den letzten Kapiteln finden Sie dann praktische Strategien, nach denen Sie vorgehen können.

Ich habe mich entschieden, dieses Buch anders zu gliedern. Ich biete Ihnen sehr früh schon praktische Strategien an, die Sie sofort umsetzen und deren Resultate Sie gleich sehen können. Erst danach, wenn Sie über Erfahrungen verfügen, die es ermöglichen, sie besser zu verstehen, werde ich die allgemeine Philosophie erörtern, die den praktischen Strategien zugrunde liegt.

Es gibt aber auch Überlappungen. Sie werden beim Durchlesen der praktischen Strategien Einsichten über die allgemeine Philosophie gewinnen; und die allgemeine Philosophie wird am Schluß sehr konkret präsentiert. Konkret und brauchbar sind die Kriterien, auf die ich beim Schreiben Wert lege.

In Teil eins werde ich die Bedenken mindern, die Sie vielleicht gegen den bloßen Gedanken haben, allein an Ihrer Partnerschaft zu arbeiten, und einige Ihrer Fragen beantworten. In Teil zwei und drei führe ich Ihnen spezifische Strategien vor, mit denen Sie Ihre Sichtweise verändern, mit Wut oder Groll umgehen lernen, eine harmonische Atmosphäre in Ihrer Beziehung schaffen und tatsächlich die ärgerlichsten Probleme lösen können, die Sie und Ihr Partner haben. Teil drei stellt Ihnen außerdem ein Wunder wirkendes Konzept zur Steigerung der Intimität zwischen Ihnen und Ihrem Partner vor, ein Konzept, das sich aus den allgemeinen Grundsätzen ergibt, die wir bis dahin kennengelernt haben werden.

In Teil vier präsentiere ich Ihnen das generelle Prinzip, das hinter dem Allein-Arbeiten steht, ein Prinzip, das ich Liebevolles Lenken nenne.

In Teil fünf schließlich gebe ich Ihnen die Gelegenheit, Ihre Beziehung und deren Potential im Lichte all dessen zu bewerten, was Sie beim Durchlesen des Buches versucht oder überlegt haben.

Ein Wort der Aufmunterung

Schon Einstein wies darauf hin, daß sich die schwerwiegenden Probleme, mit denen wir konfrontiert sind, nicht auf derselben Ebene des Denkens lösen lassen, auf der wir uns befanden, als wir sie schufen. Anders gesagt, trägt es erheblich dazu bei, die Lösung eines Problems zu erkennen, wenn wir uns auf eine neue Ebene des Denkens begeben.

Bisher haben wir versucht, unsere Beziehungsprobleme auf derselben Ebene des Denkens zu lösen, auf der wir sie schufen. Beziehungsprobleme werden von zwei Menschen geschaffen; vielleicht ist der Gedanke, daß nur eine Person sie lösen kann, die neue Ebene, nach der wir suchen.

Eine gute Idee zur rechten Zeit ist manchmal äußerst wirkungsvoll. Ich habe die in diesem Buch enthaltenen Ideen Beziehungen verändern sehen. Ich hoffe, Sie lächeln beim Lesen dieses Buches. Ich glaube, daß es Ihnen helfen wird, sich stärker und liebevoller – und letztlich auch mehr geliebt – zu fühlen als im Moment.

Genießen Sie die Reise!

Teil I
Ist diese Idee etwas für Sie?

Kapitel 1
Wie man allein an einer Beziehung arbeitet

Jedesmal, wenn ich davon rede, daß eine Person allein zwei Menschen zusammenbringen kann, sagen mir Skeptiker mit einem Anflug von Gereiztheit, der an Ärger grenzt: »Ich habe generell etwas gegen den Gedanken, daß ich allein daran arbeiten soll, meine Beziehung zu verbessern«, wofür sie Gründe wie folgende angeben:

1. Es klappt prinzipiell nicht. Für eine gute Beziehung müssen sich beide einsetzen.
2. Ich arbeite schon seit Jahren allein daran, und es hat nicht funktioniert.
3. Meine Beziehung ist in einem fürchterlichen Zustand. Und mein Mann kooperiert nicht. Ich befürchte, meine Ehe ist es nicht wert, daß ich daran arbeite.
4. Allein arbeiten zu müssen ist nicht gerecht.
5. Was ist mit Intimität und seelischer Verbundenheit? Müssen dafür nicht beide präsent und bereit sein?
6. Wieder mal wird die ganze Last den Frauen zugeschoben. Dieses Programm verewigt die überholte Idee, daß es Sache der Frauen ist, sich um die Beziehung zu bemühen.
7. Die ganze Verantwortung allein auf sich zu nehmen, hieße, co-abhängig zu werden, etwas, das ich grundsätzlich vermeiden möchte.
8. Wie soll ich denn allein arbeiten? Ich kann mir überhaupt nicht vorstellen, wie das laufen soll. Muß mein Partner nicht in irgendeiner Weise mitmachen?

Ich verstehe diese Sorgen; sie haben ihre Berechtigung. Lassen Sie mich antworten.

F: *Allein zu arbeiten klappt prinzipiell nicht! Für eine gute Beziehung müssen sich beide einsetzen, oder?*
A: Dieser weitverbreitete Glaube ist verständlich, entspricht aber einfach nicht der Realität.

Die Abneigung Ihres Partners, an Ihrer »Beziehung zu arbeiten«, ist kein Hinweis auf ein spezielles Problem und auch kein irgendwie geartetes Handicap. Diese Arbeit allein zu übernehmen, wird sich *nicht* negativ auf die Ergebnisse Ihrer Anstrengungen auswirken.

Tatsächlich kann es, wie Sie sehen werden, sowohl leichter als auch effektiver sein, sich allein um die Verbesserung Ihrer Beziehung zu bemühen als gemeinsam.

Ihr Partner kann jede Menge *triftiger* Gründe haben, weshalb er oder sie nicht »an der Beziehung arbeiten« will. Oft ist es der Mann, der nicht reden oder zu einer Beratung gehen mag. Was könnten seine Gründe sein? Vielleicht befürchtet er, daß Ihre Probleme sich verschlimmern, wenn Sie darin herumwühlen. Vielleicht hat er Angst, daß Sie unglücklicher sind, als Sie scheinen, und ihn eigentlich verlassen wollen. Vielleicht ist er sich vage irgendwelcher schmerzlichen Erinnerungen oder Schuldgefühle bewußt und möchte sie nicht an die Oberfläche holen. Vielleicht will er die Zeit nicht opfern, die eine Beratung kosten würde. Vielleicht glaubt er, Sie würden nicht um Hilfe bitten, wenn Ihre Ehe nicht völlig am Ende wäre. Vielleicht fürchtet er, daß er sich nicht so ändern kann, wie Sie es wollen, und sieht keine Alternative. Vielleicht hat sein bester Freund schlechte Erfahrungen mit einer Eheberatung gemacht. Vielleicht denkt er, an den Problemen seien nur Sie schuld, und Sie erwarteten trotzdem, daß er allein sich ändern müsse. Wahrscheinlich hat er keine Vorstellung davon, wie Ihre Beziehung sein könnte. Oder vielleicht gibt es aus seiner Sicht auch gar keine Probleme in Ihrer Partnerschaft. Und wenn er doch Probleme sieht, hat er vermutlich absolut keine Ahnung, daß er in irgendeiner Weise dazu beiträgt.

Wer weiß? Was immer auch der Grund sein mag, Sie müssen erkennen, daß es *für ihn* ein triftiger Grund ist, und das beste, was Sie tun können, ist, ihn zu respektieren.

Wahrscheinlich gibt es etliche Eigenarten an Ihrem Partner, die Sie gern ändern würden, wenn Sie einen Zauberstab zur Verfügung hätten. Sparen Sie sich Ihren Zauberstab für etwas Wichtigeres auf als seine Weigerung, zu einer Beratung zu gehen.

Allein an Ihrer Beziehung zu arbeiten, bedeutet *nicht*, daß Sie mit Ihrem Partner weniger Glückspotential haben als ein Paar, das gemeinsam daran arbeitet. Das Erfolgspotential einer Ehe hängt von anderen Faktoren ab – etwa der Natur des Problems und dem vorhandenen Engagement –, doch ob einer oder zwei Menschen an einer Veränderung arbeiten, gehört nicht dazu.

Ihre Motivation ist der Schlüssel zum Erfolg. Wenn *Sie* wollen, daß Sie und Ihr Lebensgefährte einander näher kommen und mehr Freude aneinander haben, dann werden Sie es, ganz gleich, welcher Art Ihre Probleme sind, weitaus wahrscheinlicher schaffen als ein Paar, das *zusammen* um Hilfe nachsucht, aber nicht hochmotiviert ist, seine Ehe zu verbessern.

Der Grund, warum eine Person, die allein handelt, soviel bewirken kann, ist der, daß eine Beziehung eine Einheit mit zwei Teilen ist. Wenn eine Person handelt, ist die andere mit davon betroffen. Ihre Verhaltensweisen und Einstellungen haben Auswirkungen auf Ihren Partner. Im Moment ist Ihnen vielleicht nicht genau bewußt, welchen Einfluß Sie nehmen wollen. Wenn Sie beschließen, mit der Verbesserung Ihrer Beziehung anzufangen, müssen Sie sich hinsichtlich der Ziele, die Sie erreichen wollen, klar sein.

Um ein Beispiel zu nehmen, wollen wir uns einmal ansehen, was der Unterschied ist, wenn man gemeinsam oder allein an der Lösung eines Problems arbeitet.

Wie viele Paare sind Mary und John in bestimmte Interaktionsmuster verfallen. Mary erinnert John an seine Aufgaben im Haushalt; John drückt seinen Ärger darüber, »kontrolliert« zu werden, damit aus, daß er sie nicht erledigt. Es ist ein perfektes Zusammenspiel. Sie nörgelt; er entzieht sich der Situation. Beide spielen ihre Rolle schon so lange, daß ihre Reaktionen zum Reflex geworden sind. Mary hat keine Ahnung, daß ihr Nörgeln in Wirklichkeit Johns Flucht *auslöst*, und John weiß nicht, daß seine Flucht Marys Nörgeln *auslöst*.

Mary und John vertreten beide einen triftigen Standpunkt. Mary hat recht damit, daß John sich entzieht und nicht genügend hilft. John hat recht damit, daß Mary versucht, ihn zu kontrollieren, und ihn nicht in Ruhe läßt.

Nehmen wir an, Mary beschließt, beide sollten zusammen an ihrem Problem arbeiten. Zunächst müßte sie John überzeugen, daß das eine gute Idee ist. John würde dies als einen weiteren Versuch sehen, ihn zu kontrollieren. Jetzt hätten sie ein neues Motiv für ihr Drama, dasselbe Drehbuch, nur mit einem zusätzlichen Problem! »Mary versucht, mich dazu zu bewegen, daß ich eine Therapie mit ihr mache. Ich finde nicht, daß wir eine brauchen!«

Sagen wir jedoch, daß John schließlich einwilligt, zu einer Beratung zu gehen. Die Beraterin würde, wie es sich gehört, wissen wollen, was in den Familien vor sich ging, in denen John und Mary aufwuchsen. Sie würde daran arbeiten, John und Mary miteinander ins Gespräch zu bringen, sich gegenseitig zuzuhören. Da John und Mary es darauf anlegen, recht zu haben, und es seit Jahren vermeiden, den Standpunkt des anderen zu verstehen, würde es eine Weile dauern, bis sie lernten, einander zuzuhören, was wiederum Probleme und Frustrationen mit sich brächte. Unterdessen würde Mary nach wie vor versuchen, John zur Hausarbeit zu bewegen, und John würde sich nach wie vor entziehen.

Ich will die Methoden der Beraterin nicht herabsetzen. Zusammen etwas erkunden und einander zuhören sind wertvolle Dinge. Doch zu beschließen, gemeinsam zu arbeiten, und es dann tatsächlich zu tun, erfordert mehr als den doppelten

Aufwand, eine Ehe zu »kitten«. Überdies hängt es von der fortgesetzten Kooperation und den Fortschritten beider Parteien ab, etwas, das nicht selbstverständlich ist.

Nun nehmen wir einmal an, entweder Mary oder John beschlösse, allein an der Beziehung zu arbeiten. Nehmen wir zuerst Mary. Sie muß John nicht mehr dazu bringen, irgend etwas zu tun. Sie muß sich nur eine simple Verhaltensweise oder Einstellung ausdenken, die sie ändern kann. Sagen wir um des Beispiels willen, daß sie beschließt, vierzehn Tage lang John seinen Mangel an Kooperation nicht vorzuhalten. Sie weiß nicht, was dabei herauskommen wird; weil sie aber von sich aus eine Änderung im Drehbuch vornimmt, wird sich notwendigerweise auch das Drama ändern. Vielleicht spielt John seine Rolle weiter wie zuvor und erledigt seine Aufgaben im Haushalt weiterhin nicht, oder er erkennt es an, daß Mary nicht mehr nörgelt und reagiert damit, daß er mehr hilft; vielleicht fühlt er sich aber auch unwohl ohne Marys Nörgeln und bleibt öfter von zu Hause weg. Mary denkt womöglich, sie weiß, wie er reagiert, doch das weiß sie erst, wenn sie das Experiment tatsächlich macht. Und anschließend kann sie neue Entscheidungen treffen. Sie wird also ganz allein, schnell und einfach, ihre Beziehung verändern, und das steigert in gewisser Weise ihr Selbstvertrauen, ihre innere Stärke und Kraft.

Nehmen wir an, John wäre derjenige, der allein etwas verändern wollte. Da er recht gut weiß, was Mary von ihm will, könnte er genau das einmal tun, ohne dazu aufgefordert zu werden. Oder er könnte Mary mitteilen, er hätte keine Lust dazu, und ihr anbieten, statt dessen etwas anderes zu erledigen. Oder er könnte Mary vorschlagen, sie zum Abendessen einzuladen, wenn sie eine ganze Woche lang keine Forderungen an ihn stellt. Oder er könnte beschließen, Mary jeden Tag zu sagen, was er besonders an ihr liebt. Seine Möglichkeiten sind unendlich. Das Wichtige ist, daß er dadurch, daß er allein handelt, eine Veränderung ihrer Beziehung bewirkt, die weitreichende Folgen haben kann.

Eine Ehe ist wie eine Schaukel. Auch wenn sich nur ein Partner bewegt, beeinflußt das den anderen.

Wenn Sie ganz für sich allein an Ihrem Verhalten oder Ihrer Einstellung etwas ändern, können Sie in Ihrer Ehe Wunder bewirken. Hunderte von Ehepartnern haben das bereits herausgefunden. Hören Sie sich einige meiner Gruppenteilnehmer oder Interviewpartner an:

JANICE: »Der bloße Gedanke, daß ich allein an meinen Eheproblemen arbeiten könnte, gab mir ein unglaubliches Gefühl der Hoffnung, denn ich war plötzlich nicht mehr von jemand anderem abhängig! Durch die Veränderungen, die ich vornahm, spürte ich eine Kraft, die ich nie zuvor hatte.«

ALEX: »Was ich veränderte, war ganz subtil! Ich hörte einfach auf zu erwarten, daß meine Frau sich für unsere Beziehung ›zuständig‹ fühlt. Ich brauchte eine Weile, bis ich erkannte, daß es das war, was ich erwartet hatte! Als ich davon ablassen konnte, war eine Barriere zwischen uns verschwunden, und wir kamen uns näher, als wir uns lange Zeit, vielleicht jemals, gewesen waren.«

PEG: »Ich war glücklich mit meinem Mann, hatte aber seit langem das Gefühl, daß wir uns näher sein könnten. Natürlich dachte ich, er müßte sich ändern. Ich wollte, daß er romantischer wäre, mehr mit mir redete. Dann stellte ich fest, daß die Art und Weise, wie ich unsere Ehe sah, die Erwartungen, die ich an sie hatte, das waren, was uns in Wirklichkeit beeinträchtigte. Ich finde es immer noch total erstaunlich, daß ich nun, nachdem ich meine Sichtweise geändert habe, in meiner Ehe alles finde, was ich mir wünsche. Mein Mann hat sich überhaupt nicht verändert, und doch sind wir uns jetzt entschieden näher. Es ist, als hätte ich den gesamten Planeten nach Diamanten abgesucht, und dabei wäre die ganze Zeit eine Diamantenmine hinter meinem eigenen Haus gewesen.«

GEORGE: »Ich war verzweifelt. Ich dachte wirklich, Julia liebt mich nicht mehr, und wir stritten uns ständig. Ich versuchte alles – das glaubte ich jedenfalls. Jetzt weiß ich, daß das, was ich tat, um sie zurückzugewinnen, die Probleme nur noch verschlimmerte. Ich flehte sie an und machte mich zu ihrem Opfer. Als ich dann einen ganz anderen Weg sah und anfing, das Richtige zu tun, änderte sich alles. Ich sage Ihnen, keine Ehe ist zu kaputt, um nicht von diesem System zu profitieren! Heute meint Julia im Scherz, ich sei ihr Held, weil ich unsere Ehe im Alleingang gerettet habe.«

DIANE: »Wissen Sie, daß ein Flugzeug, wenn es in Los Angeles nur ein klein wenig seine Richtung verändert, in New York statt in Miami landen kann? So war es mit unserer Ehe. Ich stellte mich ein kleines bißchen um und erreichte eine riesige Veränderung. Ich hörte nur auf, ständig hinter Peter herzuräumen. Das führte zu weiteren Veränderungen, die wiederum in einer Revolutionierung unserer Ehe mündeten. Wenn Sie eine Stunde Zeit haben, erzähle ich Ihnen die ganze Geschichte.« (Wir werden die Geschichte von Diane und Peter später hören.)

Viele Ehepartner fühlen sich völlig festgefahren und frustriert, wenn sie mir berichten: »Mein Mann will nicht zu einer Beratung gehen. Meine Frau will nicht an unseren Problemen und an unserer Beziehung arbeiten.« Tatsächlich aber ist es nicht das denkbar schlimmste Problem, einen unkooperativen Partner zu haben. Wenn er oder sie ein guter Mensch ist mit vielen Eigenschaften, die Sie schätzen, dann seien Sie wegen dieser speziellen Abneigung nicht übermäßig alarmiert.

F: *Ich arbeite schon ewig allein an meiner Beziehung, und es funktioniert nicht. Was soll an dieser Methode anders sein?*
A: Die bloße Tatsache, daß Sie allein daran arbeiten, bewirkt noch keine Wunder; erst das, was Sie dabei tun, macht den Unterschied aus. Nicht alle Versuche, etwas zu verändern, sind gleichwertig.

Viele von uns haben Jahre mit gutgemeinten Bemühungen zugebracht, unsere Beziehung zu verbessern – vergeblich. Trotz ehrlichster Anstrengungen taten wir nämlich *das Falsche*.

Leider ist die natürlichste und automatischste Reaktion auf eine schwierige Situation genau diejenige, die nicht nur ineffektiv, sondern auch noch kontraproduktiv ist. Ein einfaches Beispiel: In einem Moment der Frustration sagt Mary zu John: »Nie hilfst du im Haushalt!« John antwortet wahrscheinlich: »Tue ich doch! Ich habe letztes Wochenende die ganze Garage aufgeräumt.« Das ist eine natürliche, ganz einsichtige Reaktion. Aber produktiv ist sie nicht. Wenn John sagen könnte: »Du bist offenbar gerade furchtbar frustriert. Kann ich dir irgendwie helfen?«, wäre das keine selbstverständliche Reaktion, doch sie wäre weitaus effektiver und der Beziehung förderlicher. Marys Eingangsbemerkung war natürlich auch nicht effektiv. Aber ihr war in dem Augenblick einfach danach, deshalb platzte sie damit heraus. Ganz normal und verständlich.

Dieses Buch wird Sie nicht auffordern, übermenschliche Anstrengungen zu machen oder natürliche Reaktionen auf Dinge, die Ihnen nicht gefallen, aufzugeben. Es wird Ihnen jedoch eine neue Vorgehensweise vorstellen, die bei anderen Paaren auch gewirkt hat.

In meinen Seminaren diskutieren die Teilnehmer über ihre vergeblichen Versuche, die sie im Lauf der Jahre unternommen haben, um ihre Beziehung allein zu verbessern. Manche dieser Strategien erkennen Sie vielleicht wieder. Die meisten von uns wenden sie an, weil sie keine Alternativen kennen.

Wir wollen gleich klarstellen, daß die folgenden Problemlösungsversuche mehr Probleme schaffen, als sie lösen. Sie funktionieren nicht! Nachdem Sie dieses Buch gelesen haben, werden Sie sie nie wieder machen müssen, da Sie dann ganz neue Strategien zur Verfügung haben – die zudem funktionieren.

1. *Um das bitten, was man will.* Wir werden zwar in einem späteren Kapitel eine Methode des Bittens erörtern, die effek-

tiv sein kann, aber meistens scheitert es. Das liegt üblicherweise daran, daß Sie um etwas bitten, das Ihr Partner wirklich nicht versteht, Ihnen nicht geben kann oder Ihnen nicht
geben will. Frauen bitten Männer, kommunikativer zu sein,
romantischer zu sein, emotional zugänglicher zu sein. Männer bitten Frauen, sie weniger zu kritisieren und mehr zu akzeptieren. Das Muster, um etwas zu bitten und es nicht zu
bekommen, setzt sich sogar in ganz intakten Beziehungen
jahrelang fort, und zwar nur, weil die Beteiligten nicht wissen, daß sie Alternativen haben, und vor allem, weil sie nicht
wissen, wie sie die Ergebnisse erzielen können, die sie sich
wünschen.

Ein weiterer Grund, warum es kontraproduktiv ist, um das zu
bitten, was Sie wollen, ist der, daß Ihr Partner Ihre Bitte leicht
als Kritik auffaßt. Zum Beispiel sagt John zu Mary: »Ich
wünschte, du wärst öfter in Stimmung, mit mir zu schlafen.«
Mary hört: »Er ist mit mir als Sexualpartnerin nicht zufrieden.« Während John versucht, sie beide einander näher zu
bringen, reagiert Mary, indem sie sich von John zurückzieht,
sich kritisiert fühlt und sich deshalb noch distanzierter und
vorsichtiger verhält. So geht ein ehrlicher Versuch wegen eines
unschuldigen Fehlers schief, und auch deshalb scheitert man
häufig mit der Bitte um das, was man will.

2. *Nicht um das bitten, was man will.* Die meisten Paare bitten
einander über Jahre hinweg um das, was sie wollen, ohne es zu
bekommen. Doch gelegentlich merken sie, daß es nicht funktioniert, und hören deshalb bewußt damit auf. Oft steckt entweder eine Märtyrerhaltung nach dem Motto »Gut, dann
muß ich eben ohne auskommen« dahinter oder wütende Re-
signation: »Aus diesem Stein quetsche ich doch nie einen
Tropfen Blut. Ich geb's auf!« Nicht um das zu bitten, was Sie
wollen, mindert den Konflikt vielleicht an der Oberfläche,
aber Ihr Ärger gräbt sich tief in Ihr Inneres, wo er wächst und
gärt und sich schließlich doch wieder bemerkbar macht, entweder als vulkanischer Ausbruch oder als stille, verzweifelte
Depression.

3. *Emotionale Bestechung.* Viele Menschen versuchen, zu bekommen, was sie wollen, indem sie sich so großzügig verhalten, daß sie den Partner damit beschämen oder zumindest eine Gegenleistung anmahnen. Larry erzählte mir, er hätte das Gefühl gehabt, seine Frau Bev entferne sich von ihm, und er wünschte sie sich verzweifelt zurück. Er überraschte sie damit, daß er eines Tages nicht zur Arbeit ging und statt dessen das Zimmer ihrer Tochter neu strich und für alle ein herrliches Essen zubereitete. Da Bev sich aber darüber beklagte, daß Larry immer mit irgendwelchen Projekten beschäftigt und ihr gegenüber emotional nicht zugänglich war, faßte sie seine Bemühungen wieder als Ausdruck dafür auf und fuhr sogar noch in derselben Woche für einige Zeit zu ihrer Schwester. Larry meinte: »Ich war ganz sicher, daß diese Überraschung ihr zeigen würde, wie sehr ich sie liebe. Wie konnte sie sich nach allem, was ich für sie getan habe, noch mehr von mir distanzieren?« Er erwartete Liebe als Gegenleistung für seine eigene liebevolle Großzügigkeit und fühlte sich betrogen. In Wirklichkeit hatte sein Geschenk aber einen Haken: »Wenn ich dir dies gebe, solltest du mich auch lieben.« Bev spürte das und war um so verärgerter. Großzügigkeit ist ein natürliches Verhalten gegenüber jemandem, den man liebt. Geben in der Hoffnung auf eine Gegenleistung aber wird beinahe immer fehlschlagen.

4. *Ratschläge geben, helfen.* Cheryl war ehrlich der Meinung, Donald wäre glücklicher, wenn er seine Geldsorgen überwinden könnte. Immer wieder versuchte sie, ihn zu überzeugen, daß es keinen Grund gäbe, sich Sorgen zu machen, und daß das Sorgenmachen sowieso nichts ändere. Je mehr sie sich jedoch bemühte, Donald zu »helfen«, desto mehr fühlte er sich kritisiert und mißverstanden. Die extreme Form des Ratgebens und Helfens ist natürlich das Nörgeln. Nörgeln erzeugt nichts anderes als Konflikte, negative Gefühle und Distanz zwischen zwei Menschen. Trotzdem bleibt es einer der am weitesten verbreiteten Versuche einer Person, im Alleingang beide einander näher zu bringen.

5. *Die eigenen Bedürfnisse verleugnen.* Sharon bat ihren Mann jahrelang, seinen Teil der Verantwortung für Haushalt und Kinder zu übernehmen. Es klappte nicht. Schließlich dachte sie sich eine Möglichkeit aus, wie ihr Zusammenleben funktionieren könnte, auch wenn er nicht half. Sie ging zur Universität und nebenbei kellnern, und konnte so öfter zu Hause bei den Kindern sein, als sie dies zuvor mit ihrem anspruchsvollen Beruf konnte. Die Streitereien flauten für einige Zeit ab, doch Sharon erzählte mir im nachhinein, daß sie heute erkennt, wie sie sich und ihre eigenen Bedürfnisse opferte, nur damit Frieden herrschte. Studieren war eigentlich gar nicht das, was sie wollte. Es war nur ein kunstvoll ausgetüftelter Plan, damit es in der Familie klappte, obgleich sie das, was sie von ihrem Mann wollte, nach wie vor nicht bekam. Es dauerte Jahre, bis ihr wahres Selbst und ihre wahren Wünsche wieder zutage traten.

Eine Liebesbeziehung klappt nur, wenn sie beide Partner befähigt, mehr zu ihrem wahren Selbst zu finden und nicht weniger. Bedürfnisse zu verleugnen, um den Frieden aufrechtzuerhalten, ist eine der schlechtesten Strategien, allein an der Verbesserung Ihrer Ehe zu arbeiten, und sie ist die heimtückischste, da per Definition unbewußt. (Wenn Sie sich dessen bewußt sind, was Sie verleugnen, dann verleugnen Sie es nicht!) Die Methode, die Sie in diesem Buch erlernen werden, ist besonders effektiv, die Leugnung Ihrer Bedürfnisse zu verhindern. Sie wird Sie ermutigen, sich Ihrer Ehe nicht unterzuordnen, sondern sie zu bereichern.

Falls das Alleinarbeiten an Ihrer Beziehung bei Ihnen bisher nicht geklappt hat, liegt es vielleicht daran, daß Sie sich zwar aufrichtig, aber nicht effektiv darum bemüht haben. Geben Sie es also nicht auf, weil es in der Vergangenheit nicht funktioniert hat; die Strategien in diesem Buch sind andere.

F: *Meine Beziehung ist in einem fürchterlichen Zustand. Und mein Lebensgefährte kooperiert nicht. Ist meine Ehe es überhaupt wert, daß ich an ihr arbeite?*

A: Die Antwort ist in fast allen Fällen ja.

Wie wir gesehen haben, ist die Weigerung Ihres Partners, mit Ihnen gemeinsam daran zu arbeiten, kein unüberwindliches Problem. Und selbst die gestörtesten Beziehungen haben schon auf geschickte Bemühungen nur der einen Seite eine Besserung erfahren.

Deshalb können wir nun anfangen, an Ihrer spezifischen Beziehung zu arbeiten, indem wir einen Moment innehalten, wie wir es in diesem Buch immer wieder tun werden, und Sie einmal über Ihre eigene Situation nachdenken, wie geringfügig oder schwerwiegend Ihnen Ihre Probleme auch erscheinen mögen.

Experiment 2
Inventur machen
Listen Sie in Ihrem Tagebuch zunächst alle Eigenschaften auf, die Ihnen an Ihrem Partner und an Ihrer Beziehung gefallen.

Schreiben Sie auf einer neuen Seite Ihre Beschwerden nieder, die Veränderungen, die Sie vornehmen würden, wenn Sie einen Zauberstab hätten. Welche Problemfelder sehen Sie?

Listen Sie jetzt noch einmal Ihre Probleme auf, und zwar in der Reihenfolge, wie sie Ihnen am gewichtigsten erscheinen. Schreiben Sie das größte, vorherrschende Problem ganz oben hin und die dazugehörigen oder zusätzlichen kleineren Probleme darunter. Falls Sie mehrere Hauptprobleme haben, listen Sie sie nebeneinander auf.

Schreiben Sie diese Listen ganz vorn in Ihr Tagebuch, da Sie in künftigen Experimenten darauf zurückkommen werden.

Wenn die Teilnehmer eines Seminars sich zu Beginn vorstellen, erwähnen sie zwar auch ganz individuelle Probleme, aber oft hören wir Bemerkungen folgender Art:

- Wir haben eine großartige Beziehung. Es gibt nur ein, zwei Bereiche, die immer wieder zum Problem werden.
- Bestimmte Dinge, die mein Partner tut, ärgern mich, bekümmern mich, regen mich auf.
- Ich bin nicht stark genug. Ich kann nicht ich selbst sein.
- Der Funke zwischen uns ist erloschen.
- Wir streiten uns so oft. Ich hasse diese Auseinandersetzungen.
- Er ist so distanziert. Ich habe nicht mehr das Gefühl von Intimität.
- Sie nörgelt zuviel an mir herum. Sie will mich ändern.
- Er nimmt mich als selbstverständlich.
- Es ist zu spät für uns. Unsere Probleme sind seit Jahren dieselben.
- Ich spüre meine Liebe nicht mehr.
- Es gibt zu viele Unterschiede zwischen uns.
- Meine Bedürfnisse werden nicht befriedigt. Ich möchte mehr ___ .
- Es ist nicht so, wie ich es mir gewünscht oder erwartet habe.
- Wir haben uns auseinandergelebt. Wir haben keine gemeinsamen Interessen.
- Wir haben schon alles versucht, und nichts hat geklappt. Ich glaube nicht, daß sich unsere Probleme je ändern.

Erstaunlicherweise ist es egal, welcher Art Ihre ehelichen Probleme sind, oder für wie schwerwiegend Sie sie halten. Die Chancen stehen trotzdem gut, daß Ihre Ehe erneuerungsfähig und somit durchaus wert ist, daß Sie an ihr arbeiten. Betrachten Sie die folgenden Aussagen, um sich dann mit ganzem Herzen der Wiederbelebung Ihrer Beziehung zu widmen, seien die Probleme, die Sie lösen wollen, nun geringfügig oder schwerwiegend. Hunderte von Paaren, manche von ihnen äußerst unglücklich, haben ihre Beziehung völlig umgestaltet, indem sie Vorschlägen wie denen in diesem Buch folgten. »Wunder« in der Ehe geschehen jeden Tag, dokumentiert von einer großen Vielzahl von Beziehungsexperten:

»Ich bin immer mehr davon überzeugt, daß die meisten Ehen es wert sind, gerettet zu werden, denn die meisten Probleme sind lösbar. ... Ich glaube nicht an die ›Rettung‹ einer Ehe, ich glaube an Scheidung und Neubeginn – mit demselben Partner.«
(Michelle Weiner-Davis, praktiziert Kurztherapien und ist Autorin von *Das Scheidungs-Vermeidungs-Programm*)

»Jeden Tag erhalte ich Post von Paaren, die mir berichten, daß sie neue Hoffnung haben, wieder ineinander verliebt sind. Und fünf Jahre später schicken sie mir Bilder von sich und ihren Kindern.«
(John Gray, Autor von *Männer sind anders. Frauen auch*)

»Es kann sehr grundlegende Veränderungen mit sich bringen, wenn ein Partner in einer Beziehung den Knoten löst. Tappen Sie nicht in die Falle, mit Veränderungen zu warten, bis Ihr Partner dazu bereit ist.«
(Dr. Gay Hendricks und Dr. Kathlyn Hendricks, Ehetherapeuten und Autoren von *Liebe macht stark*)

»Zum Glück haben wir festgestellt, daß auch eine Person eine Zweierbeziehung verändern kann, indem er oder sie seinen oder ihren Anteil an ... den gemeinsamen Interaktionen ... verändert. Ihren eigenen Standpunkt zu ändern, kann Sie aus dem Trott befreien, in dem Sie feststecken, und Ihnen die Kraft geben, etwas für Ihre Beziehung zu bewirken.«
(Bill O'Hanlon und Pat Hudson, Ehetherapeuten und Autoren von *Liebesgeschichten neu erzählen*)

»Wie entfremdet Sie sich auch von Ihrem Partner fühlen, es ist möglich, daß Sie Ihre Ressentiments aufgeben und den Fluß der Zuneigung zwischen Ihnen wieder zum Strömen bringen. Es ist möglich, die Liebe zueinander zu erneuern ...«
(Dr. Larry A. Bugen, Ehetherapeut und Autor von *Love and Renewal*)

All diese Aussagen mögen Ihnen im Moment nicht sehr überzeugend erscheinen, wenn Sie sich ausgelaugt fühlen und seit
langem keine Fortschritte in Ihrer Beziehung sehen. Eine Veränderung kommt Ihnen vielleicht undenkbar vor.

Daran ist nichts Schlimmes. Das Gefühl der Hoffnungslosigkeit ist bei Ihnen im Augenblick vermutlich angemessen und
wird die Resultate nicht beeinträchtigen, die Sie erzielen,
wenn Sie die Vorschläge in diesem Buch befolgen. Es ist ganz
natürlich, daß Sie sich Ihre Beziehung nicht anders vorstellen
können, als sie jetzt ist. Wenn man sehr tief in einem Gefühl
steckt, glaubt man nicht und kann sich kein Bild davon machen, wie es wäre, in einem vollkommen anderen Gefühl zu
stecken. Aber das bedeutet nicht, daß eine solche Veränderung nicht eintreten kann.

Vertrauen Sie also diesen Aussagen. Gehen Sie mit blinder Zuversicht ans Werk und warten Sie ab, was passiert. Auch Kierkegaard meinte, zu wagen heiße, zeitweise den Boden unter
den Füßen zu verlieren, nicht zu wagen dagegen, sein Leben
zu verspielen.

Hoffnungslosigkeit ist schmerzlich und deprimierend. Sie fühlen sich darin wie in einer Abwärtsspirale, und das ist sie auch.
Je mehr Sie versuchen, etwas zu ändern, desto stärker kann
sich der Glaube in Ihnen festsetzen, daß es keine Hoffnung für
Ihre Ehe gibt – weil alles, was Sie versuchen, fehlschlägt.

Aber warten Sie. Vielleicht ist es umgekehrt. Vielleicht schlägt
nur deshalb alles fehl, was Sie versuchen, weil Sie glauben,
daß es für Ihre Ehe keine Hoffnung gibt. Vielleicht ist »unsere
Ehe ist ein hoffnungsloser Fall« eine sich selbst erfüllende Prophezeiung für Sie geworden. Wenn Sie Ihre Ehe durch diese
Brille betrachten, werden Sie sehr viele Beweise für die Richtigkeit Ihres Standpunkts sammeln können. Es stimmt, kleine
oder große Veränderungen vorzunehmen, während Sie die gegenwärtige Sichtweise auf Ihre Ehe beibehalten, wird nicht zu
bedeutenden Verbesserungen führen.

Dieses Buch schlägt deshalb einen vollkommen anderen Ansatz vor. Was sich ändern muß, ist das, was Sie von Ihrer Ehe

glauben. Das bedeutet eine innere Sichtverschiebung, eine Umkehr des Herzens, ein geistiges Umschwenken zu einer anderen »Geschichte« Ihrer Ehe.

Befürchten Sie nicht, Ihren bisherigen Glauben sofort aufgeben zu müssen. Ich will hier nur aufzeigen, daß nicht alle Lösungen gleichwertig sind und daß es in der Tat welche gibt, die Sie noch nicht ausprobiert haben. Vielleicht haben Sie das Gefühl, Ihre Ehe ist ein hoffnungsloser Fall, doch in Wahrheit hat sie mit großer Sicherheit jede Chance, für Sie wieder erfüllend zu werden. Erst wenn Sie die Vorschläge in den nächsten Kapiteln befolgt haben und sich immer noch ohne Hoffnung fühlen, sind Sie bereit für die Richtlinien in Kapitel zehn, die Ihnen helfen werden, Ihre Beziehung zu bewerten und die Möglichkeit zu erwägen, sie zu beenden.

F: Es ist nicht gerecht, allein arbeiten zu müssen, wenn zwei Menschen betroffen sind. Warum sollte ich die ganze Arbeit tun?

A: Stimmt, gerecht ist es wohl nicht. Zwei Menschen profitieren von Ihrer Arbeit; beide sollten sich an der Arbeit beteiligen. Wer nicht mithilft, den Weizen zu mahlen und den Teig zu kneten, sollte auch kein Brot essen.

Aber schließlich ist sehr wenig auf dieser Welt gerecht. Vielleicht ist es nicht wichtig, ob eine Idee gerecht ist, wenn sie Glück und Zufriedenheit mit sich bringt.

Außerdem ist die Situation, in einem anderen Licht gesehen, mehr als gerecht. Sie sind nämlich nicht mehr der Bereitschaft Ihres Partners zur Mitarbeit ausgeliefert! Plötzlich müssen Sie nicht mehr auf ihn oder sie warten. Sie können tun, was Sie wollen, und wann Sie wollen!

Der Entschluß, allein an Ihrer Beziehung zu arbeiten, verleiht Ihnen ungeheure Macht, keine Macht über Ihren Partner, aber innere Kraft, persönliche Stärke und eine beispiellose Möglichkeit zu wachsen. Auf einmal erscheint dieses Arrangement außerordentlich gerecht, denn jetzt müssen Sie nicht mehr darauf warten, daß Ihr Partner sich ändert, bis Sie Ihr Leben selbst in die Hand nehmen können. Ungerecht wäre es eher, wenn Sie zuließen, daß die mangelnde Kooperation Ihres Partners Sie davon abhält.

Es kommt selten vor, daß zwei Personen genau im gleichen Moment bereit sind, sich zu ändern und weiterzuentwickeln. Wir alle haben individuelle Rhythmen, die respektiert werden sollten. Wenn Sie warten müßten, bis Ihr Partner mit Ihnen gemeinsam an Ihrer Beziehung arbeitete, könnte die Sache ausgehen wie in einer alten Vorschrift, die es in Kansas gab, und die besagte: »Treffen zwei in entgegengesetzte Richtungen fahrende Züge an einer Straßenkreuzung aufeinander, so müssen sie beide anhalten, und keiner darf weiterfahren, bis der andere weg ist.«

Wenn nicht einer von Ihnen die Führung übernimmt, könnten Sie sehr lange alten Mustern verhaftet bleiben.

Indem Sie allein an Ihrer Beziehung arbeiten, machen Sie Ihrem Partner eigentlich ein Geschenk, womöglich ein sehr wirkungsvolles. Und es liegt nicht in der Natur von Geschenken, gerecht zu sein. Sie machen kein Geschenk mit dem Hintergedanken, ein gleichwertiges Geschenk zurückzubekommen. Dann wäre es nämlich kein Geschenk, sondern eine Art Geschäft oder Tauschhandel.

Ungerechtigkeit ist ein geringfügiges Problem, verglichen mit den Möglichkeiten, die Ihnen zur Verfügung stehen, wenn Sie in Ihrer Beziehung die Initiative ergreifen. Wenn Ihr einseitiges Handeln zu beiderseitigem Glück führt, wird das Ungerechte daran für Sie in den Hintergrund treten. Statt sich ausgenutzt zu fühlen, werden Sie innere Stärke spüren und die tiefe Freude, dem Menschen, den Sie lieben, ein wunderschönes Geschenk gemacht zu haben.

F: *Was ist mit Intimität und seelischer Verbundenheit? Müssen dafür nicht beide präsent und bereit sein?*

A: Ja, Sie können nicht mit jemandem intim sein, der nicht mit Ihnen intim sein will. »Seelische Verbundenheit« ist per Definition ein Zustand, zu dem zwei Menschen gehören.

In Kapitel neun werden wir Methoden besprechen, mit denen eine Person die andere zu größerer Intimität verführt und ein Gefühl gegenseitiger Nähe entsteht, das vielleicht nachgelassen hat.

Natürlich ist Nähe nur ein Aspekt einer langfristigen, verbindlichen Beziehung. Manche Paare brauchen und schätzen Nähe und Intimität wesentlich mehr als andere. Manche dagegen haben weder eine »tiefe seelische Verbundenheit« miteinander noch wünschen sie sie. Und egal, welche Rolle Intimität für Sie spielt, sie reicht nie aus, um Ihnen Kraft für das Auf und Ab im gemeinsamen täglichen Leben zu geben. Sie können sich seelisch verbunden fühlen und einander sehr lieben und trotzdem problematische Bereiche in Ihrer Beziehung haben, die sich durch das kluge Handeln der einen oder anderen Partei beeinflussen lassen.

Die Vorschläge in diesem Buch werden, wenn Sie sie befolgen, nach und nach Wirkung zeigen und Sie und Ihren Partner »aufwecken«. Der »gute Wille« und das »liebevolle Lenken«, über das Sie hier lesen, sind nicht ein Weg zu echter Innigkeit; sie sind der einzige Weg.

F: *Sich um die Beziehung zu bemühen, ist immer den Frauen zugefallen; sind sie nicht auch diesmal diejenigen, an denen wieder mal die ganze Arbeit hängenbleibt?*
A: Wenn wir schon verallgemeinern wollen, dann vergessen Sie nicht, daß heute im allgemeinen die Frauen unzufriedener mit den Männern sind als Männer mit Frauen. Frauen stimmen häufig darin überein, daß Männer Trottel sind, ein ähnliches Attribut für Frauen existiert dagegen nicht. (Frauen sind fordernd?) Also ist es oft die Frau, die in der Beziehung unglücklich ist und droht, den Mann zu verlassen, und der Mann, der in mein Seminar kommt, weil er die Ehe zusammenhalten will. Bisher haben Männer ebenso häufig oder häufiger als Frauen an meinen Seminaren teilgenommen, sich meine Vorträge angehört und in meinen Radio-Talk-Shows angerufen.

Alles in diesem Buch ist genauso auf Männer wie auf Frauen zugeschnitten. Ich habe mich bemüht, mich nicht von der Annahme leiten zu lassen, daß es hauptsächlich Frauen lesen werden, und ich weigere mich, weiterhin dem immer überholteren Gedanken Raum zu geben, nur Frauen läsen Beziehungsbücher. Wenn wir unsere Probleme zwischen den Geschlechtern jemals lösen wollen, müssen wir stets den aktuellen Stand der Dinge berücksichtigen. Ich heiße jedenfalls männliche und weibliche Leser willkommen, da ich weiß, daß in manchen Beziehungen auch Männer bereit sind, die »ganze Arbeit« zu leisten.

Trotzdem stimmt es, daß sich meistens Frauen für die Beziehung zuständig fühlen. Und sie ärgern sich, wenn die Männer nur ungern oder gar nicht kooperieren. Eine Frau, mit der ich sprach, war ziemlich erbost, bis sie eine bedeutsame Einsicht hatte:

ELIZABETH: »Ich beklagte mich wieder mal bei meiner Freundin, daß ich Rich ständig ermahnen muß, mir zuzuhören, wenn ich mit ihm rede, und in irgendeiner Weise darauf einzugehen. Da sagte meine Freundin zu mir: ›Du reparierst ja auch nie die lecken Wasserhähne.‹ Es war, als ob in meinem Kopf eine Glühbirne angeknipst würde! Vielleicht ist ein bißchen Arbeitsteilung ganz in Ordnung.

Inzwischen habe ich in dieser Sache eine Kehrtwende gemacht. Ich fordere Rich immer noch auf, mir zuzuhören, aber ich ärgere mich dabei nicht mehr und verurteile ihn nicht; ich sehe es einfach als meinen Job an. Dadurch komme ich jetzt gut damit klar, sogar noch mehr Beziehungsfürsorge zu leisten. Ich wehre Diskussionen über mein Befinden nicht mehr ab wie früher. Ich denke einfach, wenn das mein Job ist, dann erledige ich ihn lieber gut. Schließlich bin ich prima darin. Warum sollte ich was dagegen haben? Warum sollte ich mich aufregen, weil Rich andere Fähigkeiten in unsere Ehe einbringt als ich?«

In meiner eigenen Ehe habe ich meinem Mann Mayer gleich gesagt, daß er nicht defensiv zu werden braucht, wenn ich eine Veränderung vorschlagen möchte. Es dauerte eine Weile, bis er das Konzept begriff, aber wenn es sein mußte, habe ich es ihm jedesmal geduldig wiederholt. Jetzt ist nur noch ein kurzes »Denk dran!« nötig. Oder ich leite einen Satz ein, indem ich sage: »Ich will nicht, daß du defensiv wirst, ich möchte nur über etwas reden.« Ich habe gehört, wie Mayer anderen anerkennend erzählte, er wisse, daß er im Zusammensein mit mir eine Menge über Kommunikation gelernt habe.

Vielleicht wünschen Frauen sich eine ideale Partnerschaft zwischen Männern und Frauen, in der beide gleich fähig zu Beziehung und Kommunikation sind und beide Interesse daran haben, systematisch eine immer erfreulichere Beziehung aufzubauen. An diesem Ideal ist nichts Verkehrtes, doch die meisten Paare sind noch nicht soweit. Es ist erst fünfundzwanzig Jahre her, daß die moderne Frauenbewegung den Männern nahelegte, über fünftausend Jahre patriarchalischer Konditionierung (oder, wie manche behaupteten, mehrere Millionen Jahre biologischer Entwicklung) über Bord zu werfen und die warmherzigen, empfindsamen, romantischen, liebenswerten Wesen zu werden, nach denen wir uns heute sehnen. Wir stecken immer noch mitten drin in dieser Revolution. Bereitwillig für die Männer in unserem Leben die Rolle der »emotionalen Mentorin« zu übernehmen, ist diesem mittleren Stadium vielleicht angemessen. Wenn unser Ziel eine erfüllte Partnerschaft der Geschlechter in puncto Beziehungsfähigkeit ist, könnte es auf dem Weg dahin ein wichtiger Schritt sein, Männer als freiwillige, geduldige und fröhliche Mentorinnen zu begleiten.

Natürlich muß dies mit äußerster Behutsamkeit geschehen; es kann leicht in Nörgeln und Predigen ausarten. Da Frauen ein spezifisches Interesse an den Resultaten haben, sind sie eventuell schlechte Lehrerinnen. Eine erfolgreiche Beziehung zwischen Ratgeber und Beratenem erfordert einen beiderseitigen Wunsch nach Veränderung. Weder Mann noch Frau sollten sich darauf einlassen, nur weil *sie* will, daß *er* sich ändert.

Ich habe in meinem letzten Buch *Endlich verheiratet, warum bin ich nicht glücklich?* zwar bestimmte Richtlinien für »emotionale Mentorenschaft« umrissen, doch überwiegend läuft sie eher informell ab. Das einzige, worauf Sie sich zu Beginn explizit einigen müssen, ist Arbeitsteilung. Eine Ihrer Verantwortlichkeiten würde dann darin bestehen, die Qualität der Kommunikation und Intimität zwischen Ihnen im Auge zu behalten.

Aber vielleicht sind Sie eine Frau, der genau diese Arbeitsteilung nicht zusagt. Vielleicht ist es gerade Ihr Problem, daß Sie nicht die ganze Beziehungsarbeit auf sich nehmen wollen und das Gefühl haben, der andere bemühe sich nicht. Machen Sie es in diesem Fall zu einem der Probleme, die Sie zu lösen versuchen, und sparen Sie es für Kapitel fünf auf, wo Sie konkrete Problemlösungstechniken finden werden.

Lassen Sie mich noch eine Bemerkung dazu machen, warum die Last der Beziehungsarbeit den Frauen zufällt: Diejenigen, die leiden und erkennen, daß sie leiden, sind immer diejenigen, die Veränderungen initiieren. Die zeitgenössische Frauenbewegung begann um 1970, weil Frauen unzufrieden waren. Die Veränderungen, die wir damals anstrebten – und heute noch anstreben –, bedeuten eine ungeheure Menge harter Arbeit. Es war nicht gerecht, daß Frauen all diese Arbeit leisten mußten; aber genau das liegt in der Natur dessen, wie Veränderungen funktionieren – es waren die Frauen, denen es schlechtging, und die etwas verändern wollten.

Wenn Sie nun diejenige sind, die eine Veränderung Ihrer Beziehung wünscht, versuchen Sie, die Initiativen, die Sie ergreifen, als wichtige Pionierarbeit zu sehen. Überall auf der Welt bemühen sich Frauen (und Männer) gemeinsam mit Ihnen um gleichrangigere Partnerschaften im persönlichen Bereich. »Global denken, lokal handeln.« Erkennen Sie, daß Sie mit jeder Veränderung, die Sie in Ihrem ureigenen Umfeld bewirken, einer größeren Sache dienen, nämlich mithelfen, eine echte partnerschaftliche Gesellschaft aufzubauen. Würdigen Sie die ganz anderen Beiträge, die Ihr Mann zu Ihrer Ehe liefert, und versuchen Sie, großzügig mit den Ihren zu sein. Vielleicht ist es nicht gerecht, daß Frauen beziehungsorientierter sind als Männer, aber in diesem Stadium der Revolution ist das eben gewöhnlich der Fall. Machen Sie sich die Situation zunutze, statt sie zu beklagen. Gehen Sie gegen das Patriarchat und die Unterdrückung Ihres Geschlechts im allgemeinen an. Benutzen Sie in Ihrer eigenen Beziehung jedoch Ihre speziellen weiblichen Fähigkeiten, um die Veränderungen zu bewirken, die Sie sich wünschen.

F: *Heißt, die Verantwortung allein auf sich zu nehmen, nicht, »co-abhängig« zu werden, etwas, das wir unbedingt vermeiden sollten?*
A: Auf den ersten Blick mag es wie Co-Abhängigkeit erscheinen, allein an seiner Beziehung zu arbeiten, aber in Wahrheit trifft genau das Gegenteil zu. Das Programm dieses Buches wird Ihnen helfen, gerade die gefürchtete »Co-Abhängigkeit« zu verhindern.

Sie sind co-abhängig, wenn Sie versuchen, *Ihren Partner zu ändern*, wenn Sie auf sein oder ihr Verhalten fixiert sind, wenn Ihre eigenen Verhaltensweisen und Gefühle davon bestimmt sind, was Ihr Partner tut und sagt. Sie sind co-abhängig, wenn Sie emotional an jemanden gebunden sind, dessen Verhalten dysfunktional ist, wenn Sie zulassen, daß das destruktive Verhalten Ihres Partners darüber entscheidet, wie *Sie* sich verhalten und fühlen, und wenn Ihr Partner zur Aufrechterhaltung seines oder ihres destruktiven Verhaltensmusters auf Sie angewiesen ist. Sie sind co-abhängig, wenn Sie versuchen, für Ihren Partner etwas zu tun, das er oder sie selbst tun müßte, wenn Sie versuchen, Ihrem Partner bei einer Veränderung zu »helfen«, die *Sie* sich von ihm oder ihr wünschen, zu der er oder sie aber noch nicht bereit ist. Außerdem verdrängen Sie, indem Sie sich so sehr darauf konzentrieren, was Sie von Ihrem Partner wollen, dabei meist Ihre eigenen Gefühle.

Das Programm, das ich in diesem Buch vorstelle, damit Sie allein an Ihrer Ehe arbeiten können, lehrt das genaue Gegenteil von Co-Abhängigkeit. Es ermutigt Sie, das zu tun, was für Sie selbst notwendig ist, und mit dem Versuch aufzuhören, Ihrem Partner Veränderungen aufzuzwingen oder ihm zu helfen.

F: *Wie soll das laufen, allein arbeiten? Ich kann mir nicht vorstellen, wie ich in meiner Ehe bekommen soll, was ich möchte, wenn mein Partner überhaupt nicht mitmacht.*
A: Dieses Buch wird Sie einladen, selbst die Initiative in Ihrer Beziehung zu ergreifen. »Allein arbeiten« ist aus drei Gründen allerdings nicht ganz die richtige Bezeichnung für das, was Sie tun werden:
1. Was immer auch die Schwierigkeiten sind, die Sie gerade durchmachen, welche Bereicherung Sie sich auch für Ihre Ehe wünschen, andere Paare erleben dasselbe wie Sie. Phasen von Streß, Anpassung, Enttäuschung, selbst Desillusionierung sind normal in langfristigen Beziehungen. Sie sind kein Zeichen dafür, daß mit Ihnen als Paar etwas nicht stimmt. Eine Frau sagte mir einmal: »Mein Zusammenleben mit Michael läuft im Moment nicht schlecht; es ist nur nicht so, wie ich es mir gewünscht oder vorgestellt habe.« Auch wenn Sie glauben, Sie stünden kurz vor der Scheidung, bedenken Sie, daß auch andere Paare an diesem Punkt waren, die umgekehrt sind und ihre Liebe zueinander neu entdeckt haben. Was immer Ihre Probleme sind, Sie sind normal und nicht allein.
2. Auch wenn Sie die Initiative ergreifen und Ihren Partner nicht auffordern müssen, sich mit etwas Bestimmtem einverstanden zu erklären, bleibt er oder sie in Wirklichkeit nicht unberührt davon, daß Sie mit diesem Programm beginnen. Im menschlichen Verhalten gibt es ebenso wie in der Physik zu jeder Aktion eine gleichwertige Reaktion des Gegenübers. Wenn Sie etwas Neues ausprobieren, wird Ihr Partner irgendwie reagieren – oder nicht reagieren, was auch eine Reaktion ist. Ausgehend von den Ergebnissen entscheiden Sie dann, was Sie als nächstes tun. Der Zweck des Ganzen ist, Sie beide einander näher zu bringen – so daß Sie am Ende ganz und gar nicht allein sind.

3. Wie schon in der Einleitung erwähnt, ermutige ich Sie, eine Person heranzuziehen, die Sie bei der Umsetzung der Ideen in diesem Buch unterstützt. Im Idealfall haben Sie also einen Helfer. Wir werden den Ausdruck »allein arbeiten« in diesem Buch jedoch trotzdem beibehalten und damit die Tatsache bezeichnen, daß Sie »in Ihrer Beziehung die Initiative ergreifen, ohne Ihren Partner zu konsultieren«.

F: *Wie lange dauert es, bis ich Resultate erziele, wenn ich allein arbeite?*

A: Das ist eine gute Frage, denn die Erwartungen, mit denen Sie an ein Programm herangehen, haben sehr viel damit zu tun, wie Sie das Ergebnis beurteilen. Wenn Sie $5 erwarten und $50 bekommen, werden Sie entzückt sein; erwarten Sie jedoch $500 und erhalten $50, sind Sie am Boden zerstört. Es sind dieselben $50; nur Ihre Erwartung war eine unterschiedliche.

Das Geheimnis des Erfolgs bei jedem Unterfangen liegt darin, daß Sie Ihre Hoffnungen hoch und Ihre Erwartungen realistisch ansetzen.

Es ist möglich, mit diesem Programm sehr schnell Resultate zu erzielen. Insbesondere können die Veränderungen, die in Ihnen selbst vorgehen, fast sofort stattfinden – wenn ein Gedanke bei Ihnen zündet und Sie ein innerliches *Aha!* erleben – oder vom Gewohnten abrücken und Ihr Partner auf völlig unerwartete Weise reagiert. Derartige Durchbrüche werden Ihnen mit großer Sicherheit gelingen, wenn Sie die vorgeschlagenen Experimente machen.

Meist gehen Veränderungen jedoch langsamer vor sich. Es kann sein, daß Sie entmutigt werden, wenn Sie nicht gleich größere Umschwünge erleben. Aber denken Sie daran, es ist vollkommen normal, entmutigt zu sein, wenn Sie etwas ausprobieren und es beim erstenmal nicht klappt. Seien Sie ruhig enttäuscht; *lassen Sie sich nur von Ihrer Enttäuschung nicht am Weitermachen hindern.*

Vielen Paaren kommen, wenn sie über sich nachdenken, ihre

Probleme in den Sinn. Versuchen Sie, sich nicht mit den Phasen der Distanziertheit oder Spannung in Ihrer Partnerschaft zu identifizieren. Erinnern Sie sich daran, daß es überall in der Natur, so auch in Ihrer Beziehung, ein Auf und Ab gibt. Es ist nicht so, als wären die stürmischen Zeiten das »wirkliche« Sie und die sonnigen, glücklichen Zeiten nicht. Alle Phasen sind real; alle sind Teil dessen, was Sie als Paar sind. Versuchen Sie, sich nicht zusätzliche Probleme zu schaffen, indem Sie sich Sorgen machen, daß mit Ihrer Partnerschaft grundsätzlich etwas nicht stimmt. Die Chancen stehen gut, daß Sie dieses Stadium durchlaufen und zum nächsten übergehen.

Behalten Sie zwei verbreitete Lern- und Veränderungsmuster im Gedächtnis. Das erste ist wie beim Klavierspielenlernen. Der Fortschritt ist langsam und stetig, und jeden Tag baut die Arbeit auf der Arbeit des vorangegangenen Tages auf. Geduld und Ausdauer sind erforderlich, und große Veränderungen bemerken Sie erst, wenn Sie sie damit vergleichen, wo Sie vor sechs Monaten oder einem Jahr standen. Manches von dem, was Sie hier lernen, wird so ähnlich verlaufen. Es ist Arbeit. Sie verlangt Disziplin und Beharrlichkeit. Seien Sie nachsichtig mit sich selbst, wenn Sie langsam vorankommen. Gratulieren Sie sich zu kleinen Siegen.

Aber Sie werden auch eine zweite Art der Veränderung erleben, wie beim Radfahrenlernen. Sie probieren es und fallen hin, probieren es und fallen hin, womöglich viele Male. Dann, auf einmal, kriegen Sie ein Gefühl dafür, und danach können Sie für alle Zeiten radfahren! Sie müssen viele Versuche erdulden, ohne dabei offenkundige Fortschritte zu machen. Doch der Erfolg am Schluß wäre nicht ohne die vorangegangenen scheinbaren Fehlschläge zustande gekommen. Und wenn Sie zu schnell aufgeben, werden Sie nie wissen, wie wunderbar es sich anfühlt, es geschafft zu haben!

Persönliches und geistiges Wachsen ähnelt sehr oft dem zweiten Modell. Ich entsinne mich da an meine eigenen Bemühungen, meine Eßgewohnheiten zu ändern. Da ich jahrelang einen viel zu hohen Cholesterinspiegel hatte, versuchte ich etliche Male, weniger fett zu essen. Einige Wochen hatte ich damit immer Erfolg. Aber eines Tages kostete ich dann doch von den einladenden Pommes frites, die es als Beilage zu meinem Sandwich gab, oder gönnte mir ein Stück Schokoladen-Buttercreme-Torte; anschließend gab ich auf und glaubte, gesund zu essen sei einfach unmöglich. Doch ich las nach wie vor Artikel über die schädliche Wirkung von Fett, die verschiedene wohlmeinende Freunde mir ausschnitten. Alles prallte an mir ab. Und dann versuchte ich es noch einmal, hielt ein Weilchen durch und schlug irgendwann wieder, ohne recht zu wissen, wie es geschah, über die Stränge. Das ging jahrelang so.

Bei einer Untersuchung war mein Cholesterinspiegel wieder einmal sehr hoch. In mir klickte etwas. Plötzlich war ich wirklich entschlossen, diesen Spiegel zu senken, und es wurde zu meiner fixen Idee, Fette zu meiden. Nach zwölf Wochen nahezu perfekter Ernährung wurde ich erneut untersucht und hatte meinen Cholesterinspiegel um 58 Punkte gesenkt. Ich hing an der Angel. Heute kann ich mich, wenn eine käsetriefende Pizza oder brutzelnde Zwiebelringe oder ein großer Eisbecher vor mir steht, nicht mehr dazu durchringen, sie zu essen. Und ich habe zahlreiche leckere Alternativen entdeckt.

Diese Veränderung ging langsam vor sich. Ich erlebte oft Phasen des scheinbaren Rückschritts. Aber ich bewegte mich weiter in die richtige Richtung. Ich war geduldig und nicht zu streng mit mir, wenn es wieder mal nicht klappte. Ich bin sicher, ich wäre ohne all die vorherigen Versuche und Rückschläge nicht bei meinen jetzigen Eßgewohnheiten angelangt. Das Leben besteht überwiegend aus dem Versuch, Ziele zu erreichen; es ist kein Märchenland, in dem sie schon erreicht sind. Das macht das Leben ja so aufregend, interessant und herausfordernd.

Die wichtigsten Grundsätze in diesem Buch werden Ihnen neue Ideen vermitteln, wie Sie in Ihrer Ehe vorgehen können. So wird in gewissem Sinne die Veränderung eine sofortige sein, weil Sie nie mehr ohne den fundamentalen Gedanken sein werden, daß Sie allein an Ihrer Beziehung arbeiten. Achten Sie ansonsten darauf, daß Sie sich in einem Tempo verändern und wachsen, das Ihnen angenehm ist, und lassen Sie sich von Phasen der Entmutigung nicht abschrecken. Machen Sie weiter. Sie scheitern nur, wenn Sie aufgeben.

Und wie lange sollen Sie allein an Ihrer Ehe weiterarbeiten? Ich werde Sie nach und nach ermuntern, sich einen zeitlichen Rahmen abzustecken und Ihre Resultate zu bewerten. Wenn Sie die gewünschten Ergebnisse erzielen, werden Sie weitermachen. Wenn nicht, werden wir andere Alternativen erkunden. Haben Sie nie das Gefühl, daß Sie ewig allein an Ihrer Ehe weiterarbeiten müssen, wenn Sie keine positiven Resultate erhalten. Ständige Bewertung und Neuanordnung sind in dieses Programm eingebaut.

F: *Wie arbeite ich denn nun genau ganz allein an meiner Beziehung?*

A: Wir werden natürlich noch ganz präzise ausführen, was Sie tun können, aber lassen Sie mich hier einen allgemeinen Eindruck vermitteln und Ihnen Anhaltspunkte für die nächsten Kapitel geben.

Ich erinnere mich an einen Vorfall, bei dem ich wohl neun Jahre alt war. Es war nur noch ein Keks übrig, und meine Mutter sagte zu mir: »Susan, sei ein großes Mädchen und laß deinen kleinen Bruder den letzten haben.« Ich entsinne mich, daß ich ganz stolz war und richtig gern zuschaute, wie mein kleiner Bruder sich den Keks schmecken ließ. Meine Mutter lobte mich natürlich überschwenglich.

Ein anderes Mal – ich muß drei oder vier gewesen sein – kamen wir vom Jahrmarkt mit Heliumballons nach Hause. Ich fand es toll, wie sie hochstiegen und unter der Decke hängenblieben. Als wir nach draußen gingen, dachte ich natürlich, sie würden auch hier nur so hoch fliegen wie drinnen und dann anhalten. Als ich meinen Ballon losließ – und dann merkte, daß ich ihn für immer verloren hatte –, war ich am Boden zerstört. (Wäre es nicht schön, wenn wir uns als Erwachsene mit

gebrochenem Herzen auch so die Augen ausweinen könnten?)
Aber da schenkte mir mein großer Bruder, überwältigt von
Mitgefühl für mein Elend, doch tatsächlich seinen Ballon!
Was für eine Erleichterung! Welche Freude für mich!

In diesem kleinen Drama war er der »Große«.

Diese Haltung sollten Sie sich zulegen, wenn Sie darangehen,
allein an Ihrer Ehe zu arbeiten. Eine Zeitlang müssen Sie in
Ihrer Beziehung der oder die »Große« sein. Das heißt nicht,
daß Sie ein Heiliger oder Übermensch werden sollen. Es heißt
nicht, daß nur Sie Opfer bringen müssen, daß Sie Ihren Partner manipulieren sollten oder nicht ärgerlich werden dürfen.
Es heißt allerdings, daß Sie für eine Weile, als Experiment, nur
ein bißchen von Ihrem Ego preisgeben. Denken Sie nicht
daran, ob das anerkannt wird, was Sie tun. Geben Sie es auf,
recht haben zu wollen oder sich zu vergewissern, daß Ihr Partner weiß, wie recht Sie haben. Interessieren Sie sich mehr für
gute Resultate beim anderen als dafür, daß Sie für Ihr Handeln Anerkennung bekommen.

Spirituelle Meister sind Menschen, für die es eine Lebensweise
ist, der oder die »Große« zu sein. Sie haben gelernt, andere zu
unterstützen und zu unterweisen, ohne sich darum zu kümmern, ob es ihnen gedankt wird, daß sie gute Lehrer sind. Sie
wissen, wie man Konflikte gewaltfrei schlichtet. Wahrscheinlich werden Sie zwar kein spiritueller Meister, indem Sie allein
an Ihrer Beziehung arbeiten beziehungsweise der oder die
»Große« werden, aber Sie bewegen sich in diese Richtung.
Die folgende Geschichte über einen spirituellen Meister ver-
anschaulicht das Prinzip, ein Problem unauffällig zu lösen,
ohne es sich als Verdienst anzurechnen.

Ich begleitete meinen Freund Aaron einmal in das Gemeinde-
zentrum eines ziemlich verrufenen Innenstadtviertels von St.
Louis, wo er eine Gruppe Teenager in Aikido unterrichtete.
Als wir uns dem Gebäude näherten, kam eine der jungen
Frauen aus seinem Kurs auf uns zugelaufen und erzählte uns,
das Mitglied einer rivalisierenden Gang wolle auch am Kurs
teilnehmen, und mehrere Jungs hätten Messer zum Unterricht

mitgebracht, um den Neuen davon abzuhalten. Aaron dankte ihr und ging dann zu seinen Eröffnungsritualen über. Das Mitglied der rivalisierenden Gang war tatsächlich gekommen: ein massiger, hartgesotten wirkender Typ namens Ted. Der Unterricht lief noch keine zehn Minuten, als einer der anderen, ebenfalls massig, der Jessie hieß, sein Messer zog und zu Ted sagte, er solle abhauen. Ted zog sein eigenes Messer.

Aaron zuckte nicht mit der Wimper. Langsam und ruhig ging er zu Jessie hinüber. Der Wortwechsel verlief etwa folgendermaßen:

JESSIE: »Mach mich nicht an.«

AARON: »Du willst, daß Ted abhaut.«

JESSIE: »Er wird abhauen.«

AARON: »Du willst also wirklich, daß er geht.«

TED: »Ich geh aber nicht.«

Dann machte Aaron eine plötzliche Bewegung, bei der er anscheinend nach Jessies Messer griff, statt dessen aber stolperte und hinfiel und dabei Ted, den »Eindringling«, aus dem Gleichgewicht brachte. Bevor irgend jemand genau sehen konnte, was passiert war, hatte er Teds Messer gepackt und war wieder auf den Beinen.

AARON: »Oh Mann, wie ungeschickt von mir. Tut mir leid, Ted. Paß auf, Jessie, wie wär's, wenn Ted hier bleibt und ich verspreche, daß ich euch beide im Aikido gegeneinander antreten lasse. Wenn er verliert, sagen wir ihm, daß er gehen soll.«

Jessie fühlte sich ziemlich stark, weil er gerade zugesehen hatte, wie sein Lehrer sich zum Narren gemacht hatte und sein Gegner seiner Waffe beraubt worden war. Ted war die Sache peinlich. Und da Aaron seinen Kompromißvorschlag so schnell unterbreitet hatte, war keiner darauf vorbereitet, zu protestieren.

Da Aaron einen schwarzen Gürtel in Aikido hatte, fragte ich ihn später, ob er erwogen hatte, gegen Jessie Aikido anzuwenden. »Auf keinen Fall«, meinte er. »Beim Kampfsport geht es um das Verhindern von Gewalt, nicht um deren Eskalation. Ich wollte die Situation einfach entschärfen.«

Eine Freundin von mir ist Literaturagentin und brachte einmal innerhalb einer Woche zwei Autoren, die sie gar nicht vertrat, mit Verlegern zusammen, die diesen Autoren schließlich ein Publikationsangebot machten. Normalerweise wird meine Freundin gut dafür bezahlt, derartige Kontakte herzustellen, aber in diesem Fall wurden beide Schriftsteller von anderen Agenturen betreut. Als ich sie anrief und sagte, wie großzügig und selbstlos ich sie fände, meinte sie: »Ich habe mal einen Aufkleber gelesen, der mein Leben verändert hat. Da stand drauf: ›Du kriegst viel mehr geregelt im Leben, wenn du nicht dauernd darüber nachdenkst, wer den Verdienst dafür einstreicht.‹«

Das bedeutet es, der oder die »Große« zu sein: wenn man sich nicht von seinem Ego daran hindern läßt, für alle Beteiligten gute Ergebnisse zu erzielen.

Indem Sie beschließen, in Ihrer Beziehung die Initiative zu ergreifen, nehmen Sie eine gewisse Machtposition ein. Keine Macht über Ihren Partner, sondern Sie gewinnen eine innere Stärke, die nicht auf Anerkennung durch andere angewiesen ist. Es ist Ihnen sicher aufgefallen, daß Jessie, der »Unruhestifter« in obiger Geschichte, nur *scheinbar* die Macht hatte, weil er seine Waffe behielt. Die Macht dagegen, die Aaron hatte, war Selbstvertrauen, innere Stabilität, innere Stärke. Das ist die Art von Macht, die Sie brauchen, um Harmonie in Ihre Beziehung zu bringen.

Aaron benutzte seine Selbstsicherheit und Stärke dazu, die Situation neu zu definieren: Jessie legte es auf eine Gewinner/Verlierer-Konstellation an, war auf Kampf aus. Aarons Brillanz bestand darin, daß er sich auf Jessies Spiel gar nicht einließ; statt dessen erfand er ein anderes Spiel mit anderem Ausgang. Jessies Spiel hieß: »Wer gewinnt? Wer verliert?« Aarons Spiel war: »Wie kann ich mit meinem Unterricht weitermachen und trotzdem jedem seine Selbstachtung erhalten?« Ähnlich rät man Eltern kleiner Kinder, das Kind nicht »vor den Kopf zu stoßen«, indem sie Unterordnung verlangen, wenn das Kind auf etwas Bestimmtes fixiert ist (»Ich will das

Spielzeug da!«, »Ich will aber nicht gehen!«). Statt dessen sollten sie auf ein anderes Spielzeug hinweisen, sich woanders hinsetzen oder auf andere Art und Weise versuchen, die Gegebenheiten zu verändern, und eine neue Situation schaffen, in der keiner der Verlierer sein muß.

Der oder die »Große« zu sein, heißt, daß Sie vermeiden, sich vom unmittelbaren Geschehen absorbieren zu lassen, sondern einen Schritt zurücktreten, damit Sie das ganze Spiel sehen, von dem Sie ein Teil sind. Dann haben Sie die Wahl: einfach nicht mitzuspielen oder vielleicht sogar ein völlig neues Spiel zu erfinden. Es ist ein simples Umschalten von »Das können wir uns *doch* leisten. Du hast kein Recht, zu entscheiden, daß wir es uns nicht kaufen« zu »Paß auf, wir streiten uns schon wieder über Geld. Laß uns ein Eis holen und darüber diskutieren, wenn wir in besserer Stimmung sind.«

Im ersten Fall gehen Sie ganz im unmittelbaren Geschehen auf und sehen dabei die Szene in Nahaufnahme, weil Sie selbst mittendrin stecken.

Im zweiten haben Sie Ihre Ego-Position aufgegeben und sind einen Schritt zurückgetreten. Jetzt können Sie sich beide streiten sehen, das »Spiel« oder »Drama« identifizieren und erkennen, daß es noch andere Möglichkeiten gibt.

Wenn Sie die in diesem Buch vorgeschlagenen Experimente ausprobieren, werden Sie dabei Ihr »beobachtendes« Selbst weiterentwickeln. Das ist der Teil von Ihnen, der in der Lage ist, nicht nur am Leben teilzunehmen, sondern sich dabei auch zuzuschauen. In der Position des Beobachters haben Sie wesentlich mehr innere Stärke und Macht, mehr Möglichkeiten, auszuwählen, und mehr Kontrolle, als ließen Sie sich einfach vom unmittelbaren Geschehen absorbieren und handelten ganz impulsiv.

Dieses Programm wird Ihnen konkret zeigen, wie Sie der oder die »Große« in Ihrer Beziehung sein können, wie Sie – indem Sie sich Ihre eigene Stärke zunutze machen – sich in die Lage versetzen, die Machtkämpfe in Ihrer Ehe umzudeuten und Ihre Konflikte in einen größeren Zusammenhang zu stellen, der ihre Wichtigkeit für Ihre Beziehung mindern wird.

Wenn man also die Frage »Wie arbeite ich allein an der Veränderung meiner Beziehung?« stellt, so beginnt die Antwort damit, daß Sie zunächst eine großzügige Haltung annehmen müssen, in dem Wissen, daß Sie, indem Sie bereit sind, eine Zeitlang der oder die »Große« zu sein, innere Stärke erringen und zugleich ihre Fähigkeit zum Mitgefühl steigern werden.

Beziehungsführung

Eine andere Möglichkeit, wie Sie Ihre Rolle bei der Verbesserung Ihrer Beziehung sehen können, wenn Sie allein daran arbeiten, ist die, sie als Gelegenheit zum Führen zu begreifen. Wahrscheinlich malen Sie sich manchmal aus, daß Sie, wenn Sie die Leitung Ihrer Firma oder Abteilung – oder Ihrer Kirche oder Regierung – übernehmen könnten, viel erfolgreicher sein würden als die gegenwärtige Führung. Also gut, hier ist Ihre Chance, Beziehungsführer zu sein!

Ah! Und wie führen vorbildliche Führer?

Sie sind keine Diktatoren. Sie kommen der Mannschaft nicht den ganzen Tag mit Kritik und Ratschlägen. Sie ignorieren die persönlichen Bedürfnisse der ihnen Anvertrauten nicht und erwarten dann auch noch, daß sie bestimmte Rollen, ungeachtet ihrer individuellen Neigungen, perfekt erfüllen.

Die besten Führer führen, indem sie *ein Beispiel* sind für die Wertvorstellungen der Gemeinschaft. Sie schaffen ein Umfeld, in dem Menschen gut arbeiten können. Sie helfen ihnen, sich mit sich und ihrer Arbeit wohl zu fühlen, sich zu verändern und zu wachsen. Gute Führer respektieren Angestellte und Kunden. Sie sind Olympiasieger im Zuhören. Sie beteiligen jeden an Problemlösungen und Entscheidungen. Oft spielen sie die Rolle des oder der »Großen«.

Sie haben die Gelegenheit, in Ihrer eigenen Familie ein musterhafter Beziehungsführer zu werden. Seien Sie ein Beispiel für die Werte und Verhaltensweisen, die Sie sich für Ihre Familie wünschen.

Als Dave mir erzählte, wie seine Frau ihm beibrachte, was Engagement ist, sagte ich mir: »Das ist ein großartiges Beispiel für eine Beziehungsführung ihrerseits.« Dies war seine Geschichte:

»Immer, wenn ich nicht mehr weiterwußte, ging ich einfach, verließ den Raum. Dagegen fiel mir auf, daß meine Frau, wenn sie wütend auf mich war, im Zimmer blieb, und dann redeten wir und erreichten tatsächlich etwas. Ich fing an, es auch zu versuchen. Ich hatte nie verstanden, was Engagement eigentlich heißt, aber jetzt hat es eine konkrete Bedeutung für mich: Ich verpflichte mich, im Zimmer zu bleiben und an den Dingen zu arbeiten, und zwar, weil ich gesehen habe, daß sie mir verpflichtet ist.«

Die folgenden Kapitel präsentieren spezifische Strategien, mit denen Sie ein kreativer Beziehungsführer werden können, um ein Umfeld zu etablieren, in dem die einzelnen Mitglieder der Familie gedeihen, einander zuhören und respektieren und eine Atmosphäre der Kooperation schaffen können. Beziehungsführung biete ich Ihnen hier lediglich als Metapher an. Falls Sie im Moment etwas dagegen haben, für Ihre Beziehung derartig verantwortlich zu sein, lade ich Sie ein, folgende Rolle als Chance aufzufassen: Ich ernenne Sie hiermit zum Vizepräsidenten in Sachen Verantwortung für die Beziehungsqualität! Dieses Buch beschreibt Ihr Aufgabengebiet. Machen Sie etwas daraus!

Teil II
Wie Sie Verantwortung übernehmen

Kapitel 2
Weg mit dem Trostpreis und her mit dem Hauptgewinn

Der Trostpreis des Lebens besteht darin, recht zu haben.
Bei unseren ersten Gruppentreffen vergeben wir immer jede
Menge Trostpreise.

BARBARA: »Phil hilft überhaupt nicht im Haushalt. Ich habe
schon alles versucht. Ab und zu tut er murrend etwas, um das
ich ihn bitte – einmal. Ich habe Listen für ihn gemacht. Ich
habe Argumente angeführt. Eines Abends sagte er, er würde
mit den Kindern Monopoly spielen, und sobald ich nach unten kam, meinte er: ›Jetzt kannst du übernehmen‹, und ging
wieder an seinen Computer. Er kapiert's einfach nicht!«

SAM: »Jenny lädt sich zuviel auf und kann nie nein sagen. Die
Kinder und ich kriegen sie gar nicht mehr zu Gesicht. Sie hat
Millionen Gründe, warum alles, was sie tut, super-wichtig ist.
Dabei sieht sie aber nicht, daß sie sich überhaupt nicht mehr
am Familienleben beteiligt. Ich bin ihre letzte Priorität. Wenn
ich es mal schaffe, daß sie verspricht, etwas Bestimmtes zu
tun, bläst sie das dann auch noch ab! Soviel Zeit habe ich
auch nicht für die Kinder, und ich mache mir wirklich Sorgen.«

Barbara und Sam hatten recht: ihre Partner waren unkooperativ und rücksichtslos und ihre eigenen Beschwerden völlig
legitim.
Halten Sie einen Moment inne und überlegen Sie, worin *Sie* in
Ihrer Beziehung recht haben. Welches sind Ihre Beschwerden

über Ihren Partner? Was würden Sie sagen, wenn Sie in einer Gruppe wären, um Ihre Ehe von sich aus zu verbessern, und aufgefordert würden, Ihr Problem zu schildern?

Wahrscheinlich würde kaum einer abstreiten, daß Sie ein schwerwiegendes Problem haben und völlig im Recht sind, wenn Sie sich aufregen, ärgern, vielleicht sogar betrogen und auf jeden Fall total erschöpft fühlen. Was immer das Problem mit Ihrem Partner sein mag, ich und vermutlich viele Ihrer Freunde haben sehr viel Anteilnahme für Sie und empfinden Ihren Schmerz mit. Wie sehr ich wünschte, daß die Dinge anders für Sie lägen! Warum kann dieser Spielverderber von Partner bloß nicht einsichtiger sein?

Bevor Sie diesen Trostpreis aus der Hand geben, sollten Sie es erst einmal voll auskosten, ihn ganz für sich zu haben. Lassen Sie mich also folgendes Experiment vorschlagen:

Experiment 3
Holen Sie sich Ihren Trostpreis
Listen Sie in Ihrem Tagebuch kurz das Hauptproblem oder die Hauptprobleme auf, die Sie in Ihrer Ehe haben. (Sie können auch die Liste benutzen, die Sie in Experiment 2 gemacht haben.)
Schreiben Sie neben jeden Punkt auf Ihrer Liste den Anfangsbuchstaben des Namens der Person, deren Schuld dieses Problem ist: Ihre, die Ihres Partners oder beider.

Damit diese »Lektion« ihren Zweck erfüllt, wollen wir uns nur auf die Probleme konzentrieren, an denen Ihr Partner schuld ist.

Sie haben recht. Ihr Partner ist wirklich schwierig, und Sie haben zumindest die Befriedigung zu wissen, daß Sie auf der richtigen Seite stehen, daß Sie der oder die Faire, der oder die Vernünftige von Ihnen beiden sind.

Spüren Sie nun in Ihrem ganzen Körper, wie es ist, recht zu haben, was dieses Hindernis in Ihrer Beziehung betrifft. Es liegt ein gewisser Trost darin. Natürlich ärgert es Sie auch, aber zumindest müssen Sie sich nicht schuldig oder sonst irgendwie schlecht fühlen. Und wenn Sie mit Ihren Freunden über das Problem reden, werden viele von ihnen zweifellos mit Ihnen übereinstimmen, und das gibt Ihnen das Gefühl, geliebt und unterstützt zu werden.

Glauben Sie, Sie könnten es aufgeben, recht haben zu wollen? Lassen Sie uns mal näher hinsehen.

Wenn Sie bei der Analyse Ihres Problems feststellen, daß Sie recht haben, dann muß Ihnen klar sein, daß *das alles ist, was Sie kriegen.* Damit hat es sich. Sie wissen, daß Sie recht haben. Sie können das Problem nicht lösen. Sie kommen Ihrem Partner nicht näher. Sie verringern den Konflikt in Ihrer Beziehung nicht. Sie hören nicht auf, sich zu ärgern. Sie erreichen die Veränderungen nicht, nach denen Sie sich sehnen.

Rechthaben ist eine Sackgasse. Jede Bewegung hört an diesem Punkt einfach auf. Es passiert nichts mehr. Um Sie herum streben die Menschen aktiv nach dem Hauptgewinn in ihrer Beziehung, während Sie dasitzen und sich wie ans liebe Leben an Ihren Trostpreis klammern, womöglich für Jahre.

Mit dem Trostpreis sind noch andere Probleme verbunden. Rechthaben läßt zum Beispiel keinen Raum für die Möglichkeit, daß Sie die ganze Sache *vielleicht* doch falsch beurteilt haben! Natürlich ist das unwahrscheinlich. Tatsachen sind schließlich Tatsachen. Aber sehen wir, wie es Sally in der folgenden Geschichte erging, als sie es aufgab, recht haben zu wollen.

Sally und Ken waren im allgemeinen glücklich miteinander und hatten viel gemeinsam. Allerdings hatten sie ein großes Problem: Geld. Erstens stand ihnen nicht soviel zur Verfügung, wie sie eigentlich brauchten, und zweitens kontrollierte Ken ihre Finanzen sehr streng. Obwohl Sally einen Teil des gemeinsamen Einkommens verdiente, erledigte Ken alle Bankangelegenheiten und bezahlte die Rechnungen. Sally erhielt jeden Monat eine feststehende Summe Haushaltsgeld, und sie hatten abgemacht, daß sie bei größeren Anschaffungen gemeinsam entscheiden wollten. In der Praxis sah das jedoch so aus, daß, wenn Ken sich neues Werkzeug zulegen oder essen gehen wollte, Sally sagte, er solle nur machen, kein Problem. Wollte Sally sich dagegen einen neuen Mantel kaufen oder ein Seminar besuchen, machte Ken ihr Vorhaltungen, versuchte, sie zu überzeugen, daß das nicht nötig sei, und behauptete, das könnten sie sich nicht leisten. Das führte schließlich dazu, daß Sally das Gefühl hatte, sie müßte für alles, was sie tun wollte, »Papis Erlaubnis einholen«. »Ich bin erwachsen«, sagte sie zu mir. »Ich bin gut zurechtgekommen, bevor ich Ken kennenlernte. Ich sehe nicht ein, wieso ich mir das jedesmal gefallen lassen muß, wenn ich was von meinem Geld ausgeben will.«

Immer wieder versuchte Sally, Ken dazu zu bringen, daß er das Ungerechte an ihrer Situation sah. Sie bat ihn, das Bezahlen der Rechnungen und die Bankangelegenheiten übernehmen zu dürfen, aber davon wollte Ken nichts wissen. Wenn Sally mit ihrer Mutter darüber sprach, was sie oft tat, fand diese auch, daß Ken einfach uneinsichtig und in Gelddingen egoistisch sei und außerdem unsensibel, weil er sich weigerte, das Machtgefälle zwischen ihnen zu sehen.

Eines Tages schilderte Sally einer neuen Freundin die Lage, und die sagte: »Vielleicht ist er gar nicht egoistisch und uneinsichtig. Vielleicht hat er Angst.«

Diese Bemerkung machte großen Eindruck auf Sally. Sie dachte weiter darüber nach. Sie erkannte, daß sie versuchte, Ken dazu zu bringen, daß er zugab, egoistisch und uneinsichtig zu sein. Warum sollte er? Natürlich hatte er Angst. Seine ganze Familie ging extrem vorsichtig mit Geld um; wie hätte er ohne Angst um Geld aufwachsen können? Die Anschaffung eines neuen Werkzeugs konnte er rationalisieren, weil er entschied, welches Werkzeug er kaufte und wieviel er dafür bezahlte. Am Kauf eines neuen Mantels bei Sally dagegen ängstigte es ihn, daß er keine Kontrolle darüber hatte, welchen Mantel sie nahm oder wieviel sie dafür ausgab. Vielleicht war sein Argument, sie *brauchte* keinen neuen Mantel, nur seine

Art des Rationalisierens? Dabei machte er sich in Wahrheit nur Sorgen.

Außerdem hielt er ihr ständig vor, sie solle doch einsehen, wieviel er zum Gelingen ihrer Ehe beitrug, weil er sie so erfolgreich vor Schulden bewahrte. Also fing Sally an, die genau gleiche Situation mit anderen Augen zu betrachten. Statt Ken als »unfair« wahrzunehmen, sah sie ihn nun als »ängstlich«.

Noch in derselben Woche brauchte Sally Geld, um mit einer Freundin eine teure Benefizveranstaltung zugunsten einer Sache zu besuchen, die Ken und sie beide unterstützten. Gewöhnlich ging sie in solchen Fällen so vor, daß sie Ken zu überzeugen versuchte, es sei nur gerecht, wenn sie auch einmal ihren Willen bekäme. Dank ihrer neuen Einsicht wählte sie jetzt jedoch eine völlig andere Strategie.

»Ken, Schatz, ich weiß, ich sage dir das nicht sehr oft, aber ich bin wirklich froh darüber, daß du soviel Zeit und Energie darauf verwendest, unsere Finanzen zu verwalten. Du machst das wirklich großartig. Seit dieser fürchterlichen Episode vor ein paar Jahren haben wir nie wieder Geld leihen oder Schulden machen müssen. Das finde ich ganz toll.

Ich möchte nicht, daß du dir Sorgen machst, aber ich würde wahnsinnig gern mit Naomi zu dem Benefiz-Dinner gehen. Wir haben ja wohl im Moment ein kleines finanzielles Polster.

Meinst du nicht? Oder wäre es dir sehr unangenehm, wenn ich ginge? Dann würde ich es mir noch mal überlegen.«

Ken erzählte mir später, daß er aufrichtig gerührt war – weil er spürte, daß Sally endlich begriffen hatte. Er spürte ihr Verständnis für seine Bemühungen und Empfindungen, und das tat ihm gut. Er fühlte sich unterstützt. Er hatte nie gewollt, daß Sally sich betrogen oder machtlos fühlte; was er wollte, war, daß Sally *ihm* half! Als er merkte, daß sie ihn verstand und auf seiner Seite war, hatte er nicht mehr das Bedürfnis, so vorsichtig zu sein – denn jetzt war er nicht mehr der einzige, der vorsichtig war. Von einer ganz anderen Gefühlslage ausgehend als sonst, hatte er nun nichts dagegen, daß Sally zu der Veranstaltung ging.

Bei ihren endlosen Versuchen, Ken zu bewegen, sie zu verstehen und ihr zuzustimmen, daß er sie ungerecht behandelte, hatte Sally vergessen, Ken zuzuhören! Sie mag immer noch *recht* damit haben, daß es unfair war, ihn fürs Geldausgeben um Erlaubnis bitten zu müssen, aber das Rechthaben bringt sie keinen Schritt weiter! Nur dadurch, daß sie die Sache aus einem anderen Blickwinkel betrachtete, hatte sie ihren Standpunkt so verlagert, daß er viel produktiver war als ihre vorherige »richtige« Analyse.

Ein Problem beim Rechthabenwollen liegt also darin, daß es oft mehrere »richtige« Betrachtungsweisen für eine Situation gibt, und Ihre richtige nur *eine* davon ist. Das Rechthabenwollen hindert Sie vielleicht daran, Ihr Blickfeld zu erweitern.

Allerdings wirft das Rechthaben ein noch größeres Problem auf: Es macht Sie hilflos.

Meist besagt Ihre »richtige« Analyse der Situation, daß Ihr Partner an den Schwierigkeiten in Ihrer Ehe schuld ist. Sehen Sie selbst, wie viele Probleme auf Ihrer Liste mit »Mein Partner will nicht ...« oder »Mein Partner ist zu ...« oder »Mein Partner ist nicht ...« beginnen.

Wenn diese Probleme nur dadurch zu lösen sind, daß Ihr Partner sich ändert, so versetzt Sie das in eine furchtbar schwache Position. Falls Sie ihn oder sie nämlich nicht zu dieser Veränderung bewegen können, bleibt Ihnen nichts mehr zu tun. Noch eine Sackgasse.

Außerdem vermitteln Sie Ihrem Lebensgefährten, wenn Sie ihn dauernd auffordern, sich zu ändern, unterschwellig die Botschaft: »Mit dir ist etwas nicht in Ordnung.« Das wird ihn oder sie noch weiter von Ihnen entfernen, und Sie wollten doch eigentlich mehr Nähe!

Hier die schlechte Nachricht: Ihr Partner wird sich nicht ändern. *Schlagen Sie sich das aus dem Kopf.*

Und hier die gute: Sie können trotzdem eine Menge tun.

Es ist höchst unwahrscheinlich, daß sich Ihr Partner ändert. Es ist unwahrscheinlich, daß Ken jemals freizügig und locker mit Geld umgeht. Es ist unwahrscheinlich, daß Phil je acht Stunden wöchentlich im Haushalt hilft. Es ist unwahrscheinlich, daß Barbara ihre Interessen völlig aufgibt und jeden Abend zu Hause bleibt.

Aber was die Lösung Ihres Problems angeht, *macht das überhaupt nichts*. Vielleicht haben Sie recht damit, daß Ihr Partner das Problem verursacht. Es ist egal, wessen Schuld es ist; *Sie* können das Problem dennoch lösen.

Wie? Indem Sie herausfinden, welche Rolle Sie spielen – und darin eine kleine Veränderung vornehmen.

Das ist der Hauptgewinn.

Sie haben keine Kontrolle über Ihren Partner. Das haben Sie bereits festgestellt. Sie haben aber enorme Kontrolle über sich selbst, Ihre Reaktion auf Ihren Partner und die Initiative, die Sie im Hinblick auf Ihren Partner ergreifen. Denken Sie daran, wie Sally dadurch, daß sie ganz allein etwas veränderte, ihr »Problem« in etwas anderes verwandelte. Sie entdeckte, welche Rolle sie dabei spielt, und veränderte sie.

Sie holen sich den Hauptgewinn in Ihrer Beziehung, indem Sie herauskriegen, welchen Anteil Sie an der Dynamik des Spiels haben, und im Umschreiben Ihres eigenen Parts finden Sie dann zu großer innerer Stärke und der Fähigkeit, Ihre Ehe umzugestalten. Meine Freundin, die Eheberaterin ist, hat mir oft gesagt: »Wenn sich in einer Beziehung nur einer verändert, können Wunder geschehen.«

Wie bekommen Sie denn nun heraus, welches Ihre Rolle ist, damit Sie anfangen können, diese Wunder wahr werden zu lassen?

Ich werde es Ihnen zeigen.

Das folgende Rezept ist einfach, doch es erfordert Mut. Teilweise werden Sie sich dabei vielleicht ein wenig winden. Manches, was ich vorschlage, wird Sie ärgern. (Das ist bei den Teilnehmern meiner Seminare immer so.) Sie werden es ablehnen, Ihre Situation mit anderen Augen zu betrachten, weil Sie soviel darin investiert haben, mit einer bestimmten Sichtweise

»recht zu haben«. Wenn jemand aus Ihrem Freundeskreis Ihre Sichtweise teilt, finden Sie es möglicherweise peinlich oder sogar demütigend, Ihre Darstellung dieser Person gegenüber zu verändern.

Halten Sie sich immer zwei Dinge vor Augen:

– Sie müssen Ihrem Partner Ihre neuen Überlegungen oder die Veränderung Ihres Standpunkts nicht explizit mitteilen. Sie können natürlich, aber Sie müssen nicht. Er oder sie wird Ihr verändertes Verhalten mit großer Sicherheit als angenehme Überraschung aufnehmen, braucht jedoch nicht zu wissen, was dahintersteckt.

– Es ist schwierig und unangenehm, sich gedemütigt, in Verlegenheit gebracht oder verletzlich zu fühlen, aber als reifer Mensch müssen Sie manchmal erkennen, daß Sie vielleicht den falschen Weg gegangen sind, und bereit sein, einen neuen Weg auszuprobieren. In Wirklichkeit beweisen Sie mehr Stärke, wenn Sie zulassen, daß Sie Ihre Verletzlichkeit spüren, statt sie schnell beiseite zu schieben oder zu verstecken.

Halten Sie einen Moment inne und denken Sie an das letzte Mal, als Sie einen Fehler gemacht oder sich bei Ihrem Partner für etwas entschuldigt haben. Wahrscheinlich steigt Ihnen dabei die Hitze ins Gesicht. Vielleicht spüren Sie einen leisen Schmerz in Ihrer Brust oder eine leichte Übelkeit oder ein Aufwallen im Magen. Das ist kein sehr schönes Gefühl, aber es wird Sie nicht umbringen. Und wenn Sie es eine kurze Weile aushalten, wird es vorübergehen, und dann kommen womöglich die herrlich angenehmen, liebevollen Gefühle, nach denen Sie sich gesehnt haben. Das sind die Empfindungen, die aus Ehrlichkeit, Offenheit und Einfühlsamkeit entstehen.

Wie Sie in Ihrer Beziehung den Hauptgewinn ziehen: Ihre Hälfte des Drehbuchs

Sie sind sich bereits ziemlich sicher, welche Rolle Ihr Partner spielt, und haben ihr vermutlich schon viel Aufmerksamkeit gewidmet. Nun wollen wir herausfinden, welches Ihre Rolle ist.
Haben Sie Ihr Vergrößerungsglas zur Hand? Los geht's.

Experiment 4
Holen Sie sich in Ihrer Beziehung den Hauptgewinn
Um Ihre Rolle in der Beziehung zu ermitteln, vollziehen Sie mit mir zusammen ein paar einfache Schritte. Daraus wird sich die Antwort ebenso »automatisch« ergeben wie ein Bild, das Sie erhalten, wenn Sie bestimmte vorgedruckte Pünktchen miteinander verbinden. Konzentrieren Sie sich nicht allzusehr auf die einzelnen Schritte; bleiben Sie an meiner Seite, und schreiten Sie stetig voran. Am Ende des Weges winkt die Goldmedaille.
Jede der folgenden Fragen enthält mehrere Übungsvorschläge. Sie können Sie durchlesen und die Übungen dabei im Geiste ausführen. Noch besser ist es, wenn Sie Ihr Tagebuch oder etwas Papier zur Hand nehmen und die vorgeschlagenen Sätze niederschreiben.

---

1. Was würde mein Partner über mich sagen, wenn er/sie mit einem Freund über mich redete? Sehe ich etwas Stichhaltiges an seinen/ihren Äußerungen?
Sie wissen vermutlich, was Ihrem Partner an Ihnen mißfällt, und höchstwahrscheinlich reagieren Sie auf seine Beschwerden, indem Sie sich verteidigen, Ihre »richtige« Analyse der Situation vorbringen und erklären, Sie hätten ein Recht auf Ihr Verhalten oder würden sich nicht so verhalten müssen, wenn Ihr Partner sich nur ändern würde.

»Ich brauchte nicht mehr herumzunörgeln, daß du dich um die Kinder kümmern sollst, wenn du es einfach *tätest*!«

»Ich rede nicht zuviel und unterbreche dich dauernd. Ich kann nicht dasitzen und still sein, nur weil du mehr reden willst. Du mußt dich laut und deutlich äußern. Dann höre ich dir immer zu.«

»Es ist *nicht* übertrieben, wenn ich öfter Sex möchte. Du sagst häufiger nein dazu, als dir klar ist.«

Halten Sie nun inne und schreiben Sie auf (oder stellen Sie sich vor), was Ihr Partner Ihrer Meinung nach über Sie sagen würde, wenn er oder sie mit einem Freund über die Probleme in Ihrer Beziehung redete. Welche Beschwerden hat Ihr Lebensgefährte über Sie?
Wie ist Ihre übliche Reaktion auf eine solche Beschwerde? Schreiben Sie das ebenfalls nieder.
Schauen Sie sich jetzt noch einmal an, was Sie geschrieben haben. Sehen Sie irgend etwas Stichhaltiges an der/den Beschwerde(n) Ihres Partners über Sie? Denken Sie nach.
Wenn Sie den Standpunkt Ihres Partners auch nur ein bißchen verstehen können, versuchen Sie, lediglich als Experiment, bei sich selbst zu sagen: »(Name des Partners), ich weiß, daß du nicht vollkommen unrecht hast. Mir ist klar, daß ich ... (setzen Sie die Beschwerde Ihres Partners ein).«
Wie fühlt sich das an?
Wahrscheinlich wollten Sie hinzufügen: »ABER ...«, und Ihre gewohnte »richtige« Erklärung hinzufügen. Versuchen Sie, den Satz ein paarmal ohne das »aber ...« vor sich hinzusagen.
»(Name des Partners), ich weiß, daß du nicht vollkommen unrecht hast. Mir ist klar, daß ich ... (setzen Sie die Beschwerde Ihres Partners ein).«
Fühlen Sie sich ein klein wenig gedemütigt? So, als ob Ihr Partner eventuell doch ein kleines bißchen recht haben könnte? Gut! Herzlichen Glückwunsch!

Wenn Sie irgend etwas Wahres am Standpunkt Ihres Partners erkennen – und sei es nur ein Schimmer –, sind Sie auf dem besten Weg, eine neue Position in Ihrer Beziehung einzunehmen und Sie beide einander näher zu bringen.

2. *Besteht die Möglichkeit, daß in Wirklichkeit ich meinen Partner dazu bringe, sich so zu verhalten, wie er oder sie es tut?*
In Ihrer »richtigen« Analyse glauben Sie vermutlich, daß das Verhalten Ihres Partners sämtliche Probleme verursacht. Wenn er im Haushalt helfen würde, wäre das Problem gelöst. Wenn sie Sie in Ruhe ließe und Ihnen nicht auf die Nerven ginge, wäre das Problem gelöst. Wenn er mit Ihnen reden würde und Ihnen mehr Aufmerksamkeit schenkte, wäre das Problem gelöst.
Vervollständigen Sie in Ihrem Tagebuch folgenden Satz, einmal oder in verschiedenen Varianten:
Wenn (Name des Partners) nur ..., wäre das Problem gelöst.
Was wäre nun, wenn Sie, nur als kleine Übung, einmal annähmen, daß es in Wahrheit umgekehrt ist, daß nämlich Sie mit dem, was Sie tun, unabsichtlich das Verhalten Ihres Partners verursachen?
Erinnern Sie sich an die »Fädchenspiele«, die Sie als Kinder machten? Je raffiniertere Lösungen Sie ausprobierten, um ein neues Muster herzustellen, desto enger schloß sich das Netz. Die Ausgangssituation wurde nur noch verschlimmert. Könnte es sein, daß Ihr Lösungsversuch das Problem in Ihrer Beziehung auch nur verschlimmert?
Paul war der »eifersüchtige Typ«. Jedesmal, wenn er seine Frau Helen auf einer Party angeregt mit einem anderen Mann reden sah oder hörte, daß sie mit einem Mann zusammen an einem Projekt arbeitete, wurde er wütend auf sie, war verletzt und zog sich zurück. Diese Versuche, Helen ganz für sich zu haben, ließen Paul sehr unsympathisch erscheinen und Helen nur noch weiter von ihm abrücken. Sein Versuch, das Problem zu lösen, verschlimmerte es.

Ähnlich geht es Mary: immer wenn sie versucht, John aufzuheitern, wird John um so knurriger. Wenn er schlechter Laune ist, kann er ihr sonniges Wesen nicht ertragen. Es ist wie in obigem Beispiel, in dem Sally versuchte, Ken zu überzeugen, es müsse möglich sein, daß sie ihr eigenes Geld ausgeben dürfe, und Ken nur immer besorgter wurde.

Der große Durchbruch, der vor etlichen Jahrzehnten die Ehe- und Familientherapie von den herkömmlichen Psychotherapien abhob, war die Erkenntnis, daß Probleme zwischen einem Paar oder in einer Familie eher von der *Interaktion der Beteiligten* verursacht werden als von der Pathologie eines einzelnen Familienmitglieds. Die einzelnen Angehörigen beeinflussen einander. Wenn zum Beispiel in der traditionellen Therapie ein Elternteil um Hilfe bei einer problematischen Heranwachsenden bat, konzentrierte sich der Therapeut gewöhnlich auf die Tochter. Was an ihrer Persönlichkeit oder individuellen Neurose veranlaßt sie, sich nicht richtig zu verhalten? Wie können wir sie für ihr Verhalten bestrafen oder sie dazu bewegen, sich positiv zu verändern? Wie können wir sie motivieren, ein besserer Mensch zu werden? Irgendwie muß sie sich umstellen.

Die Familientherapie wählte einen völlig anderen Ansatz. Sie fragt: Könnte es sein, daß die Heranwachsende aufgrund der Art und Weise, wie die ganze Familie interagiert, schwierig ist? Vielleicht liegt das Problem nicht bei der Tochter, sondern im Familiensystem selbst, in den unausgesprochenen Regeln, die jedes einzelne Mitglied beeinflussen? Vielleicht muß sich die *ganze Familie* ändern?

Familientherapeuten entwickelten den Begriff »identifizierter Patient« oder IP zur Bezeichnung derjenigen Person, die nach Meinung der Familie das Problem verursachte, die aber, wie die Therapeuten wußten, in Wirklichkeit Opfer eines Systems sein konnte, das nicht gut funktionierte. Der IP war der Sündenbock, dem die Familie am einfachsten die Schuld zuschieben konnte. (Die stillschweigende Annahme der Familie, daß der IP ein »Problem« darstellte, war gleichzeitig ein Beispiel für das Scheitern des »Familiensystems«, denn diese Annahme trug einiges zum niedrigen Selbstwertgefühl und rebellischen Verhalten des IP bei und entließ die übrige Familie aus der Verantwortung.) Es ist nie so, fanden Familientherapeuten heraus, daß eine Person in einer Familie »schlecht« ist und der Rest »gut«. Statt dessen gingen sie dazu über, ganze Familien als intakt oder »dysfunktional« zu bezeichnen. In dysfunktionalen Familien war es immer die *Interaktion zwischen den einzelnen Mitgliedern*, die die Probleme verursachte, nicht ein Individuum.

Außerdem merkten sie natürlich schnell, daß es für die Familienmitglieder sehr schwer ist, ihren eigenen Beitrag zu den familiären Problemen zu erkennen. Das liegt in der menschlichen Natur. Die Angehörigen einer Familie sehen den Fehler immer bei jemand anderem, ebenso wie Sie es wahrscheinlich bisher in Ihrer Beziehung getan haben.

Die in der Familientherapie gewonnenen tiefgreifenden Einsichten sind dieselben, die Sie für Ihre eigene Ehe benötigen.

Ich fragte eine Freundin, die Familientherapeutin ist: »Was ist dein Ansatz, wenn jemand allein zu dir kommt, um an seiner oder ihrer Beziehung zu arbeiten?« Ohne zu zögern, erwiderte sie: »Ich mache nicht den abwesenden Partner zum Problem.« Anders gesagt, ganz gleich, wie abscheulich Sie das Verhalten Ihres Partners finden: Wenn Sie eine Paartherapeutin um Hilfe bäten, würde sie Ihre Geschichte, daß Ihr Partner Ihr Problem verursacht, nicht akzeptieren. Ungeachtet der Fakten ist dies der hilfreichste Standpunkt, den eine Therapeutin einnehmen kann. Sie würde voraussetzen, daß es die *Interaktion* zwischen Ihnen beiden ist, die gestört ist und verbessert werden muß, nicht einer von Ihnen allein.

Am hilfreichsten ist es also für Ihre Beziehung, wenn Sie diesen Standpunkt auch einnehmen. Versuchen Sie, damit aufzuhören, Ihren Lebensgefährten zum IP zu machen. Geben Sie sich selbst natürlich auch nicht die Schuld. Beobachten Sie statt dessen, wie Sie beide interagieren. Sie haben definitiv *irgendeinen* Anteil daran. Wir fordern Sie nicht auf, Ihren Anteil als gut oder schlecht, unterstützend oder destruktiv zu beurteilen. Wir fordern Sie nur auf, ihn zu identifizieren.

Der Schriftsteller Mark Gerzon sagt in *A House Divided*: »Wenn du dem Ganzen helfen willst, verbünde dich nicht mit einem seiner Teile.«

Mike möchte öfter Sex mit Susie haben, deshalb bittet er sie darum. Diese Bitten aber erscheinen Susie als Kritik und Druck. *Verursacht* Mike mit seinem Drängen, daß Susie zurückhaltender ist? Oder *verursacht* Susie mit ihrer Zurückhaltung, daß Mike mehr Druck ausübt? Wer hat angefangen? Liegt das Problem darin, daß Susie kühl und distanziert – oder daß Mike fordernd und ärgerlich ist? Für beide Positionen ließe sich Partei ergreifen, aber in Wahrheit kommt es darauf nicht an. Tatsache ist, daß Mike und Susie beide am Fortbestand des »Problems« beteiligt sind, und daß beide sich auf die Rolle des anderen konzentrieren und nicht auf die eigene. Und wenn einer von beiden sich änderte, würde sich das ganze Drama verändern.

Es kann sehr schwierig für Sie sein, Ihre Rolle in der eigenen Beziehung zu erkennen, weil Sie mittendrin stecken. Es ist ein bißchen so, als versuchte man, die ganze Tafel zu sehen, wenn man zwei Zentimeter davorsteht. Erwarten Sie nicht sofort endgültige Ergebnisse.

Versuchen Sie im Moment einfach, folgenden Satz in fünf oder zehn Varianten zu ergänzen. Beurteilen Sie Ihre Rolle dabei nicht als gut oder schlecht, hilfreich oder destruktiv. Benennen Sie sie nur.

Wenn mein Partner _____ , _____ ich _____ .

Hierzu einige Beispiele:

Wenn mein Partner vor sich hin träumt und mich ignoriert, ziehe ich mich zurück, weil ich beleidigt bin.

Wenn meine Partnerin zu spät nach Hause kommt, schreie ich sie an.

Wenn mein Partner seine Aufgaben im Haushalt nicht erledigt, erledige ich sie selbst.

Wenn mein Partner die Kinder anbrüllt, schalte ich auf Sparflamme und rede den ganzen Abend nicht mit ihm.

Wenn meine Partnerin an mir herumnörgelt, fühle ich mich ihr fern und bin traurig, meist gehe ich aus dem Haus.

Wenn mein Partner es ablehnt, sich einen Job zu suchen, präsentiere ich ihm unsere Finanzlage und bitte und bettle und gebe dann schließlich auf.

Wenn Sie mehrere Versionen in dieser Form aufgeschrieben haben, die Ihre eigene Beziehung wiedergeben, sind Sie bereit für den nächsten Schritt. Schreiben Sie sie einfach umgekehrt hin. Obige Aussagen hießen jetzt zum Beispiel:

Wenn ich mich zurückziehe und beleidigt bin, träumt mein Partner vor sich hin und ignoriert mich.

Wenn ich sie anschreie, kommt meine Partnerin zu spät nach Hause.

Wenn ich die Aufgaben im Haushalt, die mein Partner hat, selbst erledige, erledigt er sie nicht.

Wenn ich auf Sparflamme schalte und den ganzen Abend nicht mit ihm rede, brüllt mein Partner die Kinder an.

Wenn ich mich ihr fern fühle, traurig bin und aus dem Haus gehe, nörgelt meine Partnerin an mir herum.

Wenn ich ihm unsere Finanzlage präsentiere und bitte und bettle und dann schließlich aufgebe, lehnt mein Partner es ab, sich einen Job zu suchen.

Das Entscheidende ist, daß Sie beide ein bestimmtes Verhalten haben. Niemand verursacht es. Niemand hat schuld. Sie tun beide das, was Sie tun. Wenn Sie anfangen, das zu begreifen, ist das schon sehr viel.

Patsy nahm an einer meiner Gruppen teil. Ihr Mann Jeff war unheilbar unternehmungslustig. Er hatte schon etliche kleine Firmen eröffnet, die alle ihre finanziellen Mittel aufgefressen statt aufgestockt hatten. Die Lage war nahezu verzweifelt, doch Jeff weigerte sich einfach, sich einen Job zu suchen. Patsy arbeitete und zog ihre drei Kinder groß, und ihre Toleranz war allmählich aufgebraucht. Als wir zu diesem Teil der Übung kamen, war sie völlig frustriert.

»Ich verstehe ja, daß mein ständiges Bitten, er solle sich einen Job suchen, ihn womöglich dazu bringt, daß er sich sträubt und nicht unterstützt fühlt. Aber ich habe das Gefühl, ich sitze in der Falle. Er sucht sich keinen Job, wenn ich weiter bettle, und er sucht sich mit Sicherheit keinen Job, wenn ich damit aufhöre!«

Patsy war in einer klassischen Doppelbindung gefangen: schlecht dran, wenn sie agierte, und schlecht dran, wenn sie es nicht tat. Es kann gut sein, daß es Ihnen ebenso geht; eine Doppelbindung wie bei Patsy ist in Beziehungen sehr verbreitet.

Diese Doppelbindung empfinden Sie jedoch *nur, wenn Sie darauf aus sind, das Verhalten Ihres Partners zu ändern.* Das wollten Sie sich erst einmal aus dem Kopf schlagen, erinnern Sie sich? Anscheinend kümmert Jeff sich, ganz gleich, was Patsy tut, nicht um einen Job. Also kann Patsy beschließen, ihn weiter darum zu bitten, oder sie kann aufhören zu bitten und sich für irgendeine von vielen anderen Alternativen entscheiden. Wenn sie aufhört zu versuchen, auf Jeff einzuwirken, und sich statt dessen darauf konzentriert, ihr eigenes Leben innerhalb der Beziehung in den Griff zu kriegen, eröffnen sich ihr zahlreiche neue Möglichkeiten.

In diesem Fall ist es Patsys Rolle in der Beziehung, Jeff mit allen Mitteln, die ihr in den Sinn kommen, dazu zu bewegen, daß er sich einen Job sucht.

Versuchen Sie nun, ausgehend von den Sätzen, die Sie vorhin aufgeschrieben und dann umgekehrt haben, folgenden Satz auf Ihre Weise, womöglich auch in mehreren Varianten, zu vervollständigen:

Meine Rolle in unserer Beziehung ist es, _____ .
Denken Sie daran, es geht noch nicht um Problemlösungen; dazu kommen wir später. Wir versuchen erst einmal, Ihre Rolle in dem laufenden Drama zu identifizieren, denn darin liegt das Geheimnis, wie Sie in Ihrer Beziehung den Hauptgewinn ziehen.

3. *Was empfinde ich für meinen Partner und meine Beziehung?*
Nehmen wir an, Ihr Partner und Ihre Situation machen Sie wütend.

Es mag schwer zu schlucken sein, aber die Wahrheit ist, daß niemand anders Sie in Wut bringen (oder enttäuschen oder frustrieren oder ängstigen) kann als Sie selbst. Nur Sie selbst können ein bestimmtes Gefühl in sich verursachen. Sicher, eine Situation oder ein Mensch können Sie dazu veranlassen, wütend zu werden, doch ganz gleich, was geschieht, Sie haben die *Wahl*, ob Sie es werden oder nicht.
Halten wir inne, um dieses Konzept ein wenig näher zu untersuchen.
Als Single verbrachte ich jedes Jahr mehrere Wochen in Tassajara, einem entlegenen, zen-buddhistischen Bergkloster, das von den Mönchen und deren Schülern in den Sommermonaten als Hotel betrieben wurde. Aufgrund der dort vorhandenen natürlichen heißen Quellen ist es schon seit den 1870ern ein Touristenziel, und einige der prächtigen alten Steingebäude datieren aus dieser Zeit. Eines Sommers entfernte ich mich wieder mal auf dem holprigen Feldweg zwanzig Kilometer von der Zivilisation, parkte, ging auf das Hauptgebäude zu und blieb plötzlich entsetzt stehen. Der steinerne Bau war verschwunden! Nur noch die Fassade stand da.
»Was ist passiert?« fragte ich eine Schülerin.
»Haben Sie nichts davon gehört? Es brannte in der Küche, und das Feuer breitete sich über die ganze Bibliothek und den Meditationsraum aus.«
»Oh, wie furchtbar!« jammerte ich. »Wie ist es passiert?«

Die Schülerin erzählte mir einige Details darüber, wie die Bewohner einen tapferen Kampf gegen die Flammen geführt hatten, daß am Schluß eine kostbare goldene Buddha-Figur und Hunderte wertvoller Manuskripte verlorengingen, und daß sie sich mit den anderen Gebäuden behalfen, bis ein neuer Meditationsraum gebaut werden konnte. Zwangsläufig fiel mir der Plauderton auf, in dem sie von all diesen traurigen Ereignissen berichtete. Ich sagte mit schmerzerfüllter Stimme und gramgefurchter Stirn zwischendurch immer wieder: »Oh, wie schrecklich.« Schließlich fragte ich sie: »Waren Sie nicht alle ganz außer sich? Es war ein so schönes altes Gebäude!« Ihre Antwort werde ich nie vergessen: »Na ja, ein Feuer ist ein Feuer.« Sie wünschte mir einen angenehmen Aufenthalt und ging.

Als ich in den nächsten Tagen über das Gespräch nachdachte, kam ich mir wegen des Kontrasts zwischen der leidenschaftslosen, ruhigen Art dieser Schülerin und meiner eigenen hohen, schmerzerfüllten Stimme ein wenig albern vor. Ich erkannte, daß ich soeben eine der zentralen Lehren des Buddhismus aus erster Hand erfahren hatte: Alles Leiden ist Resultat unangemessenen Festhaltenwollens. Ich hatte an dem herrlichen Gebäude gehangen und an der Vorstellung, daß es immer dasein würde. Ich empfand seinen Verlust tief. Buddhisten dagegen glauben, daß ein Ereignis an sich weder gut noch schlecht, weder glücklich noch tragisch ist. Das Urteil über das Ereignis ist etwas, das wir als Menschen hinzufügen. Das Gute oder Schlechte ist dem Ereignis selbst nicht eigen. Außerdem kann sich die Bewertung, die wir einem Ereignis zukommen lassen, als »richtig« erweisen oder auch nicht, wenn wir es aus einer anderen zeitlichen oder gedanklichen Perspektive betrachten. Es gibt eine bekannte Geschichte über einen Farmer, dem das Pferd weglief.

»Was für ein Pech«, sagte sein Nachbar.

»Glück, Pech. Das weiß keiner so genau«, sagte der Farmer.

Am nächsten Tag kehrte das Pferd mit sechs weiteren wunderschönen Pferden zurück.

»Was für ein Glück«, sagte der Nachbar.

»Glück, Pech. Das weiß keiner so genau«, sagte der Farmer.

Am nächsten Tag brach sich der Sohn des Farmers ein Bein, als er bei dem Versuch stürzte, eines der neuen Pferde zuzureiten.

»Was für ein Pech«, sagte der Nachbar.

»Glück, Pech. Das weiß keiner so genau«, sagte der Farmer.

Am Tag darauf kamen Soldaten, die allen jungen Männern befahlen, sich sofort zum Militärdienst einzufinden. Da aber der Sohn des Farmers mit seinem gebrochenen Bein ans Bett gefesselt war, konnten sie ihn nicht einziehen.

»Was für ein Glück«, sagte der Nachbar.

»Glück, Pech. Das weiß keiner so genau«, sagte der Farmer.

Ich hatte mich entschieden, wegen des niedergebrannten Gebäudes bestürzt zu sein. Die Schülerin hatte eine andere Wahl getroffen. Sie akzeptierte, daß es niedergebrannt war, und beschäftigte sich im Geiste schon mit dem Wiederaufbau. Sie wollte dem Ereignis nicht die Beurteilung »tragisch« hinzufügen.

Natürlich hatte diese Schülerin bereits jahrelang eine bestimmte spirituelle Praxis eingeübt und kultivierte bewußt ihre Fähigkeit, Ereignisse an sich von ihren eigenen Reaktionen auf die Ereignisse zu trennen. Die meisten von uns könnten das nicht, ohne auch nur einen Augenblick zu überlegen, wollten es vielleicht auch nicht unbedingt. Für das, was wir gerade erörtern, ist das Wichtige daran, daß *Sie die Wahl haben, wie Sie auf eine gegebene Situation reagieren*, ob Ihre unmittelbare Ansicht darüber nun »richtig« ist oder nicht. Sie können diese Wahl treffen und mit den verschiedenen Möglichkeiten spielen, oder Sie können reflexartig reagieren, ohne nachzudenken, mit dem, was Ihnen als erstes in den Sinn kommt.

Gewohnheitsmäßig zu reagieren, ohne zu überlegen, ist so, als würden Sie Ihr Leben automatisch gesteuert leben. Statt den Pilotensitz einzunehmen, Entscheidungen zu fällen und Ihr Leben selbst zu lenken, sind Sie nur Passagier und lassen sich leiten. Wenn etwas geschieht, sind Sie dem jeweiligen Geschehen ausgeliefert. Sie reagieren einfach, ohne zu erkennen, daß Sie die Wahl haben, wie Sie reagieren. Zum Beispiel:

Ihr Mann kommt spät nach Hause, ohne anzurufen; Sie werden wütend.
Ihre Frau unterbricht und dominiert den ganzen Abend das Gespräch; Sie sind verlegen.
Ihr Mann vergißt Ihren Geburtstag; Sie sind niedergeschlagen.
Ihre Frau gibt zuviel Geld aus; Sie machen sich Sorgen.
Lassen Sie uns jetzt den letzten Schritt tun, bei dem Sie endlich Ihren Hauptgewinn erhalten.

4. *Was erwarte, wünsche und erhoffe ich mir von meiner Beziehung?*
Normalerweise reagieren Sie emotional, wenn bestimmte Hoffnungen, Erwartungen oder Wünsche, die Sie haben, nicht erfüllt werden.
Warum reagierte ich mit Entsetzen auf das niedergebrannte Gebäude? Weil ich erwartete und mir wünschte, daß sich in Tassajara nie etwas ändern würde. Ich hing an dem Gebäude. Ich wollte nicht, daß es verschwand.
Warum reagieren Sie mit Ärger (oder Enttäuschung oder Angst oder ...) auf die Gegebenheiten Ihrer Ehe?
Liegt es daran, daß Sie Hoffnungen in die Beziehung einbrachten, die sich nicht erfüllt haben?
Liegt es daran, daß Sie Erwartungen an die Ehe oder das Verhalten Ihres Partners hatten, die nicht eingelöst wurden?
Liegt es daran, daß in der Familie, in der Sie aufwuchsen, alles ganz anders war, Sie aber annahmen, in Ihrer jetzigen Familie würde es genauso sein?
Ergänzen Sie in Ihrem Tagebuch folgenden Satz in so vielen Varianten, wie Sie es für angemessen halten. Behandeln Sie dieselben Themen wie in den obigen Übungen, vielleicht auch noch ein paar zusätzliche:

In unserer Beziehung (wählen Sie *erwarte, wünsche, möchte* oder *erhoffe*, je nachdem, was Ihnen am passendsten erscheint) ich (mir), —————————————— .

Hier einige Beispiele aus meinen Seminaren:

»In unserer Beziehung wünsche ich mir, daß John wieder so zärtlich und aufmerksam und rücksichtsvoll ist wie früher, als wir frisch verliebt waren.«

»In unserer Beziehung erwarte ich, daß Sally einen Teil des Einkommens beisteuert.«

»In unserer Beziehung wünsche ich mir, daß Sam mehr Zeit zu Hause verbringt und sich mehr für die Haushaltsführung und die Versorgung der Kinder interessiert.«

»In unserer Beziehung wünsche ich mir, daß Joan sich mehr für mich und meine Arbeit interessiert.«

»In unserer Beziehung möchte ich mehr Kontrolle über unsere Finanzen haben.«

»In unserer Beziehung möchte ich, daß wir in puncto Kindererziehung wesentlich mehr übereinstimmen.«

»In unserer Beziehung wünsche ich mir, daß wir uns nicht mehr so oft streiten.«

Kehren Sie nun zu jedem Satz zurück und fügen Sie am Ende »..., und ich bin/fühle mich —————— , weil es nicht so ist« hinzu oder, falls Sie einen kleinen Sprung wagen wollen, statt dessen »..., und ich entscheide mich, —————— zu sein/mich zu fühlen, weil es nicht so ist«. (Wenn Ihnen bei dieser Wendung unwohl ist oder Sie ärgerlich werden oder sie Ihnen einfach nicht paßt, wählen Sie die erste Variante.)

Zum Beispiel:

In unserer Beziehung wünsche ich mir, daß John wieder so zärtlich und aufmerksam und rücksichtsvoll ist wie früher, als wir frisch verliebt waren, und ich bin enttäuscht (entscheide mich, enttäuscht zu sein), weil es nicht so ist.

In unserer Beziehung erwarte ich, daß Sally einen Teil des Einkommens beisteuert, und ich bin ärgerlich (entscheide mich, ärgerlich zu sein), weil es nicht so ist.

Wir sind jetzt beinahe am Ziel. Um die Identifizierung Ihres Anteils am Skript Ihrer Beziehung abzuschließen, müssen Sie nur noch die Worte »Meine Rolle in unserer Beziehung ist es« an den Beginn jedes Satzes stellen und die zweite Hälfte des Satzes den folgenden Beispielen entsprechend leicht abändern:

Meine Rolle in unserer Beziehung ist es, mir zu wünschen, daß John wieder so zärtlich und aufmerksam und rücksichtsvoll ist wie früher, als wir frisch verliebt waren, und enttäuscht zu sein, weil es nicht so ist.

Meine Rolle in unserer Beziehung ist es, zu erwarten, daß Sally einen Teil des Einkommens beisteuert, und ärgerlich zu sein, weil es nicht so ist.

Meine Rolle in unserer Beziehung ist es, mir zu wünschen, daß Joan sich mehr für mich und meine Arbeit interessiert, und traurig zu sein, weil es nicht so ist.

Meine Rolle in unserer Beziehung ist es, mehr Kontrolle über unsere Finanzen haben zu wollen und mich hilflos zu fühlen, weil es nicht so ist.

Meine Rolle in unserer Beziehung ist es, mir zu wünschen, daß wir in puncto Kindererziehung wesentlich mehr übereinstimmen, und frustriert zu sein, weil es nicht so ist.

Meine Rolle in unserer Beziehung ist es, mir zu wünschen, daß wir uns nicht mehr so oft streiten, und mich ohne Hoffnung zu fühlen, weil es nicht so ist.

Eine Seminar-Teilnehmerin erkannte, daß sie von ihrem Mann sein übliches tyrannisches Verhalten geradezu schon erwartete, und daß sie aufgehört hatte, sich irgend etwas anderes zu wünschen oder zu erhoffen. Sie schrieb:
»Meine Rolle in dieser Beziehung ist es, zu erwarten, daß Bill herrschsüchtig ist und meine Bedürfnisse ignoriert, und deswegen wütend zu sein und mich hilflos zu fühlen.«

Wenn Sie die von mir vorgeschlagenen Schritte mitvollzogen haben, kann es gut sein, daß Sie jetzt verwirrt sind oder widersprüchliche Empfindungen haben. In diesem Fall können Sie sich gratulieren. Es bedeutet, daß Sie das Risiko eingegangen sind, einige neue und womöglich bedrohliche Überlegungen ins Auge zu fassen. Erwarten Sie im Moment nicht, daß sich Ihre Verwirrung oder Ihre gemischten Gefühle auflösen. Jedesmal, wenn Sie Altes preisgeben und Platz für etwas ganz Neues schaffen, ist es sehr wahrscheinlich, daß Sie Angst, Wut, Neugier, Bedauern, Erregung verspüren; diese Gefühle sind angemessen, deshalb lassen Sie sie zu, wenn Sie können. Wenn Sie möchten, nehmen Sie sie in Ihr Tagebuch auf. Schreiben Sie einfach: »Ich fühle mich gerade ...«, und lassen Sie die Worte aus Ihrer Feder fließen.
Widerstehen Sie der Versuchung, jetzt sofort Probleme lösen oder Entscheidungen treffen zu wollen. In Kapitel fünf und sechs werden wir ganz konkret angeben, wie Sie die Informationen, die Sie hier gesammelt haben, am effektivsten nutzen, um Ihre Beziehungsprobleme zu meistern.
Wir wollen nun zusammenfassen, was bisher gesagt wurde.

– Wenn Sie allein an der Veränderung Ihrer Beziehung arbeiten, ist es oberstes Prinzip, daß alle Veränderungen, die Sie vornehmen, *bei Ihnen* stattfinden. Der Versuch, Ihren Partner zu einer Veränderung zu bewegen, ist sowohl frustrierend als auch fruchtlos.

Veränderungen, die Sie bei sich selbst vornehmen, werden enorme Auswirkungen auf Ihren Partner und auf Ihre Beziehung haben. Sie haben die Kontrolle darüber, wie sich Ihre Beziehung von nun an fortentwickelt.

– Wir haben einen ganz spezifischen Schritt benannt, den Sie tun müssen: Hören Sie auf, Ihrem Partner die Schuld zu geben, und hören Sie auf, Ihren Partner ändern zu wollen. Er oder sie verursacht die Probleme in Ihrer Beziehung nicht. Das Problem ist nicht Ihr Partner; das Problem ist der Tanz, den Sie und Ihr Partner miteinander tanzen. An diesem Tanz haben Sie Ihren Anteil.

Ganz gleich, wie schrecklich und falsch Sie das Verhalten Ihres Partners finden, Ihr fortgesetztes Beschuldigen und Drängen, er oder sie möge sich doch ändern, wird nie zu einem positiven Umschwung führen. Indem Sie sich dauernd beschweren und den anderen kritisieren, verewigen Sie das Problem.

Versuchen Sie also, damit aufzuhören.

Für viele Paare wäre allein das schon eine riesige Veränderung. Denken Sie daran, daß wir Ihnen sagten, Sie müßten Geduld mit sich haben. Vielleicht fällt es Ihnen schwer, aufzuhören. Das ist verständlich. Experimentieren Sie. Versuchen Sie es zunächst in kleinen Dosen.

Denken Sie daran: Lernen verläuft immer in Kurven.

Während Sie versuchen, damit aufzuhören, Ihren Partner zu tadeln und zu kritisieren, werden Sie mit großer Sicherheit Rückschläge erleben. Gehen Sie nicht zu hart mit sich zu Gericht. Nehmen Sie sie einfach wahr und überprüfen Sie, wie Sie sich fühlen. Lächeln sie und sagen Sie sich: »Da haben

Experiment 5
Arbeiten Sie daran, Ihre Kritik zu unterbinden
Hier ist ein Vorschlag, wie Sie aufhören können, Ihren Partner zu kritisieren, ein wichtiger erster Schritt, wie Sie sie beide einander näher bringen.

Schließen Sie mit sich selbst den Handel ab, einen ganzen Abend lang Ihren Partner in keinerlei Weise zu kritisieren oder zu beraten. Sie werden ihn oder sie nicht bitten, sich zu ändern, Sie werden nicht »nörgeln«, keine bessere Methode, etwas zu tun, vorschlagen, und Sie werden sich nicht über etwas beschweren, das Ihr Lebensgefährte getan oder nicht getan hat.

Wenn Sie einen Abend erfolgreich durchgestanden haben, versuchen Sie es einen ganzen Tag lang, dann drei Tage und anschließend eine volle Woche.

---

wir's wieder. Gerade habe ich ihn/sie kritisiert. Na ja, gut, daß ich es gemerkt habe! Mal sehen: Wie habe ich mich dabei gefühlt? Hmmm. Ich fühlte mich (verärgert, angespannt, aufgebracht, selbstgerecht ...).«

Wenn Sie versuchen, eine eingefahrene Gewohnheit zu verändern, werden Sie sich wahrscheinlich nacheinander in den folgenden Stadien ertappen: Zuerst merken Sie erst *hinterher*, daß Sie in Ihr altes Verhalten zurückgefallen sind, wie in obigem Absatz. Als nächstes werden Sie sich *währenddessen* dabei ertappen. Eines Tages stellen Sie dann schließlich triumphierend fest, daß Sie gerade in Ihr altes Muster verfallen wollten, und bremsen sich – und zwar *vorher*. (Die Pädagogin Dorothy Briggs hat diese Stadien bei der Reinlichkeitserziehung identifiziert, die auch nichts weiter ist als das Durchbrechen einer alten Gewohnheit.)

Denken Sie zudem immer daran, daß dies ein Experiment ist; sein Zweck ist es, Daten zu sammeln. Vielleicht entdecken Sie, daß Sie nicht imstande sind, damit aufzuhören, daß Sie Ihren Partner kritisieren und bedrängen, sich zu ändern. Vielleicht fühlen Sie sich genötigt, weiterhin um das zu bitten, was Sie wollen, oder Ihren Partner wissen zu lassen, wie unglücklich Sie sind. Vielleicht sind Sie Ihrer »richtigen« Analyse des Problems zu verhaftet. Solange Sie genau darauf achten, was Sie tun, ist alles, was passiert, in Ordnung; es ist Teil des Experiments. Es ist alles eine Methode, wie Sie mehr Informationen über sich selbst in dieser Beziehung zusammentragen.

Während Sie dieses und andere Experimente durchführen, werden Sie dabei Ihr »beobachtendes Selbst« weiterentwickeln.

Stellen Sie sich vor, daß Ihr Selbst aus zwei Teilen besteht, Ihrem aktiven und Ihrem beobachtenden. Ihr aktives Selbst ist dasjenige, das frühstückt, die Kinder zur Schule bringt, zur Arbeit fährt, Entscheidungen trifft, ins Kino geht, Geld ausgibt, sich politisch engagiert, alle möglichen Gedanken hat, streitet, mit dem Partner schläft, einen Freund anruft, auf Ereignisse reagiert.

Während Ihr aktives Selbst mit all diesen Dingen beschäftigt ist, steht Ihr beobachtendes Selbst ein Stück daneben und *sieht zu*, ähnlich wie das Publikum einem Schauspiel zusieht. Ihr aktives Selbst ist verstrickt in das Geschehen des Augenblicks. Ihr beobachtendes Selbst sieht die momentane Aktivität als eine Szene in einem viel umfassenderen Drama.

Lassen Sie Ihr beobachtendes Selbst zu sich sprechen: »Oh, das war sehr gut«, oder »Sei vorsichtig. Das war Kritik. Wie fühlst du dich jetzt, wo du kritisiert hast?« Wenn Sie wollen, lassen Sie Ihr beobachtendes Selbst Tagebuchnotizen darüber machen, wie Ihr Experiment läuft und was Sie dabei lernen.

Akzeptanz

Um es noch einmal zu wiederholen: Ihr endgültiges Ziel ist es, nicht mehr »recht« haben zu wollen damit, wie dickköpfig Ihr Partner in manchen ehelichen Angelegenheiten ist, Ihre Rolle bei der Fortschreibung dessen, was vor sich geht, zu ermitteln, und den Versuch aufzugeben, Ihren Lebensgefährten zu verändern.

Man kann auch anders ausdrücken, worauf es hier ankommt: Akzeptieren Sie Ihre Situation genauso, wie sie ist.

Eine Situation zu akzeptieren, heißt nicht, daß sie Ihnen gefallen muß. Es heißt nur, daß Sie sie als gegeben anerkennen und aufhören, dagegen anzukämpfen. Sie verabschieden sich von der Illusion, daß Sie, indem Sie das Richtige tun oder sagen, den Punkt ändern könnten, der Ihnen nicht gefällt. Etwas zu akzeptieren, hat eigentlich einen ganz angenehmen Nebeneffekt, denn es bedeutet, daß Sie sich entspannen können ... nicht mehr kämpfen müssen ... Ihren Partner – und sich selbst – genau so lassen dürfen, wie Sie wirklich sind.

Denken Sie an eine Eigenschaft, die Sie an Ihrem Lebensgefährten nicht mögen. Wie wäre es, wenn Sie sich klarmachten, daß er oder sie *immer* so sein wird?

Wenn Sie darüber nachdenken, haben Sie nur zwei Möglichkeiten: Sie können akzeptieren, was ist, oder dagegen ankämpfen. Bekämpfen, was ist, und versuchen, es zu ändern, erfordert enorm viel Energie. Und bewirkt gar nichts. Ganz im Gegenteil, je mehr Sie sich gegen etwas wehren, desto beharrlicher dauert es an. Wenn Sie etwas bekämpfen, das auf Ihre Änderungsversuche nicht reagiert, werden Sie nur erschöpft und unglücklich. Zu akzeptieren, daß Ihr Partner so ist, wie er oder sie ist, ob es Ihnen gefällt oder nicht, ist schlichtweg leichter.

Wichtiger noch, Akzeptanz ist der Ausgangspunkt für Veränderungen.

Greg, Teilnehmer an einem meiner Seminare, wollte, daß seine Frau Louise Gefallen am Kochen findet. Er kaufte ihr Kochbücher. Sie fühlte sich kritisiert und bedrängt. Er lud Freunde zum Essen ein und hoffte auf eine leckere, ansprechend servierte Mahlzeit. Sie ließ den falschen Hasen anbrennen, gab zuviel Dressing an den Salat und kochte das Gemüse zu lange. Sie fühlte sich gedemütigt, er war peinlich berührt und verärgert, die Gäste sahen sich im Mittelpunkt einer familiären Szene.

Louise verabscheut das Kochen. Statt dies hinzunehmen,

kämpfte Greg dagegen an. Er sträubte sich gegen die Wahrheit. Immer wieder versuchte er, sie zu ändern. Beider Energie war allmählich verbraucht. Und Louise verabscheute das Kochen mehr denn je.

Als Greg begann, seine Rolle in diesem Drama zu erkennen, eröffneten sich ihm zahlreiche Möglichkeiten.

In den oben genannten Übungen hatte Greg geschrieben:

»Wenn Louise Tiefkühlkost zubereitet, kritisiere ich sie und versuche, sie zu überreden, daß sie nach Rezepten kocht.«

»Wenn ich Louise kritisiere und zu überreden versuche, daß sie nach Rezepten kocht, bereitet sie Tiefkühlkost zu.«

»Meine Rolle in dieser Beziehung ist es, mir zu wünschen, daß Louise gern kocht, und enttäuscht und ärgerlich zu sein, weil es nicht so ist.«

Im Verlauf unseres Seminars fing Greg an zu akzeptieren, daß Louise das Kochen haßt. Er war enttäuscht, denn er hatte sich seine Ehefrau als Köchin gewünscht, und er begann, diese Enttäuschung ebenfalls zu akzeptieren. Nun wollen wir sehen, was passierte, als er die Situation so hinnahm, wie sie wirklich war, statt ständig gegen sie anzukämpfen, sich zu wünschen, sie wäre anders, und zu versuchen, sie zu ändern.

Greg stellte fest, daß er sich zu einem annehmbaren Preis ein herrliches Essen nach Hause liefern lassen konnte; also lud er wieder Freunde ein und organisierte den Abend selbst. Er mußte Louise versichern, daß er nicht wütend auf sie war, sondern sehr glücklich, eine Lösung gefunden zu haben. Jeder genoß den Abend außerordentlich.

Greg versuchte sich im Kochen und entdeckte, daß es ihm Spaß machte, wenn er es gelegentlich tat. Er stellte sogar fest, daß Louise ihm gern half, wenn er die Initiative übernahm. Sie tat es sogar mit Begeisterung, weil sie so dankbar war, daß er sie aus der Verantwortung entlassen hatte.

Greg merkte überdies, daß er Louise nun sogar gutmütig necken konnte. Da sie jetzt das Gefühl hatte, daß er sie akzeptierte, konnte sie mitlachen, und sie begannen, über etwas Witze zu machen, was ursprünglich Anlaß für Konflikte und Kränkungen gewesen war.

Erst wenn Sie alles an Ihrer Beziehung akzeptieren, Ihren Partner und Ihre Gefühle – genau so, wie sie wirklich sind –, können Sie anfangen, die Veränderungen vorzunehmen, die Ihnen den Frieden und das Glück bringen, nach denen Sie sich in Ihrer Ehe sehnen.

Hören Sie also auf zu kämpfen. Hören Sie auf mit Schuldzuweisungen. Akzeptieren Sie Ihre Situation mit Gelassenheit, selbst wenn sie Ihnen nicht gefällt. Akzeptieren Sie auch die Gefühle, die Sie dabei haben.

Denken Sie daran, dies ist nur der erste Schritt. Ich werde konkrete Methoden vorschlagen, wie Sie von hier an weitermachen.

Wir haben also gesehen, daß Sie die Person sind, die sich ändern muß, und daß die erste Veränderung darin besteht, Ihre Situation zu akzeptieren, wie sie ist, und aufzuhören, Ihrem Partner dafür die Schuld zu geben. Außerdem haben wir begonnen, im Ansatz zu erkennen, welches Ihre spezifische Rolle in Ihrer Beziehung ist.

Sind Sie bereit, den Trostpreis des Rechthabens sausen zu lassen und nach dem Hauptgewinn in Ihrer Beziehung zu greifen, indem Sie Ihren eigenen Anteil an den Problemen sehen?

Die Konzentration auf Ihre eigene Rolle ist deshalb der Hauptgewinn, weil Sie mit ihr etwas anfangen können, denn Sie haben zwar keine Kontrolle über die Ansichten und Verhaltensweisen Ihres Partners, aber unbegrenzte Kontrolle über die Ihren! Statt Ihren Lebensgefährten aufzufordern: »Ändere dich, damit wir glücklich werden«, können Sie jetzt sagen: »Ich will mich ändern, damit wir glücklich werden.« Spüren Sie, wieviel Macht in der zweiten Aussage liegt?

Machen Sie sich keine Sorgen, wenn Sie immer noch hin- und hergerissen und skeptisch sind. Es wird die Resultate nicht beeinträchtigen, denen dieser Gedanke zugrunde liegt. Akzeptieren Sie Ihre Ambivalenz, Verwirrung und Skepsis und lesen Sie weiter.

Im nächsten Kapitel werde ich Ihnen ein weiteres Werkzeug an die Hand geben, das Ihnen helfen soll, einander näher zu kommen: wie Sie mit der Wut und dem Ärger fertigwerden, die unvermeidlich sind, wenn Sie Veränderungen durchmachen. In Kapitel vier und fünf werden wir dann konkrete Problemlösungsstrategien untersuchen, damit Sie Ihr neuerworbenes Wissen über Ihre Rolle in Ihrer Beziehung – und Ihre wiederentdeckte innere Stärke – praktisch umsetzen können.

Kapitel 3
Lernen Sie das VAM (Verfahren zur Aggressions-Minderung)

Viele meiner Seminar-Teilnehmer machte der Versuch, die »richtige« Analyse ihrer Beziehung aufzugeben, aggressiv. Sie wurden aggressiv gegen ihren Partner, ärgerlich auf ihre Situation, böse auf sich selbst, wütend auf mich oder waren einfach nur entrüstet. Die bloße Vorstellung, allein an ihrer Beziehung arbeiten zu sollen, empörte manche schon.

Sind Sie beim Lesen der letzten beiden Kapitel ab und zu wütend geworden?

Aggression taucht in jeder Beziehung irgendwann mal auf. Ob das nun häufig oder selten geschieht, sie ist immer verstörend und unangenehm. Für viele Paare ist sie ein zentraler, bezeichnender Aspekt ihrer Beziehung. Deshalb müssen wir früh lernen, konstruktiv damit umzugehen.

Ihre eigene Aggression ist einer der besten Ausgangspunkte, wenn Sie allein Ihre Beziehung verändern wollen, denn sie ist etwas, das Sie potentiell unter Kontrolle haben. Diese Kontrolle besitzen Sie vielleicht nicht in dem Moment, in dem Sie besonders wütend sind; extreme Wut ist eine Art vorübergehender Wahnsinn. Wie wir jedoch sehen werden, haben Sie sie, falls Sie sich dafür entscheiden, wesentlich besser im Griff als irgend etwas, das Ihr Partner tut.

Aggression ist wie Atomkraft. Sie kann Ihre Lebensqualität vernichten oder steigern. Sie ist ein normales, natürliches Gefühl und eine angemessene, verständliche Reaktion auf viele Situationen. Wie jedes Gefühl ist sie weder gut noch schlecht, weder richtig noch falsch. Sie existiert einfach. Sie sind nicht schlecht, wenn Sie wütend sind, sondern nur menschlich.

Das Verfahren zur Aggressions-Minderung (oder VAM) ist ein vierstufiger Prozeß, ein systematisches Vorgehen zur optimalen Nutzung Ihrer Aggression. Ob Sie nun beim geringsten Anlaß wütend werden – Ihr Partner hat vergessen, Ihnen etwas auszurichten – oder es einen langfristig andauernden Quell der Frustration in Ihrer Beziehung gibt – Ihr Partner scheint nicht viel Interesse an Ihnen zu haben –, die vier Schritte sind immer zweckmäßig. Das VAM basiert auf den neuesten psychologischen Erkenntnissen über Aggression und bringt sie in eine anwendbare Form.

Nachdem wir die vier Schritte erlernt haben, werden wir uns verschiedene Beispiele eines praktizierten VAM ansehen.

Bevor wir uns dem Verfahren selbst zuwenden, ist eine einleitende Maßnahme notwendig: daß Sie Ihren Aggressionstyp identifizieren, damit Sie wissen, wie Sie das VAM auf Ihren persönlichen Gebrauch zuschneiden können.

Welcher Aggressionstyp sind Sie?

Es gibt generell zwei Aggressionstypen: am einen Ende der Skala stehen die Menschen, die ihre Aggression verstecken. Sie haben Schwierigkeiten, Wut zu empfinden oder auszudrücken oder beides. Diese Menschen neigen eher dazu, verletzt, traurig oder deprimiert zu sein statt wütend. Vielleicht haben Sie Angst vor Aggression wegen des Schadens, den sie anrichtete, als Sie noch Kind waren, oder es wurde Ihnen beigebracht, daß Aggression nicht »damenhaft« und gesellschaftlich unnannehmbar ist. Wenn das auf Sie zutrifft, sind Sie ein »Aggressionsverdränger«.

Am anderen Ende der Skala finden wir diejenigen, die ihre Aggression in Ausbrüchen oder heftigen Wutanfällen äußern. Womöglich beleidigen und erniedrigen sie andere oder verletzen sie sogar körperlich. Wenn das für Sie gilt, sind Sie ein »Aggressionsäußerer«.

Die meisten von uns liegen irgendwo in der Mitte der Skala, aber versuchen Sie zumindest festzustellen, zu welchem Ende Sie eher tendieren. Falls Sie schreien und toben, wenn Sie wütend sind, sollten Sie lernen, Ihre Wut im Zaum zu halten. Falls Sie sehr selten Wut zeigen, sollten Sie lernen, sie zu empfinden und auszudrücken.

Beide, Aggressionsverdränger und Aggressionsäußerer, haben eine ganze Bandbreite von Verhaltensweisen. Wenn Sie zum Beispiel Aggressionsverdränger sind, geben Sie vielleicht einfach in den meisten Fällen nach. Sie spielen Ihre Gefühle herunter (»Das macht doch nichts.«) oder resignieren (»Ich kriege doch nie, was ich will.«). Sie streben danach, auf Ihre Kosten gefällig zu sein und sich anzupassen, nur um Konfrontationen zu vermeiden (»Das ist schon in Ordnung. Laß uns in den Film gehen, den du ausgesucht hast. Ich habe bestimmt Spaß dran.«). Oder Sie haben starke Gefühle, aber die äußern sich eher in Tränen und Depression als in Wut.

Wenn Sie Aggressionsäußerer sind, kann es sein, daß Sie feindselig, sarkastisch oder grausam werden. Vielleicht schreien Sie auch und werfen mit Sachen um sich. Oder Sie werden »passiv-aggressiv«, indem Sie Ihre Wut im Inneren hegen und Rachepläne schmieden, wie etwa den Toast anbrennen zu lassen oder sich nicht für ein Gespräch oder Sex zur Verfügung zu stellen. Aggressionsäußerer beißen sich oft daran fest, daß sie »recht« haben. Sie greifen an, sind unfähig, sich andere Standpunkte anzuhören, und glauben, daß alle außer ihnen mit ihrer Meinung falsch liegen, mag sie auch noch so triftig sein. (Da haben wir wieder den Trostpreis.)

Um die Sache noch komplizierter zu machen, haben die meisten von uns ein unterschiedliches Aggressionsverhalten in unterschiedlichen Situationen. Sie können Rachephantasien gegen Ihren Chef haben, Ihre Kinder anbrüllen, sich verletzt und gedemütigt von Ihrer Mutter fühlen und Ihrem Mann stets nachgeben. Trotzdem spüren Sie vermutlich, welcher Aggressionsstil bei Ihnen vorherrscht. Wie Sie sehen werden, können Sie das VAM auf verschiedene Situationen und Reaktionen anwenden. Sie müssen sie nur voneinander trennen und sich jede Ursache Ihrer Wut einzeln vornehmen. In diesem Kapitel setze ich voraus, daß es um den Umgang mit Ihrem Intimpartner geht, doch das VAM ist auch gut auf andere Beziehungen übertragbar.

Vielleicht ist Ihnen unmittelbar klar, welches Ihr Aggressionsstil ist. Falls Sie nicht sicher sind und eine deutlichere Vorstellung davon kriegen möchten, wie Sie sich grundsätzlich in verschiedenen Situationen ausdrücken, können Sie es mit folgendem Experiment versuchen.

Experiment 6
Identifizieren Sie Ihren Aggressionsstil
1. Denken Sie an bestimmte Vorfälle oder Situationen mit Ihrem Partner, die Sie wütend machten (oder machen). Sie können sich gerade erst oder vor einiger Zeit ereignet haben. Wie haben Sie sich dabei gefühlt? Wie haben Sie sich verhalten?

Schildern Sie in Ihrem Tagebuch oder der Sie unterstützenden Person den Vorfall (die Vorfälle) und Ihre Reaktion.
2. Ziehen Sie einen Strich quer über Ihre Tagebuchseite. Schreiben Sie ans linke Ende »Aggressionsverdränger« und die Zahl 10, ans rechte Ende »Aggressionsäußerer« und ebenfalls die Zahl 10. Setzen Sie in die Mitte eine 0. Ihre Skala sieht nun so aus:

Aggressionsverdränger   Aggressionsäußerer

10	0	10

Ermitteln Sie jetzt einen Punkt auf der Linie, die Ihrer Reaktion auf Ihren Partner entspricht. Ordnen Sie diesem Punkt einen Zahlenwert zu. (Auch Brüche wie 5,5 oder 2,75 sind zulässig.)

Nun sind wir bereit, das VAM zu erlernen. Vielleicht halten Sie sich dabei ein Ereignis vor Augen, das Sie wütend machte, oder einen andauernden Quell des Ärgers in Ihrer Beziehung, damit Sie die einzelnen Schritte beim Durchlesen gleich anwenden können.

Wie Sie am Ende sehen werden, ist das VAM ein vielseitiges Werkzeug. In manchen Situationen werden Sie sich schnell und mühelos durch die vier Schritte arbeiten. In anderen Fällen kann es sein, daß sich der Prozeß langsamer entwickelt und Wochen oder Monate dauert.

Beim VAM richten Sie Ihre Aufmerksamkeit zuerst auf Ihren Körper, dann auf Ihr Gefühl, dann auf Ihren Verstand und schließlich auf Ihre Beziehung:

Ausdrücken (Körper)
Entspannen (Gefühl)
Relativieren (Verstand)
Ausführen (Beziehung)

Schritt eins – Ausdrücken: Laden Sie Ihren Körper mit Energie auf oder leiten Sie sie ab

Alle Gefühle, so auch die Wut, spielen sich im Körper ab. Ein Gedanke oder eine Meinung mag die Wut auslösen, aber Wut selbst ist eine physische Reaktion. Erinnern Sie sich daran, wie Sie einmal fast angefahren worden wären. Ihr Gesicht wurde rot, Ihre Kiefermuskeln spannten sich, Ihr Herz raste. Vielleicht haben Sie auch geschwitzt, das Gefühl gehabt, Sie müßten schreien – all das sind aggressive Reaktionen des Körpers. Unser Körper hat einen natürlichen Rhythmus, in dem er Spannung auf- und wieder abbaut. Wir bauen Spannung im Magen auf, wenn wir hungrig sind, und bauen sie wieder ab, indem wir essen. Sexuelle Erregung ist der Aufbau einer Spannung, die sich im Genießen des Orgasmus entlädt. Streß, der unser Leben »positiv« beeinflußt, erlaubt uns, Aufregung über etwas zu entwickeln, wenn wir etwa eine Rede halten müssen, und diese Aufregung dann abzubauen, indem wir die Rede halten. Dieser natürliche Rhythmus spiegelt sich auch in Musik wider, in der Spannung bis zu einem Höhepunkt aufgebaut wird (Dissonanz) und sich dann in beruhigender Auflösung entlädt.

Menschen, bei denen das Gleichgewicht zwischen Spannung und Entladung unausgewogen ist, können physische oder psychische Probleme bekommen. Manche Menschen bauen fast nie Spannung auf. Sie gehen in ihrem Leben sehr wenig Risiken ein. Vielleicht fühlen sie sich gelangweilt, lustlos oder sogar deprimiert. Nichts erregt sie. Diese Menschen müssen Methoden erlernen, mit denen sie gesunde Spannung, Erregung und Vorfreude entwickeln können. Sie müssen ihr Energiepotential »aufladen«.

Andere Menschen sind immer angespannt und können selten loslassen. Womöglich sind sie chronisch wütend, Workaholics, nervös, überdreht oder ständig gereizt. Sie müssen lernen, Spannung abzubauen, sich zu lockern und ihre Gefühle auszudrücken. Sie müssen Energie »ablassen«.

Der erste Schritt – Ihren Körper Gefühl ausdrücken zu lassen – ist für Aggressionsverdränger und Aggressionsäußerer unterschiedlich, obwohl viele von uns manchmal Energie tanken und zu anderen Gelegenheiten ableiten müssen. Vielleicht ist es sinnvoll, wenn Sie beides üben.

Für Aggressionsverdränger – Laden Sie sich mit Energie auf
Wut ist in gewissen Situationen eine angemessene Reaktion. Wenn Ihr Partner Sie herabsetzt oder Ihre Bedürfnisse ignoriert, ist Wut angemessen. Wenn Ihr Partner in Familienangelegenheiten meistens seinen oder ihren Willen kriegt, ist Wut angemessen. Wenn Ihr Partner eingewilligt hat, etwas zu tun, und dann nur Ausflüchte statt Ergebnisse zu bieten hat, ist Wut angemessen. Falls Sie in solchen Situationen weinen oder schmollen, sich innerlich zurückziehen, deprimiert sind, wei-

termachen wie gewöhnlich und so tun, als wäre alles in Ordnung, oder Ihren Partner verteidigen, wenn andere ihn kritisieren und wütend werden, dann sollten Sie vielleicht Möglichkeiten finden, Ihre Wut zu spüren und zu äußern.

Wenn Sie diese Experimente durchführen, denken Sie stets daran, daß Ihr einziges Ziel ist, etwas über sich zu lernen, es also keine falschen Resultate gibt. Sie können nicht scheitern. Alles, was geschieht, wird eine nützliche Information für Sie sein. Wenn Sie merken, daß Sie frustriert oder ärgerlich sind, lassen Sie das Gefühl zu. Es mag Sie erschrecken, aber Sie wissen ja, daß noch niemand an seiner Wut gestorben ist. Versuchen Sie, sie eine Zeitlang auszuhalten. Wut ist normal und natürlich. Falls Sie keine Wut spüren, spüren Sie einfach das Gefühl, das Sie haben. Vielleicht ist es Angst. Vielleicht ist es Frustration. Was immer Sie empfinden, ist in Ordnung.

Probieren Sie eines oder mehrere der folgenden Experimente aus und achten Sie darauf, was passiert.

1. Schreiben Sie einen Brief an Ihren Partner in Ihr Tagebuch, den Sie ihm oder ihr aber *nicht* zeigen. Zerreißen Sie ihn auf jeden Fall, nachdem Sie ihn geschrieben haben. Beginnen Sie den Brief so:

»Liebe(r) (Name des Partners), ich bin wütend auf Dich. Ich bin böse auf Dich. Ich bin wütend, weil ...«

Schreiben Sie mindestens eine Seite voll. Achten Sie dabei auf das, was Sie in Ihrem Körper spüren. Fühlen Sie einen Schmerz in Ihrer Brust? Drückt da etwas hinter Ihren Augen? Sind Ihre Hände kalt? Ist Ihr Kiefer angespannt?

Falls Sie ein Gefühl bemerken, halten Sie inne und schenken Sie dem Gefühl Ihre Aufmerksamkeit. Schließen Sie die Augen und empfinden Sie es einfach. Halten Sie es so lange aus, wie Sie können. Wenn es verfliegt, schreiben Sie weiter.

Falls Sie spüren, daß sich Ihre gewohnte Reaktion einstellt, Tränen oder Traurigkeit oder Leugnung, lassen Sie sie nicht zu. Sagen Sie, wenn möglich, laut zu sich selbst: »Ich bin wütend. Ich bin böse.« Wenden Sie sich in ärgerlichem Ton an Ihren Partner: »Du mieser Kerl! Du hast dies und jenes getan. Siehst du nicht, wie unfair das ist?« Kümmern Sie sich nicht darum, ob Sie Ihre Wut »richtig« ausdrücken, denn Ihr Partner ist ja nicht zugegen. Sagen oder schreiben Sie, was Ihnen in den Sinn kommt.

2. Legen Sie sich wenn möglich auf den Rücken oder setzen Sie sich einfach gerade hin. Atmen Sie mehrmals sehr tief und langsam ein. Atmen Sie dann allmählich etwas schneller, immer noch tief, aber rascher, mehr in die Brust als in den Bauch. Denken Sie an den Vorfall oder die Situation, die Ihnen unfair erscheint. Achten Sie auf das, was Sie in Ihrem Körper spüren. Falls die üblichen Tränen oder das gewohnte Gefühl von Traurigkeit in Ihnen aufsteigen, geben Sie dem nicht nach. Kehren Sie zu Ihrem sanften, tiefen Atmen zurück. Wenn Sie anfangen, Wut zu verspüren, verweilen Sie bei dem Gefühl, auch wenn es unangenehm ist. Machen Sie das zehn Minuten lang (schauen Sie auf die Uhr), und bleiben Sie danach einfach liegen oder sitzen und ruhen Sie sich einen Moment aus. Gratulieren Sie sich dazu, daß Sie die Übung durchgeführt haben, ob Sie nun wütend geworden sind oder nicht. Schreiben Sie in ein paar Sätzen in Ihr Tagebuch, wie Sie sich bei dieser Übung gefühlt haben.

3. Verabreden Sie sich mit einem Freund oder einer Freundin. Bitten Sie ihn oder sie, Ihnen, ohne Sie zu unterbrechen, zuzuhören, während Sie ihm oder ihr von dem Vorfall oder der Situation mit Ihrem Partner erzählen. Tun Sie dabei so, als wären Sie wütend. Klingen Sie wütend. Sagen Sie wütend klingende Dinge. (Bereiten Sie Ihren Freund oder Ihre Freundin darauf vor.) Manchmal hilft es, wirklich wütend zu werden, wenn man so tut, als ob man es sei.

Fragen Sie ihn oder sie dann: »Wie würdest du dich fühlen, wenn dasselbe dir passiert wäre?« Vielleicht äußert die betreffende Person die Wut, die Sie gern verspüren würden. Lassen Sie sich von ihm oder ihr die Wut vorspielen. Versuchen Sie dann, seine oder ihre Gefühle nachzuempfinden.

4. Diese Übung sollten Sie machen, wenn Sie allein zu Hause sind. Knien Sie sich an Ihr Bett. Fangen Sie an, mit gestreckten Armen und beiden Fäusten auf das Bett einzuschlagen. Das klappt am besten, wenn Sie zwei Punkte beachten: Recken Sie beide Arme hoch über den Kopf und nach hinten, und lassen Sie sie der Länge nach auf das Bett knallen. Folgen Sie der Bewegung mit den Schultern. Atmen Sie ein, wenn Sie die Arme heben, und voll aus, wenn Sie sie aufs Bett schlagen. Wenn sonst niemand da ist und Sie es sich erlauben können, geben Sie beim Ausatmen ein Geräusch von sich. Sie können auch rufen: »Ich bin so wütend!« oder was Ihnen sonst als Ausdruck Ihres Ärgers guttut. Lassen Sie sich gehen! Ob Sie nun Wut verspüren oder nicht, die Übung wird auf jeden Fall Energie durch Ihren Körper fließen lassen und Sie ein bißchen aufwecken. Wenn sie Ihnen gefällt, probieren Sie sie im Stehen mit gebeugten Knien aus. Sie können auch mit einem Tennisschläger aufs Bett schlagen, doch das erfordert eine hohe Decke und kann laut werden, deshalb vergewissern Sie sich, daß keiner in der Nähe ist.

5. Holen Sie sich ein paar Kissen. Halten Sie sie eins nach dem anderen hoch über Ihren Kopf und werfen Sie sie mit Schwung auf den Boden. Beugen Sie dabei leicht die Knie. Atmen Sie beim Werfen aus und geben Sie ein Geräusch von sich. Es kann einfach ein »Ah!« sein oder auch Worte wie »Du Ekel! Ich bin so sauer auf dich!«, was immer Ihnen in den Sinn kommt. Vielleicht möchten Sie sogar so tun, als wären die Kissen Ihr Partner.

6. Falls Sie einen oder zwei dieser Vorschläge befolgt haben und immer noch keine Wut verspüren, schreiben Sie in Ihr Tagebuch, und zwar diesmal: »Ich kann keine Wut empfinden, denn wenn ich Wut empfinde ...« Schreiben Sie diesen Satz möglichst oft hin und ergänzen Sie ihn dabei in verschiedenen Varianten.

Versuchen Sie es als nächstes mit folgendem Satz: »Ich habe Angst, wütend zu werden, weil ...« Womöglich haben Sie sehr triftige Gründe, Wut zu fürchten. Vielleicht war sie in Ihrer

Herkunftsfamilie nicht erlaubt. Vielleicht haben Sie auch Angst vor der Reaktion Ihres Partners, wenn Sie wütend werden. Wenn Sie eher Angst als Wut verspüren, ist das VAM trotzdem für Sie geeignet. Sie könnten es einfach in »Verfahren zur Angst-Minderung« umbenennen. Groll, Wut und Angst hängen oft eng miteinander zusammen – sind eigentlich eher ein Gefühlsmischmasch.

Wenn Sie als Resultat einer oder mehrerer dieser Übungen jetzt doch Aggression verspüren, werden die nächsten Schritte des VAM Ihnen zu verstehen helfen, wie Sie damit umgehen sollten.

Für Aggressionsäußerer – Lassen Sie Energie ab

Wut kann Sie dazu bringen, daß Sie unbedingt etwas *tun* wollen, ebenso wie Sie essen wollen, wenn Sie hungrig sind, oder Sex haben wollen, wenn Ihnen danach ist. Wenn das Ableiten Ihrer aggressiven Energie dazu führt, daß Sie sich besser fühlen und Sie beruhigt, wunderbar. Aufgestaute Spannung zu lösen, ist gut für Ihren Körper und Ihre Psyche.

Allerdings ist es kein notwendiger Schritt, daß Sie Ihrer Wut Luft machen, indem Sie schreien, toben oder gegen Ihr Auto treten, da das manchmal mehr Schaden anrichten als Positives bewirken kann.

Es ist nicht bewiesen, daß zurückgehaltene Wut einen Herzinfarkt oder ein Magengeschwür verursachen kann. Sehr viele Menschen sind nach dem Ausleben ihrer Wut ebenso wütend wie zuvor oder sogar noch wütender. Falls das auf Sie zutrifft, machen Sie ihr keine Luft! In Selbstgerechtigkeit zu schwelgen, einen Altar für den Trostpreis (»Ich habe recht!«) zu errichten, vor lauter Rage außer Kontrolle zu geraten und vor allem, die Wut passiv oder direkt an ihrem Gegenstand auszulassen, ist schädlich, unreif und ganz und gar nicht produktiv. Machen Sie die folgenden Übungen zum Ableiten Ihrer aggressiven Energie *nur*, wenn sie Sie wirklich beruhigen und es Ihnen danach bessergeht. Wenn sie Ihren Ärger verstärken, machen Sie sie nicht. Das müssen Sie selbst beurteilen. Falls

Sie nicht sicher sind, experimentieren Sie. Wenn Sie das nächste Mal jemand ärgert, versuchen Sie, diesen Schritt zu überspringen, und gehen Sie zur Entspannung gleich zu Schritt drei über. Oder probieren Sie eine Prozedur zum »Dampfablassen« aus und stellen Sie fest, ob Sie hinterher noch wütender oder ruhiger sind.

Wenn Sie Ihre Aggression körperlich ausdrücken wollen und wissen, daß Sie danach ruhiger sein werden, versuchen Sie es mit einer oder mehreren (meist genügt eine) dieser Techniken:

1. Rennen Sie. Oder tanzen Sie einen schnellen Tanz. Oder stampfen Sie mit den Füßen, springen Sie auf und ab und schütteln Sie Arme und Beine. Tun Sie das, bis Sie außer Atem sind.

2. Setzen Sie sich in Ihr Auto und schreien Sie.

3. Knien Sie sich an Ihr Bett und schlagen Sie mit den Fäusten darauf ein, genauso wie es in Punkt 4 unter »Laden Sie sich mit Energie auf« beschrieben ist. Es hilft auch beim Energieablassen.

4. Werfen Sie Kissen auf den Boden, wie in Punkt 5 unter »Laden Sie sich mit Energie auf« beschrieben. Auch das hilft beim Energieablassen.

5. Schreiben Sie einen vernichtenden Brief an die Person, der Ihre Wut gilt, *den Sie diese Person aber nie sehen lassen dürfen.* Zerreißen Sie ihn sicherheitshalber gleich danach. Seien Sie jedoch vorsichtig; falls Sie dies noch wütender macht, hören Sie damit auf. Sie sollten es nur tun, wenn Sie sich damit »etwas von der Seele« schreiben.

6. Reden Sie mit einem Freund oder einer Freundin über Ihre Wut. Bitten Sie ihn oder sie, Ihnen zu helfen, Ihrem Ärger Luft zu machen. Er oder sie könnte zum Beispiel sagen: »Du bist ja wirklich sauer. Das ist gut. Schrei es aus dir raus.« Seien Sie auch hier vorsichtig. Wenn es Sie noch wütender macht, hören Sie auf und gehen Sie sofort zu Schritt zwei über. Die Autorin Carol Tavris stellte in ihren Studien über Aggression fest: »Reden kann eine feindselige Stimmung zementieren.« Sie sollen Ihre Wut jedoch ablassen, damit Sie ruhiger werden.

7. Malen Sie sich Ihre schönste Rachephantasie aus. In der Vorstellung ist alles möglich, eben weil sie *nicht* Realität ist. Lassen Sie sich also gehen. Schreiben Sie den Brief, den Sie gern abschicken, oder die kleine Ansprache, die Sie gern halten würden. Denken Sie sich die perfekte Strafe aus. Übertreiben Sie dabei möglichst so, daß Sie darüber lachen können. Lassen Sie einen Freund oder eine Freundin daran teilhaben und lachen Sie gemeinsam.

Eine letzte Warnung: Vermeiden Sie es nach Möglichkeit, sich dem Gegenstand Ihrer Wut gegenüber direkt Luft zu machen. Wenn Sie die aggressive Energie aus Ihrem Körper ableiten, Dampf ablassen, so tun Sie das, wenn Sie allein sind. Zum Streiten und »Wüten« mit dem Partner komme ich noch am Ende des Kapitels. Da Sie die Initiative zur Verbesserung Ihrer Beziehung ergriffen haben, machen Sie im Moment jedoch einen großen Schritt nach vorn, wenn Sie Ihren Ärger nicht direkt an Ihrem Partner auslassen. Falls Sie sich doch dabei ertappen, entschuldigen Sie sich und machen Sie gleich anschließend eine der sieben oben vorgeschlagenen Übungen – allein. So bereiten Sie sich darauf vor, zu einem späteren Zeitpunkt produktiv über das Problem zu verhandeln, zu streiten, zu debattieren oder zu diskutieren.

Schritt zwei – Entspannen: Beruhigen Sie Ihre Gefühle

Leider werden in unserer Kultur Aggression und Gewalt verherrlicht. Die Medien überschwemmen uns mit Beispielen von Wut und Brutalität, die zumindest vielen Menschen gefallen. Der Böse kriegt, was ihm zusteht. Der Held rächt sich.

Im wirklichen Leben dagegen gefallen uns Wut und Frustration überhaupt nicht. Wenn Sie wütend sind, fühlen Sie sich nicht genug gewürdigt, betrogen, ignoriert, schikaniert, enttäuscht, beleidigt, verletzt, manipuliert, ausgenutzt oder erniedrigt. Das sind furchtbare Gefühle. Wenn Sie sagen: »Es tat so gut, Dampf abzulassen«, oder »Wir hatten gestern abend urplötzlich einen riesigen Streit, und jetzt geht es uns viel besser«, dann stimmt es vielleicht, daß das Freisetzen der aufgestauten Spannung eine große Erleichterung war und der eigentliche Streit sogar etwas Aufmunterndes hatte. Aber denken Sie nur einen Moment daran, wie Sie sich in den Stunden oder, in vielen Fällen, Wochen und Monaten fühlten, die dem Streit vorangingen. Da ging es Ihnen wahrscheinlich die ganze Zeit erbärmlich.

Wenn Sie eine Möglichkeit finden, wie Sie aufhören können, wütend zu sein, wird es Ihnen bessergehen, und Sie sind wesentlich leichter in der Lage, die Ursache Ihrer Aggression auf konstruktive Weise zu bearbeiten.

(Das widerspricht nicht dem, was ich oben über den Versuch sagte, sich mit Wut aufzuladen, falls Sie dazu tendieren, sie zu verdrängen oder zu leugnen. Aggressionsverdränger sind in Wahrheit wütend, aber statt dieses unangenehme oder erschreckende Gefühl zu empfinden, vergraben sie es. Trotzdem müssen sie damit leben, daß sie sich betrogen, frustriert oder vernachlässigt vorkommen, und es wird schwierig für sie sein, diese Empfindungen zu eliminieren, wenn sie sie nicht irgendwie »aufladen« können. Das »Geladensein«, das Gefühl der Wut, ist eine gesunde menschliche Reaktion. Wir erörtern hier, wie Sie mit dem »Geladensein« umgehen.)

Sobald Sie also Aggression verspüren und (wenn Sie wollen) Ihrem Körper erlauben, diese Aggression auf irgendeine Weise auszudrücken, die aufgestaute Spannung vorsätzlich zu entladen, sollten Sie als nächstes lernen, wie Sie sich beruhigen. Während Sie Ihre Wut fühlen oder äußern, sind Sie ihr ausgeliefert. Sie haben keine Kontrolle über sie; diese hat die Wut über Sie. Es ist wichtig, daß Sie sich wieder in den Griff kriegen.

Wenn Sie wütend sind, ob nun über einen kleinen, einmaligen Vorfall oder einen andauernden Quell der Frustration, ist das Nützlichste, das Sie für sich selbst tun können, un-wütend zu werden, sich zu beruhigen, nach einer umfassenderen Sichtweise zu streben. Ist die Angelegenheit, die Sie wütend macht, wirklich so wichtig, wenn Sie sie an einer lebenslangen Beziehung messen? Ist diese eine Sache wichtiger als die Qualität des Zusammenlebens mit Ihrem Partner?

Erst von einem Standpunkt relativer Selbstbeherrschung aus werden Sie in der Lage sein, Ihre Gedanken zu klären und effektive Pläne für Ihr Handeln zu schmieden (VAM, Schritt drei und vier).

Wie also können Sie sich entspannen und zur Ruhe kommen? Probieren Sie eine oder mehrere der folgenden Methoden aus; in unterschiedlichen Situationen werden unterschiedliche Herangehensweisen zweckmäßig sein.

1. Warten Sie ab. Wenn irgend möglich, lassen Sie zwischen dem Vorfall, der Ihren Ärger ausgelöst hat, und einer Handlung Ihrerseits einige Zeit verstreichen. Hitzige Wut kühlt sich, falls man sich Zeit läßt, praktisch immer ab. Wenn Sie morgens etwas in Rage bringt, sind Sie mit großer Sicherheit schon am Nachmittag weniger »geladen«.

Falls Ihr Partner bei Ihnen ist, wenn Sie wütend werden, entschuldigen Sie sich. Eventuell können Sie sich eine schnelle Äußerung erlauben, einen kurzen, wütenden Aufschrei, aber dann sagen Sie etwas wie: »Ich muß mich jetzt erst mal beruhigen. Ich möchte später darüber reden«, und verlassen den Raum. Ein großer Streit wird höchstwahrscheinlich, wenn einer von Ihnen oder Sie beide vor Wut kochen, eher Schaden anrichten als Gutes bewirken. Sie könnten Dinge sagen, die Sie hinterher bedauern, Sie werden Distanz zueinander verspüren, die Energie, die Sie verbrauchen, wird Sie und vermutlich auch Ihren Partner noch wütender machen, und Sie lösen gar nichts.

Was bezwecken Sie mit einem Streit? Dampf abzulassen? Das tun Sie besser, wenn Sie allein sind. Ihren Partner zu einer Veränderung zu bewegen? Ein Streit verhärtet ihn oder sie nur noch mehr. Ihren Partner zu überzeugen, daß Sie recht haben? Selbst wenn Ihnen das gelingt, was unwahrscheinlich ist, haben Sie damit doch nur einen Trostpreis!

Carol Tavris schloß ihr Buch *Wut: Das mißverstandene Gefühl* mit diesem Ratschlag, den sie auf dem Zettelchen in einem chinesischen Glückskeks fand:

»Ein einziger Augenblick Geduld wird dir hundert Tage Kummer ersparen.«

Ein von mir interviewtes Paar, das glücklich und einander sehr verbunden ist, meinte:

»Früher hatten wir riesige, explosive Kräche und sagten uns dabei schreckliche Dinge, aber heute wissen wir, daß man sich einfach bremsen muß. Sich zwingen, aus dem Zimmer zu gehen. Nicht streiten, basta. Wenn wir das schaffen, kühlt sich die Wut immer ziemlich ab.«

Wenn Sie also wütend sind, warten Sie vor allem ab. Lassen Sie etwas Zeit verstreichen. Entfernen Sie sich vom Schauplatz Ihrer Wut und beruhigen Sie sich (siehe weitere Vorschläge in diesem Abschnitt).

Falls Sie es mit einer langfristig andauernden Frustration zu tun haben, warten Sie womöglich schon lange ab. Es kann aber gut sein, daß jedesmal, wenn Sie die Wut spüren, das, was Sie dagegen tun, dieses Gefühl wahrscheinlich eher eskalieren läßt als abkühlt. Vielleicht versuchen Sie, mit Ihrem Partner darüber zu sprechen, aber wenn Ihnen immer wieder dieselbe alte Reaktion begegnet, verstärkt sich Ihre Wut nur. Vielleicht reden Sie auch mit einer Freundin oder Ihrer Mutter, und nach dem Gespräch sind Sie beide um so ärgerlicher und frustrierter. Vielleicht ersinnen Sie eine Strategie, um Ihrem Partner »etwas von seiner eigenen Medizin zu verabreichen«. Die kommt bei Ihrem Partner aber nicht an, und so werden Sie noch wütender und geben schließlich niedergeschlagen auf. Der entscheidende Punkt für Sie ist, Selbstberuhigungstechniken zu entdecken und zu praktizieren, die Ihre Wut tatsächlich reduzieren, welche Ursache sie auch haben mag.

Experiment 7
Wie gehen Sie mit Wut um, die schon lange andauert?
Schreiben Sie in Ihr Tagebuch, was Sie seit langem schon frustriert. Listen Sie darunter alles auf, was Sie bereits versucht haben, um das Problem zu lösen, und alles, was Sie getan haben, um Ihre Frustration auszudrücken. In anderen Worten, was fangen Sie mit Ihrer Wut an?
Setzen Sie hinter jeden Punkt einen kleinen Pfeil, der nach OBEN zeigt, wenn Sie trotz Ihres Handelns wütend blieben oder noch wütender wurden, und nach UNTEN, wenn Ihr Handeln Ihre Wut tatsächlich minderte.
Herzlichen Glückwunsch, wenn Sie Abwärts-Pfeile haben. Halten Sie sich weiterhin an die entsprechenden Strategien. Wenn nicht, probieren Sie einige der anderen hier präsentierten Beruhigungstechniken aus.

Ob es um einen andauernden Quell des Ärgers geht, eine aktuelle, Wut erzeugende Episode oder beides, die folgenden Selbstberuhigungsstrategien werden Ihnen helfen, sich besser zu fühlen und im Griff zu haben.

2. Zählen Sie bis zehn. Dieses alte Hausmittel ist sehr weise. Wenn Ihr Partner dabei ist, zählen Sie im Geiste. Riskieren Sie nicht, daß er oder sie noch wütender wird.
Das Zählen beschäftigt Sie, während Sie darauf warten, daß ein bißchen Zeit verstreicht. Atmen Sie dabei tief aus; das Ausatmen ist eine Mini-Energieentladung. Und zählen Sie einfach weiter. Zählen Sie mehrmals bis zehn. Oder zählen Sie bis fünfzig. Spüren Sie, wie Sie ruhiger werden.

3. Atmen Sie. Setzen oder legen Sie sich hin und beginnen Sie, sacht und tief zu atmen. Denken Sie über jeden Atemzug nach. Atmen Sie schnell, wenn Sie richtig wütend sind, und verlangsamen Sie Ihre Atemzüge hin und wieder bewußt.
Stellen Sie sich Ihre Lieblingslandschaft vor. Legen Sie beruhigende Musik auf.

4. Lenken Sie sich ab. Beschäftigen Sie sich mit dem, was Sie

gerade vorhatten. Oder stellen Sie, wenn Sie dazu zu wütend sind, den Fernseher oder das Radio an. Machen Sie einen Spaziergang. Man hat Sie verletzt, also nehmen Sie sich ein wenig frei. Lesen Sie eine Zeitschrift oder einen Roman, holen Sie sich einen Videofilm oder gehen Sie ins Kino, backen Sie Plätzchen, räumen Sie den Keller auf oder Ihre Speisekammer, kaufen Sie sich ein Eis oder ein Buch – tun Sie etwas, das Ihnen das Gefühl gibt, sich etwas Gutes zu tun, das Ihre Verletzung heilt. Seien Sie Ihre eigene Mami; küssen Sie Ihren eigenen verschrammten Ellbogen.

5. Versuchen Sie, Ihre Gefühle aktiv zu beeinflussen. Ihre Empfindungen beeinträchtigen Ihre Lebensqualität viel mehr als die Ihres Partners. Wenn Sie wütend auf ihn oder sie sind, verbringen Sie den Tag mit Weinen oder völlig angespannt oder vernachlässigen das, was Sie eigentlich tun wollten, und telefonieren sich statt dessen den ganzen Tag mit einem Freund den Ärger von der Seele.

Ihr Partner spürt Ihre Emotionen vielleicht auch, aber längst nicht so stark wie Sie und manchmal sogar überhaupt nicht, was Sie natürlich nur noch wütender machen kann. Wenn Ihr Mann den ganzen Tag Golf spielt und Sie mit den Kindern und der Wäsche zu Hause bleiben, hat er vermutlich eine Menge Spaß, während Sie vor Wut kochen. Er mag ja der Schuldige sein, doch Sie sind diejenige, die leidet. Ihre Wut tut *Ihnen* weh, nicht ihm.

Oder nehmen wir an, daß Ihre Frau kühl und distanziert ist, besonders dann, wenn Sie mit ihr schlafen möchten. Sicher, sie ist die »Böse«, die eigentlich »bestraft« werden sollte, aber Sie sind es, der sich zurückgewiesen, allein gelassen und unzulänglich fühlen muß. Ihre Traurigkeit tut *Ihnen* weh, nicht ihr. Gibt es für Sie die Möglichkeit, sich zu entscheiden, diese Gefühle, die so unangenehm sind, nicht zu empfinden?

Nehmen Sie doch den Standpunkt ein, daß Sie sich von dem empörenden Verhalten Ihres Partners nicht empören lassen müssen. Sie müssen sich dem, was er oder sie tut oder nicht tut, nicht hilflos ausliefern. Versuchen Sie, sich zu sagen: »Ich will mir davon nicht den Tag verderben lassen!« oder: »Ich kann meinen Ärger beiseite schieben und mir einen schönen, produktiven Tag machen!«

6. Trennen Sie die Wut von Ihren sonstigen Gefühlen. Wenn das Verhalten Ihres Partners Schaden angerichtet hat – Freunde waren beleidigt, Ihre Lieblingsbluse wurde in der Wäsche ruiniert, die Kinder litten darunter –, so versuchen Sie, ob Sie die Traurigkeit, die Sie deshalb empfinden, von Ihrer Wut über die Ursache, nämlich Ihren Partner, trennen können. Vielleicht verspüren Sie zwei Gefühle gleichzeitig. Versuchen Sie, diese beiden Gefühle zu entwirren. Das ist schwer, aber wenn es Ihnen gelingt, hilft es Ihnen womöglich, sich zu beruhigen.

7. Lachen Sie. Man kann nicht lachen und zugleich wütend sein. Während Sie sich beruhigen, kann es vorkommen, daß Sie etwas Komisches an der Situation finden, die Sie wütend gemacht hat. Nur sehr wenige Vorfälle sind so ernst, daß Sie dadurch *wirklich* zu einer griesgrämigen, verbitterten, feindseligen Person werden müssen. Wenn Sie sich trotzdem so fühlen, leiden Sie mehr als alle anderen.

8. Klopfen Sie sich auf die Schulter. Wenn Sie merken, daß Sie ruhiger werden, loben Sie sich. »Das habe ich gut gemacht. Ich habe es in den Griff gekriegt, ohne zu explodieren. Diesmal war ich mir meiner Wut bewußt, ich war imstande, etwas dagegen zu tun. Ich konnte verhindern, daß die Situation eskalierte. Ich habe das Gefühl, ich kann mich beherrschen. Es geht mir wirklich besser.«

Schritt drei – Relativieren: Klären Sie die Situation mit Ihrem Verstand

Nachdem Sie Ihre Wut nun ausgedrückt und sich entspannt haben, ist es an der Zeit, daß Sie gründlich über Ihre Situation nachdenken. Sie sind bereit zum Relativieren.

Wut ist ein Signal, das Ihr Körper Ihnen gibt, weil etwas nicht stimmt und in Ordnung gebracht werden muß. Sie gleicht einer Alarmsirene, die in einer Fabrik für giftige Chemikalien losgeht: ein Leck! Das ist eine Krise, gewiß, aber auch die Gelegenheit herauszufinden, was die Krise verursacht hat, und es zu »reparieren«, damit es nicht wieder zu einem »Leck« kommt. Wut ist ein Signal dafür, daß man sich um etwas Bestimmtes kümmern muß. Wie ein Fieberausbruch Ihres Körpers ist es Symptom für ein tieferliegendes Problem.

Zunächst: worum genau geht es bei Ihrem Streit? Schreiben Sie einen oder mehrere Sätze nieder, die das spezifische Problem, das Ihr Wutgefühl auslöste, auf den Punkt bringen. Es kann sich um einen einzelnen Vorfall oder um ein andauerndes Problem handeln.

Zum Beispiel:

»Jerry hatte versprochen, rechtzeitig zu Hause zu sein, kam dann eine Stunde zu spät und entschuldigte sich nicht mal. Damit waren meine Pläne für den Abend zunichte.«

»Sarah fuhr mir eine Riesendelle in mein tolles neues Auto.«

»Ich habe nicht genügend Kontrolle über mein eigenes Geld und darüber, was ich ausgebe.«

»Jim leistet seinen Anteil an der Hausarbeit nicht.«

Wenn Sie eine halbe Seite oder mehr vollschreiben, sind Sie wahrscheinlich noch im Stadium des Ausdrückens. Das macht nichts. Lassen Sie Dampf ab. Gehen Sie dann zurück zu Schritt zwei und tun Sie etwas, das Sie beruhigt, oder lassen Sie einfach ein bißchen Zeit verstreichen. Es ist schwieriger für Sie, Ihre Gedanken zu klären, wenn Sie noch tief in Ihre Wutgefühle verstrickt sind.

Wenn Ihnen klar ist, was das Problem ist, schauen Sie es sich als nächstes von beiden Seiten an.

Schreiben Sie einen oder mehrere Sätze, in denen Sie Ihre Ansicht schildern. Sagen Sie, was Sie sich wünschen, was Sie verdienen, was Sie für gerecht halten, was Sie nicht mögen, was Sie fürchten, was Sie traurig macht, was Sie bedauern. Wahrscheinlich brodelt ein ganzer »Eintopf« von Gefühlen hinsichtlich des Problems in Ihnen. Beschreiben Sie jedes einzelne davon. Wenn es Ihnen hilft, tun Sie so, als bereiteten Sie eine Aussage für einen Richter vor. Oder schreiben Sie einen Brief direkt an Ihren Partner. Damit das Ganze Ihnen nützt, müssen Sie daran denken, nicht nach dem Trostpreis zu schnappen! Setzen Sie nicht sich ins Recht und den Partner ins Unrecht. Sie können uneins mit Ihrem Lebensgefährten sein und dennoch sein oder ihr Recht respektieren, eine Meinung oder Verhaltensweise zu haben, die sich von Ihrer unterscheidet. Legen Sie also Ihren Standpunkt dar, ohne Ihren Partner ins Unrecht zu setzen.

Sagen Sie zum Beispiel nicht:

»Jim sollte bereit sein, mir bei den Vorbereitungen für die Party zu helfen.«

»Suzie ist verantwortungslos, weil sie soviel Geld ausgibt.«

Sagen Sie statt dessen:

»Ich bin wütend, weil ich die ganze Arbeit für die Party allein machen muß.«

»Ich bin besorgt und verärgert darüber, daß Suzie soviel Geld ausgibt.«

Jetzt wird es schwierig: Versuchen Sie, die Angelegenheit mit seinen oder ihren Augen zu sehen. Das bedeutet nicht, daß Sie mit dieser Sichtweise übereinstimmen. Sie sind vielleicht ganz und gar nicht damit einverstanden. Trotzdem, versuchen Sie, ein gewisses Mitgefühl oder Verständnis für die Position Ihres

Lebensgefährten zu entwickeln. Als »Führer« in Ihrer Beziehung haben Sie die Möglichkeit, sich einen Gesamtüberblick zu verschaffen.

Schreiben Sie, ebenso wie vorhin für sich selbst, einen oder mehrere Sätze, in denen Sie das Problem aus der Sicht Ihres Partners betrachten. Sagen Sie, was er oder sie sich wünscht, verdient, für gerecht hält, nicht mag, fürchtet. Was macht Ihren Partner traurig? Was bedauert er oder sie?

Sie wissen sicher etwas über die Kindheit Ihres Partners. Welche frühen Erlebnisse könnten ihn oder sie veranlassen, sich Ihnen gegenüber so schrecklich zu verhalten? Vielleicht macht Ihr Lebensgefährte sich Sorgen, hat Angst oder steht unter starkem Druck. Das entschuldigt sein oder ihr schlechtes Benehmen nicht, doch womöglich ist es eine teilweise Erklärung dafür. Was spielt sich für Ihren Partner bei der Arbeit ab und in seinem oder ihrem Freundeskreis?

Versuchen Sie, sich in Kopf und Herz Ihres Partners hineinzuversetzen, ziehen Sie dabei alle Ihnen bekannten Faktoren in Betracht und sprechen Sie tief aus seinem oder ihrem Inneren. Vielleicht wäre er oder sie gar nicht in der Lage, alles, was Sie sehen, zu artikulieren, doch seien Sie die innere Stimme Ihres Partners und erzählen Sie seine oder ihre Geschichte so, wie sie sich Ihnen darstellt.

Ihr Problem ist zum Beispiel folgendes:

Jerry hatte versprochen, rechtzeitig zu Hause zu sein, kam dann eine Stunde zu spät und entschuldigte sich nicht mal. Damit waren meine Pläne für den Abend zunichte.

Ihr Mann dagegen sieht es vielleicht so:

Jerry steht momentan unter sehr großem finanziellen Druck, weil wir Schulden haben. Er hat sehr viel Streß bei der Arbeit, solange dieser Auftrag noch nicht erledigt ist. Er ist ständig müde und sehr besorgt, daß er es womöglich nicht schafft, den Termin einzuhalten. Wahrscheinlich hatte er unsere Pläne für den Abend total vergessen und kriegte gar nicht mit, wie die Zeit verging. Was er sich wirklich von mir wünscht, ist Verständnis und Unterstützung, nicht noch mehr Forderungen und Bitten. Im Augenblick ist er einfach überlastet. Vermutlich hat er das Gefühl, es wäre am besten, wenn er allein lebte, bis er den Auftrag erledigt hat. Er ist momentan kein besonders guter Gefährte für mich, aber er tut sein Bestes.

Sarah fuhr mir eine Riesendelle in mein tolles neues Auto.
Sie macht sich nicht soviel aus diesem Auto wie ich. Sie fährt immer noch ihre alte Rostlaube. Es war ein Unfall, der jedem hätte passieren können. Sie fühlt sich scheußlich, daß ihr das passiert ist. Sie fühlt sich furchtbar. Das letzte auf der Welt, was sie tun will, ist, mich unglücklich zu machen. Sie wünscht sich wahrscheinlich jemanden, der sie tröstet und nicht wütend auf sie ist.

Ich habe nicht genügend Kontrolle über mein eigenes Geld und darüber, was ich ausgebe.
Marv ist nicht der Meinung, daß er unsere Ausgaben kontrolliert, er findet nur, daß er unsere Finanzen gut verwaltet. Seine Familie ist sehr vorsichtig und ängstlich, wenn es um Geld geht. Sie sind alle so wie er. Er kann nichts dafür, daß er sich Sorgen macht. Er muß das Gefühl haben, daß er die Finanzen im Griff hat, sonst würde er durchdrehen.

Jim leistet seinen Anteil an der Hausarbeit nicht.
Jim hat keine *Lust* zur Hausarbeit. Er verabscheut sie. Er findet echt, das sei Aufgabe der Frauen. Sein Vater hat sich nie an der Hausarbeit beteiligt. Seine Kollegen beteiligen sich nie an der Hausarbeit. Er sieht sie nicht als schwer oder zeitaufwendig an. Er hat sehr wenig Verständnis für das, was ich tue. Er kann sich nicht vorstellen, wie es für ihn wäre, wenn er eine oder zwei Pflichten übernähme.

In einem Seminar machte Kathryn diese Übung und erstaunte sich selbst und uns alle mit den Ergebnissen. Sie war wütend, weil ihr Mann den ganzen Tag Golf spielen gegangen war, statt zu Hause zu bleiben. Unter Tränen las sie uns folgenden Eintrag aus ihrem Tagebuch vor:

»Er hat bei der Arbeit die ganze Woche unter enormem Druck gestanden. Seit einem Monat hat er nicht mehr Golf gespielt. Die Typen, mit denen er am liebsten spielt, haben ihn zum Mitspielen aufgefordert. Er käme sich vor ihnen wahrhaftig wie ein Idiot vor, wenn er sagen müßte: ›Tut mir leid, ich kann nicht spielen. Ich muß zu Hause bleiben und die Wäsche machen.‹ Da der Umgang mit mir im Moment nicht sehr angenehm für ihn ist, wäre er, wenn er zu Hause bliebe, den ganzen Tag damit konfrontiert, wie unglücklich ich mit ihm bin. Er glaubt sowieso nicht, daß es zur Lösung der Probleme mit mir beitragen würde, wenn er gerade an diesem Tag zu Hause bliebe, weil sie ihm dafür viel zu groß erscheinen. Er hat das Gefühl, daß ich ihn nicht verstehe und er es nicht schafft, mich dazu zu bringen, die Sache auch mal von seiner Seite zu sehen. Er hat große Angst, die Ehe mit mir könnte bedeuten, daß er das Golfspielen und seine Freunde für alle Zeiten aufgeben muß. Tief in seinem Innern befürchtet er, daß er nicht weiß, wie er es mir recht machen soll, und daß er nie imstande sein wird, mich glücklich zu machen, und er fühlt sich deshalb ganz schrecklich, weil er mich wirklich liebt.«

Wir erlebten tatsächlich mit, wie Kathryn ihre Wut losließ. Sie erzählte uns: »Er fragte mich sogar, ob ich mit zum Golfspielen kommen wollte. Die Frau von einem der anderen wollte mit, und sie hatten sich gedacht, dann könnten die Frauen und die Männer jeweils zusammen spielen. Ich hätte es gut machen können – einfach den Babysitter-Dienst anrufen und die Wäsche vergessen.«
Nicht jeder mag die Sichtweise des Partners so schnell und vollständig akzeptieren wie Kathryn. Fangen Sie trotzdem damit an. Wenn Sie den Standpunkt Ihres Partners sehen und begreifen können, wie er oder sie dazu gekommen ist, spüren Sie

vielleicht, wie die Wut, die Sie seit langem erregt, allmählich abflaut und womöglich sogar schwindet. Denken Sie daran, Sie sind es, der oder die davon profitiert; es ist ein ekelhaftes Gefühl, ständig wütend zu sein.

Schritt vier – Ausführen: Tun Sie, was das Beste für Ihre Beziehung ist

Sie haben daran gearbeitet, die Energie Ihres Körpers auszudrücken, sich gefühlsmäßig zu entspannen, die Situation zu relativieren, indem Sie das Problem klären und von beiden Seiten betrachten. Nun kommen Sie zur Ausführung, machen einen praktischen Schritt, der etwas verändert.

Mini-Explosion

Wenn Sie über einen einzelnen, gerade geschehenen Vorfall wütend sind, sollten Sie als erste Maßnahme vielleicht eine Mini-Explosion in Betracht ziehen. Besonders wenn Ihr Partner sich in seliger Unwissenheit darüber befindet, daß er oder sie Sie aufgeregt hat, könnte es angebracht sein, daß Sie Ihren Ärger ihm oder ihr gegenüber klar und deutlich ausdrücken. Mit etwas Glück versteht Ihr Partner Ihren Standpunkt und bittet Sie womöglich sogar um Verzeihung. Falls nicht, haben Sie sich zumindest behauptet und dem Partner Ihre Position klargemacht. Yvonne und Jack zum Beispiel hatten ein Wochenende am Strand geplant. Als sie ankamen, erfuhr Yvonne, daß Jack sich Arbeit mitgebracht hatte – was er damit entschuldigte, daß er dringende Termine hätte, sein Chef schuld sei usw. Zwar sehr enttäuscht, akzeptierte Yvonne zunächst seine Geschichte. Aber im Laufe des Wochenendes merkte sie, daß sie empört war. Nachdem sie am Samstagnachmittag allein einkaufen gewesen war, loderte ihr unterschwelliger Zorn so richtig auf. Sie verspürte das Bedürfnis, Dampf abzulassen (Ausdrücken), also rief sie bei einer Freundin an. Sie erreichte nur den Anrufbeantworter, doch es war eine sehr gute Freundin, deshalb legte sie trotzdem los.

»Dottie, tut mir leid, daß ich dich so überfalle, aber ich muß mich einfach aussprechen. Jack hat sich doch tatsächlich Arbeit mit hierher gebracht, und ich bin total sauer auf ihn…« Sie redete noch ein paar Minuten weiter, erklärte, wie hintergangen sie sich fühlte und wie gedankenlos sie Jack fand – schüttete einfach ihr Herz aus. Als sie aufhängte, fühlte sie sich besser und bereit, sich zu beruhigen. Sie setzte sich auf eine Parkbank, ließ ihre Gedanken wandern und beobachtete eine Zeitlang die Vorübergehenden (Entspannen). Nach einer Weile war sie immer noch ärgerlich, aber ruhiger, und durchdachte ihren Standpunkt sowie Jacks sehr gründlich (Relativieren). Danach fuhr sie zu ihrem Bungalow zurück und sagte: »Jack, ich muß mit dir sprechen. Ich bin wütend, weil du dir Arbeit mitgebracht hast. Wir haben dieses Wochenende so lange geplant, und der Sinn der Sache war, sich mal von der Arbeit loszureißen. Mir ist klar, daß du Termine hast, aber ich denke, daß du manchmal einfach nein sagen müßtest. Die Zeit, die wir miteinander verbringen, ist auch wichtig!…« Eine oder zwei Minuten fuhr sie noch in ärgerlichem Ton fort und hielt dann inne, um Jack eine Gelegenheit zur Antwort zu geben (Ausführen: Mini-Explosion).

Beachten Sie, daß eine Mini-Explosion etwas anderes ist als Dampfablassen. Bei einer Mini-Explosion teilen Sie Ihrem Partner Ihre Gefühle und Ihren Standpunkt mit, *nachdem* Sie sich beruhigt und Ihre Wut durch das Betrachten beider Seiten des Problems relativiert haben.

Meistens wird Ihr Partner aufhorchen und Ihnen Beachtung schenken, wenn Sie so wütend sind. Auch in diesem Fall war Jack bereit, Yvonne zuzuhören. Er gab nicht in allem nach, erkannte jedoch ihren Standpunkt an und entschuldigte sich, daß er sie verstimmt hatte. Für den Rest des Wochenendes legte er die Arbeit beiseite, und beide kamen überein, das generelle Problem, nämlich Jacks Tendenzen zum Workaholic, zu einem späteren Zeitpunkt zu diskutieren.

Falls Ihre Mini-Explosion zu einem Streit führt, hier einige Anmerkungen zum Streiten.

Kreatives Lösen von Problemen

Oft ist die Ursache Ihres Ärgers ein andauerndes Problem oder eines, das Sie schon häufig erörtert haben. Ihr Partner weiß bereits, was Ihr Problem ist, daher würde eine Mini-Explosion eher noch ein Problem verursachen und nichts dazu beitragen, es zu lösen.

Statt einen Konflikt heraufzubeschwören, denken Sie über mögliche Problemlösungen nach.

Im kreativen Lösen von Problemen liegt die wahre Zauberkraft des VAM. Es bietet Ihnen die Chance, Ihre Wut konstruktiv einzusetzen, Ihre schöpferischen Fähigkeiten und Ihre Bereitschaft, in Ihrer Beziehung verantwortungsvoll und mitfühlend die Führung zu übernehmen, zu nutzen.

Beim Lösen Ihres Problems haben Sie vier Möglichkeiten: a) Sie können sich selbst ändern, b) Sie können die Situation verändern, c) Sie können beschließen, gar nichts zu verändern und die Situation so zu akzeptieren, wie sie ist (dies ist eigentlich eine Variante von a, der Veränderung von sich selbst), oder d) Sie können versuchen, Ihren Partner zu einer Veränderung zu bewegen.

Ich hoffe, Sie sind inzwischen so weit, daß Sie nicht mehr d wählen. Das ist vermutlich die Möglichkeit, die Sie seit langem vergeblich ausprobiert haben. Damit wird es nie klappen. Wie wir gesehen haben, kommt mit dem Versuch, Ihren Partner zu ändern, als wichtigste Botschaft bei ihm oder ihr an: »Du bist nicht in Ordnung, so wie du bist. Ich würde dich mehr lieben, wenn du dieses oder jenes tätest.« Dabei ersehnen Sie doch Nähe, Innigkeit, Kameradschaft, Freundschaft. Streit mit Ihrem Partner bringt Sie beide nur auseinander. Es verschlimmert Ihr Problem und löst es nicht.

Jede der drei anderen Möglichkeiten könnte dagegen sehr produktiv sein: die Situation zu verändern oder zu akzeptieren oder sich selbst zu verändern.

Henry James Borys schrieb ein herrliches Buch mit dem Titel *The Way of Marriage*, in dem er uns Auszüge aus seinem Tagebuch über einen Zeitraum von mehreren schwierigen Jahren mit seiner Frau Susan zugänglich macht. Immer wieder teilt er mit uns die Einsichten, die er gewann, indem er seine eigene Verletzlichkeit zuließ und aus seinen Fehlern und Schwächen lernte. Auch er meint, daß Wut eine Gelegenheit für Erfahrungen bietet:

»Wenn ich wütend bin, warum dann nicht, statt Susan die Schuld zu geben, meine Wut als Möglichkeit sehen, etwas über mich selbst zu lernen? Die Forderung nach Veränderungen ist meist viel kreativer, wenn man sie um hundertachtzig Grad wendet – ins eigene Innere. Denn die Quelle meiner Wut ist nie nur außerhalb meiner selbst. Sie ist in mir.«

Am besten löst man ein Problem, indem man sich erst einmal vor ein leeres Blatt Papier setzt und sich alle möglichen Lösungen ausdenkt, die einem einfallen. Nehmen Sie sich eine halbe Stunde Zeit, und schreiben Sie alles hin, was Ihnen in den Sinn kommt, selbst wenn Sie wissen, daß es aus irgendeinem Grund nicht möglich ist. Schreiben Sie auch Ideen auf, die absurd oder komisch sind. Beim Brainstorming zählt alles. Bewerten Sie während des Schreibens keine Ihrer Ideen; das kommt später. Brainstorming basiert auf Assoziationen und Verknüpfungen, deshalb lassen Sie Ihr Gehirn einfach übersprudeln. Das Wichtige daran ist, daß Sie am Ende der Sitzung Lösungen gefunden haben, die Sie nicht im Kopf hatten, als Sie damit anfingen.
Entscheiden Sie sich, um Ihre Kreativität anzuregen, für eine beliebige Anzahl Lösungen, und zwar weitaus mehr, als Sie für denkbar halten, und zwingen Sie sich dann, genauso viele Lösungen zu finden. Häufig ist eine der vier oder fünf, die Sie für am unwahrscheinlichsten hielten, der Treffer.
Das Brainstorming wird Ihnen helfen, der Falle des Entweder / Oder zu entkommen. Probleme, die dadurch entstehen,

daß Sie zwei Dinge wollen, die unvereinbar miteinander sind, sehen zunächst oft wie echte Zwickmühlen aus. Wir können zum Beispiel nicht am selben Nachmittag zum Fußballspiel und zu einer Party gehen. Ich kann nicht gleichzeitig arbeiten und zu Hause bleiben. Entweder Sie kümmern sich am Samstag um die Kinder, oder Sie tun es nicht.

Das Entweder/Oder-Denken schränkt jedoch Ihre Kreativität ein. Ein Dilemma ist selten so schwarzweiß, wie es scheint. Wenn Sie *glauben*, daß Sie eine Lösung finden können, die für Sie beide brauchbar ist, werden Sie Ihr Gehirn ankurbeln, damit es Lösungen produziert, die die Zwickmühle auflösen und einen dritten oder vierten oder fünften Ausweg aus dem Problem aufzeigen. (In Kapitel fünf werden wir noch mehr über das Entweder/Oder-Denken sagen, wenn es um Machtkämpfe geht.)

Ersinnen Sie beim Brainstorming Lösungen, bei denen Sie sich selbst verändern, bei denen Sie die Situation akzeptieren oder bei denen Sie die Situation verändern. Diese drei Kategorien sollen einen zusätzlichen Anreiz für Ihre Phantasie bieten. Außerdem werden Sie, nachdem Sie die nächsten zwei Kapitel gelesen haben, noch wesentlich mehr Ideen für Ihr Brainstorming haben.

Während Sie an einer Lösung für das spezifische Problem arbeiten, auf das Sie sich gerade konzentrieren, kann es passieren, daß sich auch schon Lösungen für größere, allgemeinere Probleme abzuzeichnen beginnen.

Um zu sehen, wie das kreative Lösen von Problemen funktioniert, wollen wir Andreas Fall als Beispiel nehmen. Andrea war wütend über ihren Mann Ted, weil er sehr wenig Interesse an ihren kleinen Zwillingstöchtern, den ersten Kindern der beiden, zeigte. Als sie zwölf Wochen alt waren, nahm Andrea ihre Arbeit in der Ausbildungsabteilung einer großen Einzelhandelsfirma wieder auf, aber nur an drei Tagen in der Woche. Ted war Polizeibeamter und hatte Schichtdienst, mittwochs jedoch immer frei. An zwei von ihren Arbeitstagen hatte Andrea eine Kinderbetreuung für die Zwillinge, und sie fand, Ted könnte sich mittwochs um sie kümmern. Ted aber wollte davon nichts wissen.

Ihr unmittelbares Problem benannte Andrea so: »Ted will nicht mithelfen, das Problem der Versorgung der Kinder zu lösen, und er ist nicht gern mit den Zwillingen zusammen.«

Als sie die Geschichte von Teds Seite betrachtete, wurde ihr klar, daß Ted nie mit Babys zu tun hatte, daß er sich unwohl in ihrer Gegenwart fühlt, weil er sich nicht zutraut, für sie zu sorgen. Außerdem legt er besonderen Wert auf seinen freien Tag, an dem er oft mit seinen Freunden Tennis spielt oder Dinge am Haus erledigt. Wenn er den Mittwoch mit den Zwillingen verbrächte, hätte er keine Zeit mehr für sich.

Dies war Andreas Brainstorming-Liste:

Veränderungen der Situation:

Zusätzliche Kinderbetreuung für mittwochs organisieren.

Ted bitten, den halben Mittwoch auf die Kinder aufzupassen.

Ted bitten, einen Kinderbetreuungskurs zu besuchen.

Versuchen, meinen Chef zu überreden, daß er mich nur zwei Tage arbeiten läßt.

Meine Mutter bitten, mittwochs zu kommen.

Veränderungen bei mir:

Aufhören, mir wegen Teds mangelndem Interesse an den Babys Sorgen zu machen.

Aufhören, mir wegen der zusätzlichen Kosten für Kinderbetreuung Sorgen zu machen.

Versuchen Sie nach dem Brainstorming, das Problem aus Ihrem Kopf zu verbannen und mindestens vierundzwanzig Stunden nicht daran zu denken, wenn Sie soviel Zeit haben. Überlassen Sie das Ganze Ihrem Unterbewußtsein. Viele Kreativitätsexperten berichten, daß dies eine wichtige Phase für das Hervorbringen schöpferischer Lösungen ist. Sie läßt Ihrer inneren Vernunft die Zeit zum Sortieren und Nachsinnen, die sie benötigt, frei von dem Druck und der Unruhe, mit denen sie belastet ist, wenn Sie bewußt an dem Problem »arbeiten«.

Kehren Sie dann zu Ihrer Liste zurück und bewerten Sie jede einzelne potentielle Lösung.

Achten Sie darauf, daß Sie keine Lösung wählen, die Sie auch nur im geringsten verärgert. Das ist keine Lösung, vor allem dann nicht, wenn Sie sowieso immer nachgeben. Und wählen Sie auch keine, von der Sie glauben, daß sie Ihrem Partner nicht gefällt, oder die ihm oder ihr den Schwarzen Peter zuschiebt.

Behalten Sie stets im Auge: Sie streben keinen Sieg an, sondern Harmonie. Sie wollen nicht auf Kosten Ihres Partners gewinnen. Sie wollen eine Lösung, mit der Sie sich beide wohl fühlen. Sie versuchen, etwas zu verändern, nicht mehr gegen, sondern *für* ihn oder sie zu sein – insofern Sie seine oder ihre Bedürfnisse erkennen. Ihr Ziel ist es, das Problem auf eine Art zu lösen, die Sie einander näher bringt.

Andrea gelang nicht nur all das, indem sie ihr unmittelbares Problem löste, sie löste gleichzeitig auch eins ihrer großen Hauptprobleme, daß nämlich sie und Ted nie genug Zeit füreinander hatten. Während sie sich ihre Liste anschaute, kam ihr plötzlich der Gedanke, der Mittwoch könnte ein wunderbarer Tag für sie beide sein. Wenn sie es schaffen würde, mittwochs ebenfalls frei zu bekommen, und die Kinder an drei Tagen wöchentlich betreuen ließe, brauchte sie Ted nicht dafür einzuspannen (sie glaubte, wie auch Freunde und Angehörige, daß Ted sicher mehr Interesse an den Kindern kriegen würde, wenn sie etwas älter wären) und könnte ihr größtes Problem lösen, den Mangel an gemeinsamer Zeit mit Ted. Sie erzählte Ted von dieser Idee, und er war begeistert, obwohl es bedeutete, daß sie einen zusätzlichen Tag für die Betreuung der Kinder bezahlen müßten. Jetzt gehen sie jeden Mittwochmorgen zusammen frühstücken und dann einkaufen, oder sie spielen ein bißchen Tennis und haben den Nachmittag immer noch jeder für sich zur freien Verfügung. Das erlaubt ihnen, regelmäßig etwas ohne die Kinder zu unternehmen, und Andrea berichtete mir, es hätte Wunder für ihre Beziehung gewirkt.

Bevor sie das VAM ausprobierte, war Andrea regelrecht verzweifelt. Sie war niedergeschmettert, daß Ted so wenig Interesse an ihren Töchtern zeigte, und hatte große Angst davor, ihre Babys drei Tage wöchentlich einer Fremdbetreuung zu überlassen, für die sie würden zahlen müssen. Indem sie das Bedürfnis aufgab, recht zu haben, Teds Standpunkt nachvollzog und bereit war, das Problem ganz allein zu lösen, brachte sie eine wichtige positive Veränderung ihrer Beziehung zustande, und das völlig im Alleingang. Sie brauchte Ted nicht, um mit ihm »darüber zu reden«, und sie bat ihn nicht, sich zu ändern.

Sehen wir nun, wie das VAM bei zwei ganz unterschiedlichen Problemen funktionierte, von denen mir Teilnehmer in meinen Seminaren erzählten.

Christinas Hauptproblem mit Steve bestand darin, daß sie das Gefühl hatte, ihre Bedürfnisse und Empfindungen stünden für ihn an letzter Stelle. Seine Arbeit, seine Freunde, sein Computer, seine Männergruppe, sein Tennis, alles war ihm wichtiger als sie. Christina fühlte sich vernachlässigt, mißverstanden, nicht gehörig gewürdigt und als selbstverständlich hingenommen.

An einem Freitagabend hatten sie und Steve vor, mit einem Paar essen zu gehen, das Steve gern besser kennenlernen wollte. Nach einer anstrengenden Woche im Büro war Christina erschöpft und hatte das Gefühl, sie würde sich nicht zu dem Essen schleppen können. Steve war unerbittlich.

»Wir haben es seit Ewigkeiten geplant. Bei ihnen war das sehr kompliziert. Wir können sie nicht einfach hängenlassen. Es wird dir schon bessergehen. Du mußt mitkommen.«

Das brachte bei Christina das Faß zum Überlaufen. Steve erkannte ihre Bedürfnisse nicht einmal an, geschweige denn, daß er etwas für sie tat. Sie warf sich auf die Couch und fing an zu weinen. Dann fiel ihr das VAM ein. In ihrem Fall wußte sie, daß sie dazu neigte, eher verletzt als wütend zu sein, und daß sie sich mit Wut aufladen mußte. Sie sah Steve an und sagte: »Ich bin wütend.« Und mit erhobener Stimme: »Ich fühle mich total unsichtbar. Es interessiert dich nicht das kleinste bißchen, daß ich müde bin. Alles, was dich kümmert, sind diese Leute, die wir kaum kennen.«

Steves Antwort war: »Tut mir leid, Schatz. Ich weiß, daß du müde bist. Aber du wachst schon wieder auf. Ich möchte wirklich gern hingehen. Es wäre mir schrecklich unangenehm, ihnen in letzter Minute abzusagen. Was würden sie von uns denken? ›Wir waren zu müde‹ ist so eine fadenscheinige Entschuldigung.«

Christina dachte bei sich: Entspann dich. Sie sagte: »Laß mich ins Schlafzimmer gehen und einen Moment überlegen.«

Im Schlafzimmer weinte sie ein paar Minuten lang. »Ich brauche das Weinen«, dachte sie. »Ich bin so kaputt.« Dann sagte sie sich: »Okay, entspannen und relativieren.« Sie holte tief Luft und begann zu überlegen.

Relativieren: Worin besteht das Problem? Ich will wirklich nicht zu diesem Abendessen, und Steve besteht darauf, daß ich mitkomme.

Was ist meine Position? Ich bin total fertig. Ich habe heute überhaupt noch keine Zeit für mich gehabt. Ich habe nicht das geringste Interesse an diesem Essen oder diesen Leuten. Eigentlich respektiere ich Steves Motive dafür, mit ihnen essen zu wollen, nicht besonders; es kommt mir irgendwie vor, als würde er sich davon einen gesellschaftlichen Aufstieg versprechen. Ich will hundertprozentig nicht hingehen.

Steves Position: Er will unbedingt gehen, und er will auch, daß ich dabei bin. Er gibt gern mit mir an. Es wäre ihm furchtbar peinlich, abzusagen.

Handeln: Also, was tue ich? Ich habe das Gefühl, ich sterbe, wenn ich mit dahin muß. Steve kann ohne mich gehen. Basta. Ich will einfach nicht. So eine große Sache ist das doch nicht. Was wäre, wenn ich wirklich Grippe hätte? Er befriedigt die meisten seiner Bedürfnisse, wenn er allein hingeht, und ich mit Sicherheit meine, wenn ich zu Hause bleibe.

Sie ging wieder ins Wohnzimmer, wo Steve auf sie wartete.

»Steve, alles in mir sträubt sich dagegen, zu diesem Essen zu gehen. Ich kann mich einfach nicht dazu überwinden. Geh doch ohne mich und sag ihnen, es täte mir wirklich leid, ich fühlte mich nicht wohl. Erzähl ihnen, ich stünde im Büro sehr unter Druck, was ja auch stimmt. Tut mir leid, wenn ich dich enttäusche. Ich kann einfach nicht mitgehen.«

Steve schaute sie ein paar Minuten nur an. Er sah, daß sie sich auf einmal in den Felsen von Gibraltar verwandelt hatte. »Okay«, meinte er in resigniertem Ton, stand auf und ging. An der Tür wandte er sich zu Christina um und sagte, nicht sarkastisch, sondern mit aufrichtig klingender Stimme: »Ich hoffe, du ruhst dich gut aus heute abend.«

Christina setzte das VAM sehr effektiv für ein unmittelbares Problem ein. Weil sie wußte, was sie wollte, und entschlossen gegenüber Steve auftrat, konnte er ihre Entscheidung akzeptieren. Sie sagte mir, sie sei sicher, daß sie, wenn sie das VAM nicht benutzt hätte, einen Riesenstreit gehabt hätten, denselben, den sie schon Dutzende Male gehabt hatten. Sie hätte gesagt: »Immer ignorierst du meine Bedürfnisse«, und er hätte erwidert: »Nein, tue ich nicht«, und das in ständigem Wechsel. Zum Schluß hätte sie vermutlich nachgegeben und wäre mit essen gegangen, denn Steve war fast immer imstande, sie herumzukriegen.

Etwa ein Jahr nach diesem Vorfall sprach ich mit Christina, und sie berichtete mir, sie fühle sich viel besser hinsichtlich des generellen Problems in ihrer Beziehung, nämlich Steves letzte Priorität zu sein. Sie erklärte es folgendermaßen:

»Dadurch, daß ich mehrfach in spezifischen Situationen wie dieser selbst für meine Bedürfnisse eingetreten bin, habe ich das Gefühl, daß die ganze Sache jetzt ausgewogener ist. Steve hat sich nicht verändert, aber ich sorge besser für mich selbst. Ich erwarte nicht mehr, daß Steve meine Bedürfnisse berücksichtigt. Weil ich meine Interessen selbst vertrete, fühle ich mich nicht mehr so vernachlässigt. Wir streiten uns seltener – fast nie. Es hilft mir sehr, zu wissen, *was* ich tun muß – auch wenn es mir nicht immer perfekt gelingt.«

Ein anderer Teilnehmer, Randy, benutzte das VAM, um an einem langfristigen Problem zu arbeiten, das er mit seiner Frau Marsha hatte. Er hatte das Gefühl, Marsha akzeptiere ihn nicht so, wie er war, sondern versuche ständig, ihn in jemand anderen zu verwandeln. Obwohl sie den Begriff »nörgeln« verabscheute und leugnete, jemals an ihm herumzunörgeln, war Randy der aufrichtigen Meinung, daß immerzu an ihm herumgenörgelt wurde. Eine hauptsächliche Konfliktquelle war seine Beziehung zu ihrem vierjährigen Sohn Robbie. Randy neckte Robbie gern, und Marsha fand seine Neckereien unangebracht. Jedesmal, wenn sie miteinander spielten, griff Marsha ein und versuchte, Randy dazu zu bringen, daß er damit aufhörte. Das machte Randy verrückt! Da ihm leicht die Sicherung durchbrennt, eskalierten diese Episoden oft zu kurzen Schrei-Duellen – kurz, weil beide ungern vor Robbie stritten.

Eines Abends war Marsha nicht zu Hause, und Randy und Robbie verbrachten mehrere wunderschöne Stunden miteinander, aßen zusammen, spielten, nahmen ein Bad, und dann las Randy seinem Sohn Gutenachtgeschichten vor. Am Ende des Abends merkte Randy, wie wütend er war über all die Male, die es ihm nicht erlaubt war, so mit Robbie zu spielen, wie er wollte. Er beschloß, das VAM anzuwenden. Robbie war gegen neun im Bett, und Marsha würde erst um elf nach Hause kommen, also blieben ihm zwei Stunden.

Randy war verärgert und geladen, deshalb versuchte er es mit der Übung, bei der er auf das Bett schlagen sollte. Er spürte, daß er sich dabei zurückhielt, weil Robbie im Nebenzimmer schlief, daher nahm er statt dessen seinen Walkman und führte in der Küche einen wilden Tanz auf. Danach setzte er sich in einen Sessel und hörte beruhigende Musik, um sich zu entspannen. Anschließend fühlte er sich bereit für eine gedankliche Relativierung und holte sein Tagebuch (das er mich später lesen ließ):

»Relativieren: Was ist mein Problem? Ich kann nicht mit Robbie spielen, ohne daß Marsha mich dabei kritisiert. Marsha akzeptiert mich nicht. Sie hat ständig etwas an mir auszusetzen. Das macht mich wütend auf sie und entfremdet mich ihr. Ich fühle mich außerstande, mich so zu verändern, wie sie mich haben will, und überdies gefällt es mir, wie ich bin. Ich will mich nicht ändern... Marshas Mutter ist auch sehr kritisch ihrem Vater gegenüber. Daher hat Marsha es wahrscheinlich... Wenn wir darüber reden, wird Marsha defensiv. Sie findet nicht, daß sie mich kritisiert, und lenkt das Gespräch wieder dahin, daß ich mich ändern müßte, und daß ich es bin, mit dem etwas nicht stimmt.

Was ist meine Position? Ich verdiene es, mich hier ausleben zu können, ohne die ganze Zeit kritisiert zu werden. Ich möchte, daß Marsha mich so mag, wie ich bin. Ich möchte das Gefühl haben, daß Marsha mich wieder so vergöttert wie am Anfang unserer Beziehung. Ich liebe vieles an Marsha. Ich weiß, daß sie mich liebt. Ich möchte, daß das Kritisieren aufhört.

Marshas Position: Ich bin unsensibel Robbie gegenüber, weil ich ihn necke, um damit mein eigenes Bedürfnis zu befriedigen, mich ihm ›überlegen‹ zu fühlen, damit *ich* lachen kann, nicht *er*. (Das ist Blödsinn.) Außerdem findet sie, daß ich das Geschirr nicht gründlich genug spüle, daß ich die Tomaten dicker schneiden sollte, daß ich zuviel Butter aufs Brot nehme, daß ich die Wäsche sortieren müßte, bevor ich sie in die Maschine fülle, daß ich mich schlampig kleide, daß ich andere Leute zu oft unterbreche und ebenfalls necke. Sie ist der Meinung, sie müßte mich in diesen Dingen zurechtweisen, sie helfe mir damit und helfe auch anderen Menschen. Sie findet, sie hat ein Recht, das zu fordern, was sie in einer Beziehung will.

Ausführen: Was kann ich tun, um etwas zu verändern?
Brainstorming:
– Regelmäßige Abende allein mit Robbie und mir planen.
– Versuchen, noch mal mit Marsha über das Problem zu reden.

– Ohne Streit alles tun, was Marsha von mir verlangt.

– Das Gegenteil tun von dem, was ich jetzt tue (jedesmal kontern, wenn Marsha mich kritisiert), und ihr statt dessen für ihren Vorschlag danken.

– Mir eine Glocke um den Hals binden und sie jedesmal läuten, wenn ich mich kritisiert fühle.

– Einen Handel mit ihr abschließen, daß ich bestimmte Dinge ändere (ich könnte sie zum Beispiel meine Kleider für mich aussuchen lassen und weniger Butter aufs Brot streichen), wenn sie mich alles andere so machen läßt, wie ich möchte.

– Einen Babysitter besorgen und öfter mit ihr ins Kino gehen – und davor in ein Restaurant.

– Ein romantisches Wochenende für uns beide planen, an dem Robbie bei ihren Eltern sein kann, und sie damit überraschen.

– Daran arbeiten, ihre Kritik an mir abprallen zu lassen. Einfach nicht so wütend darüber zu werden.

– Ihr die Ohrringe kaufen, die ich gesehen habe und die ihr bestimmt gefallen würden.«

Randy erzählte mir, es hätte ihm Spaß gemacht, die Liste zusammenzustellen, über einiges hätte er lachen müssen, und er sei zufrieden und optimistisch gewesen, als er damit fertig war. Es war leicht für ihn, sich zum Handeln zu entscheiden, als er die Liste nochmals durchging. Er beschloß, sich von Marsha sagen zu lassen, was er tragen sollte, weil ihm das nicht so wichtig war und er wußte, daß es sie glücklich machen würde, wenn er versuchte, ihr für ihre Vorschläge zu danken und nicht jedesmal wütend zu werden, die Ohrringe zu kaufen, das romantische Wochenende zu planen und einen Babysitter zu besorgen und sie schon am nächsten Abend ins Kino einzuladen. Als Marsha nach Hause kam, war Randy gehobener Stimmung und begrüßte sie überschwenglich. Sie war entzückt über diesen Empfang und freute sich, Randys Bericht über seinen Abend mit Robbie zu hören und ihm von den Komplikationen des Abends zu erzählen, den sie selbst erlebt hatte.

Randy sagte mir, mit seinen Bemühungen, Marsha für ihre Vorschläge zu danken, statt wütend zu werden, hätte er nicht immer Erfolg. Oft unterliefen ihm noch Ausrutscher. Wenn es allerdings funktionierte, funktionierte es sehr gut: Er spürte innere Stärke und Kontrolliertheit, weil er sich entschieden hatte, nicht böse zu werden, wenn Marsha ihn kritisierte, und Marsha war begeistert, weil sie das Gefühl hatte, daß das, was sie sagte, bei ihm ankam. Und noch besser gefiel Randy, daß er tief drinnen wußte, er tat das Richtige. Er war ungeheuer erleichtert, daß er jetzt einen Plan hatte, daß er, auch wenn er ihn nicht immer ausführte, etwas hatte, das er tun *konnte*, wenn Marsha anfing, an ihm herumzunörgeln. Er stellte fest, daß er ihre Kritik sogar in einen Witz umbiegen konnte, und manchmal mußte auch Marsha lachen, und zwar über sich selbst.

Das Problem verschwand nicht, aber Randy hatte einen Weg gefunden, so damit umzugehen, daß es eine immer kleinere Rolle in ihrer Ehe spielte.

Denken Sie daran: Wut sollten Sie stets als ein Signal auffassen, daß etwas nicht stimmt. Wenn Sie einen Splitter im Finger haben, gibt der Finger Ihnen das Signal »Schmerz«. Um den Schmerz zu lindern, ziehen Sie den Splitter heraus. Ebenso ist es zur Milderung Ihrer Wut am besten, wenn Sie das Problem »lindern«, das die Wut verursacht. Genau dafür ist das Verfahren zur Aggressions-Minderung ein Rezept.

Um das VAM effektiv anzuwenden, müssen Sie nicht in Ihre Kindheit zurückgehen und vollständig ergründen, wie Sie wurden, wie Sie jetzt sind. Sie müssen Ihre Herkunftsfamilie nicht analysieren, und Sie müssen Ihre Persönlichkeit nicht grundsätzlich verändern. Das VAM ist vielseitig und anpassungsfähig. Selbst wenn Sie aus einer Familie kommen, in der destruktiv mit Wut umgegangen wurde, können Sie lernen, Wut konstruktiv einzusetzen. Sie müssen es nur wollen und bereit sein zu üben. Je öfter Sie das VAM anwenden, desto einfacher wird es für Sie. Natürlich werden Sie auch Rückschläge erleben. Lassen Sie sich dadurch nicht abschrecken. Haben Sie Geduld mit sich selbst, während Sie lernen.

Wenn Ihr Partner wütend auf Sie ist

Das VAM ist bemerkenswert effektiv, wenn Sie Ihre eigene
Wut für eine positive Veränderung Ihrer Beziehung nutzen
wollen.

Was aber können Sie tun, wenn Ihr Partner auf Sie wütend
wird?

Ich möchte Ihnen jetzt einen schwierigen Trick beibringen,
eine entscheidende Fähigkeit, die Sie beherrschen sollten,
wenn Sie ein guter »Führer« werden, die Harmonie in Ihrer
Beziehung fördern und Konflikte reduzieren wollen. Der
Trick ist folgender: Reagieren Sie nicht automatisch defensiv.
Als kurze Regel, die leicht zu behalten ist, wollen wir ihn
»AND: Anerkennung. Nicht Defensiv werden« nennen.

Wenn Ihr Partner wütend auf Sie wird, ist Ihre natürlichste
Reaktion darauf Abwehr. Zum Beispiel:

»Wir gehen überhaupt nicht mehr aus.«
»Tun wir doch! Wir waren gestern erst im Kino! Und letzte
Woche sind wir essen gegangen!«
Oder:
»Beeil dich! Kannst du nicht einmal pünktlich sein? Wir kom-
men zu spät!«
»Ich kann nichts dafür, daß ich erst so spät nach Hause ge-
kommen bin. Ich bin nicht immer zu spät dran. Es ist heute
das erste Mal seit langer Zeit!«

Abwehr ist so alt wie die Menschheit. Jemand wirft einen
Stein nach Ihnen; Sie halten die Hände vors Gesicht, um sich
zu schützen. Dasselbe tun wir mit Worten: verbaler Angriff,
verbale Verteidigung. Das ist ein Überlebensinstinkt.

In Ihrer Ehe sind Sie aber in keiner lebensbedrohlichen Situation. Sie können die Entscheidung treffen, daß Sie sich mehr
für das Wohlergehen Ihrer Beziehung als für Ihr eigenes interessieren – wie die Chefmanagerin einer Firma, die eine Ge-
haltserhöhung ablehnt, weil sie mehr an dem finanziellen

Wohlergehen der Firma als an ihrem eigenen interessiert ist. Sie weiß, wenn es der Firma gutgeht, wird es auch ihr gutgehen. Nur eine wahrhaft erfahrene Führerin würde sich so verhalten. Aber das ist doch die Art von Führerschaft, die Sie in Ihrer Beziehung anstreben, oder?

Wenn Ihr Partner Sie also verbal angreift, können Sie, statt eine defensive Antwort zu geben, die den Konflikt eskalieren ließe, eine friedenstiftende Bemerkung machen. Im Prinzip ist es einfach; Sie müssen nur den Standpunkt des Partners anerkennen. Etwa so:

»Wir gehen überhaupt nicht mehr aus.«
Mögliche nicht-defensive Reaktionen wären:
»Du hast das Gefühl, daß wir überhaupt nicht mehr ausgehen?«
»Es hat wirklich den Anschein, daß wir gar nicht mehr ausgehen.«
»Wir haben immer viel Spaß, wenn wir ausgehen. Ich gehe auch gern aus.«

Es ist wie im Kampfsport. Wenn Ihr Gegner mit der Faust nach Ihnen ausholt, blocken Sie nicht ab und schlagen zurück, wodurch der Kampf eskalieren würde, sondern Sie greifen nach der Faust. Den Schwung des Gegners ausnutzend, ziehen Sie ihn zu sich herüber und werfen ihn zu Boden. Es tut kaum weh, und der Konflikt ist vorbei.

Mit einer nicht-defensiven »Kampfsport«-Erwiderung wie »Ja, vielleicht hast du recht« kann das Gespräch in konstruktive Bahnen gelenkt werden. Eventuell bekommen Sie keine Gelegenheit, Ihre Meinung zu äußern, daß Sie in Wahrheit nämlich sehr oft ausgehen. Aber langfristig gesehen, macht das nichts. Alles, was es Ihnen einbringen würde, ist der übliche Trostpreis – oder ein Streit.

Es kommt nicht darauf an, wer recht hat. Wenn Sie die Gefühle und Bedürfnisse Ihres Partners ernst nehmen, werden die Angriffe und Beschwerden aufhören. Ihr Partner wird das anerkennen. Und Sie werden sich beide wohl fühlen. Ist das nicht das Ergebnis, das Sie sich wünschen?

»Beeil dich! Kannst du nicht einmal pünktlich sein? Wir kommen zu spät!«
Mögliche nicht-defensive Erwiderungen:
»Es tut mir schrecklich leid. Ich habe auch Angst, daß wir zu spät kommen.«
»Es ist furchtbar unangenehm, zu spät zu kommen, da bin ich ganz deiner Meinung.«
»Ich weiß, es ist ärgerlich. Ich mache ganz bestimmt so schnell wie ich kann.«

Ihre automatische Abwehrreaktion zu kontrollieren, ist ein Lernprozeß; es fällt Ihnen nicht in den Schoß. Zunächst werden Sie sich bei einer defensiven Reaktion ertappen, *nachdem* sie Ihnen unterlaufen ist. Wenn Sie dann auf die Situation zurückblicken, denken Sie sich eine nicht-defensive Antwort aus, die Sie hätten geben können. Als nächstes bemerken Sie Ihre Abwehrhaltung vielleicht schon, *während* Sie sie einnehmen.
Sie können nicht erwarten, daß Sie sich nicht in der Defensive *fühlen*, wenn Ihr Partner Ihnen eine verbale Attacke oder Anschuldigung an den Kopf wirft. Es geht darum, daß Sie sich zwar in der Defensive fühlen, aber eine verbale Abwehr vermeiden.
Lernen Sie folgenden Satz auswendig: »Ich fühle mich in der Defensive.« Wenn Sie dann in die Situation kommen und Ihnen nichts einfällt außer abwehrenden Bemerkungen, sagen Sie statt dessen: »Ich fühle mich in der Defensive.«
Das gibt Ihnen Zeit zum Überlegen. Es ist eine Erwiderung, die den Konflikt nicht eskalieren läßt; Ihr Partner kann sie nicht bestreiten. Sie ist ein Ersatz für all die Verteidigungen, die Ihnen auf der Zunge lagen. Sie ist eine ehrliche Aussage.
Nehmen wir an, Sie haben vergessen, Sachen von der Reinigung abzuholen, und das regt Ihren Partner furchtbar auf.

Können Sie der oder die »Große« sein und Ihrem Lebensgefährten eine kleine Aggressionsentladung zugestehen, auch
wenn sie gegen Sie gerichtet ist? Können Sie ihm oder ihr das
Recht einräumen, wütend zu sein? Hier noch ein paar weitere
nicht-defensive Reaktionen:

»Ich kann es dir nicht verübeln, daß du wütend bist.«
»Mir ist klar, warum du wütend bist.«
»Tut mir leid, daß ich es versiebt habe. Ich weiß, ich habe Mist
gebaut.«
»Vielleicht habe ich mich geirrt.«
»Tut mir leid, daß du so sauer bist.«
»Ich will gern darüber reden, aber ich glaube nicht, daß wir
das tun sollten, solange wir so aufgebracht sind.«

Erkennen Sie Ihren Partner an. Äußern Sie keine Abwehr,
wenn irgend möglich. Hören Sie sich einfach an, wie er oder
sie die Sache sieht, und lassen Sie ihn oder sie Dampf ablassen.
Denken Sie an AND: Anerkennung. Nicht Defensiv werden.
Das erfordert Mut und Disziplin.
Während ich dies schreibe, erinnere ich mich lebhaft an ein
Beispiel, das ich persönlich miterlebte.
Mayer und ich verbrachten einige Tage bei guten Freunden,
die ich hier Toni und Doug nennen will. Toni hatte zugesagt,
die Steuererklärung gleich Anfang des Jahres zu machen,
doch jetzt war März, und sie war immer noch nicht fertig.
Doug war es eilig damit, weil sie mit einer beträchtlichen
Rückzahlung rechneten, die er schon eingeplant hatte. Toni
hatte mehrere vortreffliche »Entschuldigungen« für ihr Ver-
säumnis, darunter zusätzliche Verantwortung bei der Arbeit
und die Krankheit ihrer Mutter. Trotzdem explodierte Doug
eines Abends, während wir da waren, und erklärte, wie wichtig es sei, daß sie den Steuern ein bißchen mehr Priorität ein-
räumte.
Toni war bestürzt, daß Doug sich über sie aufregte. Sie wußte
zwar, daß er irgendwo recht hatte – die Steuererklärung dau-

erte wirklich länger, als sie geplant hatten –, aber sie wußte tief drinnen auch, das sie tat, was sie konnte. Also ließ sie zu, daß er sie »schulmeisterte«. Später meinte sie zu mir: »Ich fand, er hatte das Recht, mir so deutlich wie möglich zu vermitteln, für wie dringend er die Angelegenheit hielt. Er machte seiner Besorgnis Luft.« Toni gab keine Widerworte. Als Doug ausgeredet hatte, sagte sie: »Ich weiß, daß du dir Sorgen wegen meiner Terminplanung machst. Ich nehme es dir nicht übel, daß du wütend bist. Ich tue mein Bestes. Ich verspreche, daß ich mir in den nächsten Tagen die Steuern vornehme.«

Manchmal ist es sinnvoll, auszuharren und den Partner seine oder ihre Wut äußern zu lassen. Wenn Sie es schaffen, dabei innerlich intakt zu bleiben, machen Sie Ihrem Partner ein echtes Geschenk, wenn Sie zuhören und akzeptieren, was er oder sie sagt.

Auf Wut reagieren zu lernen, ohne defensiv zu werden, ist ein wahrer Akt der Liebe.

Gelegentlich dauert es mehrere Tage, eine ursprünglich defensive Reaktion zu revidieren. Eine Freundin von mir war kürzlich wütend auf mich, weil ich eine Verabredung mit ihr absagte. Zuerst war ich verletzt und ärgerlich auf sie, daß sie nicht flexibler war. Aber nach ein paar Tagen, in denen ich mich beruhigte, sah ich die Triftigkeit ihres Standpunkts ein und bekam das Gefühl, ich müsse sie um Verzeihung bitten. Schließlich schickte ich ihr per Fax eine Entschuldigung, die sie dankbar annahm. Ich brauchte eine Weile, bis ich den Wechsel von defensiv zu nicht-defensiv vollziehen konnte. Und demütigend war es auch: Ich mußte zugeben, daß ich im Unrecht war. Indem ich aber meine Abwehr und das Beharren auf meinem Recht fallenließ, konnte ich eine wertvolle Freundschaft kitten. Ich ließ den Trostpreis sausen und griff nach dem Hauptgewinn.

Was ist mit Streiten?

Was ist aber, wenn das, was Ihr Partner sagt, Sie wirklich wütend macht? Wenn Sie zu aufgebracht sind, um eine defensive Bemerkung zurückzuhalten oder an das VAM auch nur zu denken? Sie fühlen sich einfach schrecklich, angegriffen, ungeliebt, nicht gewürdigt, unverstanden. Während der Zorn in Ihnen hochsteigt, beginnt Ihre Entschlossenheit zu bröckeln. Sie wollen zurückschlagen! Es kann auch ein Verhalten Ihres Partners sein, das diese Wut bei Ihnen auslöst.

Manchmal ist es wirklich schwer, eine heftige Auseinandersetzung zu vermeiden. Vielleicht legt es Ihr Lebensgefährte geradezu darauf an, und auch Ihnen ist womöglich danach.

Wenn Sie ein Paar sind, das sich selten zankt, kann ein Streit für Sie beide ein guter Anlaß für eine gesunde »Entladung« sein. Und da Sie darauf vertrauen können, daß Sie sich in ein paar Stunden wieder vertragen, tut es nicht weh, ab und zu ein kleines Schrei-Duell auszufechten. Wenn es sich für keinen von Ihnen destruktiv auswirkt, bietet es Ihnen beiden vielleicht die Gelegenheit, Ihrem »Herzen Luft zu machen«.

Falls Sie jedoch gewohnheitsmäßig und oft streiten, und zwar immer wieder über dasselbe, wird das Streiten Ihnen mit großer Sicherheit mehr schaden als nützen. Sie können diese Auseinandersetzungen beenden – indem Sie einfach gehen.

Allerdings müssen Sie Ihren Partner wissen lassen, was Sie tun. Sagen Sie etwas wie: »Ich habe jetzt keine Lust zu streiten. Ich muß mich erst mal beruhigen. Ich verspreche dir, daß ich später mit dir darüber rede.«

Wenn Sie erhitzt sind und mit Munition aufgeladen, oder wenn Sie attackiert werden, ist so ein Aussteigen aus der Situation nicht leicht. Versuchen Sie es trotzdem. Im Augenblick der größten Wut werden Sie zwar nicht in der Lage sein, die Schritte des VAM *auszuführen*, aber sie können »VAM« *denken*. Sagen Sie sich das Wort innerlich einfach vor: »VAM, VAM.« Es ist eine Methode, sich zu erinnern: »Ich habe die Wahl. Ich kann mich frei entscheiden.« Je mehr Praxis und je mehr Erfolg Sie haben, desto leichter wird es Ihnen fallen, den Schauplatz des Streits einfach zu verlassen. Zu einem Streit gehören nämlich zwei, und wenn Sie es irgendwie schaffen, sich ihm zu entziehen, findet keiner statt.

Anschließend können Sie dann für sich das VAM anwenden.

Die Anwendung des VAM

Ich habe das VAM sehr ausführlich erklärt, doch ich versichere Ihnen, daß es in der Praxis ganz unkompliziert ist. Wie beim Erwerb jeder neuen Fähigkeit verläuft das Lernen in einer Kurve und erfordert Übung. Aber dieses eine Werkzeug verkörpert schon sehr viel von dem, was Sie brauchen, um Ihre Beziehung zu verbessern. Den Rest des Buches könnte man als mögliche Umsetzungen von Schritt vier betrachten, in dem es ums konkrete Handeln geht.

Die Anwendung des VAM wird Ihre persönliche Stärke im Kontext Ihrer Beziehung steigern, Ihnen helfen, Ihrem Partner positivere Gefühle entgegenzubringen, Ihrem Partner helfen, Ihnen positivere Gefühle entgegenzubringen, und mehr Nähe zwischen Ihnen schaffen. Alles, woran Sie denken müssen, ist dies:

Ausdrücken (Laden Sie sich körperlich mit Energie auf oder lassen Sie welche ab.)
Entspannen (Lassen Sie Ihre Gefühle zur Ruhe kommen.)
Relativieren (Betrachten Sie das Problem von beiden Seiten.)
Ausführen (Wählen Sie eine potentielle Lösung und probieren Sie sie aus.)

Schritt eins ist nicht zwingend; oft können Sie ihn auslassen. Wenn es für Sie aber unbedingt notwendig ist, zu schreien, auf ein Kissen einzuschlagen oder zu rennen, so tun Sie es. Wenn Sie andererseits Ihre Wut spüren müssen, statt Sie in sich zu vergraben, dann arbeiten Sie daran. Häufig ist es jedoch so, daß Sie nur leicht verärgert oder milde entrüstet sind, so daß Sie sich gleich entspannen und mit dem Relativieren beginnen können. Falls Sie sich über ein schon lange anhaltendes Problem ärgern, sind Sie wahrscheinlich bereits ruhig und können direkt zum Relativieren, Schritt drei, übergehen.

Das Schöne am VAM ist, daß es Sie zum Handeln zwingt. Wenn Sie es immer wieder anwenden, müssen Sie sich nicht Monate oder Jahre mit Situationen abfinden, die Ihnen nicht gefallen.

Das VAM zielt darauf ab, Sie bei der Veränderung Ihres eigenen *Verhaltens* in der Beziehung zu unterstützen – nicht Ihrer Gefühle, Ihrer Einstellungen oder Ihrer ureigenen Persönlichkeitsmerkmale. Sie werden aus zwei Gründen ermutigt, sich auf das Verhalten zu konzentrieren: Erstens ist es bei weitem am einfachsten zu ändern, zweitens führen Änderungen im Verhalten oft zu veränderten Gefühlen und Einstellungen. Falls Sie sich dazu überwinden können, mit Verhaltensänderungen zu experimentieren, *selbst wenn Ihnen nicht danach ist*, stellen Sie vielleicht fest, daß sich auch in Ihrem Inneren ein leichter Wandel vollzieht.

Das VAM hilft Ihnen nicht, zu erkennen, *warum* Sie und Ihr Partner sich so verhalten, wie Sie es tun. Über das Warum können sie sowieso nur spekulieren und haben dann nichts weiter als Theorien, die richtig sein mögen oder auch nicht.

Das soll nicht heißen, daß es nicht nützlich sein kann, einen Blick hinter Ihre Verhaltenskulisse oder die Ihres Partners zu werfen. Wenn Sie sehen, daß Ihr Mann sie ebenso behandelt wie er seine Mutter behandelte, oder daß Ihre Frau annimmt, Sie würden sich so verhalten, wie Ihr Vater es immer tat, können Ihnen diese Einsichten helfen, Mitgefühl und Verständnis zu entwickeln. Wenn Sie mit diesen Einsichten aber nichts anfangen, wird sich nichts ändern. Sie müssen mit Änderungen in Ihrem Verhalten experimentieren, damit sich etwas bewegt. Mehrere Wochen, nachdem ich dieses Kapitel fertiggeschrieben hatte, erlebte ich eine Überraschung. Mein Sohn Gabe kam zu Besuch nach Hause. Er ist Ausbilder in einem Trainingsprogramm namens Outward Bound, in dem nicht nur »körperliche« Fertigkeiten gelehrt werden wie Rucksackwandern, Klettern, Kanufahren und Segeln, sondern auch »seelische« wie Kooperation, Selbstsicherheit und Probleme-Lösen. Gabe hörte, wie ich einer Freundin vom Verfahren zur Aggressions-Minderung erzählte, und sagte: »Ach ja. Das ist genauso wie das LEMP, das wir bei Outward Bound anwenden.«

»Was ist das denn?« fragte ich ihn.

»Wenn unsere Teilnehmer auf jemanden wütend werden, bringen wir ihnen bei, daß sie zum LEMP greifen müssen. Luft machen, Eingestehen, Mokassins, Planen. Mach deinen Gefühlen Luft, gestehe dir deinen Anteil am Geschehen ein, schlüpfe in die Mokassins des anderen, um seinen oder ihren Standpunkt nachzuvollziehen, und plane, was du unternehmen willst, das euch beiden hilft.«

Stellen Sie sich meine Überraschung vor! Ich war ganz erstaunt über die Parallelen. So wie das LEMP für die Teilnehmer von Outward Bound funktioniert, funktioniert das VAM für Paare! Mein Sohn und ich hatten in ganz unterschiedlichen Zusammenhängen dasselbe gelehrt, ohne die Übereinstimmung zu bemerken.

Sie haben bereits ein paar wertvolle Werkzeuge zusammengetragen, um Ihre Beziehung im Alleingang zu verändern. Wir stehen erst am Anfang, aber lassen Sie uns kurz eine Inventur Ihrer Werkzeugkiste machen:

1. Nehmen Sie sich vor, in Ihrer Beziehung der oder die »Große« zu sein, sich zum Ziel zu setzen, daß es Ihnen und Ihrem Partner gutgeht, und sich nicht darum zu kümmern, ob Sie »Anerkennung« dafür bekommen. Sie werden ein paar Fertigkeiten erlernen, mit denen Sie ein guter Führer Ihrer Beziehung werden können.

2. Geben Sie Ihre Überlegungen auf, wer an einem bestimmten Problem schuld ist. Bezichtigen Sie weder Ihren Partner noch sich selbst. Konzentrieren Sie sich auf die Dynamik zwischen

Ihnen beiden, den »Tanz«, den Sie miteinander aufführen. Akzeptieren Sie Ihren Partner und sein oder ihr Verhalten. Setzen Sie vor allem nicht sich selbst ins Recht und den Partner ins Unrecht. Egal, wie schrecklich Sie das Verhalten Ihres Lebensgefährten finden, Sie sind Teil des Tanzes. Da Sie diesen Teil unter Kontrolle haben, konzentrieren Sie sich auf das, was *Sie* tun können. Hören Sie auf, Ihre Probleme lösen zu wollen, indem Sie versuchen, den Partner zu Veränderungen zu bewegen.

3. Wenn Sie Wut oder Ärger verspüren, denken Sie: »Dies ist ein Signal, daß ich etwas Konstruktives tun sollte.« Arbeiten Sie daran, so mit Ihrer Wut umzugehen, daß sie Ihnen und Ihrem Partner hilft, vorwärtszukommen, statt weiterhin negative Erfahrungen zu sammeln. Denken Sie: »VAM.« Denken Sie: »AND.«

Im nächsten Kapitel werden Sie spezifische Tätigkeiten erlernen, die Sie für sich ausprobieren können, um mehr Gewinn aus Ihrer Partnerschaft zu ziehen.

Teil III
Kurzfristige Strategien zur Gestaltung einer erfolgreichen Beziehung

Kapitel 4
Schaffen Sie ein harmonisches Zuhause

Die meisten Paare glauben, um glücklich miteinander zu sein, müßten sie ihre Probleme lösen. »Wenn wir nur bestimmte Hürden überwinden könnten, wären wir glücklich«, denken sie. Oder: »Wenn mein Partner bloß ... würde, wären wir auch eins von diesen glücklichen Paaren.«

Die erfolgreichen Paare, die ich für mein letztes Buch interviewte, hatten sich die entgegengesetzte Philosophie zu eigen gemacht: »Wenn wir glücklich miteinander sind, können wir unsere Probleme viel leichter in den Griff kriegen.«

Probleme sind nicht die *Ursache* einer unglücklichen Ehe, sie sind deren Symptome.

Anders gesagt, Sie mögen denken: »Wir haben Probleme; deshalb geht es uns nicht gut.« Viel wahrscheinlicher aber ist: »Uns geht es nicht gut; deshalb haben wir Probleme.« Wenn Sie einen Weg finden, sich selbst und Ihren Partner positiver zu empfinden, könnte es sein, daß Ihr Problem verschwindet oder zumindest Ihr Gefühl der Machtlosigkeit bei seiner Bearbeitung.

Wenn die Ursache für Ihre Kopfschmerzen eine zu schwache Brille ist und Sie das Problem mit Aspirin bekämpfen, werden die Kopfschmerzen immer wiederkehren. Sie brauchen eine neue Brille. Ebenso braucht Ihre Ehe vielleicht nicht mehr Aspirin (bessere Kommunikation, Problemlösungen), sondern eine neue Brille (eine ganz neue Sicht dessen, was nötig ist, damit Sie sich dem Partner nahe fühlen).

Diese neue Sicht ist: Sie können glücklich miteinander sein, selbst wenn Sie nicht alle Ihre Probleme lösen. Konzentrieren

Sie sich auf Ihren Wunsch nach Innigkeit. Schenken Sie den Bereichen Ihrer Beziehung, die Sie schätzen, und den positiven Eigenschaften Ihres Partners mehr Aufmerksamkeit als denen, die Ihnen mißfallen.

Wenn Sie sich auf Probleme fixieren, wird Ihr Leben voller Probleme sein. All Ihre Aufmerksamkeit ist auf die Schwachstellen, die unbefriedigenden Aspekte Ihrer Partnerschaft gerichtet. Natürlich empfinden Sie Ihre Ehe dann als problematisch, weil Sie nur diese sehen wollen. Der Psychologe George Pransky sagt in seinem Buch *Divorce Is Not the Answer*, Probleme seien wie Goldfische: je mehr man sie füttert, desto größer würden sie.

Es entmutigt Sie, wenn Sie Ihre Probleme nicht »lösen« können, und Sie glauben, daß Sie deshalb auch nicht glücklich sein können. Besser ist es, wenn Sie sich auf das konzentrieren, was Sie sich von Ihrer Ehe wünschen, ihren guten Seiten besondere Beachtung schenken, sich bemühen, Glück zu schaffen statt Unglück zu mindern. Es stimmt nämlich, daß die Glücklichen immer glücklicher werden, weil sie es verstehen, glücklich zu sein; die Sorgenvollen dagegen werden immer sorgenvoller, weil sie all ihre Lebensenergie in ihre Sorgen stecken.

Um diesen Teufelskreis zu durchbrechen, müssen Sie *glauben*, daß Sie glücklich sein können – auch wenn es Ihnen nicht möglich ist, Ihre Probleme zu lösen.

Die Verhaltenspsychologie hat gezeigt, daß man sich immer in Übereinstimmung mit dem verhält, was man von sich annimmt. Entsinnen Sie sich an die Lehrerin, der man gesagt hatte, ihre Schüler seien »langsam im Lernen«, obwohl sie durchschnittlich oder überdurchschnittlich begabt waren? Sie schnitten nur deshalb schlecht ab, weil sie und ihre Lehrerin *glaubten*, sie seien langsam. Die Zehnsekundengrenze beim 100-m-Lauf zu unterschreiten, wurde für unmöglich gehalten, bis ein Sprinter es schaffte. Danach waren viele Läufer dazu imstande. Der Glaube ist mächtig. Er bestimmt praktisch alles in unserem Leben. Was immer Sie glauben, werden Sie auch manifestieren, weil Sie die Welt durch den Filter Ihres Glaubens sehen. Ihr Glaube entscheidet darüber, wie Sie die Welt erleben, wie Sie fühlen, und was Sie tun.

Wenn Sie glauben, Sie müßten all Ihre Probleme lösen, bevor Sie glücklich sein können, dann trifft das auch auf Sie zu. Falls Sie aber innerlich umschalten, eine andere »Haltung« annehmen – nämlich glauben, daß Sie zuerst lernen können, glücklich miteinander zu sein, und später an bestimmten Problemen zu arbeiten –, wird es sehr viel einfacher, Ihre Ehe zu verändern. Sie brauchen Ihren Partner nicht zu überreden, etwas anderes zu glauben als zuvor. Es genügt, wenn Sie Ihre eigene Einstellung zu Ihrer Ehe ändern.

Dieses Kapitel wird Ihnen dabei helfen.

Der Unterschied zwischen erfolgreichen und nicht-erfolgreichen Paaren besteht nicht darin, daß die erfolgreichen keine Probleme haben. Sie sind von Unzulänglichkeiten, Konflikten, ärgerlichen Angewohnheiten, persönlichen Schwächen geplagt wie wir alle. Der Unterschied ist der, daß erfolgreiche Paare von dem Wunsch ausgehen, miteinander glücklich zu sein, von dem Glauben, daß sie miteinander glücklich sein *werden*, von dem festen Willen, sich auch in widrigen Zeiten nahe zu bleiben. Sie gehen von der Vorstellung aus, daß sie selbst ein glückliches Paar sind, und diese Vorstellung nähren sie aktiv. Sie können dasselbe tun.

Nehmen wir dafür eine Metapher. Jane würde gern nach Hawaii fahren, aber sie hat das nötige Geld noch nicht zusammen. Eine Freundin schlägt ihr vor, sich in der nächsten Zeit streng an ein knappes Budget zu halten, alle Rechnungen pünktlich zu zahlen, um Verzugszinsen zu vermeiden, und feste Sparbeträge zu planen, damit sie im kommenden Jahr ihre Reise machen kann. Jane verläßt sie enttäuscht und wütend auf ihre Lebensumstände. Sie versucht zu sparen, fühlt sich aber so entmutigt, daß sie wenig Erfolg hat.

Dann holt sie eine zweite Meinung ein. Diese Freundin schlägt vor, daß sie sich das Geld für die Reise leiht, und zeigt ihr, wie sie es nach ihrer Rückkehr schafft, die Schulden fristgemäß und mit geringem Aufwand abzuzahlen. Jane ist voller Vorfreude und Energie, geht nach Hause und fängt an zu packen. Sie verbringt eine herrliche Zeit auf Hawaii und ist, als sie zurückkommt, hochmotiviert, ihre Schulden abzuzahlen.

Was immer Ihre finanzielle Philosophie sein mag, für Ihre Beziehung empfehle ich Ihnen die zweite Vorgehensweise. Konzentrieren Sie sich darauf, daß Sie und Ihr Partner sich wohl fühlen. Nachdem Sie Zufriedenheit und Freude geweckt haben, werden Sie Ihre Probleme in einem ganz anderen Licht sehen; Sie werden mehr Energie und Antrieb haben, sie zu lösen, und Sie werden eine geborgene, liebevolle Atmosphäre geschaffen haben, in der Sie an ihnen arbeiten können. Vielleicht stellen Sie sogar fest, daß einige von ihnen bereits verschwunden sind.

Schließlich ist es nicht Ihr Ziel, mehr Unterstützung bei der Hausarbeit zu bekommen, Ihr Geld so auszugeben, wie Sie es wollen, pünktlich zu Abendeinladungen zu kommen, Ihr Fernsehprogramm zu genießen, ohne gestört zu werden, oder was Sie auch für Ihr Problem halten mögen. Ihr Ziel ist es, einander nahe zu sein, gern in Gesellschaft des oder der anderen zu sein, Schönes zu erleben und sich aufeinander verlassen zu können. Es ist sinnvoll, wenn Sie sich auf Ihre wahren Ziele konzentrieren und nicht immer auf die zweitrangigen.

Bevor wir uns genauer ansehen, wie Sie eine Atmosphäre des Glücks schaffen können, möchte ich Ihnen versichern, daß ich Ihnen ganz spezifische Problemlösungen anbieten werde. Sowohl in diesem Kapitel, in dem es darum geht, daß Sie glücklich in Ihrer Ehe werden, bevor Sie sämtliche Probleme gelöst haben, als auch im nächsten, das Lösungsvorschläge für bestimmte Probleme enthält, stelle ich Ihnen, wie versprochen, Sofortmaßnahmen vor, die Sie ergreifen können, nachdem Sie sich mit Wut aufgeladen oder sie abgeleitet, sich entspannt und die Situation von beiden Seiten betrachtet, also die ersten drei Schritte des VAM vollzogen haben.

Diese Maßnahmen sind anders als diejenigen, die wir gewöhnlich mit »Verbesserung einer Beziehung« assoziieren. Sie müssen sich dazu nicht mit Ihrem Partner hinsetzen und

»kommunizieren«. Übereinkünfte oder feste Abmachungen oder gemeinsame Übungen sind nicht nötig. Alle Maßnahmen können Sie allein ergreifen, sogar ohne Ihrem Partner davon zu erzählen.

Der Schriftsteller Stephen Covey beobachtete, daß die meisten von uns ihre Zeit den Tätigkeiten in ihrem Leben widmen, die sie für dringend halten – auch wenn sie nicht wichtig sind –, und daß die Dinge, auf die es wirklich ankommt, oft vernachlässigt werden, weil sie eben nicht dringend erscheinen. Mußestunden mit Ihrem Partner, die gemeinsame Zubereitung eines Essens, ein Spaziergang zu zweit sind nie dringend. Aber diese Tätigkeiten sind weitaus wichtiger als gewisse Anrufe oder Termine oder viele der »dringenden« Aktivitäten, die unsere Kalender füllen.

Hier nun also mehrere »wichtige« Maßnahmen, die speziell dazu gedacht sind, eine freundliche Atmosphäre in Ihrer Ehe zu schaffen und Ihnen zu helfen, Ihren Glauben »Zuerst müssen wir unsere Probleme lösen; dann können wir glücklich sein« in »Zuerst müssen wir glücklich sein; dann können wir unsere Probleme lösen« zu ändern.

George Pransky sagt in *Divorce Is Not the Answer*:

»Wenn Sie eine wunde Stelle am Arm haben, dürfen Sie auf keinen Fall darin herumstochern. Ihr Arzt würde sie behutsam behandeln und die bestmöglichen Bedingungen für eine Heilung schaffen. Mit sogenannten Beziehungsproblemen sollte man ebenso verfahren.«

Dieses Kapitel wird Ihnen helfen, ein heilsames Umfeld zu gestalten.

Vielleicht möchten Sie zunächst alle Vorschläge durchlesen und dann denjenigen auswählen, mit dem Sie am liebsten anfangen wollen. Wenn Ihnen einer gefällt, probieren Sie ruhig noch einen aus. Wie Sie sehen werden, verstärken sie einander. Wenn Sie sich erst einmal für eine Maßnahme entschieden haben, fallen Ihnen die anderen viel leichter.

1. »So tun, als ob«: Sie sind ein liebender Partner

Kennen Sie den Song aus *Der König und ich*?

Ich steh' wie ein Zinnsoldat
Ganz stolz und kerzengrad'
Und pfeife mein Lieblingslied
So laut, daß keiner merkt:
Ich hab' Angst!

Und dann folgt die entscheidende Strophe:

Und es ist fast nicht zu glauben
Der Trick wirkt phänomenal
Ich täusch' nicht nur die Leute um mich
Auch mir wird's dann egal!
Ich pfeife mein Lieblingslied
Was immer auch geschieht
Und plötzlich ist alles gut:
Auf einmal fühlt mein Herz keine Angst!

Der Autor dieses Liedes war seiner Zeit um Jahrzehnte voraus! Die Strategie, die eigenen Gefühle zu verändern, indem man *handelt, als ob man sich so fühlt, wie man es gern möchte*, ist ein grundlegendes Prinzip der neuen Wissenschaft Neuro-Linguistisches Programmieren. Um Ihre Gefühle oder Ihren »Zustand« zu verändern, ändern Sie Ihre Physiologie. Es ist dasselbe Prinzip, das Sie befolgen, wenn Sie niedergeschlagen sind, sich zu einem Waldlauf oder einer Fahrradtour durchringen und sich anschließend Ihre Stimmung verändert hat.
Wenn Sie »so tun können, als ob« Sie Ihren Partner lieben und schätzen und glücklich sind in Ihrer Beziehung, wenn auch nur fünf Minuten am Tag oder zwei Stunden in der Woche, tun Sie vielleicht mehr für die »Lösung Ihrer Probleme«, als wenn Sie fünf Stunden hintereinander mit Ihrem Partner das Problem »ausdiskutieren«. Sie können die Atmosphäre und

die Gefühlssituation, die Sie sich mit ihm oder ihr wünschen, gleich kreieren, statt davon auszugehen, diese seien das Licht am Ende eines langen Tunnels voll »harter Arbeit«. Wenn Sie anfangen, sich so zu verhalten, wie Sie es täten, wenn Sie glücklich wären, und Ihren Körper sich entsprechend verhalten lassen, werden Ihre Gefühle diesem Beispiel folgen.

Werfen wir noch einen Blick auf das alte Modell, an dem die meisten Menschen glauben, sich orientieren zu müssen – weil sie annehmen, es sei das einzige.

Wenn Sie mit Ihrem Partner nicht glücklich sind, kann es passieren, daß Sie in eine Abwärtsspirale geraten. Er oder sie tut nicht das, was Sie möchten, oder benimmt sich schlecht. Deshalb sind Sie ärgerlich, verdrossen und distanziert und verhalten sich dementsprechend. Daß Sie keine liebevollen Gefühle hegen, teilt sich Ihrem Partner mit, und so wird auch er oder sie ärgerlich, verdrossen und distanziert. Je distanzierter Ihr Lebensgefährte wird, desto gerechtfertigter finden Sie es, selbst distanziert zu bleiben.

Das Besondere einer Spirale ist jedoch, daß sie kreisförmig ist, ihren Anfang also überall haben kann. Sie sind vielleicht der Meinung, der Ausgangspunkt sei ein bestimmtes Verhalten Ihres Partners gewesen, das Ihnen mißfällt. Aber ebensogut kann es damit angefangen haben, daß Sie auf dieses Verhalten reagierten. Und außerdem kommt es nicht darauf an, wo die Abwärtsspirale ihren Anfang nahm, denn wenn Sie sie an einer beliebigen Stelle unterbrechen und das Muster verändern, wird sie enden.

Sie können eine Abwärtsspirale unterbrechen, indem Sie sich anders verhalten. Wie gesagt, Sie können nicht willentlich Ihre *Gefühle* verändern, also experimentieren Sie damit, Ihr Verhalten zu ändern, auch wenn Ihnen nicht danach zumute ist. Das ist die einzige Möglichkeit, sicherzugehen, daß sich überhaupt etwas bewegt.

»So tun, als ob« ist eine entscheidende Fähigkeit, um eine glückliche Ehe zu führen. »So tun, als ob« dient nicht der Täuschung, sondern ist ein Experiment, ein bewußter Versuch, etwas in Bewegung zu bringen, und eine Geste des guten Willens. Sie ist eine einfache, direkte Methode, eine Veränderung in Gang zu setzen. Wenn Sie Nähe spüren wollen, tun Sie so, als ob Sie sie spürten, und sei es nur für einen Augenblick. Wenn Sie wünschten, Sie könnten sich darauf freuen, Ihren Partner am Ende des Tages zu sehen, tun Sie so, als seien Sie froh, wenn Sie ihn oder sie begrüßen.

»So tun, als ob« eröffnet zahlreiche Möglichkeiten. Wenn Sie so tun, als ob Sie Nähe spürten, fühlen Sie sich dem Partner vielleicht tatsächlich näher. Überdies beginnt Ihr Partner, wenn Sie sich ihm oder ihr gegenüber liebevoll verhalten, womöglich auch, sich anders zu fühlen und positiv auf Ihr neues Verhalten zu reagieren.

Die erfolgreichen Paare, die ich interviewte, benutzten die »So-tun-als-ob«-Strategie, ohne es zu wissen. Ein Mann hatte zum Beispiel einen Streit mit seiner Frau und stürmte aus dem Haus, weil er zu einer Konferenz mußte. Fünf Minuten später hielt er an einer öffentlichen Telefonzelle und rief sie an. Er sagte: »Ich bin immer noch wütend, aber ich liebe dich, und wir werden es schon schaffen.« Er »tat so, als ob« er Liebe verspürte, obgleich er doch eigentlich wütend war.

Als Barbara und John zu einem zweiwöchigen Urlaub in Mexiko aufbrachen, lag eine Phase hinter ihnen, in der sie kaum Zeit miteinander verbracht hatten und sich nicht besonders nahe gewesen waren. Barbara erzählte mir:

»Zuerst dachte ich, ich sollte mit John darüber reden, herausfinden, ob es ihm ebenso ging wie mir, ob ihn etwas Bestimmtes beunruhigte. Aber irgendwie ergab sich nie der richtige Zeitpunkt, und so verschob ich es immer wieder. Dann erinnerte ich mich an ›so tun, als ob‹. Sofort verspürte ich eine riesige Erleichterung. Ich fing an, mich zu entspannen und darauf zu konzentrieren, einen schönen Urlaub zu haben. Beim Abendessen redete ich, statt meine abgekühlten Gefühle zur Sprache zu bringen, über unsere Pläne für den nächsten Tag und bemerkte, wie hübsch die Vögel am Strand seien. Ich war erstaunt, wie gut es funktionierte. Allmählich fing ich an, seine Gesellschaft zu genießen und sehr liebevolle Gefühle für ihn zu entwickeln. In der zweiten Woche fühlten wir uns einander schon so nahe wie eh und je und hatten einen wunderbaren Urlaub. Es gab nichts mehr zu ›diskutieren‹. Die Distanz war geschwunden.«

Charlene, eine andere Seminar-Teilnehmerin, erzählte mir folgendes:

»›So tun, als ob‹ klappt für mich sehr gut beim Sex. Wenn Michael mit mir schlafen will, bin ich oft nicht in Stimmung. Früher sagte ich dann häufig nein, und er war verärgert, und dann wurde eine große Sache draus. Jetzt ›tue ich so, als ob‹ ich in Stimmung bin, und es dauert nicht lange, bis es tatsächlich so ist. Ich ›tue so, als ob‹ aus einem Gefühl des guten Willens Michael gegenüber, weil ich ihm wirklich geben möchte, was er sich wünscht. Jetzt, wo ich weiß, daß es klappt, ist es gar nicht schwierig. Michael ist sehr glücklich über diese Veränderung – und ich auch!«

Jerry erlebte ebenfalls eine Offenbarung in Sachen Liebesleben, als er anfing, »zu tun, als ob«:

»Nachdem Sue und ich ein paar Jahre verheiratet waren, wurde mir langsam klar, daß sie nicht so super-scharf im Bett ist, wie ich zuerst dachte. Ich war enttäuscht, aber wenn ich mit ihr darüber redete, machte sie das nur traurig. Ich war skeptisch, doch als Experiment versuchte ich, mich so zu verhalten, wie ich es täte, wenn sie die sexy Geliebte wäre, die ich mir vorstellte. Es war wirklich ziemlich überraschend. Ihr gefiel meine veränderte Haltung, und sie reagierte entsprechend. Jetzt finde ich unser Liebesleben toll. Es ist genau richtig für uns und nicht irgendeine Phantasie, die ich im Kopf hatte. Mir ist jetzt wirklich klar, daß es etwas ganz anderes ist, ein Experiment durchzuführen, als nur darüber nachzudenken. Ich war echt überrascht von den Ergebnissen.«

»So tun, als ob« funktioniert auch sehr gut, wenn Sie es auf die eigene Stimmung anwenden. June erzählte mir:

»Wenn ich einen schlechten Tag habe oder mich irgendwie uneins mit Dan fühle, mache ich einfach weiter, als ob es mir gutginge. Ich gebe der depressiven Stimmung nicht nach, und sehr oft stelle ich fest, daß es mir nach ein paar Stunden wieder gutgeht.
Es ist komisch. Ich habe das Gefühl, ich hätte in den letzten zwei Jahrzehnten genau das Gegenteil gelernt: Stehe ehrlich zu deinen Empfindungen. Horche tief in sie hinein. Jetzt sehe ich, daß das bei einer Therapie angemessen sein mag, aber nicht im täglichen Leben. ›So tun, als ob‹ heißt nicht, daß ich unehrlich mit mir bin; es heißt nur, daß ich eine andere Entscheidung treffe, was ich mit meinen Gefühlen mache. So gefällt es mir viel besser.«

Versuchen Sie, genau das Gefühl herbeizuführen, das Sie gern in Ihrer Beziehung hätten. Was für ein neuartiges Konzept! Fragen Sie sich: »Wie würde ich mich verhalten, wenn ich ein liebender Ehegatte wäre?« Vielleicht tun Sie Ihrem Partner einen besonderen Gefallen. Vielleicht begrüßen Sie ihn oder sie enthusiastisch, wenn Sie sich am Ende des Tages begegnen. Vielleicht mixen Sie Ihrem Lebensgefährten einen Drink und schlagen ein Cocktailstündchen vor. Sie könnten ihm das Buch mitbringen, das er sich wünscht, oder ihr die Muße ermöglichen, nach der sie sich sehnt.
Hier einige Ideen, um Sie anzuregen, »so zu tun, als ob« Sie sich schon so fühlen, wie Sie sich gern fühlen würden. Stimulieren Sie damit Ihre eigene Kreativität.
Versuchen Sie, Ihrem Partner genau das zu geben, was Sie am liebsten von ihr oder ihm hätten. Die Strategie funktioniert, weil Sie damit auf einer gewissen Ebene das herbeiführen, was Sie sich wünschen. Es kann auch passieren, daß Ihr Partner sich irgendwann an Ihrem Verhalten ein Beispiel nimmt.

Eine Seminar-Teilnehmerin meinte, nachdem sie zwei Wochen mit dem »so tun, als ob« experimentiert hatte: »Es ist so einfach, Liebe zu bekommen; man muß sie nur geben.«

Eine andere Frau, Emily, erzählte mir, sie erhalte so schrecklich gern Blumen oder sonstige kleine Geschenke, und zwar spontan, nicht nur zu Weihnachten oder zum Geburtstag. Sie erwähnte dies ihrem Partner gegenüber, aber es tat sich eine ganze Weile nichts. In dieser Zeit brachte sie ihm ab und zu wohlüberlegte Kleinigkeiten oder lustige Geschenke mit. Eines Tages kam sie nach Hause und fand im Wohnzimmer ein wunderschönes Paar Skier, geschmückt mit einer Schleife. Sie war begeistert. Ihr Mann hatte es kapiert!

Was täten Sie gern mit Ihrem Partner? Warten Sie nicht. Tun Sie es von sich aus. Hätten Sie gern, daß sie Sie liebevoll neckt? Necken Sie sie. Wünschen Sie sich, daß er seine Liebe konkret zeigt? Zeigen Sie Ihre konkret. Möchten Sie, daß er Ihre Bedürfnisse berücksichtigt? Berücksichtigen Sie seine, auch wenn sie ganz anders sind als die Ihren.

Bauen Sie auf die besonderen Stärken Ihres Partners. Andreas Mann Ted ist zum Beispiel ein wunderbarer Erzähler. Er ist Polizeibeamter, und jedesmal, wenn sie mit Freunden oder Angehörigen zusammenkommen, haben alle ungeheuren Spaß an den Geschichten über seine Erlebnisse, ob es nun um die Dienststellenpolitik geht oder um Vorfälle, in die er verwickelt war. Wenn Andrea also »so tun wollte«, als ob« sie eine liebende Frau sei, fragte sie, was sich in der vergangenen Woche auf dem Revier abgespielt hatte, und Ted freute sich, daß sie seine Geschichten zu würdigen wußte.

Merken Sie sich die schönen Dinge, die Ihr Partner für Sie tut, und erwähnen Sie sie später. Wenn ich Seminar-Teilnehmer auffordere, alles aufzuschreiben, was ihr Partner im Lauf eines Tages für sie tut, sind sie oft ganz erstaunt darüber, wie lang die Liste ist.

»Und schlagen Sie nichts in den Wind, bloß weil es nicht vollkommen ist«, warnte uns eine Frau. »Mein Mann hatte Milch eingekauft, aber es war keine fettarme, und ich war sauer. Ich hätte anerkennen sollen, daß er überhaupt welche mitbrachte!«

Wie lange haben Sie darauf gewartet, daß sich Ihre Gefühle für Ihren Lebensgefährten ändern, und gehofft, daß irgend etwas passieren würde, das das bewirkt?

Warten Sie nicht mehr. Sie können dazu *beitragen*, daß Ihre Gefühle sich ändern, und eine Aufwärtsspirale in Gang setzen, die immer weiter nach oben führen kann – allein, indem Sie so handeln, wie Sie es täten, wenn Sie ein vollkommen hingebungsvoller, liebender Ehegatte wären. Probieren Sie es aus. Lassen Sie sich nicht entmutigen, wenn Ihre Empfindungen oder die Reaktionen Ihres Partners sich nicht schnell und drastisch ändern. Fahren Sie geduldig fort, sich regelmäßig liebevoll zu verhalten. Falls es Ihnen schwerfällt, weil Sie voller negativer Gefühle für ihn oder sie sind, fangen Sie ganz klein an. Handeln Sie nur fünf Minuten am Tag bewußt liebevoll. Oder einen halben Tag in der Woche. Verlängern Sie diese Zeitspanne, wie es Ihnen angenehm ist.

Innere Stimmen werden versuchen, Sie zu sabotieren. Machen Sie sich darauf gefaßt: »Mein Partner verdient dieses liebevolle Verhalten nicht. Es ist zu einseitig. Ich sollte es nicht nötig haben, ihr Blumen mitzubringen. Sie müßte auch so wissen, daß ich sie liebe. Ich sollte seine Hemden nicht bügeln. Das müßte er selbst tun.« Versuchen Sie, diese inneren Stimmen einfach durch Ihren Kopf hindurchwandern zu lassen, und tun Sie trotzdem »so, als ob«. Dan Millman schreibt in *Der Pfad des friedvollen Kriegers*: »Immer wieder werden sich alte Impulse zu Wort melden, vielleicht jahrelang. Aber auf Impulse kommt es nicht an, sondern auf Taten.«

Auf Taten kommt es an. Wenn Sie sich bemühen, in Ihrer Ehe ein Klima des Glücks und der Geborgenheit zu erzeugen, dann gelingt Ihnen das durch Taten. Schaffen Sie zunächst die Atmosphäre, die Sie sich wünschen. Erst dann haben Vertrauen und Respekt eine Chance zu wachsen, und Probleme lassen sich später viel leichter angehen.

Experiment 8
»So tun, als ob« Sie ein liebender Partner seien
1. Schreiben Sie in Ihr Tagebuch, wie es aussähe, wenn Ihr Partner sich allen Ihren geheimsten Träumen entsprechend verhalten würde.
2. Wenn Ihr Partner so wäre, wie würden Sie sich dann verhalten? Versuchen Sie, sich in das Gefühl hineinzudenken, Dankbarkeit, Anerkennung, ja Freude zu verspüren, daß Sie mit dieser Person zusammen sind. Schließen Sie die Augen und geben Sie sich eine Zeitlang dieser Phantasie hin. Achten Sie darauf, ob Sie tatsächlich einige von diesen warmen Empfindungen Ihren Körper durchströmen fühlen.
3. Bauen Sie die Phantasie weiter aus, indem Sie sich bestimmte Handlungs- oder Verhaltensweisen ausmalen, die Sie sich zu eigen machen würden, wenn Sie wirklich so empfänden. Wie würden Sie Ihrem Partner Ihre Wertschätzung zeigen? Wie würden Sie ihn oder sie unterstützen? Suchen Sie nicht in Hollywood-Filmen oder Liebesromanen nach Vorbildern. Was würden *Sie* als wahrhaft liebender Partner tun? Schreiben Sie mehrere Dinge auf, die Ihnen dazu einfallen.
4. Wählen Sie jetzt eine Handlungs- oder Verhaltensweise, und führen Sie sie aus. Es kann auch eine Haltung sein, die Sie annehmen wollen, wenn Sie Ihren Partner das nächste Mal sehen. Suchen Sie sich einen spezifischen Zeitpunkt und eine genaue Zeitspanne dafür aus. Es können fünf Minuten sein, ein halber Tag oder eine ganze Woche, wie es Ihnen am besten paßt.

Um von einem Experiment zu lernen, muß man die Resultate sorgfältig überprüfen. Achten Sie also, während Sie es durchführen, genau darauf, welche Gefühle es in Ihnen wachruft. Vielleicht widerstrebt es Ihnen, das geplante Experiment zu machen. Vielleicht fängt Ihr Partner an, sich anders zu verhalten. Vielleicht fangen Sie an, sich anders zu fühlen. Notieren Sie die Veränderungen, die Sie bei sich und Ihrem Partner feststellen, in Ihrem Tagebuch. Vielleicht verspüren Sie Ärger, vielleicht Begeisterung. Oder irgend etwas dazwischen. Denken Sie daran, bei einem Experiment können Sie nie scheitern, nur lernen.

2. Denken Sie »guter Wille«

Bei den Interviews für *Endlich verheiratet, warum bin ich nicht glücklich?* entdeckte ich ein Hauptmerkmal, das erfolgreiche von nicht-erfolgreichen Paaren unterscheidet. Es war nicht die Kommunikation. Die ausgeprägteste Kommunikationsfähigkeit der Welt hilft Ihnen gar nichts, wenn Sie nichts Schönes oder Spezielles mitzuteilen haben. Es war nicht das Fehlen von Problemen und Schwierigkeiten in ihrer Ehe.

Es war der gute Wille.

Dauerhaft glückliche Paare zeichnen sich durch grundsätzliches Wohlwollen aus. Sie wollen das Beste füreinander. Auch bei Konflikten fühlen sie sich nicht als Gegner, sondern als Verbündete, streben danach, Vertrauen und Geborgenheit innerhalb der Grenzen ihrer Zweisamkeit aufrechtzuerhalten.

Auf ihrem guten Willen fußt alles, was sie tun. Guter Wille heißt, daß Sie den positiven Seiten des anderen Ihre Aufmerksamkeit widmen und die Eigenschaften herunterspielen, die Ihnen weniger gefallen. Erfolgreiche Paare tolerieren und akzeptieren das, was sie lieber anders hätten, statt sich darauf zu fixieren. Sie vertrauen und respektieren einander grundlegend. Sie sind dankbar für ihre Beziehung und begegnen sich mit Großzügigkeit und Offenheit.

Guter Wille bedeutet, daß Sie Ihre Liebe aktiv, nicht passiv leben. Er bedeutet, daß Sie die Initiative ergreifen, Ihre liebevollen Gefühle zu realisieren und nicht nur zu empfinden. In *The Way of Marriage*, das Auszüge aus seinem eigenen Tagebuch enthält, schreibt Henry Borys:

»Wenn ich auf unsere gemeinsamen Jahre zurückblicke, erkenne ich, daß meine Liebe zu Susan bisher viel zu passiv war. Wie viele Male habe ich einen Moment der Zuneigung oder Hochschätzung verspürt und unbemerkt verstreichen lassen? ... Wozu soll meine Liebe gut sein, wenn sie in meinem Herzen verharrt, verborgen vor der Welt und vor Susan? Liebe kann eine so simple Tat sein wie Staubsaugen, Susan mit Blumen überraschen, ihr Essen kochen oder sie spontan umarmen. Liebe kann sogar etwas so Einfaches sein wie Susan mehr Beachtung zu schenken als dem Fernseher. Wenn ich diese simplen Gesten aber nicht zustande bringe, wenn ich meine Liebe nicht realisiere, dann wird, egal, wieviel Liebe ich verspüre, meine Beziehung mit Susan nicht von Liebe, sondern von Nachlässigkeit geprägt sein.«

Liebe heißt Tun, denn wenn es uns nicht gelingt, unsere Liebe tätig auszuleben, wird sie schnell zur Gewohnheit.
»Aber was ist, wenn nur ich den guten Willen habe?« mögen Sie fragen. »Was, wenn ich Wohlwollen entwickle, mir aber von meinem Partner keines entgegengebracht wird?«
Guter Wille erzeugt guten Willen, doch einer muß den Anfang machen. Falls Sie als erste oder erster dem Partner Ihren guten Willen zeigen, um auf dem Weg zum gemeinsamen Glück voranzuschreiten, indem Sie die Vorschläge in diesem Kapitel befolgen, und überhaupt keine Reaktion von Ihrem Partner kommt, ist dies eine nützliche Information für Sie, wenn wir im letzten Kapitel dieses Buches Ihre Beziehung bewerten. Aber gar keine Reaktion ist äußerst unwahrscheinlich, denn: Guter Wille ist höchst ansteckend.
Da der gute Wille ein so vorherrschendes Kennzeichen erfolgreicher Beziehungen ist, glaube ich, daß seine Kultivierung der direkteste Weg ist, eine erlahmende Partnerschaft wieder in Schwung zu bringen. Bereits der Gedanke, daß Sie Ihrem Partner wohlwollen, wird Sie ganz von selbst entsprechend handeln lassen; ohne guten Willen aber richten auch die besten Absichten oft nichts aus.

Ich ernenne Sie hiermit nicht nur zum Vizepräsidenten in Sachen Beziehungsqualität, sondern außerdem zum Botschafter des Guten Willens.

Experiment 9
Nehmen Sie sich guten Willen vor
Vervollständigen Sie diesen Satz in möglichst vielen verschiedenen Varianten:
»Wenn ich meinem Partner gegenüber guten Willens wäre, würde ich _____.«
Versuchen Sie, eine Ihrer Ideen umzusetzen.

---

3. Konzentrieren Sie sich auf positive Eigenschaften

Was mögen Sie an Ihrem Partner? Was mögen Sie an Ihrer Beziehung? Was mögen Sie an sich selbst in dieser Beziehung?
Was würde passieren, wenn Sie einmal alles vergäßen, was Sie zu ändern oder zu ertragen versucht haben, all das, was Sie gern anders hätten, und Ihre ganze Aufmerksamkeit auf das konzentrierten, was Sie an Ihrem Partner lieben? Was würde passieren, wenn Sie anfingen, nach Beweisen für seine oder ihre Liebe zu Ihnen zu suchen, statt sich auf die Beweise dafür zu fixieren, daß Ihr Partner Sie nicht liebt?
Höchstwahrscheinlich stünden Sie dann am Beginn einer Aufwärtsspirale.
Schenken Sie dem Beachtung, was Sie glücklich macht. Sie werden mehr Freude am Leben haben und sich besser fühlen. Haben Sie mehr Freude am Leben, wirken Sie attraktiver, und es macht Spaß, mit Ihnen zusammenzusein. Sind Sie eine angenehmere Begleitung, gefallen Sie Ihrem Partner besser, und auch er oder sie wird sich allmählich wohler fühlen. Fühlt Ihr Partner sich wohl, wird es Ihnen bessergehen.
Das ist sehr viel produktiver, als sich auf Probleme zu fixieren,

nichts daran ändern zu können und sich immer schlechter zu fühlen.

Wenn Sie sich auf Ihre eigenen positiven Eigenschaften, die Ihres Partners und die Ihrer Beziehung konzentrieren wollen, müssen Sie Ihre negativen Gedanken und Empfindungen eine Weile ad acta legen. Reden Sie nicht über sie. Durchs Reden eskalieren sie oft sowieso. Wenn Sie merken, daß Sie an Probleme denken, bringen Sie sich mit sanftem Druck dahin, daß Sie statt dessen an etwas Schönes denken. Es fällt schwer, einen Gedanken ganz abzuschalten; viel einfacher ist es, einen negativen Gedanken durch einen positiven zu ersetzen.

Um einmal zu veranschaulichen, wie effektiv es ist, Probleme beiseite zu schieben und sich direkt auf den eigenen guten Willen und die positiven Qualitäten einer Beziehung zu konzentrieren, möchte ich Ihnen die Geschichte eines Mannes erzählen, der grundsätzlich glücklich verheiratet war, als er diese Strategie anwandte, und die Geschichte einer Frau, die mit dem Gedanken an Scheidung spielte, bevor sie sie ausprobierte.

Doug und Elaine lernten sich kennen und heirateten in einem Wirbelsturm der Gefühle, als Doug dreiundvierzig und Elaine vierunddreißig war. Doug hatte in jungen Jahren ein Geschäft von seinem Vater geerbt und immer viel Geld gehabt, das er jahrelang für elegante Frauen ausgab, mit denen er in seinem Privatflugzeug in die Karibik reiste. Er fuhr teure Autos und war Mitglied in den richtigen internationalen Clubs. Mit etwa vierzig geriet er in eine ernste psychische Krise. Im Lauf mehrerer Monate erkannte er die Sinnlosigkeit seines Lebens und beschloß, seine Lebensweise zu ändern. In den nächsten Jahren verkaufte er sein Geschäft, das nur für die Reichen und Arrivierten dagewesen war, und gründete ein sozial verantwortungsbewußtes Unternehmen. Er befreite sich von allem luxuriösen Schnickschnack, kaufte ein bescheidenes Haus und schloß sich einer spirituellen Gruppe an, die seine neuen Wertvorstellungen förderte.

Mittlerweile wußte er, daß er eine langfristige Beziehung mit einer Frau eingehen wollte, die diese neuen Wertvorstellungen teilte. Es dauerte nicht lange, bis er Elaine begegnete, einer Therapeutin, die sich leidenschaftlich für ihre Arbeit und ihre Klienten engagierte. Sie war so sehr an ihre Unabhängigkeit gewöhnt, daß Doug geduldig sein mußte, bis sie sich entschlossen hatte, daß sie überhaupt heiraten wollte. Aber seine Geduld wurde belohnt, und die wunderschöne Hochzeit fand im Kreis all ihrer Freunde und Angehörigen statt, die sehr erleichtert waren, daß die beiden sich gefunden hatten.

Jetzt, nach sechs Jahren Ehe, war Doug nach wie vor in Elaine verliebt, ärgerte sich jedoch über gewisse Eigenschaften an ihr. Er war ein geselliger Mensch, der gern redete, Elaine dagegen fühlte sich wohl in ihrer eigenen kleinen Welt und konnte Stunden verbringen – sogar wenn sie im Auto irgendwo hinfuhren –, ohne ein Wort zu sagen. Außerdem war sie nicht besonders zärtlich und umschmeichelte ihn nicht, wie es die Frauen jahrelang sonst bei ihm getan hatten. Allmählich bekam er das Gefühl, ihm fehle etwas Wichtiges. Als er versuchte, mit Elaine darüber zu sprechen, fühlte sie sich kritisiert und bedroht, denn sie wußte, daß sie sich nicht in eine Person verwandeln konnte, die sie nicht war. So war die Spannung zwischen ihnen immer größer geworden.

Als Doug zu mir kam, erzählte er, was er alles versucht hatte, um Elaine zu überreden, ihm auf halbem Wege entgegenzukommen. Je mehr er versuchte, desto entmutigter wurde er. Während er sprach, stieg vor mir das Bild von jemandem auf, der einen herrlichen Sonnenuntergang beobachtet, der nur durch einen häßlichen Telefonmast in einer Ecke beeinträchtigt wird. Statt aber die Schönheit des Sonnenuntergangs zu genießen, schaut dieser Mensch auf den Telefonmast und denkt: »Wenn doch bloß der scheußliche Mast nicht da wäre!«

Doug machte es Elaine schwer, liebevoll mit ihm umzugehen, weil er sie ständig kritisierte und ihr damit zu verstehen gab, sie sei so, wie sie war, nicht gut genug.

Ich schlug Doug vor, er solle zwei Wochen lang nur positive, liebevolle Bemerkungen zu Elaine machen. Ich forderte ihn auf, eine Liste mit sämtlichen Eigenschaften zusammenzustellen, die er an ihr schätzte, und sie im Lauf der zwei Wochen alle ihr gegenüber zu erwähnen. »Jedesmal, wenn Sie einen negativen Gedanken haben, ersetzen Sie ihn durch einen positiven«, sagte ich zu ihm.

Nach zwei Wochen sah ich ihn wieder, und er berichtete mir folgendes:

»Ich bin erleichtert. Ich weiß jetzt, daß ich die Probleme herbeigeführt habe. Ich bin mit einer bemerkenswerten Frau verheiratet, und ich liebe das Leben, das wir uns gemeinsam aufgebaut haben. Ich komme mir vor wie ein Trottel, daß ich so negativ über sie dachte, daß ich nur die kleinen Dinge sah, die ich nicht kriegte, aber nicht das große Geschenk, das ich bekam. Alles, was wir brauchten, war eine bessere häusliche Atmosphäre. Elaine hat das heiterste, zufriedenste Wesen, das ich je kennengelernt habe. Und ich drückte ihr auf die Stimmung! Vielleicht gibt es ein paar Sachen an ihr, die ich mir anders wünsche. Aber wenn ich mit einer zärtlichen Frau verheiratet wäre, wäre sie vermutlich launisch oder sonst etwas – und das ist Elaine nicht. Jeden Morgen mache ich mir jetzt bewußt klar, welches Glück ich habe. Das ist eine gute Übung. Sie wirkt den ganzen Tag nach.«

Margaret und Mitch waren an einem Tiefpunkt ihrer Beziehung angelangt. Mitch war seit drei Jahren extrem unzufrieden mit seiner beruflichen Situation, doch aus verschiedenen Gründen nicht imstande, sie zu verändern. Ein alter Freund wollte mit ihm ein Geschäft eröffnen. Margaret hielt dies für eine gute Idee, aber Mitch konnte sich nicht dazu durchringen. Er fühlte sich furchtbar unwohl in seiner Haut, und das machte das Zusammenleben mit ihm sehr schwer. Margaret hatte das Gefühl, der selbstsichere Mann, den sie geheiratet hatte, sei von einem bösen Geist besessen. Sie hatte versucht, ihn zu bedauern, ihn aufzumuntern, ihn zu ignorieren – nichts gab ihm sein altes Selbst zurück. Ihr Zuhause war ein finsterer Ort. Margaret und Mitch redeten kaum noch miteinander, und Margaret überlegte ernsthaft, daß sie so nicht mehr leben könnte. Sie wollte weg.

Eines Abends lagen sie lesend im Bett, als eine ihrer beiden Töchter weinend ins Zimmer kam und sagte, sie hätte so schlecht geträumt. Sie holten sie zu sich ins Bett, und sie kuschelte sich an Mitch und schlief ein. Plötzlich wandte sich Margaret zu ihm und sagte: »Du bist ein wunderbarer Vater. Die Mädchen können von Glück sagen, daß sie dich haben.« Dabei fiel ihr völlig verblüfft auf, daß dies wahrscheinlich die ersten positiven Worte waren, die sie seit mindestens einem Monat ihrem Mann gegenüber geäußert hatte. Er drehte sich zu ihr um und lächelte. Während sie einschlief, vertiefte sich ihre Erkenntnis, und sie beschloß, darauf aufzubauen. Am nächsten Morgen machte sie Mitch Frühstück (was sie sonst gar nicht mehr tat) und meinte, wie dankbar sie sei, daß er soviel im Garten arbeitete, und wie herrlich der aussähe. Er gab ihr einen Abschiedskuß, als er ging.

Jetzt verdoppelte Margaret ihre Anstrengungen. Sie fand eine Menge Möglichkeiten, wie sie Mitch danken, loben, Komplimente machen und ihre Liebe zeigen konnte. Sie begann, Hoffnung und Optimismus zu verspüren, und war erstaunt über die Veränderung, die mit Mitch vorging. Er schien regelrecht aufzuwachen. Margaret kommentierte diese Veränderung nicht; sie hatte das Gefühl, dazu sei sie noch zu instabil. Aber sie war in gehobener Stimmung.

Genau eine Woche nach dem Vorfall mit dem schlechten Traum kam Mitch nach Hause und verkündete, er habe seinen alten Freund angerufen, und sie wollten sich treffen, um über das neue Geschäft zu reden.

Das ist über drei Jahre her. Mitch und sein Freund haben sich zusammengetan, und ihr Geschäft läuft gut. Und Margaret und Mitch sind wieder ganz die alten und glücklich, zusammenzusein.

Experiment 10
Konzentration auf positive Eigenschaften
1. Treffen Sie eine Vereinbarung mit sich selbst, daß Sie
zwei volle Wochen lang nichts Negatives erwähnen, nichts,
was Sie in Ihrer Beziehung als Problem ansehen. Besonders
Ihrem Partner gegenüber werden Sie nur gutgelaunte, positive Bemerkungen machen. Schieben Sie für zwei Wochen
all Ihre Probleme beiseite. Sie können später wieder darauf
zurückkommen.
2. Schreiben Sie in Ihr Tagebuch eine Liste mit all den Eigenschaften, die Sie an Ihrem Partner und an Ihrer Beziehung schätzen. Wenn es Ihnen hilft, setzen Sie darüber die
Worte »Ich bin froh, daß ...«
3. Erwähnen Sie Ihrem Partner gegenüber die nächsten
zwei Wochen jeden Tag bewußt mindestens eine dieser Eigenschaften in Form von Dank, einem Lob oder Kompliment. Oder sagen Sie einen Satz, der mit »Ist es nicht
schön, daß ...« oder »Ich bin froh, daß ...« beginnt.
4. Jedesmal, wenn Ihnen ein negativer Gedanke oder ein
Problem in den Kopf kommt, denken Sie statt dessen bewußt an eine positive Eigenschaft Ihrer Beziehung. Gehen
Sie nicht zu hart mit sich ins Gericht, wenn die negativen
Gedanken hartnäckig wiederkehren. Ersetzen Sie sie nur
ganz behutsam durch positive Gedanken.

4. Deuten Sie »Gegensätzlichkeit« in »Ergänzung« um

Über zwölf Jahre lang leitete ich Seminare für alleinstehende
Männer und Frauen, die auf der Suche nach Liebe waren, und
zwölf Jahre lang sah ich sie alle denselben Fehler begehen. Es
belustigte mich, in den Seminaren für Paare einer anderen Variante desselben Fehlers wiederzubegegnen.
Die Singles forderte ich auf, die Eigenschaften aufzulisten, auf
die es ihnen bei einem Partner ankam. Sie schrieben unweiger-

lich: guter Zuhörer, Sinn für Humor, rücksichtsvoll, großzügig, attraktiv und so weiter. Männer schrieben »schlank«. Frauen schrieben »in finanziell sicherer Position«.

Dann bat ich sie, zwischen wesentlichen und wünschenswerten Eigenschaften zu unterscheiden und die fünf für sie ausschlaggebenden zu benennen.

Fast nie fand ich unter diesen fünf die wichtigste Eigenschaft, nach der diese Menschen meiner Meinung nach hätten Ausschau halten sollen, nämlich: »Ich möchte mit jemandem zusammensein, der hellauf begeistert von mir ist und sich eine Beziehung mit mir wünscht«, denn wenn Sie einen Menschen finden, der im Hinblick auf Ihre »Hitliste« die Vollkommenheit in Person ist, aber nicht mit Ihnen zusammensein will, handeln Sie sich nur ein gebrochenes Herz ein.

Paare richten ihre Aufmerksamkeit auf ebenso irrelevante Punkte. »Wenn meine Frau nur mehr Interesse am Geschäft hätte«, »Wenn mein Mann nur tanzen oder Tennis spielen würde«, »Wir haben nicht sehr viel gemeinsam«, höre ich die Leute mit Grabesstimme feststellen.

Mein Vater pflegte früher immer zu scherzen, alles, was er von einer Ehefrau verlange, sei, daß sie eine Meisterin im Bridge sei und gut Klavier spiele. Bridge spielte meine Mutter einigermaßen, aber ein Klavier hatte sie noch nie aus der Nähe gesehen. Keiner hat die Bemerkung meines Vaters je für eine Herabsetzung meiner Mutter oder eine Beschwerde gehalten, denn es war für jedermann offensichtlich, wie sehr er sie vergötterte. Sein Tonfall verriet, was er sagen wollte, nämlich: »Ich habe mit meiner wunderbaren Frau soviel mehr bekommen, daß diese beiden Defizite bedeutungslos sind. Wie habe ich je glauben können, sie würden wichtig sein?«

Wie der Vater, so die Tochter. Ich hatte nur zwei Kriterien, als *ich* mich nach einem Partner umschaute. Er sollte ein fabelhafter Tänzer sein und gut singen können. Mein Mann Mayer tanzt passabel, wenn er unbedingt muß, und singt fast nie. Aber ich würde Mayer nicht gegen hundert Fred Astaires oder tausend Kris Kristoffersons eintauschen.

160

»Nichts gemeinsam haben« oder »zu gegensätzlich sein« ist ein *Symptom* für mangelnde Nähe, nicht ihre Ursache.

Die meisten Menschen wünschen sich, in ihrer Beziehung einander nahe, Freunde, Verbündete zu sein. Konzentrieren Sie sich auf diese Nähe, werden Sie imstande sein, Ihre Schwierigkeiten zu meistern. Konzentrieren Sie sich auf Ihre Unterschiedlichkeit, verlieren Sie die Nähe zueinander – und fragen sich dann, wo sie geblieben ist.

Behalten Sie die Nähe zueinander im Auge und fördern Sie sie, sind Unterschiedlichkeiten etwas, das Sie anerkennen und bewältigen. Spart einer von Ihnen zum Beispiel gern, und der andere gibt lieber Geld aus, dann werden Sie, wenn Sie einander nahe sind, die Ausgewogenheit erkennen, die dies für Ihre Familie mit sich bringt, und dankbar sein, daß Sie so komplementäre Eigenschaften besitzen. Kommt einmal Spannung zwischen Ihnen darüber auf, ob nun etwas angeschafft werden soll oder nicht, wird Ihr kleiner »Streit« Sie daran erinnern, wie friedlich Ihre Beziehung im allgemeinen ist; und nachdem die Spannung gelöst ist, werden Sie um so dankbarer füreinander und für Ihre Nähe sein. Wenn guter Wille Ihre Partnerschaft bestimmt, macht es Ihre Differenzen unwichtig. Denken Sie an eine »Gegensätzlichkeit« in Ihrer Beziehung. Was wäre, wenn Sie sie in »Ergänzung« umbenennen würden? Das Wort »Ergänzung« kommt von »ganz«. Besteht die Möglichkeit, daß Ihr Partner und Sie sich wegen Ihrer Unterschiede zu einer Einheit ergänzen?

Meine Mutter ließ sich von den Bridgeturnieren meines Vaters erzählen und feierte mit ihm, wenn er gewann. Es war eine ganz andere Welt, die sie sonst nie kennengelernt hätte. Gehe ich zum Volkstanz, nimmt Mayer sich etwas anderes vor, weil er weiß, wie wichtig mir das Tanzen ist. Wir richten uns mit unseren Unterschiedlichkeiten ein. Einer von Ihnen ist ein Stubenhocker, der andere reist gern. Großartig. So können Sie einander bereichern. Der eine reist mehr, als er es von sich aus getan hätte, der andere lernt die schlichten Freuden gemütlicher Abende zu Hause schätzen. Wenn Sie zusammensein wollen und sich innerlich nahe sind, werden Sie Wege finden, aufeinander zuzugehen.

Was macht den Unterschied zwischen Gegensätzlichkeit und Ergänzung aus?

Guter Wille.

Der Unterschied liegt in Ihrer Ausgangsposition. Beginnen Sie Ihre Beziehung mit positiven Gefühlen und dem Wunsch nach einer warmen Atmosphäre, werden Sie Ihre Unterschiede in Einklang bringen und über sie scherzen. Haben Sie dagegen nicht den guten Willen und die Bereitschaft zur Kooperation, können solche Unterschiede zu enormen »Problemen« für Sie werden.

Ein weiterer positiver Ansatz zur Bewältigung der »Gegensätzlichkeiten« oder des Themas »keine Gemeinsamkeiten« ist die aktive Schaffung von Gemeinsamkeiten. Vielleicht gibt es etwas, das Sie in der ersten Zeit Ihres Kennenlernens zusammen unternahmen, wie tanzen, Tennis spielen oder frühstücken gehen. Oder Sie überlegen sich etwas, das Ihren Partner interessieren *könnte*, und probieren es einmal aus. Eine Frau entdeckte ein altes Damebrett, das seit Jahren Staub angesetzt hatte. Sie holte sich aus der Bibliothek ein Buch mit Anleitungen, wie man Dame spielt, und lud ihren Mann eines Abends zu einer Partie ein. Jetzt spielen sie bei jeder sich bietenden Gelegenheit und haben sogar ein kleines Zwei-Personen-Turnier laufen.

Eine andere Frau kaufte ein Buch über Vögel, um die Vögel in ihrem Garten identifizieren zu können. Allmählich kam ihr Mann auch auf den Geschmack, und sie beschlossen, ausgedehntere Spaziergänge zu unternehmen. Inzwischen sind beide begeisterte Vogelbeobachter.

Das Entwickeln eines gemeinsamen Hobbys oder Interesses kann eine Weile dauern, und Sie müssen vielleicht erst mehrere Ideen ausprobieren, aber Sie sollten zumindest erkennen, daß »wenig gemeinsam haben« womöglich nur eine Phase ist, die Sie überwinden können – besonders, wenn Sie selbst die Initiative ergreifen!

Experiment 11
Deuten Sie »Gegensätzlichkeit« in »Ergänzung« um
1. Schreiben Sie in Ihr Tagebuch eine Liste mit allem, was Sie bisher als Gegensätzlichkeiten zwischen sich und Ihrem Partner gesehen haben. Falls »wir haben nicht viel gemeinsam« etwas ist, was Sie über sich sagen, listen Sie Ihre Interessen und die Ihres Partners getrennt auf.
2. Auch wenn Sie im Moment nicht viel guten Willen verspüren, tun Sie ein paar Minuten so, »als ob«. Schreiben Sie zunächst: »Wenn ich Nähe und Liebe empfinden würde ...« Kehren Sie dann zu Ihren Listen zurück und schreiben Sie auf, wie Sie mit der jeweiligen Unterschiedlichkeit umgehen würden, wenn Sie Nähe empfänden (oder wie Sie damit umgehen, wenn Sie Nähe empfinden). Wenn Sie zum Beispiel geschrieben haben: »_____ geht gern kegeln und ich nicht«, könnten Sie jetzt schreiben: »Wenn ich Nähe und Liebe empfinden würde, würde ich gelegentlich beim Kegeln zuschauen.« Haben Sie geschrieben: »_____ liebt Rockmusik und ich Klassik«, schreiben Sie vielleicht: »Wenn ich Nähe und Liebe empfinden würde, würde ich _____ mit Karten für ein Rockkonzert überraschen.«
3. Listen Sie in Ihrem Tagebuch Aktivitäten oder Interessen auf, an denen Sie Freude haben und an denen Ihr Partner *vielleicht* Freude haben könnte. Bitten Sie ihn oder sie, wenn Sie die Gelegenheit haben, bei einer dieser Aktivitäten mitzumachen. Falls es nicht klappt, probieren Sie eine der anderen Ideen auf Ihrer Liste aus. Geben Sie diesem Projekt einige Zeit, bis es funktioniert.

Der Psychologe George Pransky meint: »Es ist der Gedanke an Gegensätzlichkeit, der Gegensätzlichkeit erzeugt.« Er weist darauf hin, daß ein und derselbe Wesenszug je nach der »Prädisposition«, mit der er wahrgenommen wird, als positiv oder als negativ gesehen werden kann. Eine Person zum Beispiel, die offen ihre Meinung äußert, kann von einem Partner mit negativer Grundeinstellung als »rechthaberisch« und von einem Partner mit gutem Willen als »redegewandt, freimütig und leidenschaftlich« empfunden werden. Ein Mensch, der dazu neigt, das Leben von der positiven Seite zu betrachten, wird von einem ihm nicht gewogenen Partner vielleicht als »unrealistisch« und von einem ihm gewogenen Partner als »optimistisch« eingestuft.

»Die erfrischenden Unterschiede von gestern werden die Unvereinbarkeiten von heute«, sagt Pransky. Es liegt nur an Ihrer Einstellung. Seien Sie guten Willens!

5. Gemeinsame Mußestunden einplanen

Wenn die herausragende Gemeinsamkeit aller von mir interviewten erfolgreichen Paare die war, daß sie mit grundsätzlich gutem Willen an ihre Beziehung herangingen, so war die zweitwichtigste, daß sie so oft wie möglich Mußestunden miteinander verbrachten.

Es ist praktisch unmöglich, eine innige, intime Beziehung aufzubauen und zu erhalten, wenn man nie geplant Freizeit miteinander verbringt. Spürt man jedoch die gegenseitige Liebe und genießt man die Gesellschaft des anderen, wird die Beziehung immer besser, je mehr gemeinsame Stunden man sich gönnt. Für viele Paare ist es schon wegen der täglichen Belastungen ein großes Problem, Mußezeiten einzuplanen. Wenn beide einen Beruf ausüben und Kinder haben, sehen sie sich manchmal die ganze Woche über kaum.

Vergnügte Stunden der Entspannung miteinander zu verbringen, mag nicht dringend erscheinen, ist aber vermutlich wichtiger für Sie und Ihre Kinder als fast alles andere, was Sie tun. Nehmen Sie sich diese von Problemen unbelastete Zeit, werden Probleme, die später auftauchen, leichter zu bewältigen sein. Ein ganzes Jahr lang war ich sehr mit dem Vorsitz meines Berufsverbandes beschäftigt. Für Mayer war es schmerzlich, daß wir viel weniger Zeit miteinander verbrachten. Er vermißte mich, und obwohl er wußte, daß es irrational war, fing er an, sich Sorgen zu machen, ich könnte ganz aus seinem Leben verschwinden, mäße meinen Verpflichtungen mehr Wert bei als ihm. Allmählich begann er, sich zu schützen, indem er sich selbst von mir zurückzog. Es war ein subtiler Prozeß, und er merkte erst, was er getan hatte, nachdem das Jahr vorbei war und wir wieder einen normaleren Tagesablauf hatten. Aber es war eine interessante Lektion für uns. Ich hatte gedacht, daß, wenn wir weniger Zeit füreinander haben, die gemeinsame Zeit, die uns doch noch blieb, um so schöner sein müßte, weil wir so glücklich wären, endlich zusammenzusein, doch das Gegenteil war der Fall. Je weniger Zeit wir miteinander verbrachten, desto schwieriger war es, zueinander zu finden.

Versuchen Sie, es möglichst so einzurichten, daß Sie sich jeden Tag etwas Zeit füreinander nehmen, sei es bei einem Telefongespräch am späten Nachmittag oder einem Imbiß vorm Zubettgehen. Ein Mann erzählte mir, daß er auf dem Heimweg von der Arbeit an einem Markt vorbeikommt und von dort immer herrlich frisches Obst mitbringt. Jeden Abend, bevor sie schlafen gehen, schneidet er einen leckeren Apfel, eine Orange oder eine Melone auf. Seine Frau genießt das sehr, und es schenkt beiden einen regelmäßigen gemeinsamen Moment der Entspannung.

Wenn es nicht jeden Tag möglich ist, planen Sie wöchentlich eine Zeit ein, in der Sie sich ein bißchen miteinander beschäftigen. Betrachten Sie dies als Botschafter des Guten Willens als Ihre Aufgabe. Ihrem Partner fällt es vielleicht gar nicht auf, daß Sie aktiv etwas dafür tun, aber es wird mit großer Sicherheit allmählich die Atmosphäre schaffen – zumindest im kleinen –, nach der Sie sich so sehnen.

Eine Botschafterin des Guten Willens in einem meiner Seminare organisierte einen Babysitter und ließ ohne das Wissen ihres Mannes seinen Dienstplan ändern, so daß sie mit ihm in einem eleganten Hotel übernachten konnte. Er war begeistert von dieser Überraschung, und sie bekam, worauf sie so lange gewartet und gehofft hatte: einen Abend, an dem sie sich entspannen und einfach vergnügen konnten.

Ken fiel auf, daß eines der Dinge, die Shelley und er so an ihren Ferien genossen, ihre endlosen Scrabble-Spiele waren. Also initiierte er einen wöchentlichen Scrabble-Abend, der ihnen mittlerweile heilig geworden ist. Sie freuen sich schon die ganze Woche über auf ihre »Verabredung« am Donnerstag.

Experiment 12
Gemeinsame Mußestunden einplanen

1. Denken Sie sich einen täglichen oder wöchentlichen Zeitpunkt aus, an dem Sie unauffällig ein bißchen »Gemütlichkeit« für Sie beide schaffen können. Sie brauchen nicht anzukündigen, was Sie vorhaben; tun Sie es einfach.

2. Richten Sie in Ihrem Tagebuch eine oder mehr Seiten unter der Überschrift »Ideen für gemeinsame Stunden« ein. Listen Sie Pläne für Wochenendausflüge, Ferien, abendliche Aktivitäten, Verabredungen auf, tägliche, wöchentliche oder monatliche Rituale, Pläne für festlich gestaltete Feiertage oder sonst irgend etwas, das Sie gern unternehmen würden, um eine angenehme Zeit mit Ihrem Partner zu verbringen. Wenn Ihnen eine neue Idee kommt, haben Sie jetzt einen Ort, wo Sie sie aufzeichnen können. Betrachten Sie Ihre Liste als Ziele, die Sie als Vizepräsident(in) in Sachen Verantwortung für die Beziehungsqualität für Sie beide haben.

---

6. Sieben Schritte, die Sie einander näher bringen

Wir wollen jetzt noch konkreter werden.

Was wir bisher erörtert haben, sind Grundsätze oder Einstellungen:

- »so tun, als ob« Sie ein liebender Partner wären
- guten Willens sein
- sich auf positive Eigenschaften konzentrieren
- »Gegensätzlichkeit« in »Ergänzung« umdeuten
- gemeinsamen Mußestunden Priorität einräumen

Wenn Ihnen diese Konzepte einsichtig sind und Sie an sie glauben, können Sie sie in den folgenden sieben Schritten, die Sie einander näher bringen, in die Tat umsetzen. Diese sieben Schritte sind abgeleitet von den »Sieben Schritten zu einer leidenschaftlicheren Beziehung«, entwickelt von Barbara und Michael Jonas, die seit zweiunddreißig Jahren verheiratet, Erfinder romantischer Spiele und die Autoren von *The Book of Love, Laughter and Romance* sind.

Ich empfehle Ihnen, sie als systematisches »Programm« zu betrachten, das Sie beide einander näher bringen soll. Führen Sie alle Schritte hintereinander im Laufe von etwa zwei Wochen nach Plan durch.

Warten Sie nicht, bis sich all Ihre Konflikte oder Probleme gelöst haben. Dieses Programm wird die Atmosphäre schaffen, die Sie sich in Ihrer Ehe wünschen, so daß Sie dann an Ihren Problemen arbeiten können, wenn Sie es immer noch wollen.

Schritt eins: Denken Sie sich einen phantasievollen Weg aus, »Ich liebe dich« zu sagen

Dena erzählte mir, ihr Mann sei Schriftsteller, arbeite zu Hause und trinke eine Menge Kaffee. Eines Morgens legte sie ihm, bevor sie zur Arbeit ging, einen kleinen Zettel mit »Ich liebe dich« neben seinen Kaffeebecher.

Einige Tage später sollte er auf dem Heimweg von der Bibliothek ihr neues Fahrrad abholen. Sie wohnen im vierten Stock, deshalb konnte er das Rad nicht unbewacht unten lassen, während er nach oben kam, um ihr Bescheid zu sagen, also meinte er, sie solle am Fenster nach ihm Ausschau halten. Zur verabredeten Zeit fuhr er mit einem riesigen, fahrradgroßen Karton vor, den er oben aufs Auto geschnallt hatte. Darauf stand in großen roten Buchstaben: »Dena, ich liebe dich« gemalt.

Jeder ist zwangsläufig gerührt, wenn er an unerwarteter Stelle ein »Ich liebe dich« findet. Ich selbst lege Mayer einen Zettel damit unter die Bettdecke, wenn ich woanders übernachten muß. Sie können die Worte als Nachricht auf dem Anrufbeantworter Ihres Partners hinterlassen, auf dem Armaturenbrett seines oder ihres Autos, auf der Zahnpastatube, in ihrer Handtasche oder seinem Portemonnaie oder sie auch auf einem Blatt Papier mit der Post verschicken.

Ein simples kleines »Ich liebe dich« an unerwarteter Stelle kann soviel sagen, egal, wie die Stimmung zwischen Ihnen gerade ist.

Schritt zwei: Schicken Sie Ihrem Partner einen Liebesbrief

Tun Sie, was nötig ist, damit Sie in die Stimmung kommen, Ihrem Partner einen Liebesbrief zu schreiben. Stellen Sie sich vor, Sie seien seit einem Monat getrennt und vermissen ihn oder sie schrecklich. Stellen Sie sich vor, es sei Ihr Hochzeitstag. Oder tun Sie so, als seien Sie noch nicht verheiratet und versuchten, ihn oder sie zu umwerben.

Gestalten Sie die äußeren Umstände entsprechend. Vielleicht nehmen Sie zuerst ein Schaumbad oder zünden eine Kerze an und schmücken den Tisch, an dem Sie schreiben werden, mit frischen Blumen. Legen Sie romantische Musik auf.

Dann setzen Sie sich hin und schreiben einen Liebesbrief.

Er braucht nicht gefühlsduselig oder kitschig zu sein. Und er muß auch nicht lang sein, obwohl er das natürlich sein darf, wenn Sie richtig in Schwung kommen. Vielleicht wird er lustig. Schreiben Sie ihn in Ihrem eigenen Stil. Seien Sie aufrichtig. Seien Sie Sie selbst. Schreiben Sie mit dem Herzen.

Dies ist nicht der geeignete Zeitpunkt, alle Widrigkeiten hervorzuzerren, die Sie durchgemacht haben. In diesem Brief soll es nicht um *alle* Ihre Gefühle gehen, nur um Ihre Liebe und Wertschätzung.

Wenn Ihnen eine »Vorlage« hilft, benutzen Sie folgende (sie

stammt von einem alten Freund, der mir so einen Brief tatsächlich einmal schickte): Schreiben Sie: »Ich liebe Dich, weil Du _____ bist.« Schreiben Sie den Satz immer wieder und ergänzen Sie ihn in den einzelnen Varianten mit all den Eigenschaften, die Sie an ihm oder ihr mögen. Wenn Sie wollen, schreiben Sie jede Zeile in einer anderen Farbe (das tat mein Freund).

Haben Sie einen Lieblingsdichter, der Ihre Gefühle treffend ausdrückt? Dann fügen Sie ein Sonett von Shakespeare oder das Gedicht eines anderen Autoren mit ein oder den Text eines romantischen Lieblingsliedes.

Hier ein paar Stichpunkte für einen Liebesbrief. Orientieren Sie sich daran, wenn Sie wollen:

Warum ich Dich liebe.
Dinge, die ich an Dir liebe.
Warum ich unsere Beziehung liebe.
Was Du mich fühlen läßt.
Was ich Dir wünsche.
Was ich uns wünsche.
Was ich Dir geben möchte.

Nun schicken Sie Ihren Brief ab. Was wäre netter, wenn Ihr Partner ihn zu Hause oder bei der Arbeit erhält? Sie können es auch so einrichten, daß er aus einem Ort mit romantischem Namen abgesandt wird. Dann müssen Sie Ihren frankierten, adressierten Brief in einen zweiten Umschlag stecken und an das Zustellpostamt des betreffenden Ortes schicken. Fügen Sie eine Notiz mit der Bitte bei, Ihren Brief zu stempeln und weiterzusenden.

99330 Liebenstein
01825 Liebstadt
(Mein Dank für diesen Tip geht an Gregory Godek, der *1001 Ways to Be Romantic* schrieb.)

Im folgenden einige Kommentare von Seminar-Teilnehmern, die Liebesbriefe geschrieben und abgeschickt haben:

»Ich wußte gar nicht, daß ich meine Frau so sehr liebe. Ich bin richtig dankbar, daß es mir klargeworden ist.«

»Ich hatte überhaupt keine Lust dazu. Aber ich bin glücklich, daß ich es gemacht habe. Ich entdeckte Gefühle, von denen ich gar nicht wußte, daß ich sie hatte.«

»Mein Mann war so gerührt, daß er in Tränen ausbrach. Das habe ich bei ihm noch nie erlebt.«

»Wenn ich jetzt darüber nachdenke, kann ich gar nicht glauben, daß ich so was nicht viel öfter sage. Was ist der Unterschied zwischen Liebe, die nie verbal ausgedrückt wird, und überhaupt keiner Liebe? Ich meine, ich zeige meine Liebe schon, aber warum sie nicht auch so äußern? Wir waren beide begeistert.«

»Vorher war ich mir nicht sicher, aber jetzt weiß ich, daß es mehr Dinge gibt, die ich an meiner Frau liebe, als Dinge, die mir nicht gefallen.«

»Ich mußte beim Schreiben die ganze Zeit weinen. Es war wirklich schwer für mich, und ich hatte Angst, mein Mann würde darüber lachen. Er war ziemlich platt, als er den Brief kriegte. Er stellte mir immer wieder Fragen wie: ›Warum hast du das gemacht?‹ Aber abends nahm er mich ganz fest in den Arm – als sei es ihm richtig ernst, und er dankte mir.«

Schritt drei: Machen Sie Ihrem Partner ein kleines, unerwartetes Geschenk
Charley kam hauptsächlich deshalb in mein Seminar, weil seine Frau depressiv war und er sich völlig hilflos fühlte. Bevor sie sich kennenlernten, hatte sie ein Faible für Zimmer-

pflanzen gehabt, aber sie waren so oft umgezogen, daß sie davon abgekommen war. Eines Tages brachte er ihr aus heiterem Himmel einen schönen, großen Efeu mit. Sie war entzückt, daß er so an sie gedacht hatte, und freute sich aufrichtig. Eine Woche später fragte sie, ob er etwas dagegen hätte, wenn sie noch mehr Pflanzen besorgte. Als sie in die Gärtnerei fuhr, sah sie dort ein Schild, auf dem »Aushilfe gesucht« stand, und nahm den Job an. Das war der Anfang vom Ende ihrer Depression.

Ihr Geschenk kann ein Buch über das Hobby Ihres Partners sein, eine CD, etwas, das er oder sie besonders gern ißt, Karten für ein Theaterstück oder einen Film. Vielleicht ist es auch etwas Lustiges. Eine Frau, deren Mann Antiquitätenhändler ist, schenkte ihm eine Kiste mit Trödel von Flohmärkten. Jedes Stück war sorgfältig verpackt und von einem Zertifikat begleitet, das sie auf ihrem Computer erstellt hatte, und das die Echtheit des Stücks bescheinigte und seinen Gebrauch erläuterte. Sie erzählte mir, sie hätten noch Wochen darüber gelacht.

Eine Frau, die Miniaturen sammelt, erhielt von ihrem Mann ein Abonnement auf die »Miniatur des Monats«. Er hatte zwölf Miniaturen schon vorher in Geschenkpapier gewickelt, und an jedem Ersten eines Monats bekam sie ein neues Stück für ihre Sammlung.

Es kommt nicht so sehr darauf an, was Sie schenken. Das Unerwartete daran und die Tatsache, daß Sie daran gedacht haben, werden allein schon Wunder wirken. Es macht große Freude, das perfekte kleine Geschenk zu überreichen, und ebenso große Freude, Geschenke zu erhalten. Das einzig Erstaunliche ist, daß wir alle es nicht viel öfter tun!

Schritt vier: Tun Sie Ihrem Partner einen Gefallen

Übernehmen Sie unerwartet eine der Haushaltspflichten Ihres Partners. Oder springen Sie bei einem bestimmten Projekt mit ein. Opfern Sie etwas von Ihrer eigenen Zeit für eine liebevolle Geste. Es genügt vielleicht schon, wenn Sie den Geschirrspüler leeren oder staubsaugen. Waschen Sie sein Auto, sprengen Sie ihren Garten, bieten Sie an, die Kinder irgendwo hinzufahren oder den Nachmittag mit ihnen zu verbringen.

Anne und ihr Mann Roger konnten einfach nicht aufhören, sich zu zanken. Jedesmal, wenn sie versuchten, darüber zu reden, endete es damit, daß sie sich übers Zanken zankten! Im Seminar meinte Anne immer wieder, sie sei sicher, daß ihr Problem geringfügig und auf Streß zurückzuführen sei.

Zuerst sagten wir Anne, sie solle sich nicht mehr auf das Problem fixieren. Dann fing sie an, die »Sieben Schritte, die Sie einander näher bringen«, zu vollziehen.

Roger war Sekretär seiner politischen Ortsgruppe und mußte alle zwei Monate ein kleines Rundschreiben herausbringen. Die Gestaltung auf seinem Computer machte ihm Spaß, doch das Falzen, Etikettieren und Frankieren haßte er. Eines Montagsabends kam er mit den Rundschreiben von der Arbeit nach Hause und verkündete, er würde sie Dienstagabend für die Post fertigmachen. Anne aber bestellte eine Freundin zu sich und machte mit ihr zusammen schon Dienstagnachmittag die ganze Arbeit. Roger war so erfreut – und *gerührt* –, als er heimkam und sah, daß alles erledigt war, daß er Anne in ihr Lieblingsrestaurant ausführte. Am nächsten Morgen waren sie immer noch in zärtlicher Stimmung, und Roger beschloß, den Tag freizunehmen. Sie verbrachten einen romantischen, gemütlichen Vormittag und gingen nachmittags zusammen ins Museum. Inzwischen ist ihnen das, was sie jetzt ihren »Mini-Urlaub« nennen, freie Tage mitten in der Woche, an denen sie sich nur vergnügen, zur Gewohnheit geworden. Sie gönnen ihn sich sechs- bis achtmal im Jahr. Und sie zanken sich nicht mehr.

Schritt fünf: Planen Sie eine Unternehmung zu zweit

Fahren Sie sonst viel mit dem Auto, machen Sie einen Spaziergang. Wenn Sie oft spazierengehen, fahren Sie mit dem Auto oder Rad. Falls Sie einen ganzen Tag Zeit haben, nehmen Sie Essen für ein Picknick mit. Planen Sie nichts Besonderes, entspannen Sie sich einfach. Wenn das Wetter es erlaubt, machen Sie Ihren Ausflug im Freien in schöner Umgebung.

Eine Frau erzählte mir, ihr Mann und sie hätten abends Freunde zu Besuch gehabt und nach dem Essen beschlossen, gemeinsam einen Spaziergang zu machen. Er war so angenehm, daß sie zu ihrem Mann sagte: »Abende sind so eine herrliche Zeit, um draußen zu sein, und wir kommen so selten raus nach dem Essen. Wir könnten jeden Abend einen Spaziergang machen. Wir müssen damit nicht warten, bis wir Besuch bekommen.« Am nächsten Abend machten sie ihren Spaziergang zu zweit, und das tun sie mittlerweile fast jeden Tag nach dem Abendessen. Manchmal fahren sie sogar in ein anderes Viertel, um dort spazierenzugehen. Sie erzählte mir: »Das Beste daran ist, daß wir ganz zwanglos reden, und daß dabei Themen aufkommen, über die wir sonst vielleicht nie gesprochen hätten. Ich habe das Gefühl, ich kriege viel mehr davon mit, was zum Beispiel in seinem Büro vor sich geht. Es ist eine sehr schöne Zeit für uns.«

Planen Sie einen zwanglosen Ausflug, und bitten Sie Ihren Partner, sich anzuschließen. Wenn er oder sie nicht will oder andere Pläne hat, lassen Sie sich nicht irritieren. Planen Sie einfach den nächsten und versuchen Sie es, bis Sie Erfolg haben.

Schritt sechs: Planen Sie eine Überraschung

Denken Sie sich etwas aus, von dem Sie wissen, daß Ihr Partner es gern tun würde, und planen Sie einen ganzen Abend als Überraschung. Bitten Sie ihn oder sie rechtzeitig, sich den Termin freizuhalten, aber verraten Sie sonst nichts. Sie können Ihrem Lebensgefährten sogar eine schriftliche Einladung zu dem Überraschungsereignis schicken.

Planen Sie etwas, das Ihnen beiden Spaß macht. Es kann ein Theater-, Kino- oder Konzertbesuch sein, ein Abend mit Freunden, eine Sportveranstaltung, ein Lieblingsspiel Ihres Partners wie Doppelkopf oder Bowling. Die Überraschung sollte nicht auf einen Geburtstag oder Feiertag fallen, sondern aus heiterem Himmel kommen.

Sehr, sehr viele Paare haben mit diesem Projekt schon lustige kleine Abenteuer erlebt. Eine Frau arrangierte für ihren Mann ein Treffen mit einem Schulfreund, den er fünfzehn Jahre nicht gesehen hatte. Ein Mann lud seine Frau zu einer Ballonfahrt ein. Ich habe von Paaren gehört, die segeln, fallschirmspringen, schnorcheln oder schlittschuhlaufen waren. Eine Frau fuhr mit ihrem Mann nach New York, um Ellis Island zu besuchen, wo seine Großmutter 1902 als Immigrantin angekommen war. Ein Mann erzählte mir: »Meine Frau hat es mir leicht gemacht. Sie sagt ständig: ›Jetzt wohne ich schon siebzehn Jahre in New York und bin immer noch nicht auf dem Empire State Building gewesen!‹« Raten Sie, wo er mit ihr hinging!

Schritt sieben: Planen Sie einen romantischen Abend mit allen Schikanen und überraschen Sie Ihren Partner damit

Denken Sie an die guten Zeiten, die Sie miteinander erlebt haben, und versuchen Sie, das Gefühl wieder zu erwecken, das Sie damals hatten. Vielleicht können Sie gerade nicht für eine Woche auf die Kanarischen Inseln fliegen, doch die Stimmung, in der Sie dort waren, können Sie heraufbeschwören – auch wenn Sie Ihre Schwierigkeiten miteinander noch nicht beseitigt haben.

Barbara Jonas tat genau dies mit außerordentlichem Erfolg. Sie und ihr Mann Michael hatten einen heftigen Streit wegen etwas, das ihnen heute ziemlich trivial erscheint, von beiden aber enorm aufgebauscht wurde. Michael trat eine einwöchige Geschäftsreise an, als beide noch wütend und verletzt waren.

In dieser Woche (zum Glück hatte sie Zeit, sich zu entspannen) sagte Barbara sich: »Das ist Blödsinn. Ich liebe Michael. Ich will diesen dummen Streit nicht noch mal aufwärmen, wenn er nach Hause kommt. Ich werde etwas ganz Besonderes für ihn vorbereiten.«

Sie setzte sich mit einem Stift und einem Satz Karteikarten hin und erfand ein Spiel – es war ähnlich aufgebaut wie Monopoly, nur standen auf den Kärtchen Instruktionen für phantasievolle, lustige, sinnliche, zärtliche oder erotische Aktivitäten.

Als Michael zu Hause ankam, fand er einen Zettel an der Tür: »Bitte dusche und rasier dich, zieh bequeme Sachen an und komm um 19.30 Uhr zu mir ins Wohnzimmer.«

Als Michael ins Wohnzimmer trat, erwartete ihn dort Romantik pur: Kerzen, Blumen, Sekt, Naschereien wie Erdbeeren und Pralinen, und eine neue CD seiner Lieblings-Jazzband spielte im Hintergrund. Barbara bat ihn, mit ihr zu spielen. Ihren Streit vergaßen sie völlig – er kam gar nicht mehr zur Sprache –, und sie verbrachten einen herrlichen, lustigen und romantischen Abend. Als er vorüber war, fühlten sie sich einander sehr nahe.

Zu dieser Geschichte gibt es einen Epilog. Barbara legte ihr Spiel beiseite, doch mehrere Monate später fragte eine Freundin sie, ob sie es ausleihen könne. Nach und nach borgten sich auch andere Freunde ihre Karteikärtchen, und alle waren ihr überaus dankbar. Als eine Freundin Barbara erzählte: »Wir haben den romantischsten Abend in unserer zweiundfünfzigjährigen Ehe verlebt«, war Barbara und Michael klar, daß sie da auf etwas gestoßen waren! Sie fingen an, das Spiel, das sie *An Enchanting Evening* nannten, zu vermarkten, und haben es inzwischen über 700 000mal verkauft.

Scheuen Sie sich nicht, Barbaras Idee zu kopieren! Sie wartete nicht, bis sie ihr Problem gelöst hatte, bevor sie »tat, als sei sie eine liebende Ehefrau«. Planen Sie einen romantischen Abend für Ihren Partner! Gestalten Sie *Ihre* ureigene Version und überraschen Sie ihn oder sie damit.

Denken Sie daran, alles, was Sie ausprobieren, ist ein Experiment. Sie wollen Spaß daran haben und hoffen, daß Ihr Tun Sie beide einander näher bringt.

Egal, wie ein Experiment ausgeht, Sie können davon lernen. Vielleicht klappt es manchmal nicht. Vielleicht fühlen Sie sich hinterher sogar schlechter. Vielleicht ist die Reaktion Ihres

Partners nicht so, wie Sie gehofft oder sich vorgestellt haben. All das sind wertvolle Informationen für Sie. Wie immer auch das Ergebnis ausfällt, Sie bewegen sich vorwärts, weil Sie handeln, den toten Punkt überwinden, aus der Sackgasse ausbrechen, in die Sie sich verrannt haben.

Machen Sie sich besonders dann Notizen in Ihrem Tagebuch, wenn Ihre Experimente nicht die erhofften Resultate zeitigen. Diese Notizen werden nützlich sein, wenn wir am Ende des Buches eine Gesamtbewertung vornehmen.

Jetzt, da Sie ganz allein eine angenehme häusliche Atmosphäre geschaffen oder zumindest damit begonnen haben, wollen wir Möglichkeiten diskutieren, wie Sie die Probleme in Ihrer Beziehung direkt angehen können – ebenfalls im Alleingang.

Kapitel 5
Lösen Sie Ihre drängendsten Probleme – ganz allein

Da Sie nun *nicht* mehr auf Ihre Probleme fixiert sind, sondern sich an den angenehmen, erfreulichen Aspekten Ihrer Beziehung orientieren, haben Sie ein Klima erzeugt, das einer effektiven Problemlösung förderlich ist.

Halten Sie einen Moment inne und stellen sich vor, das größte Problem in Ihrer Beziehung sei – *verschwunden*! ... Wie würde Ihr Leben aussehen? Wären Sie glücklicher?

Natürlich! Das ist das Wunderbare daran, wenn Sie allein an Ihrer Beziehung arbeiten; Sie können sich selbst und Ihrem Partner gegenüber sofort positivere Empfindungen entwikkeln.

Beachten Sie, daß keine der Vorgehensweisen in diesem neuen Kapitel etwas mit dem »Diskutieren« oder Ausdrücken von Gefühlen zu tun hat. Eine der üblichsten herkömmlichen Methoden, die Paare anwenden, um ihre Probleme zu lösen, ist, sie zu diskutieren. Meistens werden aus diesen Diskussionen Streitereien, die beide Partner nur noch verbissener und wütender machen. Mit den Lösungen in diesem Kapitel vermeiden Sie derartige Frustrationen.

Vor einem muß ich Sie allerdings warnen: Um meine Strategien zu illustrieren, habe ich als Beispiele Paare ausgewählt, bei denen sie *funktionierten*. Es sind alles wahre Geschichten, doch ich will damit nicht behaupten, daß *jede* Strategie *immer* reibungslos zum Erfolg führt. Natürlich habe ich auch mit Personen gearbeitet, die keine spektakulären Resultate erzielten, aber ihre Geschichten zu erzählen, würde meine Prinzipien nicht verdeutlichen.

Manchmal werden Ihnen die Problemlösungen wunderbar gelingen. Manchmal sind die Ergebnisse vielleicht etwas unbefriedigend. Manchmal geht das Ganze auch total daneben. Denken Sie daran, alles, was Sie tun, als Experiment zu betrachten. Eventuell lernen Sie aus einem Experiment, daß es der falsche Weg für Sie ist. Also haben Sie etwas Wertvolles erfahren und sind wesentlich besser dran, als wenn Sie es nie ausprobiert hätten. Und ich wette, Sie finden hier Ideen, die Sie noch nicht ausprobiert haben. Wenn Sie *glauben*, es besteht die Möglichkeit, daß sie funktionieren, und den Mut und Willen haben, sie auszuführen, könnte sich die Qualität Ihrer Beziehung auf wundervolle Weise verändern.

Ich präsentiere in diesem Kapitel acht spezifische Methoden. Dies sind konkrete Maßnahmen, die Sie ergreifen können, um die Probleme in Ihrer Beziehung zu lösen:
1. Handeln Sie eigenverantwortlich.
2. Wechseln Sie die Richtung: Tun Sie das Gegenteil dessen, was Sie bisher getan haben.
3. Deuten Sie den Machtkampf um.
4. Ziehen Sie Ihren Partner zur Lösung *Ihres* Problems heran.
5. Zeigen Sie Verständnis für die Position Ihres Partners.
6. Akzeptieren Sie mit Gelassenheit, was Sie nicht ändern können.
7. Bitten Sie um das, was Sie sich wünschen.
8a. Nur für Männer: Lassen Sie sich ein.
8b. Nur für Frauen: Hören Sie auf, ihn zu belehren.

Beziehungsprobleme allein lösen: Methode 1

Handeln Sie eigenverantwortlich
Marlene erzählte mir, daß der Kauf eines Sofas ein Wendepunkt in ihrer Ehe war.

»Carlos' Schwester hatte uns ein Sofa für unser Wohnzimmer geschenkt, als wir umzogen. Das war großzügig von ihr, aber ich haßte das Ding, und außerdem hatte es ein großes Loch. Immer wieder sagte ich zu Carlos, wir sollten uns ein neues anschaffen, doch er meinte, das sei unwichtig, dieses Sofa sei in Ordnung. Ich war wütend und fühlte mich machtlos. Das Sofa hatte für ihn einfach keine Priorität.
Eines Tages dämmerte mir, daß ein neues Sofa für mich *wohl* Priorität hatte, also ging ich los und suchte mir eins aus. Carlos kaufte ständig Angel- und Bootszubehör, ohne mich zu fragen, also brauchte ich hierfür auch keine Erlaubnis von ihm!
Er war sehr zufrieden mit dem neuen Sofa und überdies befreit, daß ich die Sache selbst in die Hand genommen hatte. Das war sehr erhellend für mich.«

Ein anderes Beispiel aus meiner eigenen Ehe: Kurz nachdem ich Mayer geheiratet hatte, sollte 3500 Kilometer entfernt mein Klassentreffen stattfinden. Mayer behauptete hartnäckig, wir könnten uns den teuren Flug für mich nicht leisten, und erging sich in ausführlichen Erklärungen, daß wir jetzt, wo wir verheiratet seien, gewisse Opfer bringen müßten. Ich aber wußte hundertprozentig, daß es für mich nicht in Frage kam, das Klassentreffen zu versäumen. Ich sagte zu Mayer, es täte mir leid, daß er dagegen sei, kaufte mein Ticket und flog.
Ich war nicht blind für Mayers Besorgnis, wog jedoch sein Unbehagen gegen meine Enttäuschung auf, wenn ich das Klassentreffen verpaßte, und die Antwort war klar. Mayer gefiel sie nicht, aber als er sah, daß er keine Alternative hatte, trug er es mit Würde.
In meinen Seminaren und Interviews habe ich zahlreiche Beispiele von Menschen gehört, die ihre Probleme lösten, indem sie eine Angelegenheit selbst in die Hand nahmen
Jill erzählte mir, sie hatte vor, eine Messe für extravagantes Kunstgewerbe zu besuchen. Schon die ganze Woche davor

sagte ihr Mann immer wieder: »Gib bloß kein Geld aus.« Jill widersprach ihm nicht, stimmte aber auch nicht zu.

Auf der Messe entdeckte sie einen absolut umwerfenden handgewebten Mantel, der perfekt zu ihrer Garderobe paßte. Er kostete 510 Dollar. Jill war keine Verschwenderin, doch sie war sicher, daß dieser Mantel eine Anschaffung fürs Leben und es deshalb nicht unvernünftig war, ihn zu kaufen, und außerdem würde sie sehr viel Freude daran haben. Sie bezahlte ein Drittel mit Scheck, ein Drittel mit Kreditkarte und lieh sich ein Drittel von einer Freundin. So ersparte sie ihrem Mann die Qual, einen 510-Dollar-Einkauf auf einmal schlucken zu müssen, und war begeistert von ihrem wunderschönen Mantel.

Sie schaffen das Gleichgewicht

In einer Ehe muß immer wieder ausgehandelt werden, wann *Ihre* Bedürfnisse auf Kosten des Partners und wann die Bedürfnisse *Ihres Partners* auf Ihre Kosten gehen. Das Geben und Nehmen sollte über einen gewissen Zeitraum einigermaßen im Gleichgewicht sein.

Die meisten Menschen nehmen irrigerweise an, daß beide Partner kooperieren müßten, damit diese Ausgewogenheit gegeben ist, daß beide Partner ihren Teil dazu tun müßten: »Wenn ich einen bestimmten Prozentsatz meiner Zeit opfere, sollte mein Partner ungefähr denselben Prozentsatz opfern.« Das ist in jeder Beziehung ein riesiger Fehler, vor allem aber dann, wenn Sie vorhaben, allein an Ihrer Ehe zu arbeiten, da Sie keine Kontrolle darüber haben, wieviel Ihr Partner gibt.

Das Geheimnis des Erfolges besteht darin, daß Sie willens sind, die Verantwortung dafür zu übernehmen, das Geben und Nehmen im Gleichgewicht zu halten. Sie behalten im Auge – nicht, daß Sie eine bestimmte Menge geben und Ihr Partner eine bestimmte Menge gibt, sondern, daß *Sie* eine bestimmte Menge *geben,* und daß *Sie* sich eine bestimmte Menge *nehmen.*

Sind Sie so wie die meisten Menschen, dann sehen Sie vor Ihrem inneren Auge eine Waage zwischen sich und Ihrem Partner vor sich und fangen an, sich betrogen zu fühlen, wenn Sie denken, Sie gäben mehr, als Sie erhalten. Vergessen Sie dieses Bild. Die Ausgewogenheit, auf die es ankommt, muß sich nicht zwischen Ihnen und Ihrem Lebensgefährten einstellen, sondern nur in Ihnen selbst.

Worauf Sie achten sollten, ist nicht, wieviel Sie geben und wieviel Sie von Ihrem Partner bekommen: Weitaus förderlicher ist es, wenn Sie im Auge behalten, wieviel Sie geben und *wie gut Sie für die Erfüllung Ihrer Bedürfnisse sorgen*. Diese Ausgewogenheit können Sie ganz allein erzeugen – indem Sie auf eigene Faust handeln, falls Sie ganz sicher sind, daß Sie damit das Richtige für sich tun, und Ihrem Partner dann etwas geben, wenn Sie wissen, daß es kein zu großes Opfer für Sie bedeutet.

Dieses Umschalten – von der Hoffnung, daß Ihr Partner sich um die Befriedigung Ihrer Bedürfnisse kümmert, zur Bereitschaft, eigenverantwortlich für sich zu sorgen – ist der Kernpunkt einer Arbeit an Ihrer Beziehung, die Sie allein leisten. Sie dürfen und sollen der oder die »Große« sein, großzügig sein und oft geben – *falls* Sie in Dingen, die Ihnen besonders am Herzen liegen, für die Befriedigung Ihrer Bedürfnisse gesorgt haben.

Eigenverantwortlich zu handeln, ist sehr stärkend, weil es Ihnen Macht über die Situation verleiht. Es hängt nicht mehr von Ihrem Partner ab, ob Sie ein positives Lebensgefühl haben. Alles, was Sie jetzt von ihm oder ihr bekommen, ist jetzt ein Extra-Leckerbissen.

Erwarten Sie nicht, daß Ihr Partner Ihren Bedürfnissen gerecht wird. Achten Sie lieber darauf, daß Sie seine oder ihre möglichst oft befriedigen, damit Sie dann, wenn Sie eine tiefe innere Gewißheit verspüren, daß Sie etwas unbedingt brauchen, es sich ruhig nehmen können, selbst wenn es Ihrem Lebensgefährten unangenehm oder zuwider ist.

Ein paar Richtlinien für eigenverantwortliches Handeln:

1. Versuchen Sie, nur Punkte durchzusetzen, die wirklich »nicht verhandlungsfähig« für Sie sind. Tun Sie es nicht, wenn Sie selbst zwiespältige Gefühle haben. Wenn Ihr Partner sich über Ihr Vorgehen ärgert, wird er oder sie Sie dann nämlich mit Ihren eigenen Zweifeln schlagen.

Falls Sie unsicher sind, ist dies eine Gelegenheit, den eindeutigeren Wünschen Ihres Partners nachzugeben. Versuchen Sie, keine Ressentiments zu entwickeln, denn wenn Sie oft geben, wird es Ihnen leichter fallen, in den Bereichen, die wirklich wichtig für Sie sind, im Alleingang zu handeln.

2. Eine zweite Regel für das Ausbalancieren Ihrer inneren Waage: Wenn Sie beschließen, gegen den Willen Ihres Partners auf eigene Faust zu handeln, tun Sie das stets in zwei Schritten: Drücken Sie erstens Verständnis für die Position des Partners aus; machen Sie zweitens deutlich, daß Sie sich Ihre eigene nicht werden ausreden lassen. Anders gesagt, seien Sie mitfühlend und entschlossen. Indem Sie mitfühlend sind, nehmen Sie so gut Sie können Rücksicht auf Ihren Partner, indem Sie entschlossen sind, Rücksicht auf sich selbst.

Janes Ehemann Warren zum Beispiel wollte, daß sie in einer bestimmten Woche nicht zu ihrer Frauengruppe ging, sondern mit ihm zu einem Geschäftsessen. Es war eine schwere Entscheidung für Jane, doch nachdem sie alle Faktoren gegeneinander abgewogen hatte, beschloß sie, zu ihrer Frauengruppe zu gehen. Zu Warren sagte sie: »Ich weiß, daß dieses Essen dir viel bedeutet und daß du mich gern dabeihättest. Du hast recht, es ist wichtig (Mitgefühl). Aber dies ist Lauras letztes Mal in der Gruppe, und außerdem habe ich das große Bedürfnis, diese Woche über etwas zu reden, deshalb will ich das Treffen diesmal wirklich nicht versäumen. Es tut mir sehr leid, daß ich bei dem Essen nicht dabeisein kann (Entschlossenheit).«

Sie können viele Ihrer Beziehungsprobleme lösen, indem Sie im Alleingang handeln, sich Ihre Bedürfnisse selbst erfüllen und nicht darauf warten, daß Ihr Partner sie Ihnen erfüllt.

- Wenn Ihr Mann immer noch nicht die Rollos angebracht hat, heuern Sie jemanden dafür an.
- Wenn Sie gern Freunde zum Essen einladen würden und Ihr Lebensgefährte nicht für sie kochen will, holen Sie das Essen selbst von einem Restaurant in der Nähe.
- Wenn Ihre Frau nach einem Kinobesuch nicht gern über den Film spricht, bitten Sie ein befreundetes Paar, Sie beide zu begleiten.
- Wenn Ihr Mann sich zurückzieht und mit sich selbst beschäftigt ist, wenn er am Feierabend nach Hause kommt, nutzen Sie die Zeit, um eine Freundin anzurufen und ihr die Ereignisse des Tages mitzuteilen.
- Wenn Ihr Partner nicht gern in die Oper geht, besorgen Sie sich zusammen mit einem Freund oder einer Freundin ein Abonnement.
- Wenn Ihre Frau sich ständig verspätet, obwohl sie versprochen hat, rechtzeitig fertig zu sein, gehen Sie einfach mal ohne sie. Warten Sie ab, ob sie das nächste Mal pünktlich ist.
- Wenn Ihr Mann seinen Anteil an der Hausarbeit nicht erledigt, hören Sie auf, seine Wäsche zu waschen und ihm Essen zu kochen.
- Ich habe mal von einem Mann gehört, dessen Frau ihm ständig Flusen vom Anzug pflückte. Also steckte er sich eine Rolle Bindfaden in die Jackentasche, dessen Ende auf seinem Revers zu sehen war. Es gab riesiges Gelächter, als sie versuchte, ihm dieses Fädchen vom Anzug zu pflücken!

Sydney, eine Frau, die ich interviewte, handelte an ihrem Hochzeitstag auf eigene Faust und hatte Erfolg.
Sie und ihr Mann Larry waren gerade umgezogen. Da Larry die ganze Woche auf Geschäftsreise gewesen war, hatte Sydney den größten Teil des Auspackens allein erledigt, aber es waren noch etliche ungeöffnete Kisten da. Um ihren Hochzeitstag zu feiern, hatten sie sich in einem eleganten Restaurant einen Tisch reservieren lassen, doch am Ende des Tages

war Sydney erschöpft. Ihr wurde klar, daß ein viel größeres Geschenk als das Essengehen für sie ein paar Stunden Hilfe beim Auspacken wäre.

Sie holte sich etwas Papier und Filzstifte und machte daraus eine Glückwunschkarte, als ob sie von Larry sei. Ins Innere schrieb sie eine liebevolle Notiz von Larry, die zum Teil lautete: »Da ich weiß, daß du viel lieber Hilfe beim Auspacken hättest als ein teures Abendessen, habe ich den Tisch wieder abbestellt und möchte dir einen ganzen Abend lang dabei helfen, unser neues Zuhause einzurichten. Herzlichen Glückwunsch!« Larry fand die Karte sehr raffiniert. Die Botschaft kam bei ihm an, und außerdem fühlte er sich nicht mehr gezwungen, ihr ein Geschenk zu besorgen. Er war dankbar, daß Sydney schöpferische Eigeninitiative gezeigt hatte.

Eine andere Frau zeigte ihrem Mann immer wieder eine Brosche in einem Juwelierschaufenster, die sie offen bewunderte. Nachdem Weihnachten und der Valentinstag ergebnislos verstrichen waren, kaufte sie sich die Brosche zu ihrem Geburtstag selbst und setzte seinen Namen auf die beiliegende Karte. Er zahlte die Rechnung ohne Murren.

Die Reaktion Ihres Partners

Natürlich wird, wie Sie beim Lesen schon gemerkt haben, Ihr Partner reagieren, wenn Sie im Alleingang handeln.

Erstaunlich oft wird diese Reaktion positiv sein. Die meisten Menschen möchten mit einem kompetenten, unabhängigen, voll funktionierenden Erwachsenen verheiratet sein, und ihnen gefällt eine Person, die Verantwortung und Initiative übernimmt. Zunächst mag Ihr Lebensgefährte ärgerlich sein, später aber auch dankbar, daß Sie einen Weg gefunden haben, ihm oder ihr zu vermitteln, was Sie wollen. Vielleicht lösen Sie damit ein Problem, das Sie beide schon lange gequält hat, und um das Ihr Partner sich nun keine Sorgen mehr zu machen braucht.

Manchmal jedoch wird Ihr Mann oder Ihre Frau Schwierigkeiten mit Ihrer neuentdeckten Unabhängigkeit haben. Ihre

Soloaktionen signalisieren eine Veränderung an Ihnen, die ihm oder ihr womöglich unangenehm ist oder beängstigend erscheint. Falls Ihr Partner daran gewöhnt ist, in Ihrer Beziehung allein das Sagen zu haben und alles zu kontrollieren, könnte er oder sie sich bedroht fühlen.

Denken Sie daran, Sie müssen Ihren Lebensgefährten nicht davon überzeugen, daß Sie recht haben. Wenn er oder sie wütend wird und anfängt zu streiten, geben Sie keine Widerworte. Seien Sie nur mitfühlend und entschlossen. »Ich nehme es dir nicht übel, daß du dich aufregst. Ich kann verstehen, warum du dich schlecht fühlst. Aber dies ist sehr wichtig für mich, deshalb werde ich es tun. Es tut mir wirklich leid, daß es dir nicht gefällt, aber ich muß es so und nicht anders machen.«

Wenn Sie seit langem gewohnt sind, sich Ihrem Partner zu fügen und ein feststehendes Muster in Ihrer Beziehung durcheinanderbringen, indem Sie eigenverantwortlich handeln, fühlen Sie sich beide vielleicht eine Zeitlang verwirrt und unbehaglich. Das macht nichts. Versuchen Sie, auf keinen Fall mit Ihrem Partner darüber zu streiten. Es wird Ihnen beiden leichter fallen, diese Übergangsperiode durchzustehen, wenn Sie die Triftigkeit seiner oder ihrer Position anerkennen – bleiben Sie jedoch fest in Ihrer Überzeugung und entschlossen in Ihrem Handeln. Der Schlüssel zum Erfolg beim Umgang mit negativen Reaktionen Ihres Partners liegt stets darin, *sowohl* mitfühlend als auch entschlossen zu sein.

Experiment 13
Handeln Sie auf eigene Faust
Sehen Sie sich noch einmal die Liste mit den »Hauptproblemen« in Ihrer Ehe an.
Notieren Sie sich zu jedem einzelnen ein paar Maßnahmen, die Sie ergreifen können, um das Problem zu lösen, und zwar ohne Einwilligung Ihres Partners. Wie können Sie auf eigene Faust handeln, um Ihre Probleme zu lösen? Schreiben Sie so viele Lösungen auf wie möglich.

Eine gute Methode herauszufinden, welche Maßnahmen Sie im Alleingang ergreifen könnten, ist die, sich zu fragen, was Sie tun würden, wenn Sie nicht verheiratet wären. Das folgende Experiment soll Ihre Phantasie anregen.

Als Resultat dieses Experiments haben Seminar-Teilnehmer Veränderungen in ihrem Leben vorgenommen, die geringfügig oder auch schwerwiegend waren. Eine Frau trat in den Kirchenchor ein. Eine andere gründete eine Frauengruppe. Eine dritte fing an, sich einen Abend in der Woche mit ihrer Freundin zum Essen zu treffen. Einem Mann wurde klar, daß er sich, wenn seine Frau nicht mehr da wäre, viel mehr mit seinen Kindern beschäftigen müßte, und übernahm einige dementsprechende Verpflichtungen, darunter die, seine Tochter wöchentlich zum Ballettunterricht zu begleiten.

Gil, einem Mann, mit dem ich arbeitete, gelang ein entscheidender Durchbruch, als er folgendes Experiment machte.

Experiment 14
Was wäre, wenn Sie allein wären?
Stellen Sie sich vor, es wäre plötzlich notwendig, daß Ihr Partner für zwei Jahre nach Übersee geht. Wie würde sich Ihr Leben verändern? Nehmen wir an, Sie könnten nach wie vor über das Geld verfügen, das er oder sie beisteuert, müßten aber aus irgendeinem Grund Ihr ganzes Leben selbst gestalten.

Machen Sie eine Liste von allem, was Sie anders machen würden, oder schreiben Sie ein paar Sätze darüber.

Schauen Sie sich diese Liste noch mal an und entscheiden Sie, ob Sie eine der Veränderungen auch so vornehmen könnten, und zwar sofort.

Gils Mutters war eine sehr ichbezogene Person, die ihm wenig Aufmerksamkeit schenkte, deshalb lernte er, seine Bedürfnisse in sich zu vergraben, statt ihre Befriedigung zu fordern, und dachte, er könne nie die Anerkennung einer Frau gewinnen.

Er war mit einer Frau verheiratet, der er nichts recht machen konnte. Er reparierte das Dach, und sie beschwerte sich, daß er ihr nicht die Regale baute, die sie brauchte. Er brachte ihr Blumen mit, und sie meinte, mehr Geld wolle er wohl nicht für sie ausgeben. Gil war frustriert, aber er konnte nie ganz glauben, daß er ein Recht auf seine eigenen Gefühle und Verhaltensweisen hatte.

Gil arbeitete hart an sich, bis er ganz tief davon durchdrungen war, daß es wirklich in Ordnung war, wenn er seine eigenen Bedürfnisse hatte. Doch dieses Experiment war ein besonders wichtiger Schritt. Er erkannte, daß er, wäre er nicht verheiratet, sein Leben so führen könnte, wie er es wollte, und sich nicht mehr mit ständigen Versuchen abplagen müßte, seiner Frau zu gefallen. Diese Einsicht verhalf ihm zu Unabhängigkeit. Ihm wurde klar, daß er es ihr nie würde recht machen können, und er *gab seine Versuche auf*! Auf einmal hatte er mehr Rückgrat. Es war ein entscheidender Schritt auf seinem Weg, an die Gefühle und Bedürfnisse heranzukommen, die er so lange verdrängt hatte.

Auf eigene Faust zu handeln, ist eine wirksame Lösung für eine Vielzahl von Problemen. Es erlaubt Ihnen, das Geben und Nehmen in Ihrer Beziehung selbst ins Gleichgewicht zu bringen.

Beziehungsprobleme allein lösen: Methode 2

Wechseln Sie die Richtung: Tun Sie das Gegenteil dessen, was Sie bisher getan haben
Als wichtigstes Prinzip liegt der Arbeit an Ihrer Beziehung im Alleingang zugrunde, daß jegliches Problem nicht Ihre oder Ihres Partners Schuld ist, sondern daß es aus der Interaktion zwischen Ihnen enstanden ist. Wenn Sie also herausfinden, welche Rolle Sie in diesem »Tanz« spielen, und sich entsprechend verändern, können Sie auf das Problem Einfluß neh-

men. Eine Möglichkeit der Veränderung Ihrer Rolle ist, das genaue Gegenteil von dem zu tun, was Sie bisher getan haben. Sally schrieb an einem Roman. Sie und Ken waren sich einig, daß sie ein Jahr lang von seinem Gehalt würden leben können, während sie ihrer Passion nachging. Aber aus einem Jahr wurde das zweite. Ken wurde ärgerlich und machte sich Sorgen, doch Sally konnte sich einfach nicht aufraffen, wieder arbeiten zu gehen, und sei es nur halbtags.

Als Ken zu mir kam, fühlte er sich völlig im »Recht« mit seiner Meinung. Dieses Problem war ganz klar Sallys Schuld. Sie hatte ihre Vereinbarung nicht eingehalten. Sie weigerte sich zu tun, was sie versprochen hatte und was für die Familie notwendig war.

Ich ermutigte Ken zunächst, die Übungen in Kapitel zwei durchzuführen, um herauszufinden, welche Rolle er bei dem Problem spielte. Am Ende der Übung schrieb er folgendes: »Meine Rolle in unserer Beziehung ist es, von Sally zu erwarten, daß sie ihren Teil zum Einkommen beisteuert, und darüber wütend zu sein, daß sie es nicht tut.«

Ich fragte Ken, was denn das genaue Gegenteil von dem wäre, was er tut. Nach einiger Diskussion kamen wir überein, das Gegenteil wäre, *nicht* von Sally zu erwarten, daß sie ihren Teil zum Einkommen beisteuert, und *nicht* wütend auf sie zu sein. Dies war natürlich ein schwieriges Unterfangen, das Ken nicht sofort bewältigen konnte. Allerdings mußte er zugeben, daß, falls er es schaffte, das Problem aus der Welt wäre. Sally wäre mit Sicherheit glücklich und er selbst, wenn er seine Erwartung preisgeben würde, ebenfalls. Das »Problem« war nicht Sallys Entscheidung; das Problem war, wie Ken Sallys Entscheidung empfand.

Da er nicht von einer Minute zur anderen die gegenteilige Haltung annehmen konnte, bat ich Ken, so zu »tun, als ob« er sie schon eingenommen hätte. Ich forderte ihn auf, so zu handeln, wie er es täte, wenn er mit der gegebenen Situation völlig zufrieden wäre. Zum Beispiel könnte er zu Sally sagen: »Schatz, ich bin so glücklich, daß ich dir die Gelegenheit geben kann, deine Leidenschaft fürs Schreiben auszuleben. Ist es nicht wunderbar, daß wir eine Weile mit meinem Gehalt auskommen können? Ich hoffe wirklich, du hast Freude am Schreiben und bald auch Erfolg damit.«

Ich bat Ken, eine ganze Woche »so zu tun, als ob«, ohne Sally zu erzählen, daß er ein Experiment durchführte. Er willigte ein, es zu versuchen.

Als ich ihn das nächste Mal sah, berichtete er mir folgendes:

»Ich habe es schließlich zwei Wochen getan, weil ich eine Zeitlang brauchte, um mich darauf einzustimmen, aber sobald ich angefangen hatte, merkte ich, daß ich mich anders fühlte, also beschloß ich, noch ein bißchen länger durchzuhalten.

Eine sofortige Veränderung bestand darin, daß Sally richtig dankbar war. Sie konnte es gar nicht fassen. Die Spannung zwischen uns ließ langsam nach, und wir hatten eine angenehme Woche. Sie kochte mir mein Lieblingsessen, was sie eine ganze Weile nicht getan hatte. Ich fand immer noch, das Ganze sei nicht fair, aber ich war absolut entschlossen, nicht darüber zu reden und zu versuchen, so zu tun, als mache es mir nichts aus. Doch das Simulieren übte allmählich eine Wirkung auf mich aus. Mir kam eine ganz wichtige Erkenntnis: wir haben eine gute Freundin, die ihrem Mann das Jurastudium finanziert, und unsere Situation war ja im Grunde dieselbe.

Dann passierte etwas Erstaunliches. Eines Abends beim Essen brachte Sally von sich aus das Thema Geld zur Sprache. Sie meinte, sie hätte es satt, finanziell so eingeengt zu sein und zu allem nein sagen zu müssen, was wir uns wünschen. Sie sagte, sie hätte das Gefühl, das Ende sei in Sicht, und sie freue sich schon darauf, wieder arbeiten zu gehen, damit wir mehr Geld hätten. Ich war echt baff. Sie hätten mich umpusten können wie eine Feder.«

Sicher, so wunderbar funktioniert dieses Experiment nicht immer. Ken brachte Sally viel guten Willen entgegen und war bereit, ein Risiko einzugehen. Diese Voraussetzungen sind nicht bei allen Paaren gegeben. Trotzdem ist die Strategie, das Gegenteil vom Bisherigen zu tun, oft sehr wirkungsvoll, auch unter weniger idealen Umständen.

Es funktioniert, weil es die Rollen verändert, die Sie beide bislang automatisch gespielt haben. Indem Sie das Gegenteilige tun, geben Sie Ihrem Partner die Chance, ebenfalls das Gegenteilige zu tun. Ken war wegen des Geldes so besorgt, daß Sally unbewußt davon ausging, Geldsorgen gäbe es bereits in der Familie, da brauchte sie selbst nicht auch welche zu haben. Erst als Ken aufhörte, seine Rolle zu spielen, hatten ihre eigenen Geldsorgen die Möglichkeit, sich bemerkbar zu machen.

Sehen wir nun, wie dieselbe Strategie bei einem anderen Paar funktionierte:

Brenda und Art lebten seit zwei Jahren zusammen. Brenda hatte das Gefühl, die Beziehung stagniere, Art verliere das Interesse an ihr. Ich fragte sie, was sie denn dagegen unternehme.

»Ich habe schon alles ausprobiert«, sagte sie. »Ich habe versucht, mit ihm darüber zu reden, aber dazu ist er nie in der Stimmung. Am schlimmsten ist es, wenn wir beide zu Hause sind. Er will einfach herumwerkeln, und es ist, als sei ich gar nicht vorhanden.«

»Was tun Sie denn dann?« erkundigte ich mich.

»Ich versuche, mit ihm zu sprechen, eine Unterhaltung in Gang zu bringen. Ich lege seine Lieblingsmusik auf. Ich mache ihm Mittagessen. Aber es ist schwierig, weil es mir dabei nicht gutgeht. Ich bin traurig und fühle mich – irgendwie abgelehnt. Ich denke: ›Warum tun wir das?‹ Ein Teil von mir möchte, daß wir wieder getrennt leben und uns nur regelmäßig verabreden. Ich glaube, daß ich dann seine ungeteilte Aufmerksamkeit hätte, wenn wir zusammenwären.«

»Was wäre das Gegenteil dessen, was Sie jetzt tun, wenn Sie beide zu Hause sind?«

Brenda überlegte. »Ich schätze, ich würde aufhören, mich überhaupt auf ihn zuzubewegen, einfach meine eigenen Sachen machen.«

190

Ich wollte mehr wissen. »Sie sagten, es geht Ihnen schlecht, wenn Sie beide zu Hause sind. Was wäre das Gegenteil davon?«

»Daß es mir gutgeht.«

»Können Sie sich das vorstellen?«

Brenda dachte nach. »Na ja, ich habe schon gern Zeit für mich. Ich denke, wenn ich sie als meine ureigene Freizeit sehen könnte, könnte ich sie auch genießen.«

»Was machen Sie denn mit Ihrer Zeit, wenn Sie ganz allein sind?«

»Ich schreibe Tagebuch, spiele Klavier, lese, mache sauber, telefoniere, backe – ganz egal, ich liebe es einfach, allein zu Hause zu sein, ohne feste Pflichten zu haben.«

Wir kamen überein, das Gegenteil von dem Versuch, Kontakt zu Art herzustellen, wenn beide zusammen zu Hause sind, wäre, so zu tun, als sei Art nicht da, und die Zeit so zu genießen, als hätte sie sie für sich. Brenda wollte es versuchen. Wenn es ihr nicht gutging, sollte sie »so tun, als ob« es ihr gut ginge. Es waren ihre Verhaltensweisen, die wir mit diesem Experiment verändern wollten, nicht ihre Gefühle.

Jede Woche erhielt Brenda Unterstützung und Zuspruch durch unsere Seminar-Gruppe. Dies hatte sie nach einem Monat zu berichten:

»Manchmal gelang es mir und manchmal nicht. Immer wieder weinte ich insgeheim. Aber dann riß ich mich zusammen und versuchte es erneut. Ich beschloß, einen Roman zu lesen, und hatte wirklich Spaß daran. Wenn ich was zu essen machte, dann nur für mich. Art fand das völlig in Ordnung. Er stöberte selbst in der Küche rum, wenn ihm danach war. Ab und zu merkte ich, daß es mir richtig gutging. Art war glücklich. Die Spannung zwischen uns schien wirklich nachzulassen. Und wir verbrachten auch schöne Stunden zusammen. Wir kochten gemeinsam Abendessen. Wir hatten Freunde zu Besuch.

Am schwierigsten war es für mich, Klavier zu spielen, wenn er da war. Eigentlich tue ich das nur, wenn ich allein bin, aber dann sagte ich mir, was soll's, das würde ich jetzt gern tun, also tue ich es.

Am selben Abend beim Essen sagte er mir, wie gern er mich Klavier spielen höre. Er meinte: ›Ich habe dann das Gefühl, du teilst etwas sehr Privates mit mir.‹ Und dann sagte er – wohlgemerkt, wir hatten mein ›Problem‹ mit den Zeiten, wenn wir beide zu Hause waren, über einen Monat nicht diskutiert: ›Ich bin wahnsinnig gern mit dir zusammen hier. Es ist ein gutes Gefühl, zu wissen, daß du da bist. Es ist toll. Ich finde es toll, dich in meinem Leben zu haben.‹ Und dabei gab er mir ganz spontan einen Kuß! Das war für mich ein absolut wunderbarer Augenblick.«

Brenda hatte die Rolle gespielt, sich für ihr häusliches Beisammensein zuständig zu fühlen. Aber ihre Bemühungen schlugen fehl, gaben Art das Gefühl, er sei unfähig, ihren Bedürfnissen zu entsprechen. Als sie damit aufhörte, hatte er die Möglichkeit, diese Bedürfnisse auf seine eigene Weise zu erfüllen.

Das Gegenteil dessen zu tun, was man bisher getan hat, läßt einen fast immer annehmen, es würde das Problem verschlimmern. Ken befürchtete, wenn er aufhörte, Sally immer wieder auf seine Geldsorgen anzusprechen, würde sie glauben, sie könne ewig weiterschreiben. Brenda hatte Angst, Art würde, wenn sie aufhörte, seine Aufmerksamkeit erringen zu wollen, ganz das Interesse verlieren und ausziehen. Es ist stets etwas Mut und ein Sprung ins kalte Wasser nötig, um das Gegenteil zu versuchen.

Hier noch einige »Gegenteil-Strategien«, die meine Seminar-Teilnehmer mit überraschendem Erfolg praktizierten:

– Gail war immer aufgebracht und wütend auf ihren Mann gewesen, wenn er auf Reisen war und sie nicht anrief. Diesmal dauerte es wieder vier Tage, bis er sich meldete. Statt aber wie sonst ärgerlich zu reagieren, dankte sie ihm für seinen Anruf.

Experiment 15
Versuchen Sie, das Gegenteil dessen zu tun, was Sie sonst tun

Überlegen Sie, wie Sie reagieren, wenn Ihr Partner etwas tut, das Ihnen nicht gefällt. Dann stellen Sie sich vor, was das Gegenteil dieser Reaktion wäre.

Dieser Teil der Übung erfordert sorgfältiges Nachdenken und Planen. Am besten ist es wahrscheinlich, ihn mit der Person zu erörtern, die Sie unterstützt, oder einer anderen Person Ihres Vertrauens, die versteht, was Sie mit dem Experiment erreichen wollen.

Es ist wichtig, dieses Experiment schriftlich zu begleiten. Schreiben Sie in Ihr Tagebuch das Problem, das Sie angehen wollen, und Ihr übliches Verhalten im Hinblick auf das Problem. Schreiben Sie dann präzise auf, wie das gegenteilige Verhalten aussehen würde. Vielleicht hilft es Ihnen, sich noch einmal die Übungen in Kapitel zwei vorzunehmen, um genau herauszufinden, welche Rolle Sie spielen und wie das Gegenteil aussehen würde. Denken Sie daran, Sie sollen mit diesem Experiment nicht Ihre Gefühle verändern, nur Ihr Verhalten.

Stecken Sie sich jetzt einen zeitlichen Rahmen für das Experiment. Gewöhnlich reichen zwei bis vier Wochen, um Veränderungen bei Ihnen oder Ihrem Partner festzustellen. Notieren Sie in Ihrem Tagebuch während dieser Experimentierphase am Ende eines jeden Tages oder zumindest alle paar Tage, wie es Ihnen geht und was vor Ihren Augen geschieht.

Denken Sie daran, Sie werden mit großer Sicherheit Angst vor den Folgen haben, bevor Sie dieses Experiment wagen. Versuchen Sie es trotzdem.

Danach rief er sie zwei Tage hintereinander an und von seiner nächsten Reise dreimal innerhalb von fünf Tagen.

– Bob machte seiner Frau immer eine Szene, nachdem sie Kleider einkaufen gewesen war. Er hatte das Gefühl, daß sie dabei den Überblick verlor und sich völlig unvernünftig verhielt. Als sie das nächste Mal mit ihren Einkäufen nach Hause kam, bat er sie, ihm die Kleider zu zeigen, bewunderte sie und meinte, er wisse es zu schätzen, daß sie sich so gut anziehe. Nachdem sie ihm alle Anschaffungen präsentiert hatte, fand sie, daß sie übertrieben hätte, und gab ein teures Kostüm zurück.

– Joyces Mann war arbeitslos und unternahm anscheinend nichts dagegen. Jeden Tag munterte Joyce ihn auf, schlug Bewerbungsgespräche vor und bot ihm ihre Hilfe beim Aufsetzen seines Lebenslaufs an. Er dankte ihr für ihre Unterstützung und Anteilnahme, tat jedoch nichts. Ganz abrupt hörte Joyce mit allen Ermunterungen und Belehrungen auf. Statt dessen äußerte sie die Hoffnung, er genieße diese unerwartete Phase der Muße, und schlug ihm sogar vor, er solle doch etwas öfter Tennis spielen gehen. Innerhalb der nächsten zwei Wochen hatte er sieben Bewerbungsgespräche und nach sechs Wochen eine Anstellung.

Beziehungsprobleme allein lösen: Methode 3

Deuten Sie den Machtkampf um

Viele eheliche Konflikte sind Machtkämpfe, das heißt, in Wahrheit geht es nicht darum, wo wir Ferien machen oder auf welche Schule wir Susie schicken, sondern darum, wer gewinnt. Wer hat die Macht? Bei familiären Entscheidungen geht es anscheinend nicht fair zu.

Eine Möglichkeit, wie Sie den Machtkampf für sich selbst umdeuten können, haben wir bereits diskutiert: Konzentrieren Sie sich nicht darauf, ein ausgewogenes Geben-Nehmen-Verhältnis *zwischen* Ihnen beiden herzustellen (wann gewinnen Sie, und wann gewinnt Ihr Partner?); konzentrieren Sie sich auf Ihre *innere* Ausgewogenheit (wann stehe ich für meine Bedürfnisse ein und wann für die meines Partners?). Diese Strategie läßt Ihre innere Stärke unversehrt und kommt dennoch vielen Wünschen Ihres Lebensgefährten entgegen.

Wir wollen aber erst einen näheren Blick auf diesen »Machtkampf« werfen, um Ihnen das Erreichen Ihrer inneren Ausgewogenheit zu erleichtern und einige zusätzliche Taktiken zu erlernen.

Wenn es mit Ihrem Partner zu einem Tauziehen um etwas kommt, kann es sein, daß sich das schreckliche Gefühl der Machtlosigkeit und Frustration einstellt: Sie fühlen sich, als ob Sie einen Ringkampf austrügen, bei dem Sie um Ihr Überleben kämpfen, weil Sie fast über das erträgliche Maß heraus bedrängt werden. Die Wut wird immer stärker, und schließlich finden Sie sich beide in entgegengesetzten Ecken wieder. Je mehr Sie reden oder schreien, desto mehr polarisieren Sie das Problem.

Die Schwarz-Weiß-, Entweder/Oder-Sicht eines Problems ist eigentlich immer falsch und schränkt stets die Möglichkeiten einer Lösung und persönlichen Wachstums ein. Das Geheimnis, mit dem man dieser Falle entkommt, heißt Depolarisieren, den dritten Weg ausfindig machen.

Ich entsinne mich, wie ich vor Jahren ganz unglücklich zu dem Schluß kam, ich könnte entweder schlank sein, müßte dabei jedoch ständig grollend verzichten, oder hätte Übergewicht, aber Freude am Essen. Mit beiden Möglichkeiten war ich sehr unzufrieden, doch ich sah keine Alternative. Ich fühlte mich in der Zwickmühle.

Eine Freundin empfahl mir ein Buch, und ich erinnere mich, wie ich nach dem Lesen dachte: »Nie im Leben habe ich zwei Stunden verbracht, die mein Leben mehr veränderten.« Auf magische Weise, auf erstaunliche Weise machte dieses Buch meine Polarisierung zunichte, indem es einen *dritten* Weg präsentierte: Ich konnte essen, was ich wollte, solange ich nur dann aß, wenn ich wirklich Lust darauf hatte, und nicht, weil ich müde oder einsam war, weil alle anderen auch aßen oder weil es Essenszeit war. Das Essen mußte wie eine Melodie, die ich nicht aus dem Kopf bekommen konnte, in mir »summen«

und nicht »winken« wie das Schaufenster einer Bäckerei oder der Geruch einer Pizza, die mich in Versuchung führten. Ich weiß noch, daß diese Einsicht eine echte Offenbarung für mich war, dramatisch und befreiend.

Wie aber gelangen Sie zu der befreienden Erkenntnis, der dritten Alternative, wenn Ihnen nicht jemand im richtigen Moment ein Buch überreicht? Wie können Sie ein Beziehungsproblem depolarisieren, das nur *zwei einander ausschließende Lösungen* zu haben scheint?

Ich sage es Ihnen: Schaffen Sie zuerst die Bedingungen, die eine dritte Alternative sichtbar werden lassen. Danach warten Sie ab und hören zu.

Der Prozeß, der eine dritte Alternative sichtbar werden läßt, gliedert sich in zwei Schritte: 1) Entwickeln Sie Verständnis für den Standpunkt des Partners (wozu ich Sie bereits mit einem Teil des VAM ermutigt habe), und mildern Sie 2) die Dringlichkeit Ihres eigenen, nehmen Sie sich zurück.

Die Initiative zur Depolarisierung eines Konflikts zu ergreifen, ist nicht einfach. Die Schwierigkeit dieses Unterfangens und sein Potential, Sie wachsen und stärker werden zu lassen, halten sich die Waage. Hier sind Sie nun und mühen sich wieder ganz allein. Aber hier sind Sie auch und ernten den persönlichen Lohn. Den wollen wir uns etwas genauer anschauen.

Wenn Sie lernen, das Entweder/Oder-Denken zu überwinden, wird Ihre Weltsicht umfassender werden. Sehen Sie, daß Sie mehr als zwei Möglichkeiten haben, werden Sie selbstsicherer werden, sich weniger der Außenwelt und deren Einschränkungen ausgeliefert fühlen.

Es wird Ihnen gelingen, Vertrauen zwischen Ihnen und Ihrem Partner aufzubauen, denn wenn Sie ihn oder sie unterstützen, wird Ihr Partner Ihnen mehr vertrauen und offener für Ihren Standpunkt sein. Vertrauen erzeugt Vertrauen, doch einer muß damit anfangen. Wenn Sie in der Lage sind, das Risiko einzugehen, schaffen Sie ein Klima der Geborgenheit, in dem Sie beide einander leichter näher kommen können.

Wir wollen uns die drei Schritte zur Depolarisierung eines

Konflikts genauer ansehen: Entwickeln Sie Verständnis und Mitgefühl, nehmen Sie sich zurück, und warten Sie ab.

1. Entwickeln Sie Verständnis und Mitgefühl für den Standpunkt Ihres Partners
Um Verständnis und Mitgefühl zu entwickeln, beantworten Sie folgende Fragen, entweder in Ihrem Tagebuch oder im Gespräch mit einem Freund:
a. Wie ist die Position Ihres Partners in diesem Konflikt?
Drücken Sie sich so objektiv aus wie möglich. Fassen Sie die Argumente Ihres Partners akkurat und vollständig zusammen.
b. Welche Faktoren im früheren oder jetzigen Leben Ihres Partners könnten zu seiner oder ihrer Meinung geführt haben?
Denken Sie an alles, was Sie über die Kindheit und Jugend Ihres Partners wissen, oder an sonstige frühere Erfahrungen, die für diesen Konflikt relevant sein könnten. Nehmen wir an, es geht darum, daß Sie neuen Teppichboden anschaffen möchten und Ihr Lebensgefährte findet, das wäre eine unzumutbare Ausgabe. Vielleicht gab es in der Familie, in der er (zum Beispiel) aufwuchs, keinen Teppichboden, weil man dort ständig finanzielle Sorgen hatte und nicht viel Geld in die Wohnung steckte. Vielleicht haben sich auch Freunde von Ihnen gerade Teppichboden legen lassen, der doppelt soviel kostete, wie sie erwartet hatten.
Listen Sie alles auf, was Ihrer Meinung nach die Position Ihres Partners beeinflußt.
c. In welcher Hinsicht respektieren Sie Ihren Partner dafür, daß er diesen Standpunkt vertritt?
Sie sind froh, daß Ihr Partner für sich einsteht und nicht alle Entscheidungen Ihnen überläßt, um dann zu schmollen. Es gefällt Ihnen, daß er generell achtsam mit Geld umgeht. Teilweise finden Sie seinen schlichten, unprätentiösen Geschmack angenehm.
d. Können Sie die Meinung Ihres Partners akzeptieren, auch wenn Sie nicht damit übereinstimmen?
Überlegen Sie folgendes: Sie möchten in diesem Konflikt nicht

nur Ihren Willen durchsetzen, sondern außerdem, daß Ihr Partner Sie und Ihre Meinung akzeptiert. Sie möchten mit jemandem zusammensein, der die Welt so sieht wie Sie, dem Sie Ihre Ansichten und Wertvorstellungen nicht erklären müssen. Auf das Teppich-Beispiel bezogen, wollen Sie, daß er Sie akzeptiert, obwohl Sie diese »hanebüchene« Teppich-Idee haben. Sie wünschen sich, daß er Ihren Standpunkt versteht und Sie nicht dafür verurteilt. Sie möchten keinen Konflikt mit ihm, sie möchten sich ihm nahe und vor allem geliebt fühlen. Denken Sie stets daran, daß dasselbe für Ihren Partner gilt. Können Sie etwas Triftiges an seiner oder ihrer gegensätzlichen Meinung sehen und akzeptieren, daß mit Ihrem Partner alles in Ordnung ist, obwohl er oder sie diese gegensätzliche Meinung vertritt?

2. Nehmen Sie sich zurück

Beachten Sie, Sie werden nicht aufgefordert, Ihre *Meinung* zurückzunehmen, ganz und gar nicht. Sich zurücknehmen heißt nicht, daß Sie preisgeben, was Sie wollen; es heißt, daß Sie Ihren diesbezüglichen *Eifer* mindern.

In *Die sieben geistigen Gesetze des Erfolgs* stellt der Autor Deepak Chopra das Gesetz der Intention vor. Intention, so Chopra, ist Verlangen ohne Fixierung auf das Ergebnis. Ihre Intention etwas zu tun ist nach wie vor vorhanden, und auch Ihr Verlangen ist unverändert stark, aber Sie vertrauen darauf, daß sich daraus von selbst das Beste ergeben wird; Sie müssen nichts erzwingen oder manipulieren. Halten Sie an Ihrer Absicht fest, und entspannen Sie sich.

Je mehr Sie auf ein Ergebnis fixiert sind, desto mehr fürchten Sie, was geschehen wird, falls Sie es nicht bekommen. Furcht führt dazu, daß Sie innerlich zumachen. Sie werden defensiv. Sie sind weniger in der Lage, offen, flexibel und kreativ zu sein. Sie tragen dazu bei, daß es zu einem Machtkampf kommt, wenn Sie sicher sind, daß Ihr eigener Standpunkt der *einzig* richtige ist, und sich daran klammern.

Um Ihnen zu helfen, sich hinsichtlich Ihres Standpunkts zurückzunehmen, reden Sie wiederum mit einem Freund oder einer Freundin, oder schreiben Sie in Ihr Tagebuch. Stellen Sie sich folgende Fragen:

Habe ich in bezug auf unseren Streit selbst einen inneren Konflikt? Gibt es etwas an der Position meines Partners, das ich gern mit ihm oder ihr gemeinsam hätte?

Lassen Sie mich diese Frage erläutern.

Meistens spiegelt ein Machtkampf zwischen zwei Menschen einen inneren Kampf in einer oder beiden Personen wider. Der Konflikt zwingt die ambivalente Person, eine extreme Position zu vertreten, um diesen inneren Zwiespalt zu verdecken.

Wenn Sie sich zum Beispiel immer verspäten und Ihr Partner immer pünktlich ist, gibt es bestimmt einen Teil in Ihnen, der seine Zeit gern besser organisieren würde und lieber weniger hektisch wäre. Wenn Ihr Partner Sie aber beschuldigt, zu spät zu kommen, ist Ihre automatische Reaktion die, sich zu verteidigen. Die Vorwürfe Ihres Partners sind schmerzlich für Sie, weil sie ein Schlaglicht auf Schwächen werfen, die Ihnen selbst bekannt sind. Wenn Ihr Lebensgefährte Sie jedoch anschreit, haben Sie ganz und gar nicht das Bedürfnis, ihn oder sie Ihre Verletzlichkeit merken zu lassen. Also geben Sie sich stark und eindeutig – und machen sich dabei vielleicht selbst etwas vor.

Je ambivalenter Sie innerlich sind, desto schlimmer wird ein Machtkampf für Sie sein, weil er Ihre eigene Zwiespältigkeit hervorhebt.

Hier ein Punkt, der hin und wieder bei Mayer und mir zum Problem wird. Er liebt gemütliche Abende zu Hause zusammen mit mir und unserem niedlichen Hund. Ich ebenfalls, doch ich genieße auch Abende mit meinen Freundinnen, Vorträge und Lesungen, Treffen von Komitees, Theater, Konzerte und ungefähr eine Million andere Ereignisse, die ich auf keinen Fall versäumen möchte. Wenn ich jeden Abend in der Woche etwas vorhabe, fühlt Mayer sich im Stich gelassen und fängt an, sich zu beklagen. Dann führen wir immer ein emotionsgeladenes Gespräch, in dem ich ihn beschuldige, er versuche, mich von der Welt fernzuhalten, und er mich beschuldigt, ihn zu ignorieren. Diese Streitereien sind jedesmal schmerzlich für mich, weil ich innerlich selbst zutiefst zwiespältig bin. Ein Teil von mir sehnt sich nach einem ruhigeren, weniger hektischen Leben und findet es wunderbar, daß er so gern mit mir allein zu Hause ist. Aber die andere Hälfte hat furchtbare Angst, etwas zu verpassen, und extreme Schwierigkeiten, nein zu sagen. Über diese Selbstzweifel rede ich nicht, wenn ich mit Mayer streite. Statt dessen verteidige ich mein Terrain mit Leidenschaft. »Ich will aber soviel unternehmen. Du weißt gar nicht zu würdigen, was ich alles absage. Ich versäume sowieso schon das meiste. Diese Sachen sind mir unheimlich wichtig! Ich kann einfach nicht ständig zu Hause bleiben.«

Aus diesem Grund kann diese Frage äußerst aufschlußreich sein: »Gibt es etwas an der Position meines Partners, das ich gern mit ihm oder ihr gemeinsam hätte?« Ich beginne zu depolarisieren, wenn ich erkenne, daß ich viel von dem, was Mayer will, selbst auch möchte, mich damit aber viel schwerer tue.

Eine zweite, sehr ähnliche Frage hilft Ihnen vielleicht, Ihren eigenen inneren Zwiespalt auf etwas andere Weise aufzudecken: In welchen Teilen des Konflikts stimmen wir überein?

Bei jedem Machtkampf gibt es auch Übereinstimmung. Üblicherweise werden Sie hinsichtlich des Ziels übereinstimmen, nicht aber über den Weg dorthin. Sie möchten beide schöne Ferien verleben, doch der eine will nach Schweden und die andere nach Florida. Sie möchten beide, daß Ihr Sohn gesund ist, doch der eine findet, er sollte gezwungen werden, sein Gemüse aufzuessen, und die andere meint, er solle essen dürfen, was er wolle. Mayer und ich möchten beide, daß ich zufrieden bin und wir es zusammen schön haben. Wir sind nur unterschiedlicher Ansicht, wie das zu erreichen ist.

Suchen Sie nach den Teilen Ihres Konflikts, in denen Sie Übereinstimmung erzielen können.

3. Warten Sie ab

Sie haben jetzt alles getan, was Sie können, und brauchen nur noch der Natur ihren Lauf zu lassen. Alternativen zu Ihrem Entweder/Oder finden Sie nicht automatisch. Sie müssen allmählich sichtbar werden. Während Sie abwarten, müssen Sie dazu bereit sein, vorübergehend im Reich der Ungewißheit zu leben, das Gestalt-Therapeut Fritz Perls die »fruchtbare Leere« nennt. Ihre Verwirrung und mangelnde Entschlossenheit mögen beunruhigend und schwierig sein, doch Sie müssen willens sein, dieses Gefühl eine Weile auszuhalten. Manche fürchten das Unbekannte so sehr, daß sie sich an Religionen, Gruppen oder Sekten klammern, die auf alles die absolute Antwort liefern. Da diese Menschen bereits feste Meinungen über alles haben, was es zu wissen gibt, werden sie nie wachsen oder neue Lösungen finden. Das Unbehagen am Ungelösten ertragen zu lernen, ist die einzige Möglichkeit, neue Ebenen des Wissens und Bewußtseins zu erreichen.

Suchen Sie nicht panisch nach einer Antwort auf Ihr polarisiertes Problem. Entspannen Sie sich und lassen Sie ihr Zeit, auf Sie zuzukommen. Nehmen Sie diese Haltung auch ein, wenn Sie es eilig haben. Machen Sie sich keine Sorgen; die Antwort wird da sein, wenn Sie sie brauchen.

Ich möchte anhand eines Beispiels die drei Schritte zur Depolarisierung eines Machtkampfes beschreiben: 1) Entwickeln Sie Verständnis für den Standpunkt des Partners, 2) mildern Sie die Dringlichkeit Ihres eigenen, 3) warten Sie ab.

Deborahs und Hanks Tochter Kara wollte eine private gymnasiale Oberstufenschule besuchen. Hank war strikt dagegen. Er war ein starker Verfechter des staatlichen Schulwesens und hatte zu dessen Verteidigung sogar Leserbriefe an seine Tageszeitung geschrieben. Die staatliche Oberstufe am Ort hatte einen guten Ruf, und Hank fand, eine Privatschule könnten sie sich nicht leisten.

Deborah unterstützte Kara. Mehrere von Karas Freundinnen würden auf die Privatschule gehen, es wurde dort mehr Wert auf die musikalische Ausbildung gelegt, und Deborah war bereit, für ihre Tochter finanzielle Opfer zu bringen.

Deborah und Hank waren sich darüber schon etliche Male in die Haare geraten und zu keinem Ergebnis gekommen. Deborah wollte versuchen, den Konflikt zu depolarisieren, indem sie Verständnis für Hanks Standpunkt entwickelte und sich selbst zurücknahm. Sie schrieb mehrere Seiten ihres Tagebuchs voll, auf denen sie alle oben vorgeschlagenen Fragen beantwortete. Sie wußte, Hank war stolz darauf, »konsequent« zu sein, und es wäre unerträglich demütigend für ihn, im Widerspruch zu seinen öffentlichen Äußerungen über das staatliche Schulwesen zu handeln. Sie erkannte, daß sie Hanks Integrität und das Motiv für seine Position respektierte. Sie hatte tatsächlich Verständnis für seinen Standpunkt.

Dennoch wollte sie nach wie vor das Beste für Kara, und das Beste war ihrer Meinung nach die Privatschule. Als sie aber zu dem Teil kam, in dem es um ihren eigenen inneren Konflikt ging, merkte sie, daß sie sich wegen der finanziellen Belastung durch das Schulgeld ebenfalls Sorgen machte, obwohl sie dies Hank gegenüber nicht zugegeben hatte. Geldsorgen beunruhigten ihre Familie mehr als alles andere. Außerdem glaubte sie auch an das Prinzip des staatlichen Schulwesens. In einer idealen Welt würde es nicht zwei getrennte Ausbildungssysteme geben, eins für die Reichen und eins für die Armen. Sie begünstigte den Fortschritt in diese ideale Welt nicht, indem sie dem staatlichen Schulwesen ihre Unterstützung entzog. Allmählich spürte sie, daß ihr Ärger eher dem Konflikt galt, den die Situation mit sich brachte, und daß es Hanks Bestimmtheit war, die sie so aufregte. Aber sie wollte auch ganz klar das Wohlergehen ihrer Tochter nicht einem langfristigen politischen Ziel opfern.

Nachdem Deborah sich nun bemüht hatte, Verständnis für Hank zu entwickeln und ihren eigenen Eifer zu mindern, war sie verwirrt. Sie wußte jedoch, daß sie sich als nächstes zurücklehnen und abwarten mußte. Sie hatte die offene Situation geschaffen, in der sich eine dritte Alternative präsentieren konnte. Sie wußte, daß sie diesen Prozeß nicht forcieren durfte.

In den nächsten Tagen kamen Hank und Kara ein paarmal auf das Thema Schule zu sprechen, aber Deborah hielt sich aus ihren Diskussionen heraus. Während sie zuhörte, kam ihr ein Gedanke. Was Kara zum Besuch der Privatschule motivierte, waren zum Teil ihre beiden besten Freundinnen. Die eine würde definitiv auf sie gehen, die andere war anscheinend noch unentschlossen. Also schlug Deborah vor, die drei Familien sollten sich zu einem Gespräch zusammensetzen.

Dieses Gespräch war nützlich, weil auf beiden Seiten zahlreiche Pros und Kontras auftauchten. Einer der stärksten Anziehungspunkte der Privatschule war, so stellte sich heraus, ihr Gesangsunterricht, denn alle drei Mädchen waren im Chor ihrer jetzigen Schule. Eines der Elternteile hatte die Idee, daß ihre Töchter es im städtischen Mädchenchor versuchen könnten, der vom Dirigenten des Universitätschors geleitet wurde. Die Mitgliedschaft schloß Gesangsstunden ein. Es war bereits fest geplant, daß der Chor mit dem Symphonieorchester auftreten würde, und im Frühjahr sollte eine Tournee durch mehrere Städte stattfinden. Das war teuer, aber nicht annähernd so kostspielig wie das Schulgeld für die Privatschule.

Kara willigte ein, sich mit der staatlichen Schule abzufinden, wenn sie in den Chor aufgenommen würde. Zum Glück klappte es.

Deborah meinte, wenn sie die Depolarisierung nicht vollständig durchgeführt und sich nicht aus dem Konflikt herausgehalten hätte, wäre es ihr wahrscheinlich nie eingefallen, die drei Familien zusammenzutrommeln, die dann den städtischen Chor ins Spiel brachten – eine dritte Alternative, an die Hank und Deborah nie gedacht hätten, wenn sie ihrem Entweder/Oder verhaftet geblieben wären.

Befürchten Sie nicht, daß Sie »verlieren«, weil Sie es sind, der oder die Verständnis entwickelt und sich zurücknimmt. Wenn Sie sich zurücknehmen, geben Sie Ihrem Partner den Raum, sich ebenfalls zurückzunehmen, und sehen vielleicht mit Erstaunen, daß er oder sie Ihnen entgegenkommt. Das geschah Carl, als er darauf bestand, daß Stephanie und er für ihren Umzug eine Speditionsfirma engagieren sollten. Stephanie fand, sie könnten den Umzug selber machen, wenn sie den Kleinlaster von Freunden benutzten und ihre Neffen um Hilfe baten. Als Carl sich zurücknahm, wurde ihm klar, daß er sich am meisten Sorgen um seinen Rücken machte, daß er ja aber auch ganz vorsichtig sein und andere die schweren Gegenstände tragen lassen könnte. Als er jedoch abwartete und ein paar Tage nichts sagte, meinte Stephanie, sie sei auch besorgt wegen seines Rückens, habe sich noch etwas umgetan und eine preiswerte Firma gefunden und finde jetzt, sie sollten doch lieber Profis nehmen.

Experiment 16
Deuten Sie den Machtkampf um
Denken Sie an einen Konflikt, den Sie mit Ihrem Partner haben. Glauben Sie, daß sich dabei zwei starre Positionen gegenüberstehen?
Schreiben Sie zunächst die beiden Positionen auf.
Entwickeln Sie jetzt mit Hilfe der obigen Fragen (die Sie entweder mit einem Freund besprechen oder in Ihr Tagebuch schreiben) Verständnis für den Standpunkt Ihres Partners und mildern Sie die Dringlichkeit Ihres eigenen.
Warten Sie nun ab. Diskutieren Sie während dieser Wartezeit das Problem nicht mit Ihrem Partner.
Wenn der Konflikt gelöst ist – sei es am selben Abend oder eine Woche oder einen Monat später –, tragen Sie in Ihr Tagebuch ein, wie er sich gelöst hat.

Wenn Sie es schaffen, sich zurückzunehmen, kommt Ihnen das Universum oft auf eine Weise zur Hilfe, die Sie nie voraussahen, als Sie noch versuchten, alles zu kontrollieren. Je mehr Sie polarisieren und Ihre Position verteidigen, desto unwahrscheinlicher wird es, daß Sie Alternativen sehen, die womöglich ganz in Ihrer Reichweite sind. Die Lösung, die sich ergibt, wird den Bedürfnissen aller entsprechen; sonst wäre sie keine Lösung. Es könnte am Ende Ihre ursprüngliche Lösung sein, die Ihres Partners, eine Kombination aus beiden oder etwas völlig Neues. Sie werden es nie erfahren, solange Sie nur auf Ihre eigene Antwort und auf Ihren polarisierten »Machtkampf« fixiert sind.

Beziehungsprobleme allein lösen: Methode 4

Ziehen Sie Ihren Partner zur Lösung Ihres Problems heran
Manchmal ist es möglich, das, was als Problem zwischen Ihnen beiden erscheint, so umzudeuten, daß es *Ihr* Problem wird, dann können Sie Ihren Partner bitten, Ihnen aus der Klemme zu helfen.

Zu Beginn ihrer Ehe war es Doris und Conrad finanziell schlechtgegangen. Als sich ihre Situation gebessert hatte, fand Doris, daß Conrad sein Verhalten der veränderten Lage nicht anpaßte. Jedesmal, wenn sie Kleider kaufte oder ein Geschenk für jemanden oder etwas für die Kinder oder das Haus, hielt er ihr besorgte Vorträge nach dem Motto »Das können wir uns nicht leisten«.

Doris regte das auf. Wenn sie versuchte, die Dynamik finanzieller Entscheidungen zu diskutieren, redete Conrad nur über den Wert dieser oder jener Anschaffung.

Ich ermutigte Doris, das Problem als ihres zu formulieren und Conrad um seine Hilfe zu bitten. Ihr Gespräch verlief ungefähr so:

»Schatz«, sagte sie, »ich habe ein Problem, mit dem ich einfach nicht fertig werde. Kannst du mir nicht etwas vorschlagen?«

»Klar, Liebling. Worum geht es denn?«

»Vor meiner Heirat war ich finanziell völlig unabhängig, und ich hatte meine Geldangelegenheiten ziemlich gut im Griff. Wie du weißt, habe ich es sogar geschafft, ein bißchen was zu sparen. Jetzt habe ich überhaupt keine Unabhängigkeit. Wir haben genug Geld für den Lebensstil, den ich mir wünsche, und trotzdem kann ich keine Anschaffung allein machen und selbst darüber entscheiden, was gekauft werden soll. Natürlich will ich die Familie finanziell nicht belasten, aber ich wäre gern weniger frustriert.«

In Wirklichkeit hatte Doris schon bestimmte Lösungen im Kopf, zum Beispiel, ein eigenes Sparkonto zu eröffnen, mehr zu arbeiten, um Geld zu haben, das nur ihr gehörte, oder ihr Haushaltsgeld zu erhöhen.

Das Besondere dieser Strategie ist jedoch, daß der Partner eine Lösung anbietet; Doris erwähnte ihre Lösungsvorschläge deshalb nicht sofort.

Conrad verstand Doris' Frustration und setzte sich mit dem Problem auseinander. Nicht gleich, aber am nächsten Morgen schlug er vor, sie sollten ein gesondertes Girokonto für Doris einrichten, in das er keine Einsicht hätte, und darauf jeden Monat eine bestimmte Summe einzahlen. Auf diese Weise hätte sie nicht nur einen Überblick über ihre Ausgaben, sie wären auch ihre Privatangelegenheit. Damit war das Problem für ihn ebenfalls gelöst, denn er hatte ja immer noch die Kontrolle über den Betrag, der auf dieses neue Konto ging.

Hier noch ein paar Beispiele aus meinen Seminaren für Probleme, die so umformuliert wurden, daß sie den Partner zu Unterstützung und Hilfe anregten:

– Aus »Immer bist du unpünktlich«
wurde
»Ich bin gern pünktlich, und es macht mich wahnsinnig, auf dich zu warten, während du dich fertig machst, wenn ich weiß, daß wir uns verspäten werden. Hast du irgendwelche Vorschläge, wie ich mit diesem Streß besser fertig werde?«

– Aus »Ich hasse es, daß du jeden Sonntag deine Eltern einlädst«
wurde

»Ich brauche mehr Zeit für mich an den Wochenenden. Hast du eine Idee, wie ich das schaffen könnte?«
– Aus »Jeden Abend in der Woche bist du weg. Du bist nie da!«
wurde
»An den Abenden, wenn ich allein zu Hause bin, werde ich ganz traurig und weiß nicht, was ich tun soll. Kannst du mir nicht helfen, herauszufinden, was ich tun muß, damit es mir dann bessergeht?«
Sie müssen sehr darauf achten, eine implizite Anschuldigung zu vermeiden, wenn Sie Ihre Bitte formulieren. Beim letzten Problem hätte es zum Beispiel nicht funktioniert, wenn der oder die Bittende gefragt hätte: »An den Abenden, wenn du nicht da bist, fühle ich mich einsam. Kannst du mir nicht helfen, herauszufinden, was ich tun soll, wenn du nicht da bist?«
Schreiben Sie genau auf, worin Sie Hilfe wollen, bevor Sie fragen. Versuchen Sie, den Kern Ihres Problems herauszuschälen.

Experiment 17
Bitten Sie Ihren Partner um Hilfe
Wenden Sie sich der Liste mit Ihren Hauptproblemen zu. Wählen Sie eins aus und versuchen Sie, es so zu artikulieren, daß Ihr Partner sich bereit finden könnte, Ihnen bei der Lösung zu helfen.
Wählen Sie einen Moment, in dem Sie und Ihr Partner entspannt sind, um Ihr Problem ganz ungezwungen zur Sprache zu bringen. Sagen Sie etwas wie: »Ich schlage mich mit einem Problem herum. Vielleicht hast du ja eine Idee, wie ich es lösen könnte.«
Notieren Sie anschließend in Ihrem Tagebuch, wie das Gespräch lief. Was könnten Sie beim nächsten Mal anders machen, falls es nicht »geklappt« hat?

Beziehungsprobleme allein lösen: Methode 5

Zeigen Sie Verständnis für die Position Ihres Partners
Wir haben Verständnis bereits als Teil mehrerer anderer Strategien diskutiert. Sich auf die Position des Partners zu konzentrieren, ist ein Schritt des VAM und gehört auch zur Depolarisierung.

Eine an und für sich sehr wirkungsvolle Problemlösungsstrategie ist es jedoch, über das Entwickeln von Verständnis hinauszugehen und es dem Partner gegenüber auch laut zu äußern. Diese simple Tat kann bei der Reduzierung von Konflikten und der Wiederherstellung von Harmonie und Liebe zwischen Ihnen Wunder bewirken.

Verständnis zu äußern, ist eigentlich nicht schwierig. Meist tun wir es nicht, weil es uns nicht einfällt. Der Schlüssel zum Erfolg ist, einfach daran zu denken.

Finden Sie zuerst heraus, wie die Position Ihres Partners aussieht. Wenn das Thema dann von sich aus zur Sprache kommt oder Sie meinen, Sie könnten ungezwungen darüber reden, bestätigen Sie Ihren Partner in dem, was er oder sie tut oder glaubt. Sie müssen sehr darauf achten, daß sich kein Sarkasmus oder Zynismus in Ihre Äußerung einschleicht. Sagen Sie erst dann etwas, wenn Sie es aufrichtig tun können. Das bedeutet nicht, daß Sie ihre Wut oder Aufregung über den fraglichen Punkt vollkommen überwunden haben müssen, und es bedeutet auch nicht, daß Sie mit Ihrem Partner übereinstimmen oder ihn oder sie verstehen; es heißt lediglich, daß Sie die Meinung Ihres Partners ausdrücken können.

Nachdem Sie Ihr Verständnis geäußert haben, fügen Sie die Wendung »stimmt's?« hinzu.

Michaels Tochter Kim spielte die Hauptrolle in einem Theaterstück, das ihre Klasse aufführen wollte. Schon Monate zuvor hatte Michael mit mehreren Freunden eine Bergwanderung verabredet. Er sollte am Nachmittag der Aufführung wieder zurück sein. Seine Frau Sharon bat ihn, seinen Plan entweder ganz aufzugeben oder zumindest so früh zurückzukommen, daß er nicht riskierte, das Stück zu versäumen. Michael aber versicherte ihr, es würde schon alles klappen.

Wie sich herausstellte, verletzte Michaels Begleiter sich, es gab eine Menge Durcheinander und Verzögerungen, und Michael war erst vierundzwanzig Stunden nach der Aufführung wieder zurück. Kim war niedergeschmettert und Sharon wütend. Ich sprach zwei Monate nach diesem Vorfall mit Michael und Sharon, und es bestand deswegen immer noch viel Spannung zwischen ihnen. »Ich habe ihm doch gesagt, er soll nicht gehen! Immer kommt die Familie bei ihm an zweiter Stelle«, meinte Sharon immer wieder, jedesmal in anderen Worten.

»Nein, das tue ich nicht. Ich hatte nie vor, die Aufführung zu verpassen. Wie konnte ich wissen, daß meine Pläne durcheinandergebracht werden würden? Die Wanderung war mir eben sehr wichtig.«

Unter vier Augen schlug ich Sharon die Verständnis-Strategie vor, und sie willigte ein, es damit zu versuchen, wenn sich die Gelegenheit böte.

Sie berichtete mir folgendes:

»Wir sahen gerade fern, und in einer Werbepause schaltete ich den Ton ab, drehte mich zu ihm um und sagte: ›Ich wette, du warst enttäuscht, daß du Kims Stück versäumt hast, oder? Aber du hattest ja auch eine schöne Wanderung. Die hättest du dir wahrscheinlich um nichts in der Welt entgehen lassen. Ich bin sicher, ich hätte sie an deiner Stelle auch nicht verpassen wollen. Ich weiß, wie quälend solche Entscheidungen für dich sind, stimmt's?‹

Michael zeigte keine große Reaktion. Er meinte bloß: ›Ja, Schatz, das stimmt. Das war wirklich eine schwere Entscheidung. Es ist zu dumm, daß ich das Stück versäumt habe.‹

Das war's schon, doch an dem Abend wollte Michael mit mir schlafen, und am nächsten Tag fühlte ich mich richtig erleichtert. Ich finde immer noch, daß er die falsche Entscheidung getroffen hat, aber es belastet mich nicht mehr so.«

Hier ein anderes Beispiel:

Marv eröffnete ein eigenes Geschäft, in dem er eine bestimmte Art von landwirtschaftlichem Zubehör verkaufte. Nach zwei Jahren hatte es sich einigermaßen entwickelt, warf aber immer noch nicht genug ab. Obwohl er selbst damit gerechnet hatte, daß es erst in drei Jahren profitabel sein würde, war er entmutigt und wurde deprimiert und gereizt. Karen versuchte ständig, ihn aufzumuntern, teils, weil sie wollte, daß es ihm besserginge, teils aber auch, weil sie es satt hatte, mit einem Griesgram zusammenzuleben.

»Du siehst doch, daß es gutgeht. Dein Geschäft läuft ganz nach Plan! Außerdem nützt es nichts, sich Sorgen zu machen. Du kannst dich auch gegen die Angst entscheiden! Entspann dich einfach und sorg dich nicht. Dann geht es dir besser, und alles wird sich positiv weiterentwickeln wie bisher.«

Immer wieder wies sie auf seine Erfolge und Aufwärtstrends hin, doch Marv wurde nur um so griesgrämiger und deprimierter. »Es könnte klappen, es könnte aber auch den Bach runtergehen«, pflegte er zu sagen. »Die meisten kleinen Unternehmen scheitern. Ich hasse es einfach, nicht genug Geld zu haben. Ich weiß nicht, ob ich es noch länger aushalten kann.«

Ich schlug Karen vor, ihm ihr Verständnis zu zeigen. Als er an diesem Abend wieder davon anfing, sagte sie: »Ich weiß, es muß sehr schwierig sein, zwei Jahre so hart zu arbeiten und immer noch nicht in den schwarzen Zahlen zu sein. Du hast soviel Zeit investiert, und du bist großartig in dem, was du tust. Es tut mir leid, daß du dich so durchbeißen mußt – weißt du, vielleicht ist das zweite Jahr mit einem neuen Geschäft ähnlich wie das ›Übergangs‹-Stadium bei den Wehen, direkt vor dem letzten Drücken. Dann sagen Frauen auch immer so etwas wie: ›Ich kann nicht mehr. Ich schaffe es einfach nicht. Es tut fürchterlich weh.‹«

»Ja, das stimmt«, entgegnete Marv. »Aber weißt du was, ich glaube, das Ende ist in Sicht. Ich weiß, wenn ich durchhalte, wird dieses Geschäft ein riesiger Erfolg. Der Vergleich mit den Wehen gefällt mir. Ich bin sicher, ich habe keine Totgeburt.«

Und dann zählte er noch einmal seine Erfolge auf und malte sich und ihr eine rosige Zukunft aus. Beide spürten gleich, wie sich ihre Stimmung hob.

Wenn Sie einer anderen Person zuhören und dann für das Gehörte Verständnis zeigen, machen Sie dieser Person – auch wenn Sie nicht damit übereinstimmen – eines der größten Geschenke, die es gibt: Bestätigung. Verständnis zu äußern, ist das mindeste, was wir als Intimpartner füreinander tun können.

Wenn Ihr Partner etwas sagt und Sie *kein* Verständnis bekunden oder, schlimmer noch, seine oder ihre Position anfechten, wird er oder sie sich unverstanden und abgewertet fühlen und diese Position immer wieder vorbringen.

Ich kenne keine andere Fähigkeit, die so oft erörtert und so hart trainiert und dabei so wenig praktiziert wird. Mehrmals am Tag stelle ich fest, daß Leute das Prinzip des verständnisvollen Zuhörens mißachten, etwa, wenn ich in das Stoffgeschäft nebenan gehe, um ein Stück Klettverschluß zu besorgen, das ich dringend benötige. »Haben wir nicht«, sagt die Verkäuferin.

»Oh, wie dumm!« erwidere ich enttäuscht. »Auch nicht hinten im Lager? Ich brauche nur ein bißchen.«

»Wir haben die Lieferung diese Woche nicht bekommen«, entgegnet sie. Kein Mitgefühl. Kein Ausdruck von Verständnis, daß dies eine mittlere Katastrophe für mich ist. Ich verlasse wutschnaubend den Laden, als mir klar wird, daß ich wohl etwas anderes werde tragen müssen, da ich die geplante kleine Reparatur nicht vornehmen kann. Wie anders wäre es gewesen, wenn sie gesagt hätte: »Wie frustrierend für Sie. Es tut mir leid. Das ist wirklich ärgerlich. Ich wünschte, ich könnte Ihnen helfen. Wie wäre es mit einem Druckknopf?« Das hätte mich sofort beruhigt und aufgemuntert. Je unverstandener ich mir vorkomme, desto öfter glaube ich, meinem Gefühl Ausdruck verleihen zu müssen, und desto mehr eskaliert es. Ebenso war es bei Marv und Karen. Als sie Verständnis bekundete, fühlte er sich wahrgenommen und verstanden und konnte einlenken.

Mitgefühl wirkt Wunder auch in winziger Dosierung. Manchmal sind es vielleicht nur ein paar Worte wie »Oh, wie schrecklich!« oder »Ach nein!« oder »Das tut mir aber leid« oder »Das ist wirklich schade«.

Drei der nettesten Worte, die Sie jemandem sagen können, sind: »Erzählen Sie weiter.« Das heißt: »Ich verstehe Sie nicht nur, sondern wenn es Ihnen hilft, darüber zu sprechen, bin ich für Sie da; ich interessiere mich für Sie.«

Verständnis zu bekunden, ist besonders effektiv, wenn Sie mit Ihrem Partner uneins sind. Wie wir gesehen haben, neigen wir bei einem Streit zum Polarisieren. Wenn Sie Verständnis für den Standpunkt des Partners äußern, läßt die Feindseligkeit automatisch nach, Sie haben beide mehr Raum zum Atmen und kommen einander entsprechend näher.

»Aber«, bekomme ich in meinen Seminaren immer zu hören, »ich drücke ja Verständnis für meinen Partner aus, doch mir wird nie welches entgegengebracht!«

Dabei kann man sich tatsächlich frustriert und ungerecht behandelt fühlen. Es ist ungerecht. Dafür gibt es mehrere Lösungen.

Als erstes können Sie Ihren Partner behutsam dazu anleiten, Verständnis für Ihre Position zu äußern. Zum Beispiel so: »Ich sage nicht, daß sich etwas ändern muß oder wir ein Problem zu lösen haben. Ich möchte nur, daß du verstehst, wie schwer es für mich ist, meinen Tag um 3 Uhr nachmittags zu unterbrechen, um Jenny abzuholen. Mir ist klar, daß ich es tun muß, aber es ist ein großes Opfer für mich. Ich möchte dafür nur etwas Anerkennung.«

Oder: »Ich sehe vollkommen ein, daß du abends, wenn du nach Hause kommst, ein Weilchen in Ruhe gelassen werden möchtest, und dazu bin ich auch bereit. Aber kannst du verstehen, daß ich auch gern ein bißchen Zeit mit dir gemeinsam verbringen würde? Ich bitte dich nicht, irgendwas zu verändern. Ich möchte nur sicher sein, daß du meine Ansicht kennst.«

Manchmal klappt es mit dieser Art von Anleitung gut. Sie

äußern im wesentlichen selbst das Verständnis, das Sie sich wünschen, und bringen Ihren Partner dazu, Ihnen zuzustimmen. Manchmal geht es aber auch ganz daneben. Wenn das der Fall ist, schlage ich die zweite Methode vor: Seien Sie der oder die »Große«. Geben Sie die Hoffnung auf, daß Sie Mitgefühl von Ihrem Partner bekommen, und suchen Sie anderswo danach. Vereinbaren Sie mit der Sie unterstützenden Person, daß Sie beide einander zuhören und sich Ihr gegenseitiges Verständnis und Mitgefühl bekunden. Reden Sie mit einem Freund oder einer Freundin, der oder die Sie Ihrer Meinung nach verstehen und Mitgefühl zeigen wird.

Hören Sie jedoch nicht auf, Ihrem Lebensgefährten gegenüber Verständnis zu äußern. Als Einzelstrategie könnte es die wirkungsvollste in diesem Buch sein. Es mildert Feindseligkeiten, löst Spannungen, schafft eine Atmosphäre, in der sich besser reden läßt. Es vermittelt sowohl dem Gebenden als auch dem Empfänger ein Gefühl der Liebe. Es ist die einfachste Handlung, die Sie ausführen können, um Sie beide einander näher zu bringen.

Denken Sie daran, Verständnis für die Position Ihres Partners zu äußern, heißt nicht, daß Sie mit ihm übereinstimmen oder ihm in irgendeiner Weise nachgeben. Ganz und gar nicht. Es erleichtert es Ihnen aber, Ihre eigene Position darzulegen, und macht Ihr Gespräch viel effektiver. Wenn Sie sich das Ausdrücken von Mitgefühl erst einmal zur Gewohnheit gemacht haben, werden Sie feststellen, daß Sie es jeden Tag mehrmals tun – in den unterschiedlichsten Situationen, erfreulichen oder aufregenden ebenso wie in enttäuschenden oder frustrierenden.

Paula und Sergei konnten sich nicht einigen, wo sie Urlaub machen sollten. Sie wollte ans Meer, weil sie dachte, dort könnten sich die Kinder gut mit sich selbst beschäftigen, und sie würde sich besser erholen. Er wollte ins Gebirge, weil er vorhatte, seinem älteren Sohn das Bergsteigen beizubringen. Beide waren von ihrer jeweiligen Meinung überzeugt und wiederholten sie ständig und mit immer mehr Nachdruck. Sergei hatte an meinem Seminar teilgenommen und erinnerte sich plötzlich an die Strategie, Verständnis zu zeigen.

»Okay«, sagte er, »du willst also gern ans Meer. Du möchtest schwimmen. Du weißt, daß die Kleinen den ganzen Tag im Sand und im Wasser spielen können. Du hast wirklich dein Herz dran gehängt. Stimmt's?«

»Das stimmt«, erwiderte sie. »Genau.«

»Na ja, ich kann dich verstehen. Ich möchte natürlich auch, daß du schöne Ferien hast.«

»Oh, danke, Schatz«, sagte Paula. »Ich bin froh, daß du mich verstehst.«

»Laß uns später darüber reden«, meinte Sergei.

»In Ordnung«, sagte sie.

Am Ende schlossen sie einen Kompromiß, der den Bedürfnissen beider entgegenkam, aber Sergei erzählte mir: »Wir hatten einen tollen Abend an dem Tag statt eines eskalierenden Streits. Ich hatte in dem Moment das Gefühl, daß Ihr Kurs genau den richtigen Titel hat, denn es war tatsächlich so, daß einer allein es schaffte, uns beide einander näher zu bringen.«

Verständnis zu zeigen ist eigentlich eine verkürzte Version des Depolarisierens. Daher sollten Sie auch hierbei darüber nachdenken, ob Sie das Bedürfnis, das Ihr Partner hat, in irgendeiner Form womöglich auch in sich selbst verspüren.

Als Sharon wütend auf Michael war, weil er seine Wanderung direkt vor der Schulaufführung geplant hatte, wußte sie, daß sie schrecklich gern auch einmal mit Freunden einen Wochenendausflug machen würde, und daß sie, falls ein anderer wichtiger Termin dazwischenkäme, ebenfalls vor einer schweren Entscheidung stünde. Sergei verstand Paulas Bedürfnis nach einem Urlaub, der den Kindern Spaß machen und ihr Entspannung verschaffen würde, sehr gut. Genau dasselbe wollte er auch. Und als Marv sich über sein nur langsam wachsendes Unternehmen beklagte, hatte Karen ebenfalls das Bedürfnis,

Marv erfolgreich zu sehen sowie das Bedürfnis nach finanzieller Sicherheit.

Verständnis zu zeigen und Mitgefühl zu äußern, ist eine wunderbare Art, wie Sie Ihrer Liebe Ausdruck verleihen und sie in die Tat umsetzen.

Es ist eine wirkungsvolle Methode, mit der Sie allein Sie beide einander näher bringen können.

Experiment 18
Zeigen Sie Verständnis und Mitgefühl
1. Setzen Sie eine Woche lang das Wort »Mitgefühl« innerlich an erste Stelle. Machen Sie es zu Ihrer absoluten Priorität, und zeigen Sie es, so oft Sie können. Lassen Sie Ihren Partner wissen, daß Sie hören und verstehen, was er oder sie sagt oder fühlt. Machen Sie sich am Ende jedes Tages ein paar Notizen über die Gelegenheiten, bei denen Sie an diesem Tag Ihr Mitgefühl und Verständnis gezeigt haben.
2. Nehmen Sie sich die Liste mit den Hauptproblemen in Ihrer Beziehung vor. Schreiben Sie zu jedem Problem einige Sätze, in denen Sie die Position Ihres Partners zu diesem Thema formulieren. Wählen Sie eins aus und versuchen Sie, Ihrem Partner aus heiterem Himmel Ihr Verständnis dazu zu zeigen, wie Sharon es bei Michael hinsichtlich des versäumten Theaterstücks tat.
Experimentieren Sie weiter damit, Ihr Mitgefühl zu bekunden, und achten Sie darauf, ob Sie subtile Veränderungen bei sich oder Ihrem Partner wahrnehmen. Versuchen Sie, sich das Zeigen von Verständnis und Mitgefühl ganz allgemein zur Gewohnheit zu machen – nicht nur bei Ihrem Partner, sondern auch bei Ihren Kindern, Freunden und Kollegen.

Beziehungsprobleme allein lösen: Methode 6

Akzeptieren Sie mit Gelassenheit, was Sie nicht ändern können

Können Sie innerlich umschalten und aufhören, die Eigenschaft oder Situation, die Ihnen nicht gefällt, zu bekämpfen und sie statt dessen zu akzeptieren, so ist das besonders wirkungsvoll. Bezeichnen Sie das, was Sie nicht mögen, einfach nicht mehr als »Problem«, sondern ab jetzt als »Tatsache des Lebens«. Die Psychologin Susan Campbell meint: »Es sind nicht die Unterschiede zwischen Ihnen, die Schwierigkeiten verursachen, es ist Ihr Widerstreben gegen diese Unterschiede.«

Zusammen mit Connie und Ron, die seit zweiunddreißig Jahren miteinander verheiratet waren, besuchte ich eines Abends eine Dinnerparty. Eine Frau, die ebenfalls eingeladen war, erzählte eine Geschichte über ihre Familie, die Ron immer wieder mit Wortspielen und Kalauern unterbrach, von denen einige recht komisch waren. Connie jedoch fand ihn unhöflich und fuhr ihn schließlich vor uns allen an: »Ron, bitte! Sie versucht, eine Geschichte zu erzählen! Behalte deine schlauen Kommentare doch einfach für dich. Wenn du an der Reihe bist, kannst du dich ja in Szene setzen.«

Wir waren alle etwas verlegen über diesen Ausbruch, der weitaus mehr störte, als es Rons Kommentare getan hatten. Ich hatte schon bei zahlreichen früheren Gelegenheiten erlebt, daß Connie Ron vor anderen kritisierte.

Kurz nach diesem Vorfall redete ich mit Connie und brachte behutsam die Sprache darauf. Ich legte ihr nahe, den Gedanken, Rons Verhalten ändern zu wollen, doch einfach aufzugeben, da sie das jetzt schon seit zweiunddreißig Jahren mit geringem oder gar keinem Erfolg versuchte. Ich erwähnte auch, daß der öffentliche Tadel an ihrem Mann uns übrigen peinlich gewesen war.

Connie war dankbar für meine Bemerkung. Sie erkannte, daß ich recht hatte, was eine Veränderung Rons betraf, und war überrascht zu hören, daß wir anderen verlegen gewesen waren. Sie hatte immer gedacht, sie spreche für die ganze Gruppe, wenn sie versuchte, Ron zum Schweigen zu bringen, und täte der Person, die die Geschichte erzählte, einen Gefallen.

Ein paar Monate später dankte Connie mir erneut für meinen Kommentar. Sie erzählte mir, sie habe unzählige Gelegenheiten gehabt, sich auf die Zunge zu beißen, und sei zufrieden mit den Resultaten. Nachdem sie sich entspannt und die Verantwortung für das Verhalten abgegeben hatte, fing sie sogar an, seinen Humor manchmal zu genießen und würdigen zu können, wie intelligent er war. Einmal, nach ein paar Worten zwinkerte Ron, offensichtlich erstaunt von ihrem Schweigen, ihr zu – und hörte dann auf, zu unterbrechen. Sie sah mit Verblüffung, daß er durchaus imstande war, sein Verhalten selbst zu kontrollieren. Ein andermal wandte sich die Person, die Ron unterbrochen hatte, ihm zu und sagte leicht verärgert, aber mit einem Lächeln: »Meine Güte, Ron! Jetzt reicht's. Laß mich doch meine Geschichte erzählen.« Connie war überrascht! Sie erkannte, daß Menschen, wenn sie auf sich gestellt sind, gut für sich selbst einstehen können.

Die Situation hatte sich im Vergleich zu früher lediglich dahingehend geändert, daß Connie die Wortspiele ihres Mannes jetzt als Tatsachen des Lebens hinnahm. Sie veränderte nur ihre innere Einstellung ein klein wenig, ohne darüber mit ihrem Mann auch nur zu diskutieren. Sie hörte einfach auf, ihr »Problem« zu bekämpfen, und akzeptierte es.

Versucht ein Partner, den anderen zu verändern, ruft gewöhnlich derjenigef den Konflikt hervor, der nicht bereit ist, zu akzeptieren, und nicht derjenige, der sich nicht ändern will. Haben Sie einen Streitpunkt mit Ihrem Partner, dann fragen Sie sich: Sind es Ihre Forderungen, Ihre Ansichten, Ihre Urteile, die das Problem heraufbeschwören, oder sind es die Umstände selbst?

Diane habe ich schon in Kapitel eins erwähnt, wo sie sagte, sie habe mit einer winzigen Umstellung eine riesige Veränderung erreicht, wie ein Flugzeug, das in Los Angeles nur ein kleines bißchen seine Richtung verändert, in New York statt in Miami landen kann. Ich möchte nun die ganze Geschichte erzählen, die Diane mir mitteilte, denn sie wirft ein bezeichnendes Licht auf die Macht der Akzeptanz.

Dianes und Peters Kinder waren zwei und drei Jahre alt, also in einem Alter, das ständige Aufsicht verlangt, und Dianes heranwachsende Tochter wohnte ebenfalls bei ihnen. Umständehalber waren sie gezwungen, innerhalb eines Jahres zweimal umzuziehen. Vormittags hatten sie einen Babysitter, so daß Diane zu Hause als freiberufliche Texterin arbeiten konnte. Zu all dem kam noch, daß Peter einen neuen Arbeitsplatz hatte, zu dem die Anfahrt eine Stunde dauerte und wo er großem Leistungsdruck ausgesetzt war.

»Als er mit dem neuen Job anfing«, sagte Diane, »verwandelte er sich von einer Minute zur anderen von einem lieben, rücksichtsvollen Menschen in einen langweiligen, teilnahmslosen Zombie, der unseren Haushalt nur zum Essen und Schlafen benutzte. Ich kriegte echte Panik. Ich hatte das Gefühl, meinen Mann verloren zu haben. Wenn ich versuchte, mit ihm zu reden, wehrte er immer ärgerlich ab und meinte bloß, ich solle ihn doch bitte in Ruhe lassen.«

Diane fuhr fort:

»In der Zwischenzeit war ich dabei, alle Umzugskisten auszupacken, mich um alles zu kümmern, was im Haus noch in Ordnung gebracht werden mußte, eine Mutter für die beiden Kleinen zu sein und Ratgeberin und Chauffeurin für eine verwirrte Halbwüchsige, meine eigene Arbeit zu erledigen und Verbindung zu ein paar dringend benötigten Freundinnen zu halten. Ich hätte alles bewältigen können, aber was mir den Rest gab, war mein gebrochenes Herz.

Natürlich wußte ich, wie sehr Peter unter Streß stand. Aber ich fand nicht, daß seiner größer war als meiner. Ich beneidete ihn um seine Fahrt zur Arbeit, weil sie überwiegend durch eine herrliche Landschaft führte, und er hörte sich dabei immer Bücher auf Kassetten an. Ich hatte seit drei Jahren keinen Roman gelesen! Sagen wir einfach, daß sich eine Menge Verletztheit und Wut in mir aufstaute.

Eines Tages, acht Monate später, saß ich hinten im Garten und las in einer Zeitschrift, während die Kinder im Sandkasten spielten. Es war ein wunderschöner Tag, und ich war rundum glücklich. Zufällig mußte ich daran denken, wie gestreßt ich vor acht Monaten gewesen war, und fragte mich, was sich eigentlich geändert hatte. ›Akzeptanz!‹ sagte ich bei mir. ›Ich habe Peters Job akzeptiert.‹

Damit Sie verstehen, was dieses Wort für mich bedeutet, muß ich Ihnen noch eine Geschichte erzählen.

Als ich neunzehn war, starb meine Schwester bei einem Autounfall, daher sind mir die einzelnen Stadien der Trauer sehr vertraut. Lange Zeit leugnete ich das Geschehene entschieden. Ich konnte es einfach nicht an mich heranlassen, daß sie tot war. Dann wuchs allmählich immer stärker mein Zorn. Ich war so außer mir, daß ich mein Studium abbrach. Danach war ich sehr deprimiert und völlig verzweifelt. Erst dann, ungefähr vier Jahre nach ihrem Tod, fing ich an, eine Therapeutin aufzusuchen.

Jetzt geschah etwas Erstaunliches. Ich war besessen von dem Gedanken, Nonne zu werden. Ich war fest entschlossen, zurückgezogen und kontemplativ zu leben, Theologie zu studieren und zu versuchen, den Tod so zu erklären, wie es bisher noch keiner getan hatte, und die Lebensgeschichte meiner Schwester zu schreiben – denn wir waren alle sicher, daß ihr Leben ein großes Abenteuer geworden wäre, wenn sie nicht gestorben wäre.

Ich begann, mit meinem Pfarrer darüber zu reden und in mehreren Klöstern und Orden vorzusprechen. Es war mir wirklich ernst.

Genau zu der Zeit machten wir einen Familienurlaub in Washington, D. C. Wir unternahmen sehr viel, sahen uns alles an und verbrachten eine schöne Zeit miteinander.

Als ich das nächste Mal bei meiner Therapeutin war, erzählte ich ihr, ich hätte die ganze Woche in Washington nicht ans

Kloster gedacht und sei mir jetzt nicht mehr so sicher. Sie sagte: ›Ich glaube, Sie haben die Phase des Feilschens Ihrer Trauer hinter sich.‹

Sie erklärte mir, daß Menschen, die sterben müssen oder mit dem Tod eines anderen, geliebten Menschen konfrontiert sind, oft ein Stadium durchlaufen, in dem sie versuchen, mit Gott zu feilschen. Es war, als ob ich sagen wollte: ›Ich werde alles tun, um meine Schwester wiederzubekommen. Ich werde mein Leben aufgeben, meine Pläne, meine Freunde, meine Sexualität – ich opfere alles, wenn ich es nur irgendwie schaffe, daß meine Schwester gar nicht tot ist.‹

Nach dieser Therapiesitzung veränderte sich tatsächlich etwas in mir. Ich hatte angenommen, der Schmerz würde mich mein Leben lang ständig begleiten, ich müßte für immer mit diesem furchtbaren Herzweh herumlaufen und einfach lernen, damit zu leben. Aber irgendwie war der Schmerz nach dieser Sitzung verschwunden. Es war, als sei ich auf einmal imstande, meine Schwester loszulassen. Ich hatte das Gefühl, ich könnte jetzt mit ihr reden, könnte sie jetzt in einer neuen Form bei mir haben. Sie war inzwischen vier Jahre älter. Sie war mit mir erwachsen geworden. Ich spürte eine Leichtigkeit, die ich nie mehr für möglich gehalten hatte. Ich hatte ihren Tod akzeptiert. Es war eine sehr intensive Erfahrung.

Meine Therapeutin half mir zu erkennen, daß ich den Mut gehabt hatte, alle Gefühle auszuleben, die in den Jahren nach dem Tod meiner Schwester auf mich eingestürzt waren, und daß ich damit eine ziemlich klassische Trauererfahrung gemacht hatte.

An diesem sonnigen Nachmittag wurde mir jedenfalls langsam klar, daß ich, was die Veränderung meines Mannes betraf, vielleicht eine solche Trauererfahrung im kleinen erlebt hatte. Ich erinnerte mich, daß ich sie zuerst geleugnet hatte: ›Ach, das ist was Vorübergehendes. In ein paar Wochen wird es wieder anders.‹ Dann wurde ich sehr wütend über alles und dann deprimiert und entmutigt. Die Phase des Feilschens war die kurze Zeit, als ich daran dachte, Peter zu verlassen. Und jetzt akzeptierte ich meine Situation und kam mir sogar beneidenswert vor. Natürlich hatte ich in meiner Panik die Veränderungen bei Peter zunächst auch übertrieben. Es gab immer noch viel von dem, was uns von Anfang an miteinander verbunden hat.«

Vielleicht können Sie sich von einer Minute zur anderen dazu entscheiden, Ihren Partner genauso zu akzeptieren, wie er oder sie ist, wie Connie es mit Rons Witzchen tat. Sie beschloß, Rons Verhalten hinzunehmen oder zumindest »so zu tun, als ob«. Nachdem sie das eine Weile praktiziert hatte und sah, daß die Ergebnisse positiv waren, folgte ihre innerliche Umstellung zu echter Akzeptanz auf dem Fuß.

Akzeptieren kann aber auch Zeit und Mühe kosten. Womöglich müssen Sie Erwartungen aufgeben, die Sie an Ihre Beziehung hatten, den Verlust eines Traums oder einer Vorstellung davon, wie das Leben mit Ihrem Partner sein würde, hinnehmen. Das ist nicht leicht.

Es ist jedoch einfacher und weniger schmerzlich, als etwas *nicht* zu akzeptieren, das sich nicht ändern wird.

Bei jedem Paar gibt es ohne Ausnahme Erwartungen, die der Partner nicht erfüllt. Der wichtigste Unterschied zwischen erfolgreichen und nichterfolgreichen Paaren ist der, daß erstere annehmen, was sie bekommen, auch wenn sich herausstellt, daß es anders ist, als sie gedacht hatten. Sie passen sich an. Sie konzentrieren sich auf das, was sie lieben, und akzeptieren gelassen das, was sie nicht lieben, aber auch nicht ändern können.

Natürlich ist es schwierig, herauszufinden, was Sie ändern können und was nicht. Manchmal erreichen Sie das schon durch bloßes Überlegen. Manchmal wissen Sie es erst, wenn Sie mit Änderungsversuchen experimentieren und sich nichts tut. Aber auch, wenn Sie hoffen, etwas an Ihrem Partner ändern zu können, ist Akzeptanz der Ausgangspunkt. Wenn Sie Ihre Energie darauf verwenden, die Realität zu bekämpfen, wird Ihnen keine Kraft für kreative Lösungen bleiben.

Wahrscheinlich sind Sie nicht in der Lage, sich aus dem Stand heraus zu befehlen, etwas zu akzeptieren, das Ihnen nicht gefällt. »Selbst, fang sofort an, dieses schreckliche Verhalten an deinem Partner zu akzeptieren!«

Das beste ist es, wenn Sie statt dessen zunächst so tun, als ob Sie es akzeptierten.

Ihren Partner und Ihre Situation zu akzeptieren, ist eine wir-

---

Experiment 19
Akzeptieren Sie mit Gelassenheit, was Sie nicht ändern können

Wenden Sie sich der Liste mit Ihren Hauptproblemen zu, die Sie in Experiment 2 erstellt haben. Wählen Sie ein besonders schwerwiegendes aus.

Schreiben Sie folgenden Satz in Ihr Tagebuch:

»Ich akzeptiere ——————————————— .«

Füllen Sie die Leerstelle mit dem Problem, das Sie sich ausgesucht haben. Zum Beispiel: »Ich akzeptiere, daß John sich anscheinend mehr für seine Arbeit interessiert als für mich.« Oder: »Ich akzeptiere, daß Mary Gästen gegenüber nicht sehr warmherzig und offen ist.«

Schreiben Sie nun: »Wie ich zeigen kann, daß ich dieses Verhalten akzeptiere«, und listen Sie darunter Möglichkeiten auf, wie Sie so tun könnten, »als ob« Sie den Punkt akzeptieren, der Ihnen nicht gefällt. Zum Beispiel:

John öfter nach seiner Arbeit fragen und mich sehr interessiert zeigen.

Aufhören, mich über die wenige Zeit zu beklagen, die er mit mir verbringt.

Mehrere Abende in der Woche eigene Pläne verfolgen.

ODER

Aufhören, mich für Marys Verhalten in Gesellschaft zu entschuldigen.

Aufhören, zu versuchen, Mary mit ins Gespräch zu ziehen.

Soviel reden, wie ich will, und Mary sich selbst überlassen.

Erkennen, daß ich nicht dafür verantwortlich bin, was andere von Mary halten.

---

kungsvolle Veränderung Ihrer Einstellungsänderung, die Sie ganz allein schaffen können. Es mag nicht einfach sein, und es mag seine Zeit brauchen, wird aber Ihre Beziehung fast immer positiv beeinflussen.

Beziehungsprobleme allein lösen: Methode 7

Bitten Sie um das, was Sie sich wünschen
Um das zu bitten, was man sich wünscht, scheint der direkteste, natürlichste Weg zu sein, es auch zu bekommen. Es ist tatsächlich die Strategie, die die meisten Menschen instinktiv als erste anwenden, wenn sie etwas wollen.

»Würdest du bitte den Müll rausbringen?«
»Schatz, hör auf, mich zu unterbrechen!«
»Ich wünschte, du hättest öfter Lust, ins Kino zu gehen!«
»Würdest du bitte staubsaugen, während ich ein paar Sachen erledige?«
»Kauf doch bitte nicht mehr in diesem teuren Geschäft ein!«
»Nörgle nicht an mir rum!«
»Ich wünschte, du würdest mir öfter spontan ein Küßchen geben.«
»Ich wünschte, du würdest mehr Verantwortung im Haushalt übernehmen. Vielleicht könntest du ja jeden Abend die Küche aufräumen.«

Paradoxerweise ist es oft die am *wenigsten* effektive Methode, wie man etwas bekommt, wenn man darum bittet.
Wie wir gesehen haben, erhalten Sie die ersehnten Resultate wesentlich schneller und sicherer, indem Sie selbst Vorbild sind, Ihrem Partner gegenüber Liebe und Verständnis zeigen, Mitgefühl äußern, mit Gelassenheit akzeptieren, was Sie nicht ändern können, die Verantwortung dafür übernehmen, daß Geben und Nehmen bei Ihnen im Gleichgewicht und »guten

Willens« sind – kurz gesagt, indem Sie ein guter Partner sind, statt sich immer nur darauf zu fixieren, einen guten Partner haben zu wollen.

Um das zu bitten, was Sie sich wünschen, bewirkt meistens nichts. Es bewirkt dann nichts, wenn

- Sie in einer Atmosphäre der Negativität darum bitten und Ihre Bitte die negative Stimmung noch verstärkt,
- Sie in Wirklichkeit nicht um etwas bitten, sondern eine Meinung oder ein Gefühl äußern,
- Sie ständig um etwas bitten, ohne Ergebnisse zu erwarten, und daher gar nicht ernst genommen werden,
- Ihre Bitten Kritik beinhalten – ob Sie das nun beabsichtigen oder nicht,
- Sie um etwas bitten, dem Ihr Partner von seiner oder ihrer ganzen Persönlichkeit her nur schwer nachkommen kann,
- Sie um etwas bitten, das Ihren Partner unsicher macht oder bedroht, auch wenn Sie das nicht beabsichtigen,
- Sie mit Ihrer Bitte vermitteln, daß Sie einen Anspruch auf das Gewünschte haben, daß Ihre Bitte gerechtfertigt ist, daß Sie »im Recht« sind,
- Sie zu verstehen geben, daß Sie ein »Nein« als Antwort nicht akzeptieren.

Trotzdem gibt es in jeder Liebesbeziehung Raum für die Bitte um das, was Sie sich wünschen. Es ist jedoch absolut entscheidend, daß Sie es auf die richtige Weise tun. Entscheidend jedenfalls dann, wenn es Ihnen auf eine positive Reaktion ankommt.

Hier mein Vorschlag, wie Sie dies mit Ihrer Bitte erreichen können. Folgende Methode wird Ihre Chancen, hervorragende Resultate zu erzielen, erheblich steigern.

1. Hören Sie auf, häufig oder leichtfertig zu bitten. Versuchen Sie, etwa eine Woche lang um gar nichts zu bitten. Dieses Experiment zumindest wird Ihnen ein Gefühl dafür vermitteln, wie oft Sie Ihren Partner um etwas bitten. Sie müssen nicht ganz so streng sein, wenn es um ein simples kleines Bedürfnis geht, sollten aber definitiv die »Hämmer« eine Weile in Ihrem Hinterkopf verstauen und überhaupt nicht erwähnen.

2. Schaffen Sie eine liebevolle häusliche Atmosphäre. Versuchen Sie gar nicht erst, um etwas zu bitten, bevor Sie nicht mit mehreren Vorschlägen in Kapitel vier und fünf experimentiert haben. Wenn Ihr Partner sich unterstützt und verstanden fühlt und Ihren guten Willen spürt, wird er oder sie weitaus empfänglicher für eine Bitte sein.

Menschen können sich durchaus ändern, aber nur dann, wenn sie merken, daß eine Veränderung in ihrem eigenen Interesse ist, und wenn sie glauben, daß ihnen eine Veränderung guttut. Sie sind nicht dazu motiviert, wenn sie denken: »Ich bin schlecht. Ich muß mich ändern, damit ich ein guter Mensch werde.« Es ist viel wahrscheinlicher, daß sie sich ändern, wenn sie denken: »Ich bin gut! Wenn ich mich ändere, kann ich zeigen, daß ich gut bin, und dieses Gutsein erleben!«

Je mehr Sie also dazu beitragen, daß Ihr Lebensgefährte ein gutes Gefühl von sich selbst hat, desto wahrscheinlicher erreichen Sie die Veränderungen, die Sie wollen.

3. Wählen Sie sorgfältig eine Bitte aus, die Sie an Ihren Partner richten wollen. Listen Sie in Ihrem Tagebuch zunächst alles auf, um das Sie ihn oder sie gern bitten würden, und zwar in zwei Reihen nebeneinander, von der Sie die eine mit »Wichtige Dinge« und die andere mit »Kleinigkeiten« betiteln. Nun können Sie von »Wirf deinen Teebeutel selbst weg« oder »Leg die Post in die Diele, statt sie auf den Eßtisch zu feuern« bis »Sei zärtlicher zu mir«, »Interessiere dich mehr für meine Arbeit«, »Drücke deine Gefühle offener aus«, »Hack nicht soviel auf mir herum« oder »Sei behutsamer und spielerischer, wenn wir miteinander schlafen wollen« alles aufschreiben.

Suchen Sie sich jetzt einen Punkt aus. Es ist vermutlich am besten, wenn Sie nicht mit dem wichtigsten anfangen. Üben Sie zunächst mit einer Bitte, die Ihnen zwar am Herzen liegt – entweder aus der »Wichtige-Dinge«- oder der »Kleinigkeiten«-Liste –, doch nicht gerade Ihr tiefster Herzenswunsch ist.

4. *Klären Sie für sich ganz genau, was Sie wollen, und formulieren Sie es sehr präzise.* Schreiben Sie unter die Listen in Ihrem Tagebuch die entsprechenden Bitten so, wie Sie sie Ihrem Partner präsentieren wollen. Seien Sie so präzise, wie es irgend geht. Sagen Sie zum Beispiel nicht: »Ich hätte gern, daß du an meinen Geburtstag denkst.« Sagen Sie: »Ich würde mich unheimlich darüber freuen, wenn du rechtzeitig ein kleines Geschenk aussuchst, es schön einpackst oder einpacken läßt und es mir zusammen mit einer Glückwunschkarte an meinem Geburtstag überreichst.«
Sagen Sie nicht: »Ich hätte gern, daß du zärtlicher bist.« Sagen Sie: »Ich möchte gern jeden Abend, wenn ich von der Arbeit nach Hause komme (nachdem ich meine Sachen abgestellt habe), ganz fest von dir in den Arm genommen werden, und ich möchte, daß du nach dem Abendessen in die Küche kommst und mir einen Kuß gibst, einen richtig schönen, langen, Minimum dreißig Sekunden.«
Sagen Sie nicht: »Ich wünschte, du wärest gesprächiger.« Sagen Sie: »Ich wünsche mir, daß du mir einmal pro Woche etwas Interessantes erzählst, das du gelesen oder im Fernsehen gesehen hast. Und wenn wir irgendwo hinfahren, möchte ich gern, daß du dir für die Fahrt ein Thema aussuchst, über das du Lust hast zu diskutieren.«
Lassen Sie Ihren Partner genau wissen, was Sie glücklich machen würde.

5. *Bereiten Sie sich darauf vor, daß Ihr Partner womöglich »nein« sagt.* Das Wesentliche an einer effektiven Bitte ist, daß Sie sie mit Respekt vorbringen. Sie müssen Ihrem Partner dabei vermitteln, daß Ihnen klar ist, er oder sie hat ein Recht darauf, Sie abzuweisen. Ansonsten fühlt sich Ihr Lebensge-

fährte in die Ecke gedrängt oder manipuliert und ohne echte Entscheidungsgewalt.

Machen Sie sich klar, daß die Antwort auch ein Nein sein kann, und lassen Sie das in Ihrer Bitte mit anklingen. Die folgenden Formulierungsvorschläge werden Ihnen helfen.

6. *Wählen Sie Ihre Formulierung sorgfältig.* Bei »Kleinigkeiten« wirken diese beiden Wendungen Wunder. Lernen Sie sie auswendig, und benutzen Sie sie möglichst oft.

»Könntest du dir vorstellen ...«
oder
»Wärst du bereit ...«

Diese Worte vermitteln, daß Sie willens sind, das Thema zu erörtern, und daß Sie wissen, die Antwort kann ein Nein sein. Sie sind respektvoll und höflich und bieten sich auch für die geringfügigsten, spontansten Bitten an. Mayer und ich benutzen sie ständig, und ich habe sie im Laufe der Jahre an viele dankbare Freunde weitergegeben.

Für Bitten, bei denen es um etwas Wichtigeres geht, sind dies die magischen Formulierungen:

»Wie fändest du es, wenn ...«
oder
»Es gibt da was, das ich mir wirklich wünsche. Darf ich dir erzählen, was es ist?«

Mit diesen Wendungen fordern Sie nicht einfach ein Ja oder Nein als Antwort, sondern Sie beginnen ein Gespräch.

Zwei zusätzliche Empfehlungen zur Formulierung Ihrer Bitte:

a. Erläutern Sie nicht, warum Sie sich etwas wünschen, und rechtfertigen Sie sich nicht dafür. Das schwächt Ihre Bitte nur ab und lenkt Sie vom Wesentlichen ab. Sie haben das Recht, sich zu wünschen, was Sie wollen, aus welchen Gründen auch immer. Es klingt viel selbstsicherer, wenn Sie einfach darum bitten.

Sagen Sie zum Beispiel nicht: »Geburtstage waren immer sehr wichtig in meiner Familie, und wenn ich von dir kein Geschenk bekomme, werden alle meine alten Gefühle wieder wach, und ich weiß, daß es nicht rational ist, aber ich denke dann, du liebst mich nicht und bla, bla, bla.« Sagen Sie nicht: »Ich tue viel mehr im Haushalt als du, und außerdem muß ich morgens früher weg, und dann bringe ich Susie noch zu ihrer Tagesmutter, deshalb finde ich, es wäre nur gerecht, wenn du morgens den Geschirrspüler leerst.«

Bringen Sie Ihre Bitte gelassen und selbstsicher vor.

b. Manchmal ist es nützlich, Ihrer Bitte folgenden Satz voranzustellen: »Versteh bitte, daß ich dich ganz und gar nicht kritisieren will; ich möchte dir nur etwas erzählen, das ich gern hätte.« Dieser Satz kann ausschlaggebend dafür sein, ob Sie mit Ihrer Bitte Erfolg haben oder nicht, denn:

Bei vielen Bitten ist es schwierig, zu vermeiden, daß sie nach Kritik klingen. Das ist einer der Gründe, warum das »Bitten um das, was man sich wünscht« oft erfolglos bleibt. Es *klingt* nach Kritik, selbst wenn es keine ist. »Wärst du bereit, mich jeden Abend, wenn ich nach Hause komme, ganz fest zu umarmen?« impliziert: »Du bist nicht zärtlich genug zu mir.« »Ich hätte gern, daß du mir zu meinem Geburtstag etwas schenkst« impliziert: »Du bist nicht aufmerksam oder großzügig genug.«

Mayer und ich haben einen Spezialwitz, der uns in solchen Situationen hilft. Als ich ihn kennenlernte, teilte er sich das Haus mit einem Mann, den wir etwas merkwürdig fanden. Er hielt sich für einen Experten für menschliche Beziehungen, war aber in Wirklichkeit ziemlich anmaßend, und seine Äußerungen bestanden zum großen Teil aus Psychogeschwätz, dem wir jeden Tag reichlich ausgesetzt waren. Eine Wendung, die er häufig benutzte, war: »Ich will ja niemanden tadeln.« Wenn heute Mayer oder ich eine Bitte aussprechen, die nach Kritik klingen könnte, zitieren wir einfach unseren alten Freund: »Ich will ja niemanden tadeln.«

Manchmal habe ich jedoch das Bedürfnis, über diesen Spezialwitz hinauszugehen und ernsthafter zu werden, dann sage ich zu Mayer: »Ich will dich jetzt wirklich nicht kritisieren. Ich möchte dich nur wissen lassen, daß ...« Oder, falls ich nicht einleitend betont habe, daß ich nicht kritisieren will, und Mayers Antwort defensiv ist, sage ich: »Ich hatte überhaupt nicht vor, dich in die Defensive zu drängen. Es sollte sich nicht nach Kritik anhören.« Das gibt ihm Gelegenheit, innerlich umzuschalten und meinen Bemerkungen offener zuhören. Auch diese Worte habe ich vielen anderen Paaren mit hervorragenden Ergebnissen beigebracht.

Wählen Sie von den obigen Formulierungen eine, die Sie im Zusammenhang mit der Bitte benutzen wollen, um die es Ihnen gerade geht.

7. Wählen Sie einen günstigen Moment. Wählen Sie einen Zeitpunkt, zu dem Sie beide einigermaßen entspannt sind und nicht mitten in einem anderen ungelösten Problem stecken, und zu dem Sie wahrscheinlich ungestört sein werden. Natürlich ist dies bei dem chaotischen Leben, das die meisten Menschen führen, oft der schwierigste Teil des ganzen Unterfangens. Schieben Sie Ihre Bitte nicht endlos auf, aber richten Sie sie nicht an Ihren Partner, wenn er oder sie völlig ausgelaugt oder in Eile ist.

8. Riskieren Sie es. Formulieren Sie Ihre Bitte.

9. Wenn Ihr Partner »ja« sagt ..., drücken Sie Ihre Anerkennung aus. Und setzen Sie das, was Sie bekommen, nicht herab, weil Sie darum bitten mußten. Manche Leute bitten nie um etwas, weil sie denken, wenn es ihnen nicht spontan gegeben würde, sei es wertlos. Mit dieser Art von Zurückhaltung ist keinem gedient. Ihr Partner möchte Sie bestimmt glücklich machen und Ihnen geben, was Sie sich wünschen, weiß aber vielleicht wirklich nicht, was das ist. Geschenke oder Gefälligkeiten, um die Sie gebeten haben, sind unaufgefordert dargebrachten gegenüber nicht minderwertig; sie sind nur anders.

10. *Wenn Ihr Partner »nein« sagt …*, nehmen Sie die Ablehnung gelassen hin. Lassen Sie sich dann Zeit, sich zu sammeln und zu beschließen, was Sie als nächstes tun.

Falls das Nein Ihres Partners oder das Gespräch, das daraus resultierte, Sie wütend macht, fällt es Ihnen womöglich schwer, Ihren Ärger zu verbergen, doch es ist das beste, wenn Sie einen regelrechten Wutausbruch vermeiden. Denn egal, welche Reaktion diesmal erfolgt, Sie ebnen jetzt gleichzeitig den Weg für künftige Bitten. Wenn Ihr Partner sieht, daß Sie flexibel sind und nicht unbedingt Ihren Willen haben müssen, schaffen Sie günstigere Voraussetzungen für spätere Gespräche.

Falls Sie Ihre Bitte vorsichtig und wohlüberlegt vorgebracht haben und Ihr Partner trotzdem nein sagt, gibt es dafür vielleicht einen triftigen Grund, das heißt, triftig für Ihren Partner. Was könnte das für ein Grund sein? Überlegen Sie, ob Sie wissen, warum er oder sie »nein« gesagt hat. Versuchen Sie, Verständnis aufzubringen, statt sich zu ärgern.

Sie haben mehrere Möglichkeiten, wenn Ihr Partner »nein« sagt. Eine ist die, daß Sie einen angemessenen Zeitraum verstreichen lassen und Ihre Bitte dann erneut vortragen. Geben Sie diesmal mehr Gründe für Ihre Bitte an und schauen Sie, ob Ihr Partner bereit ist, über die Angelegenheit zu diskutieren. Schlagen Sie eventuell einen Kompromiß vor. Geben Sie Ihrem Partner die Chance, Ihnen seine oder ihre Position zu erklären.

Es kann vorkommen, daß Ihr Lebensgefährte in das einwilligt, worum Sie gebeten haben, und es dann doch nicht tut oder sich eine Zeitlang nach Ihren Wünschen richtet, aber schon bald zum alten Verhalten zurückkehrt.

In diesem Fall können Sie eine Strategie der Beharrlichkeit ausprobieren. Bitten Sie behutsam und mit Respekt immer wieder um das, was Sie sich wünschen, auch wenn es Monate oder Jahre dauert. Der Schlüssel zum Erfolg heißt: nicht aufgeben! Zu guter Letzt stellen Sie vielleicht eine Veränderung fest.

Diese Beharrlichkeit sollten Sie für eine oder zwei Bitten reservieren, die Ihnen sehr wichtig sind. Wenn Sie sie ständig und in allen Dingen zeigen, verliert sie ihre Wirksamkeit.

Eine Frau erzählte mir zum Beispiel, sie hätte gern langsame Bewegungen beim Sex und ein ausgedehntes Vorspiel. Das sagte sie auch ihrem Mann, und er ging einige Male pflichtbewußt darauf ein, um dann in sein früheres Verhalten zurückzufallen.

Eines Morgens, nachdem sie miteinander geschlafen hatten, sagte sie schließlich zu ihm: »Ich habe jetzt schon so oft mit dir darüber geredet, und du machst es immer noch nicht so, wie ich es mir wünsche. Ich habe das Gefühl, entweder du glaubst mir nicht, weil es für dich anders ist, oder es ist dir einfach egal, was ich will. Trifft eins von beiden zu?« Sie hatten eine Diskussion, die, wie sie mir berichtete, für sie endlich etwas veränderte. »Ich habe es im Lauf der Jahre auf unterschiedliche Weise so viele Male gesagt. Ich glaube nicht, daß es das war, was ich sagte, das diesmal den Unterschied ausmachte; es war die Tatsache, daß ich es zum hundertstenmal gesagt hatte. Aus irgendeinem Grund hörte er diesmal wirklich aufmerksam zu.«

Dieselbe Frau machte während unseres Gesprächs noch eine Bemerkung, die mir sehr gefiel. Sie ist das perfekte Beispiel dafür, wie man zwar etwas akzeptieren, aber doch imstande sein kann, um eine Veränderung zu bitten:

»An einem bestimmten Punkt machte ich die wichtige Entdeckung, daß ich meinen Mann ja nicht darum bat, jemand anders zu werden, als er ist, sich also plötzlich in einen Superliebhaber à la Don Juan zu verwandeln. Ich bat ihn nur um eine einzige Sache, die ich mir wünsche. Dieses Umdenken führte dazu, daß ich mich wegen der ganzen Angelegenheit wesentlich leichter fühlte. Meine Bitte schien auf einmal viel geringfügiger und verlagerte den Schwerpunkt von ihm [du mußt dich ändern!] zu mir [das gefiel mir so daran].«

Um das zu bitten, was Sie sich wünschen, kann Wunder bewirken, wenn Sie es selektiv und auf die richtige Weise praktizieren!

Beziehungsprobleme allein lösen: Methode 8a

Nur für Männer: Lassen Sie sich ein

Wenn Sie als Mann allein an Ihrer Beziehung arbeiten, möchte ich Ihnen jetzt ein paar typische Strategien vorstellen, die mit großer Sicherheit dazu beitragen werden, daß Sie und Ihre Frau sich näherkommen, unabhängig davon, wie Ihr spezielles »Problem« aussieht.

Was Frauen hauptsächlich an ihren Männern beklagen, ist, daß sie sich nicht genügend in die Beziehung einbringen. Dieser Vorwurf wird in verschiedenen Formen erhoben, die aber letztlich alle auf dasselbe hinauslaufen: Männer sind desinteressiert, zerstreut, nicht bei der Sache, nicht verfügbar. Schauen Sie sich zum Beispiel, wenn es vielleicht auch nicht besonders angenehm ist, folgende sehr weitverbreitete Anschuldigungen an:

- Er redet nicht mit mir.
- Er beteiligt sich nicht an der Hausarbeit.
- Ich sage ihm, was ich beim Sex gern mag, aber er macht trotzdem immer wieder dasselbe.
- Er ist nicht genug zu Hause.
- Er sagt mir nie, daß er mich liebt.
- Er vergißt Geburtstage und Hochzeitstage.
- Er vergräbt sich ständig in die Zeitung.
- Er nimmt keine Rücksicht auf meine Bedürfnisse.
- Er redet mit mir nicht über Gefühle.
- Er interessiert sich mehr für seine Arbeit als für mich.

Wenn Sie allein an Ihrer Beziehung arbeiten, kann es sein, daß Sie glauben, Ihre Frau ist unglücklich mit Ihnen, und das, worum sie Sie bittet, ist Ihnen zuviel. Sie haben das Gefühl, daß sie aus Ihnen eine völlig andere Person machen will. Vielleicht denken Sie, Sie schaffen es nicht, ihren Ansprüchen zu genügen.

Ich verrate Ihnen ein großes Geheimnis: Für die meisten Frauen sind es die kleinen Dinge, auf die es ankommt. Wahrscheinlich können Sie Ihre Frau zufriedenstellen und ihre Beschwerden sogar vollkommen abbiegen, wenn Sie sich nur ein bißchen umstellen. Versuchen Sie es zum Beispiel hiermit:

Schenken Sie Ihrer Frau jeden Tag fünf Minuten
Wählen Sie jeden Tag eine Zeit, in der Sie Ihre Aufmerksamkeit fünf Minuten lang ausschließlich Ihrer Frau schenken. Machen Sie das zu einem neuen Teil Ihrer alltäglichen Routine. Nur Sie wissen, wann es am besten paßt. Vielleicht, wenn Sie abends ins Bett gehen, kurz bevor Sie morgens anfangen, die Zeitung zu lesen, gleich nach dem Abendessen, während einer von Ihnen aufräumt, während der ersten Werbepausen, wenn Sie fernsehen (ohne Ton natürlich), oder nachdem Sie die Kinder zu Bett gebracht haben. Es könnte auch ein Anruf in Ihrer Mittagspause sein oder am späten Nachmittag, kurz bevor Sie gehen. Suchen Sie sich eine Zeit aus, die in Ihren Tagesablauf paßt.
Es ist egal, was Sie in diesen fünf Minuten tun, solange Sie sich dabei voll und ganz auf Ihre Frau konzentrieren. Hier eine kleine Auswahl von Möglichkeiten, die Wunder bewirken werden, wenn Sie sie regelmäßig praktizieren:

A. Erkundigen Sie sich nach ihrem Tagesablauf. »Wie war dein Tag, Schatz?« Das sind magische Worte für jede Frau. Dann müssen Sie ihr zuhören – nur fünf Minuten. Wenn sie nicht viel zu erzählen hat, so ist das in Ordnung. Probieren Sie eine der anderen Möglichkeiten aus meiner Werkzeugkiste aus. Morgen hat sie vielleicht mehr zu erzählen, und in jedem Fall wird sie begeistert sein, Ihre ungeteilte Aufmerksamkeit zu haben. Sie wird Ihr aufmerksames Zuhören so interpretieren, daß sie Ihnen wichtig ist, daß Sie aufrichtig an ihr interessiert sind, daß Sie ihre Gesellschaft genießen – alles von großer Bedeutung für Frauen.

B. *Sagen Sie etwas Positives über sie oder Ihre Beziehung.* Es kann eine Gefühlsäußerung sein, ein Kompliment, eine Beobachtung, irgend etwas Positives. Zum Beispiel:

- Du siehst sehr hübsch aus.
- Ich finde es toll, was für eine großartige Mutter du bist.
- Ich habe wirklich Glück, daß du so gut kochst.
- Ich genieße unsere gemeinsamen Abende.
- Ich liebe dich.
- Ich weiß es zu schätzen, wie sauber du das Haus hältst.
- Du bist die Allerbeste.
- Ich bin froh, daß dir deine Arbeit so gut gefällt.
- Neulich beim Elternabend warst du wirklich großartig.

C. *Berühren Sie sie zärtlich.* Nehmen Sie Ihre Frau spontan in den Arm oder küssen Sie sie auf Nacken oder Stirn. Legen Sie den Arm um sie. Halten Sie ihr Gesicht in den Händen, und lächeln Sie sie an. Legen Sie ihr die Hand auf den Rücken oder beide Hände um die Taille. Reiben Sie ihr ein paar Sekunden die Schultern. Frauen *lieben* nichtsexuelle Berührungen. Damit sagen Sie ihr: »Ich liebe dich und muß gerade daran denken und freue mich über dich.«
Variieren Sie Ihre Berührungen. Wenn Sie sie sonst fest umarmen, tun Sie es jetzt ganz sacht und zärtlich. Wenn Sie sie gewöhnlich auf den Mund küssen, küssen Sie ihre Augen oder ihre Wange.
Ich habe so viele Frauen klagen hören: »Er faßt mich nur an, wenn er mit mir schlafen will.« Sie können mit einer innigen Umarmung oder ein paar zärtlichen Küssen *ganz* groß bei einer Frau landen.

D. *Fragen Sie sie nach etwas, das sie gerade besonders beschäftigt.* Wenn Sie sich daran erinnern, daß ihre Schwester krank ist, daß sie im Büro an einem schwierigen Bericht arbeitet, daß ihr Chef wütend auf sie war, oder daß sie heute zum Arzt mußte, und Sie erkundigen sich speziell danach, so zeigen Sie ihr, daß Sie auf sie eingestimmt sind, daß Sie ihr Aufmerksamkeit schenken, daß Sie sich um sie sorgen – und das wünscht sich Ihre Frau mehr von Ihnen als alles andere.

Was immer Sie damit anfangen, nehmen Sie sich jeden Tag fünf Minuten, in denen Sie Ihrer Frau ungeteilte Aufmerksamkeit schenken und sich als Teil Ihrer täglichen Routine wie das Zähneputzen auf sie »einlassen«. Viele männliche Teilnehmer meiner Seminare wußten von hervorragenden Ergebnissen dieses Experiments zu berichten.

Experiment 20 a (Nur für Männer)
Lassen Sie sich ein
Suchen Sie sich einen Zeitpunkt, der Ihnen für Ihr tägliches fünfminütiges »Einlassen« am besten paßt.

Versuchen Sie es in der ersten Woche zunächst mit jedem der vier obigen Vorschläge: Erkundigen Sie sich nach dem Tagesablauf Ihrer Partnerin, machen Sie ihr ein Kompliment oder eine positive Bemerkung über Ihre Beziehung, berühren Sie sie zärtlich oder fragen Sie sie nach etwas, das sie gerade besonders beschäftigt. Warten Sie am darauf folgenden Tag ab, was Ihnen von sich aus für Ihre fünf Minuten einfällt.

Seien Sie nicht zu streng mit sich, falls Sie an Tagen, die chaotisch und hektisch sind, die fünf Minuten einmal vergessen oder einfach nicht dazu kommen. Bemühen Sie sich jedoch bewußt, sich mindestens zwei Wochen lang jeden Tag »einzulassen«.

Beantworten Sie am Ende dieser zwei Wochen in Ihrem Tagebuch oder der Person, die Sie unterstützt, folgende Fragen: Gefällt Ihnen die Einlaß-Übung? Warum oder warum nicht?

Haben Sie bei Ihrer Frau eine Veränderung wahrgenommen? Hat sie erwähnt, daß Sie bei Ihnen eine Veränderung feststellt?

Möchten Sie sich weiterhin jeden Tag fünf Minuten »einlassen«? Warum oder warum nicht?

GIL: »Meine Frau bittet mich seit Jahren, sie ›mehr zu lieben‹, und ich konnte mir nie vorstellen, was sie damit meinte – weil sie nie konkret sagte, was sie sich wünschte. Diese Übung war sehr interessant für mich. Ich fand die Vorschläge blöd, aber ich führte sie trotzdem aus. Meine Frau konnte gar nicht glauben, wie sehr ich mich verändert hatte, und fragte immer wieder, *was denn bloß passiert sei.* Und mir gefiel, wie *sie* sich veränderte. Diese kleine ›Einlaß‹-Geschichte gab unserem Leben ein völlig anderes Gesicht.«

ROY: »Es ist mir unheimlich schwergefallen. Ich wollte es ausprobieren, aber ich vergaß es immer wieder. Ich machte das Experiment mit einem Freund zusammen, und eines Tages sagte er: ›Du bist so geistesabwesend, daß du dich gar nicht mehr daran erinnerst, wie man sich einläßt, geschweige denn es tun kannst!‹ Er wollte mich aufziehen, aber irgendwie wußte ich, daß er recht hatte. Ich war wirklich sehr unaufmerksam. Danach fing ich an zu überlegen, daß ich mir mehr Mühe geben sollte... Wenn ich meine Frau umarmte, umarmte sie mich auch, und es war wunderschön. Wenn ich sie nach ihrem Tagesablauf fragte, hatte sie mir eine Menge zu erzählen. Allmählich erkannte ich, daß diese kleinen Gesten gar nicht so klein waren... Ich würde sagen, das Wichtigste an dem Experiment war für mich, daß es mir half zu verstehen, was Frauen wollen. Ich hatte einfach angenommen, unser gemeinsames Leben – und das Miteinanderschlafen – wären genug. Für mich war es das, aber Frauen sind anders.«

In *The Way of Marriage* gibt Henry Borys eine Anekdote aus seinem Tagebuch wieder (seine Frau heißt Susan):

»[Ich merkte], daß ich in letzter Zeit vielleicht etwas nachlässig gegenüber Susan geworden war. Also faßte ich insgeheim den Entschluß, ihr jeden Tag mindestens zwei Dinge zu geben, die ihr das Leben erleichtern sollten.

Das ist jetzt fast drei Wochen her, und bislang habe ich mich an meinen Entschluß gehalten. Jeden Abend beim Essen vergewissere ich mich im Geiste, daß ich mindestens zwei Dinge zu ihrer Unterstützung getan habe; wenn das nicht der Fall ist, erledige ich sie noch vor dem Schlafengehen. Täglich zwei Dinge zu geben, mag nicht viel erscheinen, doch es bewirkt Wunder für unsere Beziehung. Ich weiß nicht, wie oft Susan in der letzten Woche mit geradezu ehrfürchtigem Gesichtsausdruck gesagt hat: ›Ich kann gar nicht glauben, wie sehr du dich verändert hast.‹«

Beziehungsprobleme allein lösen: Methode 8b

Nur für Frauen: Hören Sie auf, ihn zu belehren

»Ich habe eine Frage«, sagte ein Mann zu mir, nachdem ich einen Vortrag gehalten hatte. »Warum wollen Frauen ihre Männer immer ändern?«
Er sprach damit das aus, worüber sich die meisten Männer bei Frauen beklagen. Männer fühlen sich von der Frau, die sie angeblich liebt, oft kritisiert, nicht anerkannt, bedrängt, gerügt und zurechtgewiesen.

– Sie nörgelt zuviel an mir herum.
– Ich habe nie das Gefühl, daß ich es ihr recht mache.
– Sie möchte, daß ich jemand anders bin.
– Sie will mich kontrollieren – was ich mir im Fernsehen angucke, wann ich Zeitung lese, wie ich mit den Kindern spiele. Alles.
– Sie sagt mir ständig, wie ich etwas besser machen könnte.
– Sie läßt mich nicht in Ruhe. Sogar für meine eigenen Projekte kommt sie mir mit Ratschlägen.

Halten Sie einen Moment inne, und denken Sie an die Verhaltensweisen, die der Mann an Ihrer Seite Ihrer Meinung nach immer noch ändern sollte. Woran »erinnern« Sie ihn ständig? An seine Tischmanieren? Seinen Fahrstil? Seinen Umgang mit den Kindern? Daß er das Geschirr nicht sauber genug abwäscht? Daß sein Arbeitszimmer zu unordentlich ist? (Listen Sie Ihre Lieblingsärgernisse selbst auf.)

Was genau erreichen Sie nun mit Ihren hartnäckigen Belehrungen?

Sicherlich nicht, daß sich sein Verhalten ändert, sonst würden Sie nicht mehr darauf herumhacken.

Statt dessen kommt bei dem Mann, den Sie lieben, unterschwellig die Botschaft an: »Du bist nicht gut genug so, wie du bist.«

Wenn Ihr Mann Glück hat, werden ihn seine natürlichen Instinkte gegen derartige Angriffe schützen. Besonders wenn er als Kind oft kritisiert wurde, hat er gelernt, diesen verbalen Spitzen innerlich mit seiner eigenen Meinung über sich zu begegnen: »Ich bin in Ordnung so, wie ich bin. Ich bin gut genug. Ich mag mich, auch wenn du mich nicht magst.« Die »abwehrende« Reaktion, die Ihnen nicht gefällt, ist für ihn eine gesunde Defensivhaltung. Interpretieren Sie seine mangelnde Bereitschaft, sich zu ändern, nicht als bewußte Sturheit oder fehlenden Kooperationswillen. Die Wahrheit ist die, daß er nur tut, was er tun muß, um sich angesichts Ihrer Kritteleien trotzdem gut zu fühlen. (Egal, wie Sie sie formulieren, so versteht er sie.) Ihr Mann sorgt für sein Wohlergehen, aber um das zu tun, muß er sich eine gewisse Distanz zu Ihnen bewahren.

Falls Ihr Partner nicht so selbstbewußt ist, wird er Ihre Botschaften verinnerlichen, glauben, daß mit ihm etwas nicht stimmt, und sich schlecht fühlen. Während Sie denken, Sie

---

Experiment 20 b (Nur für Frauen)
Hören Sie auf, ihn zu belehren
1. Achten Sie in den nächsten Tagen ganz genau auf alles, was Sie zu Ihrem Mann sagen, und merken Sie sich jedesmal, wenn Sie ihn belehren, korrigieren, beraten oder ihm

Vorschläge machen. Wenn Sie Bleistift und Papier bei sich haben, notieren Sie sich den Gegenstand Ihrer Kritik oder Anregung. ODER, falls sie schon gut wissen, was Sie am meisten ärgert, listen Sie seine anstößigen Verhaltensweisen oder Gewohnheiten in Ihrem Tagebuch auf.

2. Schwören Sie sich selbst feierlich, daß Sie für einen bestimmten Zeitraum, der Ihnen angenehm ist (es kann eine Stunde, ein Wochenende, eine ganze Woche oder zwei Wochen sein), jedesmal, wenn Sie versucht sind, Ihren Mann zu korrigieren, zu beraten, zu belehren oder zu etwas anzuregen, Ihren Mund halten. Machen Sie Ihrem Mann statt dessen gelegentlich ein kleines Kompliment. Es kann sich auf das Verhalten beziehen, das Sie eigentlich korrigieren wollten, oder auch auf etwas völlig anderes.

3. Wenn Ihnen ein Ausrutscher passiert und Sie sich nicht rechtzeitig bremsen können, lächeln Sie einfach über sich. »Uups. Ich nun wieder!« Rechnen Sie es sich als Verdienst an, daß Sie Ihren Ausrutscher bemerkt haben, und achten Sie darauf, wie Sie sich jetzt fühlen, nachdem Sie Ihren Mann »belehrt« haben, und wie die Stimmung zwischen Ihnen beiden ist.

4. Schreiben Sie am Ende Ihrer Probezeit eine Einschätzung in Ihr Tagebuch. Beantworten Sie folgende Fragen:

a) Wie erfolgreich waren Sie damit, von heute auf morgen Ihr belehrendes Verhalten aufzugeben? Benoten Sie sich mit 1, 2, 3, 4 oder 5.

b) Wie fanden Sie das Experiment? Hat es Ihnen gut gefallen, ging es Ihnen gegen den Strich, oder war es irgend etwas dazwischen? Erläutern Sie Ihre Gefühle so gut wie möglich.

c) Haben Sie besondere Veränderungen an Ihrem Mann wahrgenommen? Worin bestehen sie? Wie beurteilen Sie sie?

d) Wie ist die Stimmung zwischen Ihnen im Moment? Hat sie etwas mit Ihrem Experiment zu tun?

e) Würden Sie das Experiment gern noch eine Weile fortsetzen? Warum oder warum nicht? (Wenn ja, legen Sie den nächsten Zeitraum fest, und machen Sie weiter!)

helfen ihm, untergraben Sie stetig seine Selbstachtung. Diese Reaktion entfernt ihn ebenfalls von Ihnen.

Egal, was er tut, das Sie aufregt, *Ihre Beziehung ist wichtiger als eine bestimmte Verhaltensweise oder Angewohnheit, die Ihnen nicht an ihm gefällt.* Mit Belehrungen und Ratschlägen schaffen Sie es nicht, daß Ihr Mann sich ändert; Sie machen es ihm bloß schwer, sich Ihnen nahe zu fühlen – was Sie sich doch am meisten wünschen.

Hören Sie einfach damit auf. Ihr Mann braucht Ihren Rat nicht, Ihre Vorschläge, Ihre Erinnerungen, Ihre Zurechtweisungen. Machen Sie Schluß damit, gleich jetzt, von einer Minute zur anderen. Sie haben in dieser Ehe nicht allein das Sagen. Sie sollen das Verhalten Ihres Mannes nicht kontrollieren. Davon war im Ehegelübde nicht die Rede. Ihnen und Ihrem Mann wird es sofort bessergehen, wenn Sie Ihr Belehren und Anempfehlen vollkommen aufgeben.

Hier noch ein Eintrag aus *The Way of Marriage*, Henry Borys' Tagebuch:

»... Liebe ist Kritik vorzuziehen. Liebe nährt und besänftigt, sie schafft Vertrauen und ebnet den Weg, einander wachsen zu helfen. Kritik dagegen ruft Abwehr auf den Plan. Sie polarisiert. Sie untergräbt Vertrauen. Sie ist nie selbstlos. Jeder Kritik liegt eine negative Reaktion zugrunde, ein Ego, das gewissermaßen unangreifbar und unausgewogen ist; das macht Kritik so schwer zu akzeptieren, auch wenn sie berechtigt ist. Kritik wendet sich an den Makel einer Person; Liebe wendet sich an die Person hinter dem Makel.«

Wir haben inzwischen sechs sofort anwendbare Ideen kennengelernt, wie Sie Ihre häusliche Atmosphäre aufhellen und entlasten können, und acht Strategien, um spezifische Probleme in Ihrer Ehe zu lösen oder zu mindern. Es wird das naturgemäße Ergebnis dieser Strategien sein, daß Sie und Ihr Partner einander näher kommen und somit mehr gemeinsame Freuden und gegenseitige Unterstützung erleben.

Im nächsten Kapitel wollen wir uns ansehen, wie Sie ganz direkt das Thema Nähe in Ihrer Beziehung angehen und vielleicht sogar eine eventuelle »Intimitätsdiskrepanz« ausgleichen können.

Kapitel 6
Wie Sie allein es schaffen, daß Sie beide sich sehr nahe kommen: Intimität und Zweisamkeit

Man sagt, Liebe sei ein Tätigkeitswort, zu lieben heiße, sich liebevoll zu verhalten. Vielleicht. Aber Liebe ist auch ein Gefühl! Eine der Qualitäten, die eine Liebesbeziehung über die Jahre trägt, ist der Reichtum an Emotionen zwischen Ihnen beiden. Natürlich kommen und gehen die Gefühle, doch die meisten Paare sehnen sich nach der Erfahrung von Nähe, leidenschaftlichen Momenten, dem Gefühl besonderer Verbundenheit, warm aufwallender Zuneigung und Bewunderung und dem tiefen Behagen an der Gegenwart des anderen. Die meisten Paare wollen nicht nur eine intime Beziehung, sie wollen diese Intimität auch spüren.

Zwei Menschen können wenig Konflikte haben und generell gut zueinander passen. Wenn sie aber das *Gefühl* der Liebe zwischen sich nicht nähren, wird ihre Beziehung schal. Sie werden den Eindruck bekommen, daß irgend etwas fehlt, daß sie um etwas betrogen werden, daß die Flamme erloschen ist. Erst in den letzten dreißig Jahren hat sich dank der sexuellen Revolution, der zeitgenössischen Frauenbewegung und dem Aufkommen humanistischer Therapieformen das Interesse an Intimität gegenüber vorangegangenen Generationen deutlich verstärkt. Während man früher aus Gründen der Sicherheit heiratete, um eine Familie zu gründen, einen Platz in der Gesellschaft zu erlangen, erwarten wir heute weitaus mehr: Wir wünschen uns tiefe Freundschaft, Leidenschaft, großartigen Sex, radikale Selbstoffenbarung, geistige Übereinstimmung, eine Verbundenheit der Herzen. Wir wünschen uns nichts mehr als eine Seelenverwandtschaft. Das ist angemessen.

Wenn es in Wissenschaft und Technik Fortschritte gibt, warum dann nicht auch in menschlichen Beziehungen?

Unsere neue, positive Sicht der Liebe hat allerdings auch unerwünschte Nebenwirkungen. Wie bei jeder größeren Veränderung ist die Übergangsphase eine Zeit der Verwirrung, der auseinanderklaffenden Erwartungen, der mühevollen Kommunikation und der Experimente. Insbesondere unsere wachsenden Erwartungen an das, was zwischen zwei Menschen möglich ist, werfen ein Schlaglicht auf die Unterschiede zwischen Männern und Frauen generell und zwischen denen, die sich mehr Intimität wünschen, und denen, die auch mit weniger zufrieden sind.

Um zu sehen, wie Sie es ganz allein schaffen können, daß Sie beide einander *sehr* nahe kommen, müssen wir diese Unterschiede untersuchen.

Die Intimitätsdiskrepanz

Es wird weithin angenommen, daß Frauen mehr an Intimität interessiert sind als Männer. Männer sind bekannt dafür, daß sie Dinge von sich geben wie: »Ich habe dir bei unserer Hochzeit gesagt, daß ich dich liebe, und das steht, bis ich dir sage, daß sich etwas geändert hat.« Frauen reden unter sich endlos darüber, daß Männer nur zärtlich werden, wenn sie Sex wollen, daß sie immer abwesend scheinen, nicht merken, wenn wir etwas Besonderes anhaben oder ihnen ihr Lieblingsdessert servieren. Sie scheinen zu lieben, ohne sich ihrer Liebe bewußt zu sein. Sie *sprechen* nie darüber.

Diese »Intimitätsdiskrepanz« ist wie ein grausamer kosmischer Witz. Frauen ersehnen sich Romantik und Zuwendung genau von den Wesen, denen sowohl das Interesse als auch die Fähigkeit fehlt, sie ihnen zu geben, und die genetisch so gepolt sind, daß sie alles andere als wichtiger erachten.

Wir Frauen sind in der Zwickmühle: Bitten wir um mehr

Zärtlichkeit und verbale Liebesäußerungen, fühlen die Männer sich kritisiert und bedrängt und werden vielleicht sogar noch zurückhaltender. Bitten wir aber nicht darum, so gerät das Thema Nähe ganz in Vergessenheit. Was soll eine Frau also tun?

Es gibt eine Lösung für dieses Problem, die auf den Prinzipien in diesem Buch basiert. Sie ist nicht nur Theorie, sie funktioniert. Sie kann Ihrer Frustration ein Ende bereiten. Gehen wir auf eine kleine Entdeckungsreise.

Wir wollen bei der Intimitätsdiskrepanz zunächst ansetzen wie bei einem klassischen Machtkampf, das heißt, die Methode zur Umdeutung eines Machtkampfes anwenden, die wir in Kapitel fünf gelernt haben. Wie wir dort sahen, ist die Polarisierung ein Problem, bei der nur zwei gleichermaßen unbefriedigende Lösungen möglich sind, eine Falle. Wir müssen also Bedingungen schaffen, die erlauben, daß eine dritte Alternative sichtbar wird.

In Interviews über Intimität mit nachdenklichen Männern und Frauen habe ich versucht, derartige Bedingungen herzustellen. Ich vertrat dabei die Position, daß ich mich zurücknehmen und Verständnis für die andere Seite entwickeln müsse. Ich lade Sie dazu ein, dasselbe zu tun, während Sie folgendes lesen.

Von Frauen hörte ich genau das, was ich erwartet hatte. Frauen wünschen sich *verbale* Liebesäußerungen. Wir finden es vollkommen unverständlich, daß es für Männer so eine große Sache ist, zu sagen: »Du bist etwas ganz Besonderes! Ich habe großes Glück, daß ich mit dir zusammen bin« oder »Meine Güte, Schatz, du siehst einfach umwerfend aus!« oder »Ich liebe dich« oder tausend andere simple verbale Bestätigungen von sich zu geben.

Wir möchten körperliche Zärtlichkeit von Männern nicht nur dann, wenn sie zum Sex führen soll. Wir wünschen uns romantische Gesten wie Blumen oder wohlüberlegte Gefälligkeiten zu speziellen Anlässen oder, besser noch, an beliebigen Tagen. Wir wünschen uns Augenblicke der Zweisamkeit, in denen wir uns nur aufeinander und sonst nichts konzentrieren. Wir wünschen uns jenes Gefühl, zusammen an einem heiligen Ort zu sein, einem Ort, den nur wir beide kennen. Wir möchten Momente, in denen wir uns in der Freude des Zusammenseins sonnen und so ineinander aufgehen, daß in diesen Momenten nichts anderes existiert. Kurz gesagt, möchten wir, daß Männer uns nicht bloß lieben, sondern sich bewußt. machen, daß sie uns lieben, darauf achten, wie es sich anfühlt, uns zu lieben, und diese Gefühle ausdrücken. Wir wollen nicht, daß Männer uns als selbstverständlich hinnehmen.

Wenn Männer über Intimität reden und darüber, wonach sie sich in einer Beziehung sehnen, klingt das ganz anders. Alle Männer, die ich interviewte, trugen dasselbe vor:

»Ich wünsche mir das Wohlgefühl, jeden Tag mit der Person zusammenzusein, die ich liebe. Ich genieße ihre Gesellschaft.«

»Ich liebe es, wenn wir uns nachts im Bett aneinanderkuscheln. Ich liebe es, mit ihr zusammen Sachen zu tun, die Spaß machen – lachen, im Garten herumwerkeln, kleine Wochenendausflüge, sich mit den Kindern beschäftigen, die Wohnung einrichten, Essen zubereiten, ins Kino gehen. Den gemeinsamen Alltag eben. Ich mag die Ungezwungenheit, die sich einstellt, wenn man jemanden sehr gut kennt und nicht ständig auf der Hut sein muß.«

»Es gefällt mir, wenn meine Partnerin mir zugesteht, unvollkommen zu sein, wenn ich zum Beispiel kurz angebunden bin und meine Frau einfach darüber hinweggeht. Sie nimmt es nicht persönlich.«

»Ich spreche gern über unsere Arbeit, meine oder ihre, über Aufregungen oder Probleme, die es dabei gibt.«

»Ich mag besondere Ereignisse wie Auswärtsessen, Tanzengehen.«

Ein Mann formulierte das, was ich von den anderen auch zu hören meinte, auf besonders überraschende Weise:

MICHAEL: »Ich denke gar nicht über unsere Beziehung nach. Ich nehme sie als selbstverständlich. Ich finde, ›die Beziehung als selbstverständlich nehmen‹, sollte *nicht* negativ aufgefaßt werden! Für mich ist das etwas Gutes. Es ist das, wonach ich mich sehne. Ich fühle mich sicher und geborgen. Die Beziehung ist unkompliziert. Ich weiß, daß wir uns innig lieben. Ich empfinde absolute Freude darüber, daß ich meine Seelengefährtin gefunden habe und mich mit ihr wohl fühle. Ich muß mir keine Sorgen über die Beziehung machen. Und ich muß nichts dafür tun, daß sie zustande kommt – oder daß sie so bleibt.

Wenn eine Beziehung schlecht läuft, kann ich sie nicht als selbstverständlich nehmen. Ich habe jahrelang eine solche Ehe geführt; es war schrecklich. Ich war immer nervös, konnte mich nie entspannen.

Man macht eine Menge durch, bevor man dahin kommt, daß man eine Beziehung als selbstverständlich nimmt. Am Anfang habe ich meine Frau idealisiert. Ich war sehr empfindsam und offen und vertrauensvoll. Aber dann geschahen Dinge, die mich vorsichtiger mit meiner Offenheit umgehen ließen. Es war nichts Bösartiges oder so. Nur als meine Frau zum Beispiel eine falsche geschäftliche Entscheidung traf, oder als sie so depressiv wurde, wie ich es nie erwartet hätte, das war schmerzlich. Jetzt merke ich, daß unsere Beziehung all das trägt. Es gibt nichts mehr, das mir angst macht. Ich kenne meine Frau. Es wird keine großen Überraschungen mehr geben. Ich bin jetzt in einer Situation, die rationaler und ausgewogener ist als damals, als ich so betört von ihr war. Es ist eine wunderbare, wohltuende Situation. Ich kann ihr völlig vertrauen, weil ich sie so gut kenne.

Die Qualität, von der ich spreche, ist wie eine Meditation, bei der man versucht, alles Unwesentliche aus dem Weg zu schaffen, um Erleuchtung zu erlangen. Es ist, als ob man so in etwas eintaucht, daß es einfach fließt und man nicht mehr an die

Zeit denkt. Es ist etwas unbekümmert Freudvolles, das Zen einer Beziehung sozusagen. Man erreicht einen Punkt, wo sie geschieht, ohne daß man etwas dafür tun muß. Es ist eine Wonne, an diesem Ort zu sein, wo wir wissen, daß wir uns lieben, und es einander nicht dauernd bestätigen müssen. Ich finde, es ist der beste Ort auf der Welt, an dem man mit jemandem sein kann. Für mich ist es die totale Seligkeit. Es gibt keine Unsicherheit. Man braucht sie nicht zu pflegen.

Ein Grund, warum ich meine Liebe nicht so oft verbal äußere, ist der, daß dieses Gefühl, das ich beschreibe, sehr schwer in Worte zu fassen ist. Ich fühle mich, als hätte ich schon alle Worte aufgebraucht, die ich habe, und als seien sie eigentlich nicht adäquat. Ich würde aber nicht sagen, daß mir nicht bewußt ist, wie glücklich und verliebt ich bin. Ganz im Gegenteil, ich bin mir ständig bewußt, wie glücklich mich meine Frau macht. Und Sie sehen es ja, wenn Sie mich fragen, kann ich darüber reden!

Ich möchte aber auch sagen, daß ich weiß, meine Frau würde gern von mir hören, daß ich sie liebe, daß sie mir alles bedeutet, und ich weiß, daß sie sich Blumen wünscht und spontane Umarmungen, und das ignoriere ich keineswegs. Sicher tue ich das nicht so oft, wie sie es gern hätte, doch ich tue es! Ein Grund, warum ich meine Liebe nicht öfter verbalisiere, ist der, daß sie es so oft tut. Es gefällt mir, daß sie über unsere Beziehung spricht, und es gibt mir das Gefühl, daß ich mich nicht darum sorgen muß. Jemand ›kümmert sich‹ schon um die Gewißheit, daß wir uns lieben. Ich kann sie als selbstverständlich nehmen! Was für ein zutiefst befriedigendes Gefühl!«

Als ich diesen Männern zuhörte, wurde mir plötzlich klar, daß *Männern ebenso vorenthalten wird, was sie sich wünschen, wie Frauen.* Ein Mann kann diese fließende, Geborgenheit vermittelnde, wohltuende Liebe nicht erleben, wenn seine Partnerin ihn ständig kritisiert, er sei nicht romantisch genug, und ihn damit plagt, er solle seiner Liebe stärkeren Ausdruck verleihen. Ebenso bekommen Frauen ihre kostbaren Momente der innigen Nähe nicht, wenn Männer es so genießen, die Beziehung als selbstverständlich nehmen zu können.

Ich verspürte ein Verständnis für Männer, das ich zuvor nie hatte.

Lassen wir noch einige andere Männer zu Wort kommen.

Obwohl Michael die Wendung »eine Beziehung als selbstverständlich nehmen« benutzte, um ein positives Gefühl der Geborgenheit und des mühelosen Fließens zu beschreiben, war den meisten anderen Männern und Frauen, bei denen ich sie ausprobierte, nicht wohl bei diesen Worten. Bruce formulierte es so: »›Unsere Liebe als selbstverständlich hinnehmen‹, bedeutet für mich einen Mangel an Respekt. Es heißt, daß einem die Beziehung nicht sehr wichtig ist. Es heißt, daß man sie nicht zu würdigen weiß, daß man nicht dankbar ist für das, was man hat, daß man gar nicht richtig weiß, was man hat.

Ich glaube, was Michael meint, ist ›Vertrauen‹, eine tiefe Sicherheit, bei der es nicht nötig ist, außergewöhnliche Dinge zu tun, um die Beziehung zu erhalten.«

DAVID: »Meine Frau meint, ich sage ihr nicht genug, daß ich sie liebe. Ich finde aber, daß ich ihr meine Liebe ständig *zeige*. Ich habe immer das Frühstück für sie fertig, wenn sie nach unten kommt. Ich bezahle die Rechnungen. Ich besorge uns Theaterkarten. Ich erinnere sie daran, ihre Regenhaube mitzunehmen, wenn es nach Regen aussieht. Ich bin bei der Liebe sehr leidenschaftlich. Ich bringe ein gutes Gehalt nach Hause. Und so weiter! Vielleicht spüre ich auch eine ›Intimitätsdiskrepanz‹! Ich habe das Gefühl, sie würdigt nicht, was ich für sie und für uns tue. Wenn ich vergesse, ihr zu sagen, wie reizend sie aussieht, ist gleich alles vergessen, was ich für sie tue, nicht mehr existent!

Ich gebe zu, daß ich oft positiv über sie denke und es nicht laut ausspreche, wenn sie zum Beispiel etwas Leckeres kocht oder besonders hübsch aussieht, was sie meistens tut, und ich nichts sage. Ich weiß nicht, woher das kommt. Es ist keine Absicht. Ich denke einfach nicht daran, es zu sagen, oder komme irgendwie nicht dazu oder sonstwas. Es heißt nicht, daß ich sie nicht trotzdem schätze und liebe. Und das weiß sie! Natürlich weiß sie, daß ich sie liebe. Mein ganzes Leben dreht sich darum, daß ich sie liebe.«

JEFFREY: »Was mich so frustriert, ist, daß ich mich wirklich wohl in meiner Haut fühle und mit dem, was ich mache. Ich bin kompetent und erfolgreich. Und ich weiß, daß meine Freundin das an mir liebt. Sie würde nicht mit einem Waschlappen zusammensein wollen. Aber alles, was ich von ihr höre, ist, daß ich ›empfindsam‹ sein soll. Ich bin bestimmt kein Macho-Typ. Ich gebe es zu, wenn ich im Unrecht bin. Ich höre ihr zu, wenn sie mir erzählt, was bei ihr so los ist, und ich achte sorgfältig darauf, nicht sofort Lösungen anzubieten! Ich habe einfach das Gefühl, sie will etwas von mir, das ich nicht bin, und das schafft eine Barriere zwischen uns, die nicht da sein müßte.«

ADAM: »Wenn Donna sagt: ›Laß uns miteinander reden‹, dann ist das für sie etwas Großartiges, Wundervolles. Sie kann es gar nicht abwarten. So stellt sie sich den perfekten Nachmittag vor – ob wir nun darüber sprechen, wie gut wir miteinander auskommen, oder über irgendwas, an dem wir ihrer Meinung nach arbeiten müßten. Aber ich habe, wenn sie sagt: ›Laß uns miteinander reden‹, die gegenteilige Reaktion. Nicht, daß ich nicht mit ihr reden wollte, aber irgendwie verspüre ich dann eher Panik als freudige Erregung. Ich habe das Gefühl, daß ich mich auf einem Terrain bewege, das mir nicht geheuer ist, ein Terrain, auf dem sie sich auskennt und ich mich nicht. Ich befürchte, daß ich kritisiert werde. Sie möchte, daß das Reden ein Vergnügen für uns ist, doch für mich ist es das nicht. Und ich finde nicht, daß sie im Recht ist und ich im Unrecht. Ich würde viel lieber den Nachmittag damit verbringen, mit ihr segeln zu gehen oder uns einen Cappuccino zu machen und die Zeitung zu lesen. Warum hat sie dazu keine Lust?«

Ich glaube, man stimmt seit einiger Zeit in der Literatur und in unseren Wohnzimmern allgemein darin überein, die Lösung des Problems Intimitätsdiskrepanz bestünde darin, daß Männer ihre weiblichen Züge stärker entfalten sollten. Männer müßten einen besseren Zugang zu ihren Gefühlen entwickeln und sie offener ausdrücken. Männer müßten lernen, auf ihre Gefühle zu horchen, statt immer zu versuchen, sie zu rationalisieren oder auszuschalten. Männer müßten introspektiver werden, ehrlicher mit ihrem Schmerz umgehen, die guten, bereichernden Seiten von Verletzlichkeit, Verwirrtheit, Trauer, sogar Demütigung erfahren lernen, statt diese Gefühle zu unterdrücken, um nach außen hin hart zu wirken.

Die Frauenbewegung ist der Männerbewegung um zwei Jahrzehnte voraus, heißt es allgemein. Männer sind noch längst nicht so geübt wie Frauen in der besseren Integration ihres Yin und Yang. Mehr noch, wir Frauen stellen uns zur Verfügung, die Weiblichkeit der Männer zu wecken und zu nähren. Wir helfen euch!

Zweifellos enthält dieses Bild etwas Wahres. Eine Menge stimmt daran jedoch auch nicht. Besonders, weil wir hier nicht in erster Linie die Gesellschaft im Blick haben, sondern Ihre ganz persönliche Beziehung. Vielleicht wäre es schön, wenn irgendwann im nächsten Jahrtausend Männer und Frauen in sich ausgeglichener sind und einander mehr akzeptieren. Aber das hat nichts mit der Situation zu tun, in der Sie und Ihr Partner im Moment sind. Ob es uns paßt oder nicht, noch stecken wir mittendrin in der Revolution. Ich glaube, es ist wichtig, dies zunächst einmal hinzunehmen.

Das große Problem an der weithin anerkannten Diagnose, Männer sollten sich mehr an ihren Gefühlen orientieren, ist, daß es polarisiert! Frauen haben alles im Griff, Männer dagegen sind in ihrer psychischen und spirituellen Entwicklung zurückgeblieben. Schwarz-Weiß-, Entweder/Oder-Lösungen sind eine Falle, die unser Verstand uns stellt, um es uns leichter zu machen, zu gewinnen. In Wirklichkeit führt uns dieses Denken in eine Sackgasse, in der jeder verliert – weil es keine gute Lösung gibt, nur zwei Nicht-Lösungen: entweder Frauen bekommen ihren Willen oder Männer.

Was geschieht, wenn wir versuchen, Verständnis für den Standpunkt des anderen zu entwickeln und uns selbst zurückzunehmen? Wird eine dritte Alternative sichtbar, die uns *alle* befriedigt?

Ich selbst habe in meiner eigenen Ehe die recht drastische Erfahrung einer solchen Veränderung gemacht. Ich möchte sie mit Ihnen teilen, denn sie ist ein gutes Beispiel für eine sich auflösende Polarisierung und enthält, so finde ich, wichtige Hinweise darauf, wie Sie eine Intimitätsdiskrepanz ausgleichen können – nicht für die Gesamtgesellschaft, aber in Ihrer eigenen Beziehung.

Während ich versuchte, mich zurückzunehmen und den Männern, die ich interviewte, verständnisvoll zuzuhören, wurde mir klar, daß ich seit Jahren darauf aus war, meine Ehe so zu manipulieren, daß sie intimer wurde. Von Zeit zu Zeit redete ich mit Mayer über das, was ich mir wünschte. Ich gestaltete romantische Abende, Wochenendausflüge, wobei ich immer auf jene besonderen, intensiven Momente der vollkommenen Innigkeit abzielte. Ohne daß es mir bewußt war, lebte ich in dem Glauben, daß ich, täte oder sagte ich nur irgendwie das Richtige, *noch* schönere, *ganz* spezielle, angenehme Augenblicke und mehr Nähe zwischen uns heraufbeschwören könnte.

Im Laufe dieser Interviews dämmerte mir allmählich, was ich getan hatte. Ich erkannte jetzt, wie zufrieden Mayer mit unserer Beziehung ist, und welches Glück er hat, daß er nicht mit dieser unterschwelligen Sorge belastet ist, das Tüpfelchen auf dem i unserer Gemeinsamkeit könne noch fehlen. Ich sah, daß ich, indem ich mich an eine Idee klammerte, die nur in meiner Phantasie existierte, die unleugbare Intimität und Nähe schmälerte, die ich jeden Tag hätte haben können!

Also ließ ich locker. Es war ein geringfügiges innerliches Umschalten, das mein Leben aber sehr veränderte. Ich begann, genau das wahrzunehmen, was wirklich zwischen uns geschah, statt ständig auf subtile Weise zu versuchen, es zu beeinflussen, voranzutreiben. Ich mußte lachen vor Erleichterung – und über meine eigene Blindheit und Dummheit.

Ich hatte ganz allein gehandelt, mich entspannt und eine idealisierte Vorstellung preisgegeben und damit als nur eine von zweien uns beide viel näher gebracht.

Kameradschaft ist eine wichtige Form der Intimität. Schon die Tatsache, daß man soviel von seinem eigenen Leben mit einer einzigen Person teilt, ist ein geradezu erstaunliches Geschenk. Man hat immer jemanden, mit dem man essen, ausruhen, die Wohnung teilen, reisen, spazierengehen, sich einen Film ansehen, ja sogar schlafen kann. Man kann reden, muß aber nicht. Man kann stets man selbst sein, braucht nichts zu beweisen, um nichts zu kämpfen. Das Zusammensein ist mühelos und behaglich. Man weiß soviel von dem, was sich bei der anderen Person abspielt, sowohl innerlich als auch äußerlich. Das sollte man dankbar anerkennen und genießen.

Kameradschaft kann auf einer alltäglichen Basis eine tiefe Freude sein – wenn man nicht zu beschäftigt ist, um sie zu bemerken.

Gleichen Sie die Intimitätsdiskrepanz aus – allein

Was läßt sich also daraus schließen? Wie kann einer allein auf die Intimitätsdiskrepanz in Ihrer Beziehung einwirken?

Die Lösung liegt nicht darin, daß Männer sich um hundert Prozent ändern und Muster an physischer und verbaler Zärtlichkeit werden. Das ist zwar ein hübscher Tagtraum, den Frauen haben, doch wir vergeuden eine Menge Zeit, wenn wir warten, bis er sich erfüllt, Zeit, die wir nutzen könnten, um für beide lohnendere Ziele zu verfolgen.

Hier einmal ein ganz anderer Vorschlag, wie die Intimitätsdiskrepanz auszugleichen ist, eine Methode, wie Sie Ihr Bedürfnis nach Nähe befriedigen, egal, auf welcher Seite Sie stehen. (Ich habe dabei die »traditionellen« Bedürfnisse von Männern und Frauen vorausgesetzt. Falls die Rollen in Ihrer Beziehung umgekehrt sind, übertragen Sie das, was ich sage, einfach entsprechend.)

1. Machen Sie sich klar, daß beide Seiten die Intimitätsdiskrepanz spüren.

Ganz gleich, auf welcher Seite Sie stehen, Ihr Partner hat ebenfalls ein Problem, das genauso frustrierend ist wie das Ihre.

Frauen haben das Gefühl, ihnen würde eine bestimmte Intensität der Nähe und offenen Äußerung von Liebe vorenthalten. Sie meinen, sie würden als selbstverständlich angesehen.

Männer haben das Gefühl, sie könnten sich in der Beziehung nicht entspannen und ihr einfach vertrauen. Sie meinen, es würde nicht anerkannt, *was* sie alles zu der Beziehung beisteuern.

Frauen fühlen sich in der Zwickmühle: Wenn ich um Intimität bitte, schrickt er davor zurück. Wenn ich ihn nicht bitte, entzieht er mir seine Aufmerksamkeit. Nichts, was ich tue, gibt mir das, was ich mir wünsche.

Männer fühlen sich in der Zwickmühle: Wenn ich sie bitte, von mir abzulassen und sich gemeinsam mit mir zu entspannen, wird sie traurig und böse. Wenn ich sie nicht darum bitte, läßt sie mich überhaupt nicht mehr in Ruhe. Nichts, was ich tue, gibt mir das, was ich mir wünsche.

(Erinnern Sie sich, in einer Zwickmühle sind Sie nur dann, wenn Sie die andere Person zu ändern versuchen. Wenn Sie sich statt dessen darauf konzentrieren, sich selbst zu ändern, ist die Zwickmühle verschwunden. Und vielleicht auch der Widerstand Ihres Partners. Mehr dazu gleich.)

Männer erleben noch eine andere Zwickmühle: Wenn ich stark und kontrolliert bin, will sie, daß ich »verletzlich« bin. Wenn ich verletzlich werde, sieht sie ein Loch in dem Panzer der starken Person, die ich für sie sein soll, und das gefällt ihr nicht.

Wenn Sie von Ihrem Partner enttäuscht sind, denken Sie daran, daß Ihr Partner auch von Ihnen enttäuscht ist. Mildern Sie die Dringlichkeit Ihrer Position, und entwickeln Sie Verständnis für ihn oder sie.

2. Setzen Sie Ihren Partner nicht ins Unrecht.
Machen Sie sich klar, daß Ihr Lebensgefährte ein Recht darauf
hat, so zu sein, wie er oder sie ist.

Männer: Setzen Sie Ihre Frau nicht ins Unrecht, wenn sie sich
Zärtlichkeit und mündliche Liebesbeteuerungen wünscht. Sie
hat ein Recht auf diesen Wunsch.

Frauen: Setzen Sie Ihren Mann nicht ins Unrecht, wenn er sich
in der Beziehung entspannen und dort Trost und Geborgenheit finden und Ihnen durch sein alltägliches Handeln seine
Liebe zeigen möchte. Er hat ein Recht auf diesen Wunsch.

Nerven Sie Ihren Partner nicht. Wenn Sie in puncto Intimität
um etwas Besonderes bitten wollen, halten Sie sich an die
Richtlinien in Kapitel fünf.

**3. Schaffen Sie sich so oft wie möglich das, was Sie in Ihrer
Beziehung wollen, selbst. Sorgen Sie für die Befriedigung
Ihrer Bedürfnisse.**

Frauen: Sie sind die Person, die ihre Gefühle offener und de-
monstrativer zeigt, also tun Sie es mit Freuden. Sagen Sie Ihrem Partner, daß Sie ihn lieben. Initiieren Sie Umarmungen.
Berühren Sie Ihren Mann zärtlich. Genießen Sie es und stoßen
Sie sich nicht daran, daß Sie diejenige sind, die es öfter tut.

Wie der oben zitierte Mann meinte, ist ein Grund, warum er
nicht geneigt ist, ständig »Ich liebe dich« zu sagen, der, daß er
das Gefühl hat, seine Frau »kümmere sich« schon um derartige mündliche Bestätigungen. Er hat es gern, wenn sie Turtel-
täubchen spielt, aber er findet, es sei nicht nötig, ihr Verhalten
zu duplizieren. Er weiß es zu schätzen, daß sie für beide
spricht. Probieren Sie aus, ob es Ihnen vielleicht gar nichts
ausmacht, diese Rolle zu übernehmen, auch wenn Ihre Umarmungen und Worte nicht so oft erwidert werden, wie Sie es
möchten.

*Fordern Sie Ihren Lebensgefährten überdies zu liebevollen Be-
merkungen auf.* Ärgern Sie sich nicht, daß Sie fragen müssen;
tun Sie es ganz gelassen. Zum Beispiel: »Gefällt dir das, was
ich anhabe?« »Magst du meine Frisur?« »Die Pasta war rich-

tig lecker, oder?« »Ich finde, die Geburtstagsparty für Rachel ist mir sehr gut gelungen, meinst du nicht?«

Wenn Sie fragen ohne den leisesten Anflug von Ärger darüber, daß Sie überhaupt fragen mußten, und ohne jede implizite Kritik, erhalten Sie wahrscheinlich eine wohlüberlegte Antwort. Falls Sie das Gefühl der Benachteiligung, weil Sie fragen mußten, überwinden können, *bekommen Sie genau das, was Sie wollen!*

Oder sagen Sie das, was Sie gern von ihm hören würden; sprechen Sie es selber aus. »Ich finde es schön, daß ich die Küche abends immer so ordentlich aufräume. Das gibt mir ein gutes Gefühl.« Oder: »Ich freue mich, daß ich Mrs. Smith gegenüber so großzügig bin. Ich bin froh, daß ich ihr helfen kann.« Ihr Partner wird Ihnen vermutlich zustimmen oder Ihrer Bemerkung beipflichten. Genau das wünschen Sie sich. Es ist hundert Prozent besser als nichts – und das würden Sie wahrscheinlich bekommen, wenn Sie darauf warten, daß er etwas sagt. Machen Sie sich nichts daraus, daß Sie die Sache initiieren mußten.

Männer: Wenn Sie wollen, daß Ihre Partnerin sich nicht mehr daran stößt, daß Sie ihr Ihre Liebe nicht so oft versichern und Zärtlichkeiten zukommen lassen, versuchen Sie, es ihr so zu erklären, wie wir es hier diskutiert haben. Sagen Sie ihr, wie sehr Sie die Behaglichkeit und Geborgenheit Ihrer Beziehung genießen, und daß Sie, nur weil Sie nicht viel darüber sprechen, sie keineswegs als selbstverständlich ansehen. Sagen Sie ihr, wie gut es Ihnen gefällt, sich mit ihr zu entspannen, auch wenn Sie dabei nicht reden. Falls sie Ihnen aus der Seele sprechen, können Sie ihr vielleicht sogar vorlesen, was einige der Männer in diesem Kapitel dazu gesagt haben.

Bitten Sie sie überdies um die Anerkennung, die Sie gern von ihr hätten, für alles, was Sie für sie tun. Zum Beispiel: »Gefällt es dir, daß ich dir jeden Morgen das Frühstück mache?« »Ist es eine Erleichterung für dich, daß ich mich jeden Monat um die Rechnungen kümmere?« »Ich halte die Autos gut in Schuß, findest du nicht?« »Ist es dir nicht angenehm, daß ich ein so gutes Gehalt nach Hause bringe?« Wenn Sie fragen ohne den leisesten Anflug von Ärger darüber, daß Sie überhaupt fragen mußten, und ohne jede implizite Kritik, erhalten Sie wahrscheinlich eine enthusiastische Antwort. Falls Sie das Gefühl der Benachteiligung, weil Sie fragen mußten, überwinden können, *bekommen Sie genau das, was Sie wollen!*

Sie können auch einfach das, was Sie gern von ihr hören würden, selbst sagen. »Ich finde, die Kommunikation zwischen mir und unserem Sohn läuft richtig gut, und ich bin stolz darauf.« Vermutlich wird sie Ihnen zustimmen, und das ist hundert Prozent besser, als wenn keiner ein Wort darüber verlöre.

4. Finden Sie heraus, welche Eigenschaft Ihres Partners zu Ihrem eigenen Wachstum und zu Ihrem gemeinsamen Glück beiträgt.

Wir leben in einer Zeit, in der wir wissen, wie wichtig es ist, unsere individuellen männlichen und weiblichen Seiten auszubalancieren.

Frauen: Ist Ihr Partner für Sie ein Vorbild an Unabhängigkeit, Autonomie, Selbstsicherheit, klarem Denken, Energie? (Ergänzen Sie diese Aufzählung. Was könnten Sie von Ihrem Mann lernen?) Könnten Sie in gewisser Hinsicht besser für sich selbst sorgen? Wären Sie gern weniger abhängig von ihm? Zeigen Sie ihm Ihre Liebe durch Ihr alltägliches Handeln? Ginge es Ihnen besser, wenn Sie seine Fähigkeiten besäßen? Würden Sie sich dadurch zu einer ausgewogeneren Persönlichkeit entwickeln? Würde das Ihre Beziehung positiv beeinflussen?

Männer: Ist Ihre Partnerin für Sie ein Vorbild an Warmherzigkeit gegenüber anderen Menschen, emotionaler Aufrichtigkeit, Ausdrucksstärke in Gefühlsdingen, aktiver Zuwendung? (Ergänzen Sie diese Aufzählung. Was könnten Sie von Ihrer Frau lernen?) Könnten Sie Ihrem Innenleben mehr Aufmerksamkeit schenken, mehr Gefühle äußern, als Sie es tun? Würden Sie ein besserer Zuhörer werden? Könnten Sie Ihre eigene Verletzlichkeit zu schätzen lernen? Könnten Sie Ihre Liebe öfter durch verbale und körperliche Zärtlichkeiten zeigen? Ginge es Ihnen besser, wenn Sie diese Fähigkeiten besäßen? Würden Sie sich dadurch zu einer ausgewogeneren Persönlichkeit entwickeln? Würde das Ihre Beziehung positiv beeinflussen?

5. Versuchen Sie, Ihrem Partner zu geben, was er oder sie sich wünscht.

Bewegen Sie sich so weit auf Ihren Partner zu, wie Sie können. **Frauen:** Ihr Mann hätte es sehr gern, wenn Sie all das, was er für die Familie tut, bemerken und ihm dafür danken. Äußern Sie Anerkennung, wenn er den Müll hinausträgt, mit den Kindern spielt, Ihnen aus der Zeitung vorliest, Dosen für Sie öffnet, ... Auch wenn Sie diese Tätigkeiten als seine »Pflicht« ansehen, bestätigen Sie ihm, was für ein großartiger Kerl er ist, und danken Sie ihm. Und freuen Sie sich über das, was er tut. Versuchen Sie, sich zu entspannen und Ihr häusliches Leben so zu genießen, wie es tatsächlich ist. Lassen Sie das Phantasiebild von einer Beziehung, wie sie Ihrer Meinung nach sein sollte, sausen, und erfreuen Sie sich an ihr, wie sie wirklich ist. Versuchen Sie, noch weiter zu gehen. Versuchen Sie, bewußt ein klein wenig unabhängiger, selbstgenügsamer und mehr für sich zu sein. Tun Sie etwas, das Sie sehr gern tun würden, ganz allein. Oder beschließen Sie, wenn Ihr Partner Zeitung liest und Sie sich eigentlich lieber unterhalten würden, ebenfalls zu lesen.

Experimentieren Sie mit offenen Sinnen. Warten Sie ab, was Sie dabei lernen. Warten Sie ab, ob sich irgend etwas für Sie verändert. Vielleicht glauben Sie, Sie könnten das Ergebnis Ihrer Experimente vorhersagen, doch ob Ihre Vorhersage richtig war, werden Sie erst wissen, wenn Sie sie tatsächlich durchgeführt haben.

Männer: Bewegen Sie sich so weit auf Ihre Partnerin zu, wie Sie sich dabei wohl fühlen. Ihre Frau wird begeistert sein, wenn Sie ihr sagen, was Sie an ihr lieben, wenn Sie sie zärtlich berühren oder ihr unerwartet ein kleines Geschenk mitbringen. Was sie am meisten schätzt, sind verbale Bestätigungen Ihrer Liebe. Auch kurze bewirken schon Wunder. Die Vorschläge »nur für Männer« in Kapitel fünf sollen Sie dazu anregen.

Ein Mann, den ich interviewte, meinte dazu folgendes:

»Deiner Frau gegenüber auf verschiedene Weise laut auszusprechen, daß du sie liebst, ist für sie sehr wichtig. Ich mußte es auch erst lernen. Meine Frau hat es mir beigebracht. Aber es ist etwas, das ich meinen Sohn ganz bestimmt lehren werde. Wenn es ihr soviel bedeutet und so einfach ist, dann tu es!«

Versuchen Sie, noch weiter zu gehen. Initiieren Sie ein Gespräch mit Ihrer Partnerin, in dem Sie über etwas reden, das Sie beunruhigt, oder etwas in der Vergangenheit, das Sie bereuen. Oder entschuldigen Sie sich bei ihr für etwas, das Sie aus Gedankenlosigkeit taten, auch wenn es weit zurückliegt. Mit anderen Worten, versuchen Sie ihr etwas mitzuteilen, das Sie verletzlich erscheinen läßt. Wenn Frauen das unter sich tun, fühlen sie sich miteinander verbunden. Vielleicht geschieht etwas Ähnliches auch bei Ihnen und Ihrer Partnerin. Experimentieren Sie mit offenen Sinnen. Warten Sie ab, was Sie dabei lernen. Warten Sie ab, ob sich irgend etwas für Sie verändert. Vielleicht glauben Sie, Sie könnten das Ergebnis Ihrer Experimente vorhersagen, doch ob Ihre Vorhersage richtig war, werden Sie erst wissen, wenn Sie sie tatsächlich durchgeführt haben.

Ein Wort an die Frauen

In meinen Seminaren stellen Frauen oft ähnliche Fragen, wenn sie versuchen, die Intimitätsdiskrepanz in ihrer Beziehung allein auszugleichen. Zum Beispiel:

258

MARLA: »Wenn ich meinen Mann frage, ob ihm meine Frisur gefällt, oder mein Essen geschmeckt hat, weiß ich, daß er insgeheim denkt: ›Warum ist sie so unsicher? Warum braucht sie ständig diese Bestätigung von mir? Natürlich sehen ihre Haare gut aus. Natürlich hat ihr Essen geschmeckt, und das weiß sie!‹

Was er dann *sagt*, ist so was wie: ›Klar gefällt mir deine Frisur‹, aber in leicht ärgerlichem Ton.

Also kriege ich nicht *wirklich* das, was ich mir wünsche.

Manchmal bin ich vielleicht tatsächlich etwas unsicher im Hinblick auf das, was ich ihn frage. Aber daran ist doch nichts Schlimmes. Dafür ist ein Ehemann ja da, um aufrichtig seine Meinung zu sagen und mir Bestätigung zu geben. Aber ganz oft bin ich auch überhaupt nicht unsicher. Ich möchte bloß, daß er das, worüber ich mich freue, bemerkt und es mit mir teilt. Es fällt ihm wirklich schwer, das zu kapieren. Er versteht meine kleinen Anstöße als Unsicherheit und wird ungeduldig. Ich versuche nur, Verbindung mit ihm aufzunehmen!«

Wenn Sie dieselbe Frustration erleben, hier ein paar Vorschläge, die womöglich helfen.

Versuchen Sie, anders zu fragen. Lassen Sie Ihre Frage nicht so klingen, als ob es nur eine Antwort gäbe: »Gefällt dir meine Frisur so?« oder »Das Rezept war gut, nicht?« Fragen Sie statt dessen, als seien Sie ehrlich interessiert an der Meinung Ihres Partners und hätten sich selbst noch keine gebildet. »Schatz, ich experimentiere mit einer neuen Frisur und wüßte gern, was du davon hältst.« Oder: »Mochtest du, wie das Gemüse heute zubereitet war, oder hast du es lieber so wie sonst?«

Oder wenn Sie sich seine Anteilnahme an einem kleinen Sieg wünschen, drücken Sie zunächst Ihre eigenen Gefühle aus. Fragen Sie ihn dann direkt nach seiner Ansicht, und lassen Sie ihm dabei wieder die Wahl zwischen mehreren Antworten. Zum Beispiel: »Ich freue mich unheimlich, daß die Party so gut gelaufen ist. Ich fand sie prima. Ich habe das Gefühl, da habe ich wirklich gute Arbeit geleistet. Ich habe auch schwer dafür geschuftet! Was meinst du?« Versuchen Sie, eine Frage mit offenem Ausgang zu stellen, keine spezifische wie: »Hast du dich gut amüsiert?« Geben Sie ihm nicht die Möglichkeit, nur mit »Ja« oder »Nein« zu antworten.

Hier noch ein Beispiel: »Mir gefallen die neuen Vorhänge, die ich genäht habe, einfach zu gut. Ich finde, sie verleihen dem Zimmer so etwas Warmes. Es interessiert mich, was du darüber denkst.«

Diese Art Fragen sind ein wenig »technischer«, als ich sie sonst gern vorschlage. Aber für viele Menschen sind sie die effektive Lösung für ein weitverbreitetes Problem.

Dasselbe Syndrom erlebe ich gelegentlich mit Mayer. Ich habe versucht, es direkt mit ihm zu erörtern. Ich wies ihn darauf hin, daß er mir jedesmal, wenn er einen Zaun gebaut oder ein wunderschönes Möbelstück restauriert oder ein phantastisches Essen gekocht hat, einen Kommentar abverlangt. Meistens liefere ich den auch ohne Aufforderung. Wenn nicht, fragt er mich. Er blüht bei meinem Interesse, meiner Anerkennung, meinem Lob förmlich auf. Ist er unsicher? Gewöhnlich nicht. Möchte er, daß ich seine Freude teile? Ja, immer!

Indem ich Mayer konkrete Beispiele für *meine* liebevollen Bemerkungen über ihn nannte, half ich ihm zu erkennen, warum *seine* Bemerkungen über das, was ich tue, mir soviel bedeuten. Ich sagte ihm, ich würde ihn gern weiterhin um seine Anteilnahme bitten, es aber sehr zu schätzen wissen, wenn er mich ernst nähme und wegen meiner Nachfragen nicht herabsetzte. Hier ein anderes, bei Frauen verbreitetes Gefühl:

CAROLYN: »Wenn ich eine Menge Zeit aufwende, um mich zum Ausgehen zurechtzumachen und dann herunterkomme und mein Mann nichts sagt, glaube ich nicht, daß ich jemals damit klarkomme!«

Die übrigen Frauen im Seminar waren sich jedoch einig, daß Carolyn weitaus glücklicher wäre, wenn sie sich daran gewöhnte. Shannon sagte:

»Du weißt doch, daß du toll aussiehst! Das allein ist schon wichtig. Und außerdem wird dir dort, wo du hingehst, irgendeine Frau ganz bestimmt sagen, wie schön du bist. Frauen kleiden sich nicht für Männer; wir kleiden uns für andere Frauen!«

Shannon traf den Nagel auf den Kopf. Suchen Sie dort nach Bestätigung, wo Sie sie aller Wahrscheinlichkeit nach finden. Tanken Sie sich damit auf und hören Sie auf, sie dort zu erwarten, wo Sie sie vermutlich nicht bekommen. Das heißt, für sich selbst zu sorgen! Und Wohlwollen gegenüber Ihrem Partner zu zeigen!

Wer weiß, warum Frauen sich nach Innigkeit durch verbale Bestätigungen und zärtliche Berührungen sehnen? Wer weiß, warum Männer nicht besonders zu Zärtlichkeit und Bestätigung tendieren?

Diese Fragen sind Thema endloser Gespräche, Artikel und Bücher. Theorien darüber, *warum* Männer und Frauen so sind, wie sie sind, mögen faszinierend sein, sind aber nutzlos im Hinblick auf Ihre momentane individuelle Beziehung. Wir werden sowieso nie wissen, ob wir mit unseren Theorien recht haben. Mit der Zeit verändern sich unsere Neigungen vielleicht. Das können wir sogar fördern, wie es die Männer- und die Frauenbewegung tun. Doch in Ihrer Beziehung, die Sie jetzt haben, sind Sie sicher glücklicher, wenn Sie das Stadium der Entwicklung akzeptieren, in dem Sie sich befinden, und dafür sorgen, daß Sie und Ihr Partner sich trotzdem wohl fühlen.

Wir wollen uns jetzt noch ein paar anderen Methoden zuwenden, mit denen Sie ganz allein Sie beide einander näher bringen können.

Schaffen Sie Intimität

Als ich eine Frau fragte: »Was ist Intimität?«, antwortete sie: »Ich stelle mir darunter etwas Friedvolles vor, durchsetzt mit Funken.«

Intimität ist der Austausch zwischen zwei Menschen, die einander gut kennen und die sich lieben. Diese Friedlichkeit, dieses Wohlgefühl und Behagen der Zweisamkeit ist ein großer Schatz, der schwer zu erringen ist und bewußt genossen werden sollte.

Dazu kommen dann noch, wenn die Umstände die richtigen sind und in bestimmter Weise zusammenfließen, gesteigerte Emotionen, Gefühle tiefer Verbundenheit, ekstatische Erfahrungen, die kleinen Juwelen des Lebens.

Meist kann man diese ekstatischen Momente nicht willentlich herbeiführen, doch man kann sicherlich ein Klima schaffen, in dem sie mit erhöhter Wahrscheinlichkeit auftreten. Alles, was wir in diesem Buch bisher vorgeschlagen haben – die innere Waage des Gebens und Nehmens ins Gleichgewicht bringen, eine angenehme häusliche Atmosphäre schaffen und Probleme allein lösen –, ist ein wichtiger Schritt in die richtige Richtung. Wir wollen uns nun einige weitere konkrete Faktoren anschauen, die Ihnen helfen werden, Nähe und Intimität zu fördern.

Zeit

Zunächst einmal müssen Sie Zeit miteinander verbringen.

Wenn Sie so beschäftigt sind oder Ihrer beider Leben so getrennt voneinander verläuft, daß Sie sich nur zwischen Tür und Angel sehen, wird sich weder die friedliche Art von Intimität noch die »funkendurchsetzte« einstellen.

Manchen Paaren fällt es wegen ihrer Arbeitszeiten oder sonstiger äußerer Zwänge extrem schwer, sich Zeit füreinander zu nehmen. Für doppelt berufstätige Paare mit kleinen Kindern ist es das größte Problem. Was immer aber die Hindernisse sein mögen: Wenn Sie sich nicht regelmäßig gemeinsame

Muße gönnen, werden Sie ein Gefühl der Nähe nicht kultivieren können.

Falls Sie sich selten sehen, was können *Sie* dann unternehmen, damit Sie mehr Zeit füreinander haben? Könnten Sie Ihren Partner tagsüber anrufen? Könnten Sie vorschlagen, einen Morgen in der Woche früher aufzustehen und zusammen frühstücken zu gehen? Könnten Sie sich nach der Arbeit, bevor Sie nach Hause und zu den Kindern kommen, für eine Dreiviertelstunde in einem Café treffen? Eine Frau legte sich ein Autotelefon zu, um bestimmte Dinge auf dem Weg von der Arbeit zu erledigen und sich nicht mehr darum kümmern zu müssen, wenn sie zu Hause war.

Wenn Sie fast nie Freizeit miteinander verbringen – Zeit also, die ausschließlich für Spiel und Vergnügen da ist, Zeit, in der keine Aufgaben erfüllt werden müssen, Zeit für den täglichen Austausch, regelmäßige Gewohnheiten und Rituale –, können Sie nicht erwarten, daß ein einziger Wochenendausflug Sie für diese verlorene Zeit entschädigt und einander sofort wieder nahebringt.

»Zusammensein« ist ein wesentlicher Bestandteil von Intimität.

Selbstoffenbarung

Intimität verlangt, daß Sie offen und ehrlich miteinander sind. Meine strenge Definition von Intimität, die sich seit 1980 in meinen Seminaren bewährt hat, ist die: Intimität ist die Erfahrung, seine äußeren, eher für die Öffentlichkeit bestimmten Wesenszüge abzustreifen und sein Innenleben mit einer anderen Person zu teilen. Nach dieser Definition mögen Sie, wenn Sie das, was in Ihnen vorgeht, nicht voll und ganz mitteilen, zwar so etwas wie ein quasi-intimes Verhalten haben, aber keine echte Intimität erleben.

Selbstschutz und Fassade sind bei der Arbeit und in anderen Beziehungen vielleicht angemessen, doch bei Ihrem Intimpartner müssen Sie im Laufe der Zeit soviel Vertrauen entwickeln, daß Sie beide ganz Sie selbst sein können. Verbergen Sie gewisse Aspekte Ihrer Persönlichkeit vor ihm oder ihr oder halten Sie wichtige Gefühle zurück, verhindern Sie Intimität. Offenheit und Ehrlichkeit zu entwickeln, ist ein Prozeß, der jahrelang andauert. Vielleicht beschert Ihnen das ständige Vertiefen Ihrer Aufrichtigkeit sogar nach Jahren des Zusammenseins einen besonders intimen Augenblick.

Eine Frau erzählte mir, sie sei früher einmal wegen Ladendiebstahls verhaftet worden, Jahre, bevor sie ihren Mann kennenlernte. Der Vorfall war ihr wahnsinnig peinlich gewesen, doch sie hatte ihn seit langem hinter sich gelassen und schrieb ihn ihrer damaligen Unreife zu. Allerdings hatte sie diese Peinlichkeit nie mit ihrem Mann geteilt. Nachdem sie zwölf oder dreizehn Jahre verheiratet waren, wurde ihr Mann wegen Fischens ohne Angelschein festgenommen, und in dem Tumult, der darauf folgte, erzählte sie ihm ihre alte Geschichte. Die war so traumatisch für sie gewesen, daß sie sie jetzt noch, nach all den Jahren, emotional ziemlich aufwühlte. Ihr Mann konnte sie trösten und sie seiner anhaltenden Liebe versichern, und sie konnte ihm echtes Mitgefühl für seinen Fehler vermitteln. Sie berichtete mir, das sei so ein Moment besonderer Innigkeit gewesen.

Ihrem Partner ehrlich etwas einzugestehen, das Ihnen sehr schwerfällt, gibt ihm oder ihr Gelegenheit, Liebe und Unterstützung zu demonstrieren. Die kostbarste Liebe, die Ihr Partner Ihnen schenken kann, ist die Liebe, die Ihnen entgegengebracht wird, wenn Sie Schwierigkeiten haben, sich selbst zu lieben. Wenn Sie mit Ihrem Lebensgefährten nie darüber reden, was Sie an sich selbst stört oder beunruhigt, geben Sie ihm oder ihr keine Möglichkeit, Ihnen diese Extraportion Liebe zukommen zu lassen.

Selbstoffenbarung ist der direkte Weg, eigentlich der einzige Weg, zur Selbstliebe. Und Sie fühlen sich zwangsläufig der Person sehr nahe, die Ihnen während des Prozesses wachsender Selbstakzeptanz die Hand hält. Geben Sie Ihrem Partner diese Gelegenheit, indem Sie Ihre größten Verletzlichkeiten mit ihm oder ihr teilen.

Charlene versuchte von sich aus, eine intime Situation mit ihrem Mann Walter zu inszenieren. Da sie sein Bedürfnis danach spürte, schuf sie eine Umgebung, in der Walter sich sicher genug fühlte, um sich ihr zu öffnen.

Walter hatte sich bei der Arbeit eine Verantwortung aufgebürdet, der er sich ganz und gar nicht gewachsen fühlte. So verzweifelt wünschte er sich den Erfolg herbei, daß er sogar Charlene gegenüber siegesgewiß auftrat. Sie spürte jedoch seine Unsicherheit. Klugerweise hielt sie sie ihm aber nicht vor oder fragte ihn direkt. Statt dessen forderte sie ihn an einem Sonntagnachmittag zu einem langen Spaziergang in einem nahe gelegenen Park auf. Sie redete ein wenig über etwas, das sie beunruhigte, dann war sie still. Als er das Thema Arbeit zur Sprache brachte, ließ sie ihn reden. Allmählich traten seine Ängste zutage. Immer noch gab sie ihm keine guten Ratschläge. Sie hörte einfach weiter aufmerksam zu. Schließlich setzte er sich ins Gras und war jetzt in der Lage, seine Ängste in vollem Umfang herauszulassen. Charlene zeigte Verständnis, bot Walter ihre Unterstützung an und versicherte ihm, daß sie ihn liebe und ganz zu ihm stehen würde, was immer er auch wegen seines Jobs beschließen mochte. Am nächsten Tag bat er darum, von der Verantwortung befreit zu werden, und feierte das, indem er Charlene zum Essen ausführte – und sich bei ihr bedankte.

Indem Charlene ein Umfeld wählte, in dem Walter sich sicher und geborgen genug fühlte, um zu reden, schuf sie die Bedingungen, unter denen ein Moment der Intimität zwischen ihnen möglich war.

Manchmal ist es schwierig, eine solche Atmosphäre zu erzeugen, besonders wenn das Thema, das zur Debatte steht, die eigene Beziehung ist. Trotzdem ist Charlenes Vorbild im Auge zu behalten. Gibt es, wenn Sie und Ihr Partner Distanz zueinander verspüren oder Probleme haben, etwas zu diskutieren, eine Möglichkeit für Sie, zu erreichen, daß Ihr Partner sich weniger bedroht fühlt?

Ein Paar, das ich interviewte, meinte, ein sicheres Umfeld für ein ehrliches Gespräch schaffe man, indem dem Mann die Hände hinter den Rücken gebunden würden und die Frau sich Klebeband über den Mund klebte. Keine schlechte Idee, jedenfalls symbolisch gesehen, denn Männer tendieren dazu, Frauen allein durch ihre Stärke einzuschüchtern, während Frauen Männer eher durch einen Wortschwall einschüchtern. Wenn Sie das nächste Mal etwas Schwieriges zu erörtern haben, halten Sie sich dieses Bild vor Augen.

Ein ehrliches, offenes Gespräch über heikle oder tabuisierte Themen ist das Herzstück von Intimität.

Timing

Die Wahl des richtigen Zeitpunktes ist alles – so formulierte es einmal ein Mann während eines meiner Interviews.

Mittlerweile sollten wir alle wissen, daß Männer nicht gern sofort, wenn sie zur Tür hereinkommen, mit Küssen überfallen werden. Geben Sie ihm Zeit, seine Taschen abzustellen, den Mantel aufzuhängen und vielleicht sogar, die Post zu sortieren. Danach wird ihm eine warme, herzliche Umarmung willkommen sein.

Es ist schwierig, ein Gefühl der Nähe und Intimität zu entwickeln und einander das eigene Glück zu bestätigen, wenn man gestreßt, überarbeitet, müde, wegen irgend etwas besorgt oder schlechtgelaunt ist. Manchmal kann man liebevolle Unterstützung dann gut annehmen. Oft klappt es aber auch gar nicht.

Intimität hat ihren eigenen Rhythmus. Im Laufe einer langen Beziehung wird es naturgemäß Phasen größerer und Phasen geringerer Nähe geben. Wenn Sie sich in harten Zeiten den Blick fürs Wesentliche und Vertrauen bewahren können, werden Wärme und Innigkeit sich wieder einstellen, vielleicht, wenn Sie es am wenigsten erwarten.

Romantik

Wenn Sie ein Mann sind, der mehr Intimität anstrebt, versuchen Sie es auf jeden Fall mit den Standardmethoden: Sagen

Sie Ihrer Partnerin, daß Sie sie lieben, und warum. Machen Sie ihr zu etwas ganz Bestimmtem ein Kompliment. Bringen Sie ihr ein unerwartetes, wohlüberlegtes Geschenk mit. Laden Sie sie zum Essen ein. Auch Frauen können diese Strategien anwenden. Achten Sie nur darauf, daß Sie ohne implizite Kritik oder Hintergedanken vorgehen.

Vergessen Sie nicht die »Sieben Schritte, die Sie einander näher bringen« am Ende von Kapitel vier.

Machen Sie sich alles Gute und Erfreuliche zunutze, das Ihnen geschieht. Feiern Sie Anlässe jeder Art. Planen Sie regelmäßige gemeinsame Mußestunden. Fahren Sie übers Wochenende oder über Nacht weg. Besuchen Sie zusammen Selbsterfahrungskurse oder Partnerwochenenden. Alle diese mehr oder weniger offenkundigen Tricks funktionieren – besonders, wenn Sie in Ihrer Ehe eine Atmosphäre der Zufriedenheit geschaffen und gelernt haben, mit Problemen so umzugehen, daß sie Ihre Beziehung nicht beherrschen – indem Sie sich die Philosophie dieses Buchs zu eigen machen.

Experiment 21
Gleichen Sie die Intimitätsdiskrepanz aus und entfachen Sie Ihre Liebe neu
Erleben Sie zu Ihrem Partner eine Intimitätsdiskrepanz? Falls ja, welche Art von Intimität fehlt Ihnen? Die entspannte, mühelose, fließende Art? Die Art, bei der Ihnen der Partner seine oder ihre Liebe zeigt und Sie nicht als selbstverständlich hinnimmt? Gesteigerte, intensive Nähe? Oder haben Sie das Gefühl, es könnte tiefere Aufrichtigkeit über das, was gerade vor sich geht, zwischen Ihnen und Ihrem Partner herrschen? Schreiben Sie als Antwort ein paar Sätze in Ihr Tagebuch, oder diskutieren Sie sie mit einem Freund oder einer Freundin.

Wählen Sie die Vorschläge in diesem Kapitel, die Ihnen für Ihre Bedürfnisse am angemessensten scheinen, und experimentieren Sie.

Wir wollen uns nun einen Moment Zeit für einen Rückblick auf das bisher Gesagte nehmen.

Zunächst haben wir die beiden generellen Prinzipien kennengelernt, die einer Arbeit an Ihrer Beziehung im Alleingang zugrunde liegen:

1. Ermitteln Sie Ihren eigenen Anteil an Ihren »Problemen«, *ohne zu urteilen*. Versuchen Sie, weder sich noch Ihren Partner als »im Recht« oder »im Unrecht« zu begreifen. Nehmen Sie Abstand davon, Ihrem Partner die Schuld zu geben, und erkennen Sie, daß er oder sie sich wahrscheinlich nicht ändern wird. Beginnen Sie, die gegebene Situation zu akzeptieren. Hören Sie möglichst auf, sich mit ihr herumzuquälen und sie manipulieren oder verändern zu wollen. Entspannen Sie sich. Lächeln Sie vielleicht sogar.

2. Wenn Sie wütend sind, seien Sie nicht einfach wütend. Suchen Sie kreativ nach möglichen Lösungen für das, was Sie wütend macht. Es müssen Lösungen sein, die nichts damit zu tun haben, daß Ihr Partner sich ändert. Betrachten Sie Wut als ein Signal für Sie, eine Veränderung vorzunehmen, die vollkommen in Ihrer Macht liegt.

Als nächstes haben wir uns konkrete Strategien angeschaut, die Sie ganz unmittelbar anwenden können, um Ihre häusliche Atmosphäre zu verbessern. »Tun Sie, als ob« Sie freundliche und herzliche Gefühle für Ihren Lebensgefährten empfinden; seien Sie voller Wohlwollen; konzentrieren Sie sich auf das, was Sie mögen, und nicht auf das, was Ihnen nicht gefällt; sehen Sie Ihre »Gegensätzlichkeiten« als »Ergänzungen«; nehmen Sie sich bewußt Zeit füreinander, und wenn es in kleinen Abschnitten sein muß. Und wir haben uns sieben Schritte angesehen, in denen wir diese Prinzipien umsetzen.

Danach erlernten wir acht Techniken, mit denen Sie tatsächlich ganz allein spezifische Probleme lösen können, etwa indem Sie eigenverantwortlich handeln, Ihre üblichen Reaktionen ins Gegenteil verkehren, Ihren Machtkampf depolarisieren, Ihrem Partner Ihr Verständnis und Mitgefühl zeigen und auf eine höchstwahrscheinlich effektive Weise um das bitten, was Sie sich wünschen.

Schließlich haben wir uns auf Möglichkeiten konzentriert, wie Sie sich Ihrem Lebensgefährten näher fühlen, Ihre Kameradschaft schätzen lernen und die Intimität zwischen Ihnen steigern können.

Was all diese einzelnen Strategien zusammengenommen ergeben, ist ein innerliches Umschalten von Frustration, Wut und Vorwürfen auf Freundlichkeit, Toleranz, Verständnis und Wohlwollen, ein Umschalten von Hilflosigkeit auf eigene Stärke. Wenn Sie es schaffen, dieses Umschalten in sich vorzunehmen, ganz gleich, wessen Schuld was ist, wird sich auch Ihre häusliche Atmosphäre verändern. Sie werden spüren, daß Sie jede Situation, die Sie unglücklich macht, besser unter Kontrolle haben. Und Sie werden fast sofort positive Veränderungen bei Ihrem Partner wahrnehmen. Sie haben keine Ahnung – und keine Macht darüber –, wie diese Veränderungen aussehen. Das ist das Interessante an diesem System: Wenn Sie bereit sind, zu experimentieren, etwas Neues auszuprobieren, sind Ihnen Überraschungen sicher.

Vielleicht befürchten Sie aber, daß Ihr Lebensgefährte Ihre innere Großzügigkeit ausnutzen wird, daß Sie einfach sein oder ihr Fußabtreter sein werden.

Wie Sie in den nächsten drei Kapiteln sehen werden, hat jedoch eine Haltung des Wohlwollens überhaupt nichts damit zu tun, daß Sie Ihrem Partner »nachgeben« oder sich mit Dingen, die Ihnen nicht gefallen, »abfinden«. In Teil vier demonstrieren wir dies konkret, indem wir die Philosophie untersuchen, die der Arbeit an einer Beziehung im Alleingang zugrunde liegt. Während in Teil drei Strategien vorgeschlagen wurden, die Sie sofort umsetzen können, stellen wir in Teil fünf die langfristigen inneren Einstellungen vor, auf denen diese Strategien basieren (obwohl wir auch hier praktisch und konkret vorgehen werden).

Teil IV
Langfristige Strategien, mit denen Sie Ihre Beziehung intakt halten

Kapitel 7
Üben Sie, für sich selbst zu sorgen

Alles, was wir bisher gesagt haben, kann man auch so formulieren: Um allein auf eine Ehe hinzuarbeiten, die für Sie erfreulich und angenehm ist, müssen Sie zwei Punkte im Auge behalten, die sich wie ein roter Faden durch dieses Buch ziehen:
1. Sie müssen für Ihre eigenen Bedürfnisse einstehen und für deren Befriedigung Sorge tragen.
2. Sie müssen für Ihren Lebensgefährten einstehen und für ihn oder sie Sorge tragen.

Die in den letzten zwei Kapiteln erörterten Strategien zur Schaffung einer liebevollen Atmosphäre in Ihrer Ehe und zum Lösen von Problemen bedienen sich dieser beiden alles bestimmenden Prinzipien. In diesem und den nächsten zwei Kapiteln wollen wir uns auf die Prinzipien selbst konzentrieren und Möglichkeiten diskutieren, wie Sie sie in Ihrer Beziehung verstärken können.

Erinnern Sie sich an das »innere Gleichgewicht«, von dem im Zusammenhang mit dem »eigenverantwortlichen Handeln« in Kapitel fünf die Rede war: Sie müssen in sich ein Gleichgewicht halten zwischen Geben und Nehmen. Kümmern Sie sich nicht um das Gleichgewicht bei Ihrem Partner, über das Sie keine Kontrolle haben, oder um das Gleichgewicht zwischen Ihnen beiden (gibt mein Partner ebenso viel wie ich?). Wenn Ihre innere Waage im Gleichgewicht ist (sorge ich für mich, und sorge ich für meinen Lebensgefährten?), haben Sie die Ehe gemeistert.

Diese Ausgewogenheit zu erreichen, ist natürlich eine komplizierte Angelegenheit! Wann akzeptieren und tolerieren Sie aus einer Haltung des Wohlwollens heraus das, was Ihnen nicht gefällt, und wann ziehen Sie einen Schlußstrich und sagen: »Das ist unannehmbar. Ich muß für mich sorgen«? Wann kommen Sie den Bedürfnissen des Partners auch auf eigene Kosten entgegen? Und wann erfüllen Sie sich Ihre Bedürfnisse, auch wenn das auf Kosten Ihres Partners geht? Wo ist die Grenze zwischen Güte und Großzügigkeit und Ausgebeutet- oder Ausgenutztwerden?

Die nächsten drei Kapitel geben Ihnen Mittel an die Hand, um derartige Entscheidungen zu fällen.

Wir wollen mit einer Frage beginnen: Wie können Sie in Ihrer Ehe besser für sich sorgen?

In diesem Kapitel beantworte ich die Frage, indem ich Ihnen sechs Bestätigungsformeln zur Verfügung stelle. Sie lassen sich zwar jeweils in einem Satz zusammenfassen, beinhalten aber tiefe Weisheiten, die Ihre Lebensqualität und Ihre Ehe verbessern werden, wenn Sie in der Lage sind, sie zu verinner-lichen.

Diese Bestätigungen sollen Sie ermutigen, folgende innere Ressourcen zu stärken: Selbstakzeptanz, Unabhängigkeit, Mut, Ausdauer, Selbstsicherheit und die Fähigkeit, Grenzen zu setzen.

Wenn Sie die Erläuterungen dazu durchlesen, werden Ihnen einige für Ihre Situation passender erscheinen als andere. Be-ginnen Sie mit ein oder zwei Selbstbestätigungen, die Sie für sich und Ihre Beziehung am relevantesten finden.

Selbstbestätigung 1 (zur Stärkung Ihrer Selbstakzeptanz)

Ich tue mein Bestes

Nach den ersten beiden Semestern Medizin beschloß Theo-dore, das Studium abzubrechen. Er wäre sehr gern Arzt ge-worden, doch die Universität war ein einziger Kampf für ihn, und nach seiner ehrlichen Selbsteinschätzung war er nicht engagiert genug, um es zu schaffen. Er entschied sich dafür, statt dessen Physiotherapeut zu werden.

Kurz darauf saß er im Flugzeug neben einem Geistlichen. Sie kamen ins Gespräch, und Theodore meinte, er sei nicht sicher, ob er an das Gebet glaube oder nicht. Der Geistliche hatte einen interessanten Vorschlag. »Versuchen Sie es«, sagte er. »Warten Sie ab, was passiert.«

Theodore konnte die Logik eines solchen Experiments nicht bestreiten, also betete er, als er nach Hause kam. Er hatte dabei sein »gescheitertes« Medizinstudium im Sinn, und sein Gebet lautete: »Zeig mir, wie ich erfolgreich sein kann.«

Zu seinem Erstaunen erhielt er eine Antwort: Erfolg haben heißt, dein Bestes zu tun.

Theodore fühlte sich ob dieser Antwort ungeheuer erleichtert. Er erkannte, daß er ganz und gar nicht gescheitert war, denn er tat sein Bestes. Er verzieh sich das, was er als Scheitern gesehen hatte. Es ging ihm viel besser.

Ich weiß nicht, ob Theodore auch weiterhin betete, aber ich liebe diese Geschichte für das, was sie uns über Vergebung, Mitgefühl und Selbstakzeptanz sagt. Theodore konnte Mitgefühl für sich empfinden, weil er sein Bestes tat. Was konnte er sich mehr abverlangen? Er war imstande, etwas zu akzeptieren, das ihm nicht gefiel, und aufzuhören, sich deshalb minderwertig zu fühlen.

Wenn Sie nicht ein ganz ungewöhnlicher Mensch sind, tragen Sie irgendwo in Ihrem Innern Gefühle mit sich herum wie Theodore, der sich als Versager sah: Selbstzweifel, Selbsttadel, vielleicht sogar Selbsthaß. Daneben finden sich Anwandlungen von geringem Selbstwertgefühl, schmerzlich bereute Vorfälle aus der Vergangenheit, Unsicherheiten, Angst vor Mißerfolg und Ablehnung, Neid, Verletztheiten, das Bewußtsein unerreichter Ziele, unausgesprochener Träume, ungeweinter Tränen. Tagein, tagaus leben Sie mit diesen ständigen Begleitern. Das tun wir alle.

Reife ist der Prozeß, mit dem Schmerz in unserem Leben umgehen zu lernen, welche Form er auch annimmt.

Man beachte, ich sage nicht, den Schmerz eliminieren, sondern damit umgehen. Ein Zeichen für Unreife ist der Versuch, den Schmerz auszulöschen. Es ist viel zu schwierig, sich mit diesen Reuegefühlen, diesen Unsicherheiten zu konfrontieren, viel zu qualvoll, eine viel zu große Belastung. Deshalb mobilisieren Sie Ihre ganze Phantasie, um sie einfach loszuwerden. Natürlich wird Ihnen das nie ganz gelingen, aber Sie bringen womöglich Jahre damit zu, sich selbst etwas vorzumachen.

Wie können Sie versuchen, den Schmerz aus Ihrem Leben zu verbannen? Sie können ihn »leugnen«, einfach ignorieren – handeln und denken, als gäbe es ihn nicht. Sie können sich lachend über ihn hinwegsetzen. Sie können so beschäftigt und erfolgreich werden, daß Sie gar keine Zeit haben, ihn zu spüren. Sie können ihn kompensieren: Wenn Sie zum Beispiel ängstlich und unsicher sind, werden Sie vielleicht ein Aufschneider oder ein Tyrann.

Falls Sie sich aber dieser Hilfsmittel bedienen und sich mit Ihrem Schmerz nie ehrlich auseinandersetzen, verbringen Sie Ihr ganzes Leben damit, vor sich selbst wegzulaufen. Dieses Wettrennen wird Sie enorm viel Energie kosten und Sie für immer von Ihrem wahren, wunderbaren Selbst trennen. Schlimmer noch, es bedeutet, daß Sie nie Ihr ganzes Selbst lieben können; Sie werden nur imstande sein, die Teile Ihres Selbst zu lieben, die Sie sich zu sehen gestatten. Und natürlich wird es Ihnen, wenn Sie sich selbst nicht lieben und für sich kein Mitgefühl empfinden können, praktisch unmöglich sein, für einen anderen Menschen Liebe und Mitgefühl aufzubringen. Denken Sie zum Beispiel nur daran, wieviel Mitgefühl Theodore jetzt mit jemandem wird haben können, der seine angestrebten Ziele nicht erreicht – denn er selbst hat den Umschwung von Abscheu vor dem Erlebtem zur Akzeptanz vollzogen.

Alle Religionen, alle spirituellen Bewegungen, alle an persönlichem Wachstum und Humanismus orientierten Therapien (die keine Perversionen ihrer ursprünglichen Form sind) haben letztlich dasselbe Ziel: Liebe dich selbst. Akzeptiere dich so, wie du bist. Die meisten Menschen brauchen ein Leben lang, um zu dieser Erfahrung zu gelangen, wenn sie es überhaupt je schaffen.

Sie sind in Ordnung, genau so, wie Sie im Moment sind. Auch wenn Sie nicht genug Sport treiben. Auch wenn Sie nicht die Reichtümer, den Status oder Beruf haben, die Sie sich wünschen. Auch wenn Sie Zweifel hinsichtlich Ihrer Ehe haben. Auch wenn Sie das Tor nicht geschossen haben, das Ihrer Mannschaft den Pokal eingebracht hätte. Auch wenn Sie jemanden verletzt oder enttäuscht haben. Sie tun Ihr Bestes. Sie sind wundervoll so, wie Sie sind. Sie können die Realität nicht verändern; sie können nur dagegen ankämpfen oder sie akzeptieren. Sie zu akzeptieren, mag zwar unangenehm sein, ist aber der einzige Weg zu innerem Frieden.

Religionen und Therapien vermitteln dieses Konzept auf unterschiedlichste Weise. Das Christentum sagt, Gott liebt dich: Christus ist für deine Sünden gestorben – eine andere Formulierung für: Ganz gleich, was deine Unzulänglichkeiten sein mögen, du bist okay. Der Buddhismus sagt, alles Leiden sei durch Begierden und Neigungen verursacht. Gib das Bedürfnis auf, etwas anderes sein oder haben zu wollen. Auch hier wieder: Ganz gleich, was deine Unzulänglichkeiten sein mögen, du bist okay. (Auch wenn du dich daran klammerst, deine Neigungen preiszugeben, bist du okay.) Die Gestalttherapie sagt, sei im Hier und Jetzt. Richte deine Aufmerksamkeit auf die Gegenwart. Was immer gerade geschieht, du bist okay, genau so, wie du im Moment bist. Auch wenn es darin besteht, daß du dich herabsetzt, weil du zu träge bist, oder wünschst, du hättest mehr Geld, oder von der Zukunft träumst; es ist nun einmal das, was gerade geschieht, und das ist okay.

Es ist sehr schwierig, dieses Konzept umzusetzen.

Die meisten von uns bedauern, verurteilen, schmälern immer noch bestimmte Aspekte ihrer Persönlichkeit, obgleich wir eigentlich immer, wenn man alle Lebensumstände bedenkt, unser Bestes tun.

Ist es möglich, daran zu »arbeiten«, daß Sie mehr Selbstakzeptanz und Selbstliebe entwickeln?

Diese »Arbeit« besteht überwiegend darin, daß Sie sich selbst kennenlernen, bereit sind, sich mit den für Sie schmerzlichen Seiten Ihrer Person zu konfrontieren, die Sie bisher geleugnet oder hinter einem anderen Verhalten versteckt haben. Wenn Sie offen sind für eine Selbsterforschung und andere um Unterstützung bitten, können Sie auf eine Entdeckungsreise gehen.

Besonders heutzutage gibt es dank all der Seminare, Therapien und Selbsthilfebücher, die auf dem Markt sind, zahlreiche Möglichkeiten der Introspektion und persönlichen Entwicklung. Die folgende Liste mit Fragen soll Ihnen entweder Anstoß oder Hilfe sein, wenn Sie mehr von Ihrem Innenleben ergründen möchten.

Selbstliebe ist ein Ideal für jeden. Sie können sie sich erarbeiten, indem Sie sich selbst gut kennenlernen und herausfinden, wie Sie sich *insgesamt* mit sich selbst wohl fühlen, und aufhören, sich wegen der geringsten Kleinigkeit herabzusetzen.

Wenn Sie aber schließlich echte Selbstakzeptanz und Selbstliebe spüren, sich alles verzeihen und wirklich begreifen, daß Sie Ihr Bestes tun, und daß das alles ist, was Sie sich – und die ganze Welt Ihnen – abverlangen können, erscheint dieses Gefühl meist als Geschenk, als Gnade. Und das kann jederzeit passieren. Dafür müssen Sie nichts tun; Sie müssen es nur zulassen.

»Ich tue mein Bestes« ist ein überaus wichtiger Ansatz, wenn Sie in Ihrer Ehe für sich selbst sorgen wollen. Erstens hilft es Ihnen dabei, sich wohl zu fühlen, sich auf die Schulter zu klopfen, sich eine kleine Belohnung zu gönnen, etwa einen Nachmittag, den Sie mit einer Zeitschrift, einem Nickerchen oder einem Ausflug ins Einkaufszentrum verbringen. Sie werden ein stärkerer Ehepartner, wenn Sie sich selbst schätzen und sich einverstanden fühlen damit, wer Sie sind und was Sie tun. Zweitens hilft Ihnen »Ich tue mein Bestes« sich zu erinnern,

Experiment 22
Lernen Sie Ihr inneres Selbst besser kennen
Beantworten Sie diese Fragen in Ihrem Tagebuch oder in der Diskussion mit einem Freund oder einer Freundin. Falls Ihr Partner interessiert ist, können sie als Basis für ein intimitätsförderndes Gespräch dienen.
Was wünsche ich mir?
Was tut mir weh?
Was macht mich wütend?
Wovor habe ich Angst?
Was macht mich glücklich?
Was mag ich an mir?
Was mag ich nicht an mir?
Könnte ich lernen, die Dinge in Ordnung zu finden, die ich nicht an mir mag?
Was mache ich in meiner Ehe gut?
Was könnte ich in meiner Ehe besser machen?
Was sind meine Träume?
Was sind meine Ziele?
Wie will ich meine Ziele erreichen?
Dinge an mir, an denen ich im Moment gern arbeiten würde.
Dinge, die mich stören oder beunruhigen.
Was habe ich aus meiner Vergangenheit gelernt?
In welcher Hinsicht gleiche ich meiner Mutter?
In welcher Hinsicht gleiche ich meinem Vater?
Habe ich meinem Lebensgefährten gegenüber dieselben Verhaltensweisen/Gefühle wie gegenüber einem meiner Eltern?
Was sind meine wichtigsten Persönlichkeitsmerkmale?
Kann ich sie meiner Situation in der Familie zuschreiben, in der ich aufwuchs?
Möchte ich, daß sich etwas in meinem Leben ändert?
Wenn ja, was hindert mich daran, es zu verändern oder zumindest damit anzufangen? Was habe ich davon, wenn ich den Status quo beibehalte?
Wie fühle ich mich im Moment?
Mit welchen Empfindungen betrachte ich meine Vergangenheit? meine Gegenwart? meine Zukunft?

daß Sie nicht *allein* dafür verantwortlich sind, was sich in Ihrer Beziehung abspielt. Vielleicht sagen Sie sich: »Wenn ich bloß besser vermitteln könnte, was ich will« oder »Wenn ich doch meinen Partner dazu bringen könnte, daß er oder sie mich versteht« oder »Eigentlich müßte ich bereit sein, zu tun, was mein Partner will, aber ich bin es nicht.« In Wahrheit jedoch reicht Ihr Bestes *manchmal* nicht aus, um ein Problem zu lösen. Das macht nichts. Es ist nicht Ihre Aufgabe, sämtliche Probleme in Ihrer Ehe zu bereinigen. Es ist lediglich Ihre Aufgabe, Ihren Anteil daran zu übernehmen. Wenn Sie Ihren Teil leisten und das Problem immer noch fortbesteht, dann entspannen Sie sich. Lassen Sie los. Alles, was Sie tun können, ist, Ihr Bestes zu tun. Wenn Sie Ihr Bestes tun, sind Sie ein vollkommen erfolgreicher Mensch.

Experiment 23
Selbstliebe
Planen Sie für dieses Experiment einen ungestörten Zeitraum von einer Stunde oder mehr ein, wenn Sie können. Suchen Sie sich dafür eine gemütliche, angenehme Umgebung aus. Vielleicht möchten Sie etwas leise, beruhigende Musik auflegen und sich einen Imbiß bereitstellen.
Listen Sie in Ihrem Tagebuch alles auf, was Sie an sich mögen. Kleine und große Dinge. Eigenschaften und charakteristische Merkmale, Lebensumstände, Erfolge, Talente – schreiben Sie alles auf.
Listen Sie nun auf einer Extraseite alles auf, was Ihnen an sich und Ihrem Leben nicht gefällt. Eigenschaften, Vorfälle, die Sie bedauern, Unsicherheiten, Ängste, andere Gegebenheiten. Schreiben Sie alles nieder. Befreien Sie sich davon.
Wählen Sie einen Punkt von der ersten Linie aus. Fassen Sie diesen Punkt in einem Wort, einer Wendung oder einem Satz zusammen. Schließen Sie die Augen, und entspannen Sie sich. Sagen Sie sich das Wort oder die Wendung vor, ruhig laut, wenn Sie wollen, und fügen Sie dann hinzu: »Ich tue mein Bestes.« Zum Beispiel: »Ich bin eine großartige

Mutter. Ich tue mein Bestes!« Wiederholen Sie diese Sätze. Versuchen Sie – und sei es ein paar flüchtige Sekunden lang –, sich ein gutes Gefühl zu bewahren. Wenn Ihre Gedanken abschweifen, macht das nichts. Kehren Sie einfach wieder zu Ihren Sätzen zurück.

Wählen Sie nun einen Punkt der zweiten Liste. Fassen Sie diesen Punkt in einem Wort, einer Wendung oder einem Satz zusammen. Schließen Sie die Augen, und entspannen Sie sich. Sagen Sie sich das Wort oder die Wendung vor, ruhig laut, wenn Sie wollen, und fügen Sie dann hinzu: »Ich tue mein Bestes.« Sie könnten zum Beispiel sagen: »Ich bin mit meiner Arbeit im Rückstand. Ich tue mein Bestes.« Wiederholen Sie diese beiden Sätze wieder und wieder. Auch hier macht es nichts, wenn Ihre Gedanken abschweifen. Kehren Sie danach einfach zu Ihren Sätzen zurück. Warten Sie ab, ob Sie das Gefühl bekommen, daß das, was Ihnen nicht gefällt, *eigentlich* ganz okay ist. Das ist es nämlich. Versuchen Sie nicht, das Gefühl herbeizuzwingen. Wiederholen Sie die Sätze einfach immer wieder, und warten Sie ab, was passiert.

Meditieren Sie abwechselnd über einen Punkt der ersten und der zweiten Liste und fügen Sie jedesmal hinzu: »Ich tue mein Bestes.«

Es kann sein, daß bei der Durchführung dieses Experiments bestimmte Gefühle in Ihnen hochkommen. Vielleicht müssen Sie dabei lächeln oder weinen. Was immer geschieht, lassen Sie die Gefühle zu. Erleben Sie das, was Sie erleben. Sonst gibt es absolut nichts für Sie zu tun.

Wenn Sie feststellen, daß Ihnen das Experiment gefällt, oder daß es Sie fasziniert, wiederholen Sie es von Zeit zu Zeit. Sie müssen kein »Resultat« damit erzielen. Machen Sie es einfach. Das ist alles.

Selbstbestätigung 2 (zur Stärkung Ihrer Unabhängigkeit)

Wenn ich nicht für mich sorge, wer dann?
Niemand hat ein solches Interesse an Ihrer Lebensqualität wie
Sie selbst.

Sie mögen das Glück haben, Freunde und Angehörige zu besitzen, die Ihnen sehr zugetan sind, die Dinge mit Ihnen
besprechen, Ihnen Unterstützung, Rat und Aufmunterung
bieten. Vielleicht greifen sie Ihnen manchmal sogar hilfreich
unter die Arme. Das ist zwar positiv für Sie, aber ihre Fähigkeit zu helfen hat ihre Grenzen. Keiner von ihnen kann sich
ganz in Sie hineinversetzen und wissen, was Sie sich wirklich
wünschen, wie Ihre kühnsten Hoffnungen und Träume aussehen. Und niemand als Sie selbst kann diese Träume wahr werden lassen. Niemand sonst kann für Sie ein Nickerchen halten, wenn Sie Ruhe brauchen. Niemand sonst kann für Sie
Klavierunterricht nehmen, wenn Sie Klavierspielen lernen
wollen. Niemand sonst kann für Sie Sport treiben, wenn Sie
regelmäßig trainieren wollen. Keiner als Sie selbst kann dafür
sorgen, daß Sie sich vollkommen wohl fühlen, auch wenn Sie
keinen Sport treiben und nicht Klavier spielen – obwohl ein
Teil von Ihnen es will.

Das Hinterhältige daran, daß Sie Ihre Bedürfnisse nicht befriedigen, ist die Möglichkeit, daß es niemandem auf der Welt
auffällt, wenn Sie es unterlassen. Wenn Sie Ihren Kindern
nichts zu essen geben, ihnen keine Kleider kaufen und ihnen
nicht beistehen, wenn sie Ihre Hilfe brauchen, so werden sie es
merken. Wenn Sie gewisse Vereinbarungen mit Ihrem Partner
nicht einhalten, wird er oder sie unzufrieden sein und es Ihnen
mitteilen. Hingegen können Sie sich jahrelang nicht um sich
selbst und Ihre Bedürfnisse kümmern, ohne daß es jemanden
interessiert.

Wenn Ihr Lebensgefährte ausgeprägte Vorlieben hat, mit denen Sie generell sowieso übereinstimmen, oder dazu tendiert,
die Kontrolle an sich zu reißen oder egozentrisch zu sein, verschwinden Sie im Laufe der Zeit vielleicht allmählich, bis Sie

eines Tages aufwachen und feststellen, daß in Ihrer Ehe oder Ihrem häuslichen Umfeld nur noch sehr wenig von Ihrem ursprünglichen Ich übrig ist. Der langsame Verlust hat Sie gar nicht einmal besonders geschmerzt. Indem Sie die ganze Zeit brav mitmachten, vermieden Sie Konflikte und ließen alle anderen in Ruhe glücklich sein. Wenn Sie nun aber plötzlich erkennen, daß Ihre Bedürfnisse lange Zeit übersehen wurden, fangen Sie womöglich an, sich wütend und verletzt zu fühlen.

Doch erinnern Sie sich, Sie können Ihrem Partner keinen Vorwurf daraus machen, daß er oder sie gut für sich gesorgt hat, auch wenn es auf Ihre Kosten geschah. Nehmen Sie sich Ihren Lebensgefährten zum Vorbild! Sie allein sind es, der oder die Ihre Bedürfnisse gut genug kennt und versteht, um sie zu realisieren. Und es ist niemals zu spät. Einer der besten Ratschläge, die ich kenne, stand auf einem Tombola-Los: »Sie müssen anwesend sein, um zu gewinnen!«

Natürlich finden sich immer zahlreiche Ausflüchte: Ich habe keine Zeit. Ich denke einfach nie daran. Ich tue es später. Ich tue es *bestimmt* – nur nicht gerade jetzt. Die beste Entschuldigung dafür, daß ich nicht für mich selbst sorge, lautet, daß das nicht so wichtig ist wie all die anderen Dinge, die ich zu tun habe – für andere.

Manchen von uns wurde sogar irgendwann die seltsame Botschaft vermittelt, es sei eine *Tugend*, sich selbst zu vernachlässigen oder schlecht zu behandeln. Ich habe mal mit einer Frau zusammengearbeitet, die ihre Bedürfnisse hervorragend durchsetzte. Sie gestand sich alle zulässigen Kaffee- und Mittagspausen zu und ging immer um Punkt fünf nach Hause. Ich verstand mich als engagierter und unserer Aufgabe mehr verpflichtet als sie, arbeitete ohne Mittagessen durch und machte jede Menge Überstunden, um Klienten zu helfen; gleichzeitig aber beschwerte ich mich darüber, wie erschöpft ich war und wieviel ich in meinem Job leisten mußte. Meine Kollegin meinte, ich solle es doch langsamer angehen lassen, doch ich hatte das Gefühl, daß sie einfach nicht soviel Interesse an der Sache hatte wie ich.

Erst Jahre später erkannte ich im Rückblick auf die damalige Situation, daß ich mir den Streß selbst aufgebürdet hatte. Ich hätte mich, wie meine Freundin es tat, für ein ausgewogenes Leben entscheiden können. Ich warf mich mit meinem ganzen Sein auf meinen Beruf, um der Welt – und mir selbst – zu beweisen, daß ich eine wertvolle Person, eine hervorragende Mitarbeiterin war. Ich hatte das Gefühl, wenn ich mich halb umbrächte, um Ausgezeichnetes zu leisten, würden andere Menschen mich mögen und bewundern.

Es dauerte Jahre, bis ich lernte, daß es keine Tugend ist, sich selbst, seine Bedürfnisse und seine Wünsche hintanzustellen. Man kann sich statt Streß auch etwas Gutes antun. Es ist die eigene Entscheidung!

Sich selbst zu vernachlässigen, ist oft ein geschlechtsspezifisches Phänomen. Männer sind eher auf sich bezogen und schenken der Befriedigung ihrer eigenen Bedürfnisse eine Menge Aufmerksamkeit. Frauen tendieren dazu, sich in erster Linie um andere zu kümmern. Außerdem leben sie nach wie vor mit dem unausrottbaren kulturellen Mythos, irgendwann käme ein Prinz in ihr Leben geschwebt und sorgte von nun an für sie. Aus diesen beiden Gründen benötigen Frauen oft sehr viel Ermutigung, für sich selbst die Verantwortung zu übernehmen.

Viele Frauen verfahren mit ihrer Familie ähnlich wie ich mit meinem Job. Es ist eine Riesenaufgabe, einen Haushalt zu führen, Kinder oder Heranwachsende zu versorgen und sich großzügig und liebevoll gegenüber dem Ehemann zu verhalten, besonders, wenn sie berufstätig sind – was für viele Frauen zutrifft. Es ist so einfach, die Bedürfnisse der Familie an erste – und zweite und dritte und vierte und fünfte – Stelle zu setzen und sich um die eigenen Bedürfnisse nie zu kümmern.

Was würden Sie sich im Augenblick am liebsten gönnen? Eine Massage? Einen nachmittäglichen Einkaufsbummel nur für sich? Ein Wochenende, mit einem dicken Roman aufs Sofa gekuschelt? Einen Nachmittag im Kino? Einen langen Waldspaziergang? Mittagessen mit einer Freundin? Hätten Sie gern ein privates Plätzchen in Ihrer Wohnung, das nur Ihnen gehört? Setzen Sie es auf Ihre Prioritätenliste, und zwar nicht ganz unten! Wenn Sie nie etwas tun, um Ihre eigenen Batterien aufzuladen, werden Sie bald auch keine Energie mehr für andere übrig haben, und darunter leiden dann alle. Halten Sie nicht Ausschau nach jemand anderem, der Ihr Leben interessant und befriedigend gestaltet. Wenn Sie nicht selbst für sich sorgen, wird es auch kein anderer tun.

Wenn Sie anfangen, in Ihrer Ehe auf die Befriedigung Ihrer Bedürfnisse zu achten, wird Ihr Partner mit großer Sicherheit positiv reagieren. Ein Mann, den ich interviewte, hatte sich kürzlich in eine Frau verliebt, die er übers Internet kennengelernt hatte! Er erzählte mir folgendes:

»Als wir das erste Mal miteinander schliefen, übernahm sie ganz klar die Verantwortung für ihre eigene sexuelle Befriedigung. Das überraschte mich. Nach meiner Erfahrung warten Frauen meistens ab, um zu sehen, was der Mann tut, und beschweren sich dann entweder darüber oder sind enttäuscht. Sie befreite mich von vornherein von dem Druck, Leistung bringen und der Macher sein zu müssen. Es war ein wunderbares Gefühl. Ich entspannte mich, und wir hatten sehr viel Spaß miteinander.«

Die Klarheit dieser Frau, verbal wie nonverbal, können wir uns für alle unsere Beziehungen zum Vorbild nehmen. Wenn Sie selbst für die Erfüllung Ihrer Bedürfnisse sorgen, ist es fast immer so, daß Sie Ihrem Partner damit eine Last abnehmen, ein willkommenes Geschenk für sie oder ihn.

Verweilen Sie einen Augenblick bei folgendem Experiment, und sei es nur im Geiste, bevor Sie weiterlesen.

Experiment 24
Selbst-Fürsorge
Schreiben Sie zwei Listen in Ihr Tagebuch:
1. In welcher Hinsicht sorgen Sie momentan in Ihrem Leben nicht für sich?
2. In welcher Hinsicht sorgen Sie in Ihrer Ehe nicht für sich?

Typische Antworten, die sich in unseren Seminaren nach längeren Diskussionen herauskristallisierten, waren:
In welcher Hinsicht ich nicht für mich selbst sorge:
Treibe nicht genug Sport.
Sollte mir einen Job suchen, der mir besser gefällt, verschiebe es aber immer wieder.
Erledige manche Sachen wochenlang nicht, zum Beispiel, mir eine neue Zahnbürste kaufen.
Unbedacht beim Parken; kriege zu viele Bußgeldbescheide.
Ernähre mich nicht gut.
Verschlampe Dinge am Haus, bis sie noch schlimmer werden – etwa ein Leck im Dach.
Arbeite zuviel. Gönne mir keine Freizeit.
Gebe kein Geld für mich aus, für eine Maniküre zum Beispiel oder neue Kleider.
Lege mich nicht ins Bett, wenn ich erkältet bin.
In welcher Hinsicht ich mich in meiner Ehe vernachlässige:
Ich würde gern abends mit meinem Mann schlafen, aber aus irgendeinem Grund initiiere ich es nie. Er hat es lieber morgens, und da tun wir es dann oft. Ich weiß, daß er positiv reagieren würde. Ich bitte einfach nie um das, was ich mir wünsche.
Meine Frau plant für meinen Geschmack zu viele Theater- und Konzertabende. Ich gehe immer mit, aber oft würde ich lieber zu Hause bleiben und mich ausruhen. Manchmal *will* ich nicht mit. Sie könnte eine Freundin mitnehmen.

Mein Mann hat einen zweiten Job und ist deswegen abends zu oft nicht zu Hause. Ich muß ihn fragen, ob er bereit ist, ihn aufzugeben.

Ich treffe mich unheimlich gern mit meinen Freundinnen und tue das fast überhaupt nicht mehr – weil ich mit meinen Kindern und meinem Mann zu Hause bleiben will. Ich muß Zeit für meine Freundinnen finden, die dann ganz ungestört sein soll, und sei es nur am Telefon.

Wir besuchen jedes Wochenende meine Schwiegereltern. Ich müßte darauf bestehen, daß wir das eindämmen. Wir brauchen auch mal ein Wochenende für uns.

Ich möchte, daß wir mehr miteinander schmusen und zärtlich sind, und das muß ich meinem Mann sagen und es öfter selbst initiieren. Ich habe es einfach jahrelang schleifen lassen.

Ich habe das Gefühl, daß meine Frau mich überfällt, wenn ich nach Hause komme, und mir keine Zeit läßt, mich zu entspannen. Ich mache nur deshalb mit, weil ich sie nicht verletzen will. Ich muß abends etwas Zeit für mich selbst beanspruchen.

Ich würde abends im Bett lieber lesen, doch mein Mann schaltet immer die Glotze ein, und aus lauter Faulheit gucke ich mit. Ich könnte ins Nebenzimmer gehen oder ihn bitten, Kopfhörer zu benutzen.

Vielleicht wissen Sie sehr genau, in welcher Hinsicht Sie in Ihrer Ehe nicht für sich sorgen. Vielleicht fällt es Ihnen aber auch gar nicht auf. Manchmal verlieren verheiratete Paare, indem sie sich auf die Ehe einstellen und es sich in gegenseitigem gutem Willen bequem machen, ihre persönlichen Wünsche eine Zeitlang aus den Augen. Hat der eine eine sehr genaue Vorstellung von etwas und der andere dagegen nur eine vage Idee, wird sich der entschiedenere Standpunkt wahrscheinlich gegen den unsichereren durchsetzen. Deshalb müssen Sie womöglich ein bißchen graben, um obiges Experiment durchzuführen. Haben Sie ein paar vage Vorstellungen hinsichtlich Ihrer Bedürfnisse und Wünsche, können sie aber nicht auf den

Punkt bringen, so wird Ihnen auch hier Ihr Tagebuch oder das Gespräch mit einem Freund oder einer Freundin weiterhelfen.

In einem Seminar halfen wir Mark, sich einen Wunsch einzugestehen, dessen er sich nicht bewußt war. Er hatte uns erzählt, seine Frau sei Innenarchitektin, und er fände, daß er Glück hätte, in einer so schön gestalteten häuslichen Umgebung zu leben. Später berichtete er uns, wie er einmal Freunde zu Besuch gehabt hätte, bei denen er sich doch tatsächlich für die Steifheit der Einrichtung und sogar für die Farben im Wohnzimmer entschuldigt hatte. Als wir ihn wegen seiner Inkonsequenz befragten, wurde er nachdenklich. Ich bat ihn, die Wohnung zu beschreiben, in der er vor seiner Heirat gelebt hatte. Er tat es mit großem Vergnügen; sie war rustikal und schlicht gewesen.

Erst zwei Wochen danach erzählte uns Mark, wie er allmählich erkannte, daß es ihm zwar gefiel, mit wieviel Spaß an der Sache seine Frau die Wohnung einrichtete, er aber auch sah, daß dort nichts von ihm stammte. Wir ermutigten ihn, ein Zimmer für sich zu beanspruchen. Später erfuhr ich, daß er ein ganzes Jahr lang seine Freizeit damit zugebracht hatte, den Keller auszubauen und zu renovieren, und sich so dort seinen Raum geschaffen hatte. Er war davon ganz begeistert.

Es gibt keine einfache Antwort auf die Frage, wie man lernt, besser für sich zu sorgen. Vielleicht hilft es Ihnen, wenn Sie sich ein Vorbild suchen. Manche Menschen haben einen angeborenen Instinkt für Selbstfürsorge oder Selbstvertrauen und Autonomie in ihrer Herkunftsfamilie gelernt. Ich kenne eine Frau, die zu den unabhängigsten Menschen gehört, die ich je getroffen habe, und die mir für mein Leben ein Vorbild ist. Einmal wählte sie mehrere Wochen vor ihrem Geburtstag Geschenke aus, die sie sich wirklich wünschte, und verpackte sie alle wunderschön. Als sie an ihrem Geburtstag aufwachte, wickelte sie all ihre Geschenke aus.

Suchen Sie sich für Ihr Leben jemanden als Vorbild, der oder die weiß, wie man gut für sich sorgt, und fangen Sie an, Unterricht zu nehmen!

Es ist sehr wichtig, daß Sie Mitgefühl mit sich haben. Denken Sie daran, daß Sie Ihr Bestes tun, wenn Sie sich bemühen, besser für sich zu sorgen. Machen Sie keine Liste von Gebieten, auf denen Sie besser für sich sorgen sollten, um sich diese Liste dann um die Ohren zu schlagen, weil Sie nicht vollkommen sind.

Experiment 25
So sorgen Sie für sich selbst
Wählen Sie von Ihren beiden Listen in Experiment 24 jeweils einen Punkt aus, in dem Sie für sich selbst sorgen sollten. Schreiben Sie die Punkte auf eine Karteikarte, und legen Sie die Karte zu Ihrer Zahnbürste oder Ihren Schminkutensilien oder in Ihre Brieftasche – irgendwo hin, wo Sie sie oft sehen. Üben Sie sich in Geduld, und haben Sie Nachsicht mit sich, aber versuchen Sie, Fortschritte auf Ihr Ziel hin zu machen, einfach, indem Sie häufig daran erinnert werden.
Planen Sie eine Belohnung für sich. Gehen Sie ins Kino, wenn Sie Ihr Ziel erreicht haben, oder kaufen Sie sich ein Geschenk, tun Sie etwas, das Sie sonst nicht für sich tun würden.

Selbstbestätigung 3 (zur Stärkung Ihres Muts)

Ich schaffe es
Geschichten, in denen es um Mut geht, sind meistens dramatisch. Man braucht Mut, um mit einem Fallschirm auf dem Rücken aus einem Flugzeug zu springen oder um über glühende Kohlen zu laufen. Man braucht Mut, um mit vierzig oder fünfzig noch eine Ausbildung zu beginnen, um allein zu reisen oder um ein Geschäft zu eröffnen.
Aber auch weitaus undramatischere Ereignisse in unserem

täglichen Leben erfordern Mut. Sie brauchen Mut, um jemandem zu verzeihen, der Ihnen Unrecht getan hat. Sie brauchen Mut, um zuzugeben, daß Sie sich geirrt haben. Sie brauchen Mut, um sich mit Ihren Einstellungen und Verhaltensweisen zu konfrontieren, um zu erkennen, ob Sie sich vielleicht selbst im Wege stehen. Sie brauchen Mut, um in Ihrer Ehe die Initiative zu ergreifen, vor allem, wenn Sie das jahrelang nicht getan haben.

Unsere Gruppe ermutigte Allison seit längerem, mit einer Freundin Urlaub zu machen. Ihr Mann Herb leitete seine neue Firma im zweiten Jahr, was ungeheuer aufreibend für ihn war. Allison hatte ihn bereits seit Jahren wegen eines Urlaubs angesprochen, doch Herb sagte nur immer wieder: »Vielleicht nächstes Jahr.« Allison benötigte dringend eine Verschnaufpause, aber sie hatte jede Menge Gründe, warum sie nicht wegfahren und Herb allein lassen könne und warum sie an einem Urlaub ohne ihn keinen Spaß hätte. Wir forderten sie auf, im Lauf der nächsten Woche bei jeder sich bietenden Gelegenheit an ihren Urlaub zu denken. Jedesmal, wenn ihr ihre Ausflüchte in den Sinn kämen, sollte sie sich sagen: »Ich schaffe es.«

Wir brachten Allison das »olympische Denken« bei, ein Konzept, das die ehemalige Olympia-Sportlerin Marilyn King entwickelte. Marilyn sagt, um etwas zu erreichen, muß man eine Vision, Passion und Tatkraft haben: Man muß genau wissen, was man will, man muß es sich aus ganzem Herzen und mit Leidenschaft wünschen, und man muß alles tun, was erforderlich ist, um das Gewünschte herbeizuführen. Wenn man nur zwei der für den Erfolg benötigten Eigenschaften aufweist, die dritte aber nicht, wird man nicht ans Ziel gelangen. Nehmen wir zum Beispiel an, Sie möchten Gitarre spielen lernen. Sie haben ein deutliches Bild vor Augen, wie Sie Ihre Lieblingslieder spielen (Vision). Sie melden sich zum Unterricht an (Tatkraft), stellen jedoch fest, daß Sie nicht besonders oft üben (keine Passion). Irgendwann werden Sie aufhören, weil Ihnen nicht genügend am Gitarrespielen liegt, um die Hürde des Übens zu überwinden. Es könnte auch sein, daß Sie die Vision und die Passion haben, sich aber nicht dazu aufraffen können, sich zum Unterricht anzumelden. Keine Tatkraft, kein Gelingen.

Wir sagten Allison, sie solle in den obigen drei Schritten an ihren Urlaub herangehen. Sie wußte genau, was für einen Urlaub sie sich wünschte: Sie wollte mit einer Freundin in ein ganz bestimmtes Dorf in Mexiko fahren und dort in einem von einer Bekannten empfohlenen Ferienhaus wohnen (Vision). Sie wünschte sich diesen Urlaub aus vollem Herzen (Passion). Ihr Problem war, daß es ihr so schwerfiel, Herb die Idee vorzutragen. Sie hatte die Vision und die Passion, aber keine Tatkraft. Sie brauchte Mut.

Nachdem wir Allison drei Wochen lang ermuntert hatten, sich zu sagen: »Ich schaffe es«, kam sie mit folgendem Bericht in die Gruppe:

»Ich präsentierte Herb meine Idee. Selten ist mir etwas so schwergefallen. Herb war entsetzt. Er sagte nicht mal was; er saß irgendwie nur da und guckte mich an. Also machte ich schnell einen Rückzieher. Ich meinte, es sei nur so ein Gedanke gewesen, den wir gern vergessen könnten. Aber je mehr ich über meinen Urlaub nachdachte, desto vernünftiger erschien er mir. Ich verstand, warum Herb so ein Workaholic war, doch deshalb mußte ich nicht auch einer sein. Und als ich versuchte, die Idee mit dem Urlaub sausenzulassen, wurde ich traurig. Ich merkte, daß ich diese Reise *wirklich* machen wollte. Also sagte ich Herb am nächsten Tag, ich würde sie machen. Er wurde sauer, aber es war nur ein kurzer Streit.

Ein paar Tage später hatten wir eine gute Diskussion über das Thema. Er meinte, er hätte erkannt, daß er einfach neidisch sei, und fand auch, ich sollte fahren. Er sagte, er sei sich ganz sicher, daß er nicht sein ganzes Leben so verbringen wollte wie im Moment, und er möchte, daß wir über Weihnachten zusammen Urlaub machen, er würde mitkommen, egal, was geschähe. Ich bin begeistert. Und ich glaube, diese Geschichte wird auf lange Sicht sehr gut für uns sein.«

Wenn Sie versuchen, all Ihren Mut zusammenzunehmen, um etwas zu tun, dann gliedern Sie Ihr Vorhaben in kleine Schritte und machen sich klar, daß Sie nur für den allerersten, winzigen Schritt Mut benötigen. Vielleicht denken Sie, Sie wüßten, was passiert, wenn Sie diesen Schritt tun, aber in Wahrheit wissen Sie es nicht. Stellen Sie sich diesen winzigen Schritt als Experiment vor; Sie müssen es ausprobieren, um Daten zu sammeln, und Sie müssen nicht weitermachen, wenn Sie nicht wollen. Jenseits der winzigen Schritte lauern herrliche Überraschungen, die Sie nie entdecken, wenn Sie immer dort verharren, wo Sie jetzt sind. Um sich die Möglichkeit von Wundern in Ihrem Leben zu eröffnen, brauchen Sie ein wenig Bereitschaft, ein wenig Mut: »Ich schaffe es.«

Der einfache Satz »Ich schaffe es« kann tatsächlich körperlich etwas bewirken. Dem Psychiater und Schriftsteller Daniel Amen zufolge schüttet Ihr Gehirn, wenn Sie negative Gedanken haben wie »Das schaffe ich nicht« oder »In meiner Ehe wird sich nie etwas ändern«, chemische Stoffe aus, die dazu führen, daß Sie sich schlecht fühlen. Haben Sie dagegen positive Gedanken, schüttet es chemische Stoffe aus, die ein Wohlgefühl bei Ihnen erzeugen. Positive Gedanken wie »Das schaffe ich!« tragen dazu bei, sich selbst zu verstärken und in Erfüllung zu gehen!

Die einzige Möglichkeit, negative Gedanken und Emotionen zu eliminieren, ist die, sie durch positive Gedanken und Emotionen zu ersetzen. Wenn Sie entmutigt sind und darüber nachgrübeln, warum Sie entmutigt sind und wie schlimm Ihre Situation ist, werden Sie sich weiterhin mutlos fühlen. Wenn Sie es schaffen, statt dessen positive Überlegungen anzustellen, zum Beispiel: »Ich schaffe es«, oder »Wäre es nicht wunderbar, wenn mir das gelänge?«, verscheuchen Sie die negativen Gedanken geradewegs aus Ihrem Kopf, und Ihr Gehirn wird Ihnen tatsächlich helfen, sich besser zu fühlen.

Norman Vincent Peale war den Psychologen mit seiner *Kraft positiven Denkens* weit voraus. Heute haben wir den Beweis, daß positives Denken zu Gesundheit und Wohlbefinden beiträgt. (Kritiker des positiven Denkens behaupten, positives Denken allein reiche nicht aus, um Veränderungen herbeizuführen. Darum geht es aber gar nicht; positives Denken ist ein entscheidender erster Schritt. Und es kann tatsächlich bewirken, daß es Ihnen bessergeht!)

Alan Loy McGinnis, Autor von *Optimismus ist besser*, unterscheidet zwischen frohgemut und glücklich sein: »Wir können uns auch unter traurigen oder niederdrückenden Umständen dafür entscheiden, frohen Mutes zu sein, teils, um damit unsere

---

Experiment 26
Mut: Vision, Passion und Tatkraft
Was würden Sie an Ihrer Ehe gern ändern? Was würden Sie gern für sich selbst tun? Wählen Sie ein persönliches Ziel aus, das Sie bisher nicht erreicht haben, oder eine Idee, die Sie noch nie umsetzen konnten.

Stellen Sie sich die drei fürs Gelingen entscheidenden Fragen: 1) Wissen Sie genau, was Sie wollen? Haben Sie es mit absoluter Klarheit vor Augen? 2) Wünschen Sie es sich aus ganzem Herzen und voller Leidenschaft? Wünschen Sie es sich so sehr, daß Sie es geradezu schmecken können? 3) Welches ist der allererste winzige Schritt, den Sie tun müßten, um Ihr Vorhaben in Gang zu setzen? Sind Sie willens, Tatkraft zu entwickeln, um Ihr Ziel zu erreichen?

Wenn Ihre Vision nicht deutlich genug ist, stellen Sie sich Ihr Ziel vor Ihrem inneren Auge vor. Beschreiben Sie es, reden Sie mit einem Freund oder einer Freundin darüber, oder fertigen Sie aus Zeitungsausschnitten eine Collage an. Wenn es Ihnen an Passion fehlt, sollten Sie erwägen, Ihr Ziel aufzugeben. Falls Sie das schaffen, großartig. Wenden Sie sich einem anderen Ziel zu. Falls nicht, ist Ihre Passion womöglich größer, als Sie denken. Wie können Sie diese Passion kultivieren?

Wenn es Ihnen an Tatkraft mangelt, planen Sie einen allerersten winzigen Schritt, und sagen Sie sich täglich: *Ich schaffe es!*

---

eigene Kraft zu stärken, teils als Akt der Gefälligkeit gegenüber den Menschen, die wir lieben.« Es gibt Menschen, die schreckliche Situationen »frohgemut« und durch positives Denken bewältigen konnten. W. Mitchell, Autor und Vortragsredner, erlitt bei zwei Unfällen Verbrennungen und ist gelähmt. Trotzdem leitet er sein Buch folgendermaßen ein: »Ich habe ein großartiges Leben. Auch Sie können ein großartiges Leben haben... Es ist nicht das, was Ihnen widerfährt, worauf es ankommt, sondern wie Sie damit umgehen.« Rose Kennedy, die in ihrem Leben mehr Tragisches durchgemacht hat, als die meisten von uns sich vorstellen können, sagte: »Vögel singen nach einem Unwetter. Warum sollten wir das nicht auch tun?« Und Helen Keller meinte: »Kein Pessimist hat den Sternen je ihre Geheimnisse entlockt, ein unerforschtes Land betreten oder dem menschlichen Geist einen neuen Horizont eröffnet.« Welchen Schritt müssen Sie tun, um Ihre Ehe zu verbessern oder besser für sich zu sorgen? *Sie schaffen es!*

Selbstbestätigung 4 (zur Stärkung Ihrer Ausdauer)

Alles braucht seine Zeit

Wie gesagt, um die Ehe mit dem Partner, den Sie haben, erfolgreich zu gestalten, benötigen Sie eine »Ich-schaffe-es«-Einstellung und die Bereitschaft, zu experimentieren. Es gibt aber noch einen weiteren entscheidenden Faktor, den wir bisher nicht erwähnt haben: Ausdauer. Große Veränderungen bei Ihnen oder Ihrem Partner geschehen nicht über Nacht; sie können sich langsam über Monate oder Jahre vollziehen. Sie müssen lernen, ausdauernd zu sein, auch wenn kein unmittelbarer Erfolg sichtbar ist.

Ausdauer ist eine Mischung aus Geduld und Hartnäckigkeit. Eines von beiden allein bringt Sie nicht weiter.

Geduld ohne Hartnäckigkeit zeigen die meisten von uns, wenn wir erkennen, daß unsere Ehe nicht so ist, wie wir sie

uns gewünscht haben; sie nützt nichts. Geduld ohne Hartnäk-
kigkeit kann man auch anders nennen: Apathie, Trägheit,
Gleichgültigkeit, Verleugnung. Wenn Sie nichts verändern,
sondern nur jahrelang geduldig sind, bekommen Sie weiterhin
das, was Sie bereits haben.

Aber auch Hartnäckigkeit ohne Geduld funktioniert nicht.
Wenn Sie bloß hartnäckig sind, werden Sie womöglich fordernd, übereifrig, ruhelos und unzufrieden.

Hartnäckigkeit und Geduld, das ist die magische Kombination. Sie bedeutet, daß Sie für sich einstehen und sich liebevoll
Ihrem Lebensgefährten gegenüber verhalten, ohne ein bestimmtes oder sofortiges Ergebnis zu erwarten. Sie lassen
nicht nach. Ihre Selbstliebe und Ihr guter Wille werden zum
Selbstzweck, und etwaige wundervolle Ergebnisse, die daraus
resultieren, sind ein Bonus.

Zwei spirituelle Lehren, die ich jahrelang gehört habe, sind
mir immer widersprüchlich erschienen. Einerseits wird uns
gesagt, wenn du ein Ziel verfolgst, halte es dir detailliert vor
Augen. Handle und sprich, als hättest du es schon erreicht.
Laß nicht zu, daß sich auch nur ein einziger negativer Gedanke in deinen Kopf schleicht. Halte diszipliniert an deiner
Vision fest, übe sie immer wieder ein und bleibe ihr unerschüt-
terlich verpflichtet.

Andererseits lehrt man uns, fixiere dich nicht auf ein bestimmtes Ergebnis. Öffne dich einer Vielfalt von Möglichkeiten. Das
Universum wird dir nicht das geben, was du dir wünschst,
sondern das, was du brauchst. Vertraue darauf, daß jedes
Resultat ein Geschenk in sich trägt. Jeder Versuch, das Universum zu kontrollieren, ist vergeblich.

Ich habe gelernt, daß diese Gedanken, obwohl es den Anschein hat, sich nicht widersprechen. Das Geheimnis des Erfolgs ist es, sich an beide zu halten. Sie können sich nicht zurücklehnen, nichts tun und darauf warten, daß man sich um
Sie kümmert; Sie müssen alles in Ihrer Macht Stehende dazu
tun, Ihre Sache voranzutreiben. Gleichzeitig müssen Sie sich
klarmachen, daß Sie nicht die einzige Macht im Universum

sind, und daß Sie nie alles unter Kontrolle haben werden. Verfolgen Sie Ihre Vision also mit Leidenschaft und Entschlossenheit – und zugleich mit Gelassenheit und Demut. Hartnäckigkeit und Geduld.

Solange Sie alles Ihnen Mögliche tun, um aus Ihrer Ehe das zu machen, was Sie sich wünschen, können Sie sich entspannen. Sie sind verantwortlich für Ihre Selbstfürsorge und Taten des guten Willens, aber nicht für die Ergebnisse. Sie haben sehr viel Kontrolle über das, was Sie tun, doch keine darüber, was Ihr Tun *bewirkt*. Wenn Ihnen Geduld fehlt und die Fähigkeit, sich nicht auf spezifische Resultate zu fixieren, laufen Sie Gefahr, sich oder Ihren Partner zu schnell aufzugeben und sich um die Belohnung zu bringen, die Ihnen gewinkt hätte, wenn Sie geduldig gewesen wären.

Manchmal jedoch ist es wirklich an der Zeit, aufzugeben. Damit werden wir uns in Kapitel zehn, »Bewerten Sie Ihre Beziehung«, befassen. Wenn Sie sich Ihrem Partner aber verpflichtet fühlen, ist es Ihre Aufgabe, alles zu tun, was Sie können – und geduldig, das heißt ausdauernd, zu sein.

Ausdauer haben wir bereits im Zusammenhang mit »Ich schaffe es!« erörtert. Wir wollen nun etwas ausführlicher über Geduld reden.

Geduldig sein heißt loslassen, sich ergeben, sein Bestes tun und auf das Ergebnis vertrauen.

Loslassen bedeutet nicht, daß Sie aufhören, für sich zu sorgen. Es bedeutet nicht, daß Sie aufhören, nach den Zielen zu streben, die Sie in Ihrer Beziehung erreichen wollen. Es bedeutet nur, daß Sie aufhören, sich um Ihre Beziehung zu ängstigen. In meinem Buch *Ich finde mich so toll, warum bin ich noch Single?* habe ich gesagt:

»Loslassen ist ein seelischer – und körperlicher – Vorgang. Er verschafft Ihnen das leichte, schwerelose Gefühl, von einer Last befreit zu sein, eine Ruhe, die sich in Ihnen ausbreitet wie ein kosmischer Tranquilizer... Was Sie loslassen, ist der Kampf, die Panik, das Verlangen, die Dinge mögen anders sein, als sie sind... Loslassen heißt auf Kontrolle verzichten, den Versuch aufgeben, Ihr [Leben] in eine bestimmte Richtung zu zwingen, indem Sie Ihre Situation und die Menschen um Sie herum manipulieren. Es heißt, Ihr [Leben] dem Schicksal überantworten, erkennen, daß das Glück nie in der Form kommt, die man erwartet, und dem natürlichen Fließen des Universums vertrauen... Loslassen heißt sich klarwerden, daß Sie nicht alle Antworten kennen. Sie wissen nicht genug, um alles kontrollieren zu können. Sie können mit den Kräften des Universums zusammenarbeiten, die Dinge geschehen lassen, aber Sie müssen nicht selbst dafür sorgen, daß sie geschehen ...

Aber jetzt das Entscheidende: Loslassen ist nichts, was Sie durch einen Willensakt erreichen können. Es ist etwas, das Ihnen passiert. Es widerfährt Ihnen wie eine Gnade, nicht weil Sie es verdient oder etwas Besonderes getan hätten, um es zu ›erlangen‹. Es überkommt Sie unmerklich, und eines Tages schauen Sie hin und entdecken, daß Sie – irgendwann, Sie wissen es nicht genau – losgelassen haben. Sie haben aufgegeben. Sie haben nachgegeben. Sie haben aufgehört zu kämpfen. Oder etwas hat Sie losgelassen.«

Wenn Sie sehr erpicht auf eine Veränderung sind, ist Geduld schwierig. Wenn ich ungeduldig auf Resultate warte, denke ich immer an das Gebet: Gott, bitte schenk mir Geduld, jetzt sofort! Was mir in solchen Situationen oft hilft, ist die Metapher mit dem Radfahrenlernen, die wir weiter vorn erwähnten. Sie versuchen es und fallen hin, versuchen es und fallen hin – bis Sie auf einmal das Gefühl dafür kriegen und Ihr Leben für immer verändert ist. Nie wieder werden Sie nicht radfahren können. Ein derartiger Prozeß verlangt Ausdauer angesichts des ständigen Scheiterns, Hartnäckigkeit und Geduld, die magische Kombination.

Bevor ich Mayer heiratete, war ich oft mit einem Paar zusammen, das ich Peter und Ellie nennen will. Peter wollte, daß seine Frau Ellie mit dem Rauchen aufhörte. Er redete ihr gut zu und flehte sie an, versprach ihr eine Belohnung und neckte sie und sprach unaufhörlich darüber. Eines Tages überredete ich ihn, das Thema fallenzulassen. Nach einem langen Gespräch beschloß er, es nie wieder zu erwähnen. Monatelang mußte ich Peter immer wieder ermahnen. Er meinte, nichts mehr zu sagen, würde nichts bringen. Ich dagegen meinte, ständig etwas zu sagen, hätte auch nichts gebracht. Er räumte allerdings ein, daß das Leben ohne die wiederkehrenden Streitereien übers Rauchen weitaus angenehmer sei. Über zwei Jahre später hörte Ellie auf, zu rauchen.

Einige Zeit danach nahm Peter mich beiseite und sagte:

»Das Geduldigsein hat mich fast umgebracht, aber ich muß zugeben, daß du recht hattest. Als ich nicht mehr forderte, daß Ellie *mir* zuliebe mit dem Rauchen aufhört, fühlte sie sich nicht mehr so in die Ecke gedrängt. Sie hatte nicht mehr das Gefühl, sie würde kontrolliert und müßte das Rauchen aufgeben, weil ich es ihr befahl. Ich hatte immer versucht, sie dazu zu bringen, daß sie eingestand, daß ich im Recht war. Als ich sie in Ruhe ließ, eröffnete ihr das die Möglichkeit, es als Geschenk für mich aufzugeben. Und ich war wirklich ganz gerührt, als sie es tat – ich finde immer noch, daß ich in der Angelegenheit recht hatte, aber was soll's? Es war nicht das Rechthaben, das etwas bewirkte, es war das Geduldigsein.«

Experiment 27
Ausdauer
Was macht Sie zur Zeit in Ihrem Leben ungeduldig? Versuchen Sie, sich selbst in irgendeiner Hinsicht zu ändern? Haben Sie das Gefühl, Sie warten schon seit Jahren auf Veränderungen in Ihrer Ehe?
Denken Sie an ein Gebiet, auf dem Sie Ausdauer brauchten. Glauben Sie, daß Sie die ideale Kombination von Hartnäckigkeit und Geduld haben?
Denken Sie daran, gut Ding will Weile haben. Bleiben Sie am Ball. Scheitern können Sie nur, wenn Sie aufgeben.

Selbstbestätigung 5 (zur Stärkung Ihrer Selbstsicherheit)

Meine Wünsche sind gerechtfertigt

Eine Möglichkeit, wie wir uns beim Verfolgen unserer Ziele selbst ein Bein stellen können, ist die, daß wir die Ziele selbst herabwürdigen. Das passiert in einer Ehe besonders leicht. Jessica wünschte sich in der Beziehung mit ihrem Mann Brad mehr Nähe. Sie hatten eine unkomplizierte, angenehme Beziehung, doch Jessica fand, daß Brad sie als selbstverständlich ansah. Er schien sich nicht an ihr zu freuen, sie liebevoll anzuschauen, ihr Liebesbriefchen zu schreiben, wie er es zu Beginn ihrer Beziehung getan hatte. Jessica versuchte, mit Brad darüber zu reden, aber er reagierte stets ungeduldig. »Du weißt doch, daß ich dich liebe. Ich bete dich an und schätze mich glücklich, in einer so großartigen Beziehung zu leben.« Solch liebevolle Aussagen bekam Jessica nur in leicht ärgerlichem Ton als Reaktion auf ihr Anliegen zu hören. Es war nicht dasselbe wie ein spontaner Ausbruch, mit dem er ihr mitteilte, wie sehr er ihr zugetan sei.

»Ich bin unrealistisch«, meinte Jessica mir gegenüber. »Es ist ein Klischee, zu sagen, man sei zu sehr von Hollywood beeinflußt, aber ich glaube ehrlich, daß es seine Wirkung hat, wenn man sich zu viele romantische Filme anschaut. Ich *wünsche* es mir, daß ein Mann mich so vergöttert. Ich möchte, daß er völlig hingerissen von mir ist. Aber das ist unrealistisch. Zumindest bei Brad ist es unrealistisch. Ich bin eine Träumerin.«

Vielleicht hat Jessica recht damit, daß sie nie genau das von Brad bekommen wird, was sie sich wünscht. Vielleicht ist das etwas, was sie akzeptieren und tolerieren muß. Das ist aber etwas ganz anderes, als wenn sie sagt, ihr Wunsch sei ungerechtfertigt. Was sie will, ist vollkommen legitim. Die meisten Frauen wünschen sich von Männern mehr Zärtlichkeit und Zuwendung. Wenn Jessica sich vorwirft, was sie sich wünscht, macht sie sich *selbst* zum Problem. Sie tadelt sich dafür, so zu sein, wie sie ist, und das zu wollen, was sie will.

In der Geschichte der Welt hat bisher alles mit einem Traum

angefangen. Die meisten Träume sind »unrealistisch«, sonst müßten sie keine Träume sein. Träumen, imaginieren, phantasieren, begehren. Damit bestätigen Sie Ihr Selbst. Dadurch wissen Sie, wer Sie sind und was Sie von allen anderen unterscheidet. Wenn Sie Ihre Träume zensieren oder, schlimmer noch, sich Ihre Träume zum Vorwurf machen, stellen Sie »Ihr Licht unter den Scheffel«, entschuldigen sich dafür, wie Sie sind.

Eine von mir interviewte Frau erzählte mir folgendes:

»Ich war zwischen zwei Ehen zwölf Jahre lang Single. Ich führte ein phantastisches Leben. Es gefiel mir ungeheuer, wie ich mein Geld selbst verwaltete, meine sozialen Kontakte pflegte, meinen Haushalt in Ordnung hielt – alles. Jetzt versucht mein Mann, mich davon zu überzeugen, daß ich zuviel für Kleidung ausgebe, daß wir zu oft Besuch haben, daß ich zuviel Zeit damit verbringe, das Haus sauberzuhalten. Ich sage ihm dann immer wieder, wir hätten eben verschiedene Ansichten zu diesen Themen und könnten ja beide recht haben. Aber er versucht ständig, mir einzureden, ich sei im Unrecht. Ich merkte gar nicht richtig, was los war, bis ich eines Tages feststellte, daß ich zu einer Freundin sagte, ich sollte mich beim Kleiderkaufen einschränken. Warum? Ich habe genügend Geld. Vielleicht könnte ich einen Kompromiß mit ihm schließen, damit er sich wohler fühlt. Aber ich muß doch nicht so weit gehen, daß ich ihm sage, ich sei im Unrecht. Meine Einkäufe sind völlig gerechtfertigt!«

Und selbst wenn die beiden nicht das Geld für Kleidung hätten, das ihr als Single zur Verfügung stand, wären ihre *Wünsche* trotzdem gerechtfertigt. Sie können Ihr Handeln verändern und dennoch Ihre Wünsche hochhalten. Sie sind nicht im Unrecht, sich zu wünschen, was immer es sei! Wenn Ihr Wunsch stark genug ist, werden Sie einen Weg finden, ihn zu verwirklichen.

**Selbstbestätigung 6 (zur Stärkung Ihres Durchsetzungs-
vermögens)**

Ich kann Stellung beziehen
Ich interviewte Krysta in ihrem wunderschönen Heim mit
Blick auf die Golden Gate Bridge.

»Frank ist ein fabelhafter Kerl. Jeder mag ihn. Er ist witzig; er
kann andere großartig auf die Schippe nehmen. Er ist ein

ziemlicher Macho, was ich toleriere, aber auch wirklich großzügig und sehr gut zu mir. Er ist sehr unternehmungslustig,
deshalb erleben wir immer irgendwelche Abenteuer. Wir
kommen wunderbar miteinander aus und führen ein sehr
schönes Leben.«

Ich wartete auf das »aber«.

»Aber das Problem ist, daß er jähzornig ist und seinen Jäh-
zorn an den Kindern ausläßt. Er kann total lieb zu ihnen sein,
doch dann fällt er fast aus heiterem Himmel über sie her. Er
brüllt sie an und verprügelt sie manchmal sogar mit seinem
Gürtel. Es bricht mir das Herz und bringt die ganze Familie in
Aufruhr. Ich kann nicht mit ihm darüber reden. Er hört einfach nicht zu. Ich glaube, irgendwie ist ihm sein Verhalten
selbst peinlich, aber er entschuldigt sich nie dafür oder gibt zu,
daß es nicht in Ordnung ist. Es regt mich so auf, daß ich mir
immer wieder sage, ich muß etwas unternehmen, doch ich
weiß nicht, was ich tun soll.«

ICH: »Wie lange wollen Sie schon was dagegen unternehmen?«
»Ach, das geht jetzt schon seit ungefähr zehn Jahren so.«

Krysta hatte unbewußt eine Entscheidung getroffen. Es war
leichter für sie, all das Herzeleid zu ertragen und ihre Kinder
leiden zu sehen, als die Initiative zur Lösung des Problems zu
ergreifen. Warum? Weil es schwierig und ein erschreckender
Gedanke war, Frank eine Grenze zu setzen, und Krysta nicht
glaubte, daß sie es schaffen würde. Ihre Ängste und Zweifel
blockierten sie.
Manchmal ist es das Allerschwerste auf der Welt, das zu tun,
was man tun muß. Man kann es aber nicht unterlassen, nur
weil es schwer ist. Wenn Sie keine Grenze ziehen, kann sich
das Problem nicht nur ungehindert fortsetzen, sondern auch
Ihr Selbstwertgefühl anschlagen. Sie beginnen zu glauben, Sie
seien machtlos. Es ist schwierig, sich gut zu fühlen, wenn Sie

tagein, tagaus nicht willens oder in der Lage sind, in so entscheidender Hinsicht Ihre Bedürfnisse zu befriedigen. Sie müssen in ständiger Ambivalenz leben: Ich liebe ihn, *aber* ... Wir führen ein gutes Leben, *aber* ...

Als ich ausführlicher mit Krysta redete, erfuhr ich, daß sie versuchte, sich zu überwinden, nicht mehr soviel Angst vor einer Konfrontation mit Frank zu haben. Sie wartete darauf, daß sie weniger Angst hatte.

Krysta hatte sich ein falsches Ziel gesteckt. Die Eliminierung ihrer Ängste war unwahrscheinlich; was sie statt dessen herausfinden mußte, war, wie sie *trotz* ihrer Ängste handeln konnte.

Hier sind einige Richtlinien, wie Sie in heiklen Situationen sagen: Bis hierhin und nicht weiter – ein Plan, der Ihnen schrittweise helfen soll, Stellung zu beziehen, auch wenn Sie nach wie vor Angst haben, Grenzen zu setzen, und Zweifel, daß Ihre Strategie funktionieren wird.

Ziehen Sie jemanden aus Ihrem Freundeskreis zu Rate oder die Person, die Sie unterstützt. Spielen Sie die folgenden Schritte zunächst gemeinsam durch. Bleiben Sie während der Umsetzung in engem Kontakt mit Ihrer Vertrauensperson.

1. Gestehen Sie sich ein, daß Sie eine äußerst schwierige Aufgabe zu meistern haben. Schreiben Sie in ein paar Sätzen in Ihr Tagebuch, was für Ängste und Zweifel Sie haben. Schreiben Sie anschließend diesen Satz hin: Ich kann Angst und Zweifel haben und es trotzdem schaffen. Ich kann Stellung beziehen.

2. Überlegen Sie sich ganz genau, welche Erklärung Sie Ihrem Partner gegenüber abgeben wollen. Wenn Sie eine Grenze ziehen, dann bitten Sie nicht und sind normalerweise auch nicht verhandlungsbereit. Deshalb müssen Sie Ihre absolute Grenze ganz klar vor Augen haben.

3. Überlegen Sie sich, ob es notwendig ist, Konsequenzen anzudrohen. In manchen Fällen ist das nicht nötig. David wollte nicht mehr einen Abend pro Woche mit seiner Frau Bridge spielen, was er jahrelang aus lauter Gefälligkeit getan hatte.

Er mußte ihr nur Zeit lassen, einen anderen Partner zu finden, und aufhören mitzugehen. Doch wenn Sie Ihrem Gatten in seinem Tun oder Nicht-Tun eine Grenze setzen wollen, müssen Sie sich vielleicht erst selbst klarmachen, welche Konsequenzen Sie ziehen werden, wenn sich die Situation nicht ändert.

Ist Ihr Problem nicht so schwerwiegend, daß Sie erwägen, deshalb die Beziehung aufzugeben, kann es schwierig sein, sich Konsequenzen einfallen zu lassen. Krysta sagte Frank, wenn er die Kinder noch einmal schlüge oder beschimpfte, würde sie einen Mitarbeiter vom Kinderschutzzentrum bitten, mit ihnen beiden zu reden. Da sie in der Angelegenheit nie zuvor Stellung bezogen hatte – sie hatte nur geweint, sich zurückgezogen und gezeigt, daß sie unglücklich war –, überraschte ihre Konsequenz Frank, und er merkte, daß es ihr ernst war.

Ein anderes Paar, mit dem ich sprach, Sue und Rick, stritt sich ständig, weil sie sich weigerte, einen Job anzunehmen. Sie waren sich beide einig, daß sie ein zweites Einkommen benötigten. Sue arbeitete aber seit zwei Jahren am Aufbau eines Postversands, und obwohl sie damit ihre finanziellen Mittel noch weiter erschöpfte, wollte sie ihr Projekt nicht aufgeben, um einen, wie sie es nannte, »Putzfrauenjob« anzunehmen. Rick erklärte, wenn sie innerhalb der nächsten drei Monate keinen Job angenommen hätte, würde er sich für die Abende einen Zweitjob suchen. Sue genoß ihre gemeinsamen häuslichen Abende und brauchte außerdem dringend seine Unterstützung bei den Kindern. Sie wußte, ihr Schuldgefühl wäre unerträglich, wenn Rick zwei Jobs hätte. Es funktionierte also, daß er ihr eine Grenze setzte.

4. Überlegen Sie sich, ob Sie Ihrem Partner vielleicht einen Brief schreiben wollen mit der Maßgabe, daß er oder sie ihn in Ihrer Gegenwart liest und Sie ihn dann diskutieren, oder ob Sie direkt mit Ihrem Partner sprechen möchten. Der Vorteil einer schriftlichen Stellungnahme ist der, daß Sie damit das deutliche Signal geben, daß Ihr Anliegen etwas ganz Besonderes ist und Sie es ernst meinen. Außerdem vermeiden Sie die

Möglichkeit, mitten im Gespräch die Nerven oder Ihren klaren Kopf zu verlieren. Beide Methoden können jedoch effektiv sein.

5. Erwähnen Sie zunächst eine Eigenschaft, die Sie an Ihrem Lebensgefährten schätzen. Krysta könnte zum Beispiel sagen: »Ich finde es toll, wie großzügig du den Kindern gegenüber bist, daß du ihnen oft etwas mitbringst und Dinge mit ihnen unternimmst. In der Hinsicht bist du ein besonders guter Vater.« Das mag vielleicht aufgesetzt klingen, aber ich kann nicht genug betonen, wie wichtig es ist: Ihr Partner wird sich weniger angegriffen fühlen, und Sie haben als Ausgangssituation eine Atmosphäre des guten Willens geschaffen.

6. Machen Sie nur »Ich«-Aussagen, vermeiden Sie »Du«-Aussagen ganz. Sagen Sie nie: »Du bist zu hart zu den Kindern. Du gerätst zu oft in Wut.« Sagen Sie statt dessen: »Ich bin nicht bereit, es weiter hinzunehmen, daß du die Kinder schlägst. Es ist schrecklich für mich, wenn du das tust. Ich will, daß das aufhört.«

7. Machen Sie Ihren Standpunkt in einfachen Worten klar. Geben Sie sich nicht mit komplizierten Erklärungen oder ausführlichen Beispielen ab. Graben Sie keine Vorfälle aus der Vergangenheit aus. Begründen Sie Ihre Position nicht. Es könnte sonst sein, daß Ihr Partner Ihre Gründe oder Erklärungen anficht und das Gespräch deshalb aus dem Ruder läuft. Wenn Krysta zum Beispiel sagen würde: »Deine Ausbrüche sind für die Kinder schwer zu ertragen«, könnte Frank erwidern: »Nein, sind sie nicht; Disziplin ist gut für sie.« Darum geht es aber gar nicht. Was Frank begreifen muß, ist, daß Krysta nicht mehr willens ist, diese Ausbrüche zu tolerieren – aus welchen Gründen auch immer. Sie schulden Ihrem Lebensgefährten keine Begründung; Sie haben ein Recht auf Ihren Standpunkt. Je simpler Sie ihn darlegen, desto eindrucksvoller wird er sein.

8. Wenn Sie Stellung beziehen, wird Ihr Partner auf irgendeine Weise reagieren – womöglich mit Wut, Abwehr, Bitten oder Schweigen. Sie sind für seine oder ihre Reaktion nicht verantwortlich; sie sind nicht die *Ursache*, daß es ihm oder ihr

schlechtgeht. Sie müssen tun, was für Sie richtig ist. Sie können echte Anteilnahme und Verständnis äußern: »Es tut mir wirklich leid, daß dich das so wütend macht«, oder: »Ich mache dir keinen Vorwurf, daß du darüber traurig bist. Ich weiß, daß es ein großes Problem für dich ist.« Sie sollten aber nie versuchen, den Schmerz Ihres Partners zu »beheben« oder sich selbst die Schuld dafür zu geben. Sie können nicht Krankheit und Arzt zugleich sein. Das Liebevollste, das Sie für Ihren Partner tun können, ist, entschlossen an Ihrer Position festzuhalten und Verständnis für seine oder ihre Gefühle zu zeigen.

Diese Richtlinien funktionieren bei schwerwiegenden und auch geringfügigen Problemen, zu denen Sie Stellung beziehen müssen. Gibt es etwas, mit dem Sie sich jahrelang abgefunden haben, versuchen Sie es mit dieser Methode.

Wenn Sie Ihrem Partner in einer Angelegenheit entgegentreten müssen, die für Sie ernsthaft gefährlich oder bedrohlich ist, erwägen Sie, professionelle Hilfe hinzuzuziehen. Falls es zu körperlichen Mißhandlungen oder Zerstörung von Eigentum gekommen ist, können Sie einen Polizeibeamten bitten, Ihnen »beizustehen«, während Sie Ihrem Lebensgefährten klarmachen, daß Sie kein beleidigendes oder destruktives Verhalten mehr dulden werden. Wenn Sie als Frau Angst vor der Reaktion Ihres Mannes auf Ihre Erklärung haben, rufen Sie ein Frauenhaus an. Eine erfahrene Person wird Sie anleiten und unterstützen.

Experiment 29
Beziehen Sie Stellung
Spielt sich in Ihrer Beziehung etwas ab, das Sie eigentlich nicht tolerieren können oder sollten?
Wenn das der Fall ist, vollziehen Sie obige acht Schritte genau nach. Nehmen Sie sich Zeit dazu. Ich wiederhole hier noch einmal, wie wichtig es ist, daß Sie einen Freund oder eine Freundin bitten, sie mit Ihnen zusammen durchzuarbeiten und Sie dabei zu unterstützen.

Der Schlüssel zum Erfolg bei der Arbeit an einer Ehe im Alleingang liegt, wie gesagt, darin, daß Sie ein Gleichgewicht zwischen der Sorge für sich selbst und der Sorge für Ihren Partner erreichen, daß Sie das in ein ausgewogenes Verhältnis bringen, was Sie selbst in Ihrer Beziehung geben und nehmen. In diesem Kapitel haben wir sechs Möglichkeiten der Selbstbestätigung kennengelernt, die Sie ermutigen sollen, in Ihrer Ehe die Verantwortung für sich zu übernehmen:

Ich tue mein Bestes.
Wenn ich nicht für mich sorge, wer dann?
Ich schaffe es.
Alles braucht seine Zeit.
Meine Wünsche sind gerechtfertigt.
Ich kann Stellung beziehen.

Wenn wir diese Prinzipien gut im Gedächtnis behalten, können wir uns nun der anderen Hälfte der Gleichung zuwenden: wie Sie für Ihren Lebensgefährten sorgen. Kapitel acht bietet Ihnen Möglichkeiten der Selbsterfahrung und der Entwicklung von Fähigkeiten auf dem Gebiet des guten Willens, jener herausragenden Qualität, die sogar in der Beziehungs-Literatur – und in unserer Kultur ganz allgemein – weitgehend unterschätzt oder ignoriert wird.

Kapitel 8
Kultivieren Sie Ihren guten Willen

Bei der Untersuchung erfolgreicher Ehen, über die ich in meinem zweiten Buch, *Endlich verheiratet, warum bin ich nicht glücklich?*, geschrieben habe, fand ich, wie bereits erwähnt, immer wieder eine herausragende Eigenschaft, die erfolgreiche Paare von nichterfolgreichen unterscheidet. Es war nicht so, daß die erfolgreichen Paare alle aus stabilen, liebevollen Elternhäusern kamen. Es war auch nicht so, daß sie alle über außergewöhnliche Kommunikationsfähigkeiten verfügten. Nein, ich stellte fest, daß dauerhaft glückliche Paare fast ohne Ausnahme sich durch eine Haltung des guten Willens auszeichnen, die Paaren fehlt, welche sich nicht als »dauerhaft glücklich« bezeichnen.

Guter Wille ist eine alles bestimmende großzügige Einstellung gegenüber dem Partner. Sie besagt: »Ganz gleich, was passiert, ich bin auf deiner Seite. Ich bin dein Verbündeter, nicht dein Gegner.«

Wenn Sie die in Kapitel vier und fünf präsentierten Strategien zur Schaffung einer Atmosphäre des häuslichen Glücks und zur Lösung von Problemen im Alleingang angewandt haben, haben Sie sich bereits in gutem Willen geübt. Um in Ihrer Beziehung der oder die »Große« zu sein, um Führungsqualitäten einzusetzen, müssen Sie guten Willens sein.

Guter Wille ist zwar ein Konzept, das schon fest in das Gefüge dieses Buches verwoben ist, aber wir wollen uns in diesem Kapitel einmal speziell darauf konzentrieren, um Ihnen zu helfen, diesen besonders wichtigen Aspekt Ihres Charakters zu stärken. Guter Wille ist, für sich genommen, das wichtigste

Instrument, das Sie benötigen, wenn Sie allein etwas für Ihre Beziehung tun wollen.

Es ist natürlich einfach, Ihrem Partner guten Willen entgegenzubringen, wenn es Ihnen gutgeht und Sie mit Ihrem Lebensgefährten und Ihrer Beziehung generell glücklich sind. Zur Herausforderung wird es erst, wenn Sie sich von Ihrem Partner benachteiligt oder schlecht behandelt fühlen.

Da guter Wille Eigenschaften wie Duldsamkeit, Akzeptanz, Mitgefühl, Verzeihenkönnen und Großzügigkeit umfaßt, *klingt* es so, als würde nur Ihr Partner davon profitieren. In Wirklichkeit aber ist guter Wille mehr als alles andere dazu angetan, Sie selbst glücklich zu machen und auf lange Sicht das entscheidende Geheimnis des Erfolgs für Ehe und Liebe.

Sie sollten Wohlwollen und Kooperation nicht nur deshalb üben, weil es angenehme Eigenschaften sind, sondern weil sie *Probleme lösen.*

Auf der ganzen Welt gibt es nichts Weicheres als das Wasser. Und doch in der Art, wie es dem Harten zusetzt, kommt nichts ihm gleich.

Laotse

Wenn Sie bereit sind, nachzugeben, zu geben, großzügig und einfühlsam zu sein, werden Ihre Probleme schwinden.

Obwohl Allison einräumen mußte, daß es nicht besonders wichtig war, versuchte sie immer wieder vergeblich, Harry dazu zu bewegen, daß er die Toilettenbrille herunterklappte. Sie probierte es mit Humor und einer Vielzahl raffinierter Hinweise. Nichts half, und allmählich wurde sie ärgerlich. Eines Tages war sie mit einer Gruppe alleinstehender Frauen zusammen, die sich Horrorgeschichten über mißglückte Verabredungen erzählten, über Männer, die zu gleichgültig oder feige waren, sie zurückzurufen, und über die Frustrationen des Single-Daseins. Plötzlich wurde Allison von Dankbarkeit für ihre wundervolle Beziehung überwältigt, und das Problem mit dem Toilettensitz erschien ihr auf einmal lächerlich. Sie

beschloß, von nun an die hochgeklappte Toilettenbrille jedesmal, wenn sie sie sah, als Erinnerung daran zu nehmen, wie
sehr sie Harry liebte und wie glücklich sie mit ihm war. Sie
betrachtete den hochgeklappten Sitz jetzt als ein lustiges Ritual, als kleines Geschenk, das Harry ihr als Erinnerung an
seine Liebe hinterließ. Außerdem stellte sie fest, daß es ganz
einfach für sie war, die Toilettenbrille selbst herunterzuklap-
pen.
Allison gab nach, und das Problem verschwand.
Arthurs Hauptvorwurf gegen Sherry war, daß sie ihm in alles
hineinredete, und das nicht nur beim Autofahren. Für jede seiner Handlungen gab sie ihm Anweisungen und Instruktionen.
»Wenn du das Messer beim Brötchenschneiden so hältst, geht
es leichter.« »Achte darauf, daß du das kleine Endstück benutzt, wenn du in den Ecken saugst.« »Laß dich nicht so auf
den Tisch sacken.« So ging es Tag für Tag. Arthur erzählte
mir, daß er sich immer dagegen wehrte. Ich fragte ihn, warum.
Er dachte über meine Frage nach:

»Anscheinend hält sie mich für inkompetent, und ich habe das
Gefühl, ich muß mich beweisen. Ich finde mich ziemlich le-
benstüchtig – eigentlich unabhängig. Ich glaube, mit meiner
Abwehr will ich mein Selbstbild verteidigen. Außerdem will
ich natürlich, daß sie damit aufhört.«

Ich forderte Arthur auf, nach Hause zu gehen und Sherry zu
bitten, ihn auf einer Skala von unfähig und inkompetent (1)
bis fähig und autonom (10) einzuordnen. Er war erstaunt, daß
sie ihm nicht nur eine 10 zuerkannte, sondern große Anerkennung für seine Hilfe im Haushalt äußerte.
In weiteren Diskussionen begann Arthur, ein anderes Verständnis für Sherrys »Besserwisserei« zu entwickeln. Er erkannte, daß ihre Ratschläge überhaupt nicht bedeuteten, daß
sie ihn womöglich für inkompetent hielt; sie tat es eher aus
Gewohnheit und dem Bedürfnis heraus, alles unter Kontrolle
zu haben. Arthur dämmerte allmählich etwas Entscheidendes:

Sherrys Verhalten hatte gar nichts mit ihm zu tun. Sherry war einfach sie selbst, das heißt, eine Person, die versuchte, ihre Umgebung zu kontrollieren. Ich schlug Arthur vor, er solle als Experiment einmal damit anfangen, das Gegenteil von dem zu tun, was er bisher getan hatte. Ich forderte ihn auf, Sherry jedesmal zu danken, wenn sie ihm einen Rat gab, und dann einfach in seiner Tätigkeit fortzufahren. Wenn es ihm nichts ausmachte, könnte er ihren Vorschlag sogar umsetzen.

ARTHUR: »Als ich ihr die ersten paar Male dankte, spürte ich, wie innerlich etwas in mir vorging, was ich nur als ganz großen inneren Umschwung bezeichnen kann. Es war eines jener ›Aha‹-Erlebnisse, die einem wie ein Wunder vorkommen – denn ich hätte mir in einer Million Jahren nicht vorstellen können, daß ich mich je so fühlen würde. Es war, als wenn eine riesige Backsteinmauer zwischen uns plötzlich zerbröckelte. Und was mich schockierte, war die Erkenntnis, daß *ich* diese Mauer aufgebaut hatte, nicht Sherry. Ich weiß jetzt, daß ich Sherry die kontrollierende Person sein lassen kann, die sie ist, und mich davon nicht beeinflussen lassen muß. Ihre Bemerkungen sind keine große Sache. Ich kann nach wie vor so kompetent sein, wie ich will. Indem ich mich gegen sie wehrte, habe ich nur Spannung erzeugt, und ich hätte sie nie dazu gebracht, daß sie aufhört. Also gebe ich ihr nach!«

Arthurs Kommentar erinnerte mich an das Zitat von Laotse, das ich hier noch einmal anführen möchte:

Auf der ganzen Welt gibt es nichts Weicheres als das Wasser.
Und doch in der Art, wie es dem Harten zusetzt, kommt
nichts ihm gleich.

Eine andere von mir interviewte Frau, Zoe, erzählte mir folgende Geschichte über die Überwindung eines Problems durch guten Willen:

»Während meiner ersten Schwangerschaft war Fred sehr fürsorglich und rücksichtsvoll. Besonders in den letzten Monaten massierte er mir oft lange den Rücken, kochte und sorgte sich um meine Gesundheit. Natürlich erwartete ich bei meiner zweiten Schwangerschaft dieselbe liebevolle Behandlung. Aber diesmal war alles anders. Er hatte einen neuen, anstrengenden Job mit einer langen Anfahrtzeit. Ich arbeitete inzwischen auch, und wir hatten einen anspruchsvollen Zweijährigen. Fred hatte einfach keine Energie mehr für mich übrig. Wenn ich ihn jetzt um eine Massage bat, sagte er jedesmal, er sei zu müde, und war eine Minute später eingeschlafen.

Zuerst war ich sehr traurig, fühlte mich benachteiligt und sehnte mich nach der guten alten Zeit. Ich weinte mich ordentlich aus. Dann hatte ich eine Idee: ich würde dafür zahlen, mich professionell massieren zu lassen! Danach hatte ich eine noch bessere Idee: ich würde dafür zahlen, uns beide professionell massieren zu lassen. Ich mochte ja diejenige sein, die schwanger war, aber Fred hatte auch reichlich Streß. Ich besorgte uns auch noch einen Babysitter (obwohl das eigentlich unserer Politik zuwiderlief, denn wir hielten es für wichtig, die Wochenenden mit unserem Sohn zu verbringen), und so verlebten wir schließlich einen entspannten und angenehmen – und dringend benötigten – Nachmittag und Abend miteinander. Wir fühlten uns beide wie neugeboren und einander sehr nahe.«

Es ist wichtig zu erkennen, daß guter Wille nicht der westlichen Lebensweise entspricht. Deshalb werden wir in diesem Kapitel spezifische Methoden kennenlernen, mit denen Sie Ihren guten Willen kultivieren können. Es kann gut sein, daß Sie beim Lesen innere Stimmen hören, die sagen:

– Das ist nicht realistisch; die träumt wohl.
– Guter Wille ist nicht gerecht.
– Na gut, aber sie kennt meine Ehe nicht. Bei uns haut das nie hin.

– Sie empfiehlt mir ja bloß, mich mit einer schlimmen Situation abzufinden. So ende ich doch als Fußabtreter. Mein Partner wird mich ausnutzen.
– Wofür hält sie mich, für einen Heiligen?

Diese Stimmen sind zu erwarten, denn Sie sind Ihr Leben lang mit kulturellen Wertvorstellungen bombardiert worden, die das Gegenteil von gutem Willen beinhalten. Individualismus, Eigennutz und Konkurrenz sind die treibenden Kräfte in diesem Land, nicht guter Wille. Um auf dem Markt zu überleben, setzen wir unsere Eigeninteressen an erste Stelle, halten Informationen zurück und mißtrauen den Motiven anderer Leute. Immer alles in die eigene Tasche! Sei vorsichtig, die anderen könnten dich ausnutzen!
Nur selten ist das wirtschaftliche oder politische Leben beseelt von dem Willen zu Kooperation, Gegenseitigkeit und Verständnis. Die freie Marktwirtschaft basiert auf Konkurrenz, und auch die nationale Politik baut, so erschütternd es mit anzusehen ist, völlig auf Gegnerschaft. Obwohl in unserem öffentlichen Leben fast immer Lösungen möglich sind, bei denen beide Seiten gewinnen, werden beinahe ausschließlich Gewinner/Verlierer-Lösungen angestrebt. Sowohl auf individueller als auch kollektiver Ebene untergräbt unsere Tendenz zu Narzißmus und Selbstsucht gewöhnlich jeden guten Willen.
Das ist schade, denn wie wir gesehen haben, können Kooperation und guter Wille Probleme lösen, auch im Regierungswesen und in der Geschäftswelt, aber das wäre ein anderes Buch.
Ich möchte nun kurz auf die Einwände eingehen, die in Ihnen hochkommen werden, wenn Sie die konkreten Vorschläge zur Kultivierung des guten Willens in diesem Kapitel lesen.

Mögliche Einwände gegen guten Willen

Einwand 1: Das funktioniert nicht.

Bei der gesamten Diskussion über den guten Willen setzen wir voraus, daß Sie Ihren Partner lieben und daß Sie in einer Ehe oder langfristig verbindlichen Beziehung leben, die Ihnen viel wert ist. Sind Sie in Ihrer Ehe wirklich unglücklich, machen die Vorschläge, wie Sie Ihrem Lebensgefährten guten Willen entgegenbringen können, Sie vielleicht wütend. Wenn Sie überzeugt davon sind, daß guter Wille in Ihrer Ehe nichts ausrichten wird, dann wird er das auch nicht.

Ihre Reaktion auf die Vorschläge in diesem Kapitel soll Ihnen als Barometer dienen. Achten Sie beim Lesen genau darauf, wie Sie sich fühlen. Wenn Sie sich Ihrer Beziehung sicher sind, wird Ihre Reaktion wahrscheinlich sein: »Ja, ich weiß, daß sie recht hat. Ich habe es ausprobiert, und bei uns hat es geklappt«, oder: »Hört sich gut an. Das würde ich gern versuchen.« Was aber, falls jedesmal, wenn Sie einen Vorschlag lesen, Ihr erster Gedanke ist: »Na ja – sie kennt meinen Partner eben nicht. Der würde es gar nicht merken, wenn ich so was täte. Ich habe keine Lust, immer großzügig zu sein. Ich kriege nie etwas dafür zurück«? Wenn Sie befürchten, daß Sie sich bei allem guten Willen, den Sie aufbringen können, immer noch benachteiligt oder betrogen fühlen, wird Kapitel zehn, in dem ich Ihnen helfe, Ihre Ehe im Lichte all dessen zu bewerten, was wir in diesem Buch erörtert haben, besonders wichtig für Sie sein.

Wenn Sie daran glauben, »funktioniert« guter Wille immer.

Einwand 2: Das ist nicht gerecht.

Das stimmt. Liebe und guter Wille haben meist nichts mit Gerechtigkeit zu tun. Wenn alles Geben und Verstehen in Ihrer Beziehung vollkommen gleich verteilt wäre, brauchten Sie keinen guten Willen; Sie brauchten nur einen Punktrichter. Weil aber das Leben normalerweise nicht gerecht ist, benötigen Sie große Portionen guten Willens.

Eine Fixierung auf Gerechtigkeit untergräbt die Liebe, denn Liebe und Zuwendung können nie in gleicher Dosierung aufgebracht werden. Wollen Sie nur soviel geben, wie Sie bekommen, sind Sie im Supermarkt am rechten Ort, aber nicht in Ihrer Ehe.

Wenn Sie sich das perfekte Geschenk für jemanden ausdenken, etwas ganz Persönliches und Passendes, haben Sie dann nicht mehr Freude am Geben als am Öffnen Ihres eigenen Geschenks? Großzügiges, freiwilliges Geben kann sehr viel Glück schenken. Punkte verbuchen bringt Ihnen lediglich Streß.

Mayer und ich haben einen guten Freund, den wir sehr schätzen. Im Laufe der Jahre haben wir uns gegenseitig immer wieder geholfen, auch mit beruflichen Fertigkeiten, für die wir gewöhnlich bezahlt werden. Wir genießen es sehr, zu geben, zu nehmen, einander um Unterstützung zu bitten und diese Gefälligkeiten als Ausdruck unserer gegenseitigen Zuneigung zu erleben.

Ich war traurig, als ich den Brief eines anderen engen Freundes erhielt, eines Schriftstellerkollegen von mir. Da er sich Sorgen machte, daß einer von uns vielleicht mehr von den Texten des anderen las oder redigierte, schlug er vor, wir sollten irgendein System einführen, um uns darüber auf dem laufenden zu halten.

Statt mich auf diese Ebene einzulassen, brach ich den Austausch gegenseitiger Hilfe ganz ab. Als Zeichen unserer Freundschaft hatte ich es gern getan, doch als Geschäft war ich daran nicht interessiert. So brachten wir uns nicht nur um unseren schriftlichen Kontakt, sondern auch um das Vergnügen, einander etwas zu geben.

Werden Sie glücklicher sein, wenn Sie völlige Gleichheit in Ihrer Ehe erreicht haben? Ich bezweifle es. Guter Wille ist einseitig.

Einwand 3: Sie empfehlen mir doch bloß, mich mit einer
schlimmen Situation abzufinden. So werde ich ja zum Fuß-
abtreter. Mein Partner wird mich ausnutzen.

Guter Wille macht Sie nicht zum Fußabtreter, wenn Sie ein bestimmtes Gleichgewicht zwischen der Sorge für Ihre eigenen
Bedürfnisse und der Sorge um die Ihres Partners hergestellt
haben. Nicht umsonst ging das Kapitel über Selbstfürsorge
diesem hier voran. Wenn Sie Ihrem Partner bereits sehr viel geben und das Gefühl haben, Sie bekommen dafür nicht genug,
konzentrieren Sie sich zunächst auf die Befriedigung Ihrer eigenen Bedürfnisse im Rahmen Ihrer Ehe.

Der Hauptgrund aber, warum guter Wille Sie nicht zum Fußabtreter macht, der sich mit allem nur abfindet, ist der, daß
guter Wille nichts Passives ist, sondern etwas Aktives. Guter
Wille erfordert Initiative, Phantasie und Mut. Manchmal bedeutet er zwar, daß Sie bereit sein müssen, sich verletzlich zu
zeigen, aber gleichzeitig verleiht er Ihnen auch Macht. Sich
mit etwas »abfinden« und beschließen, es gelassen hinzunehmen und das Beste daraus zu machen, sind zwei ganz verschiedene Dinge. Guter Wille stärkt Ihr Selbstgefühl. Er läßt Sie
spüren, daß Sie Verantwortung tragen und etwas leisten, sogar siegen können. Jeder Schwächling kann sich grollend mit
einer schlimmen Situation »abfinden«, über die er sich zugleich ständig beschwert; mit gutem Willen zu reagieren, erfordert dagegen eine starke, unabhängige, sich selbst liebende
Persönlichkeit. Einem anderen Menschen guten Willen entgegenzubringen, ist ebensosehr ein Geschenk für Sie selbst wie
für ihn oder sie. Es trägt zu Ihrem Wohlergehen bei, zu dem
Gefühl, daß Sie die Dinge im Griff haben, verleiht Ihnen eine
Art Gütesiegel, das besagt, Sie leisten gute Arbeit.

Sie laufen keine Gefahr, zum Fußabtreter oder co-abhängig zu
werden, wenn Sie jemandem bewußt einen Gefallen tun, ein
Vergehen verzeihen oder die unangenehme, wahrscheinlich
nicht zu ändernde Eigenschaft einer Person gelassen akzeptieren. Sie sind eher der Herr im Haus als der Fußabtreter.

Einwand 4: Ich bin doch kein Heiliger.
Der Unterschied zwischen Normalsterblichen und Heiligen ist nur ein gradueller. Heilige verhalten sich anderen gegenüber öfter und konsequenter großzügig und liebevoll als wir übrigen. Sie sind immer gut und nie böse. Sie widmen ihr ganzes Leben guten Taten und dem Dienst an ihren Mitmenschen. Heilige sind so hochentwickelte Wesen, daß sie selbst sehr wenig Zuwendung benötigen.

Die meisten von uns sind noch nicht soweit. Wir wollen keine Heiligen sein und könnten es auch nicht. Aber vielleicht sagen wir hier einfach mal, daß es keinem von uns schaden würde, ein bißchen heiligenähnlicher zu sein. Schon ein Prozent mehr guter Wille, als Sie ihn im Moment praktizieren, verbessert Ihre Ehe garantiert.

Guter Wille ist keine Philosophie, sondern konkretes Handeln. Je mehr Sie es einüben, desto leichter fällt es Ihnen, desto mehr geht es Ihnen in Fleisch und Blut über, desto öfter werden Sie es praktizieren wollen. Das Ziel heißt nicht Vollkommenheit, sondern Fortschritt.

Wir wollen uns nun spezifische Strategien anschauen, mit denen Sie Ihren guten Willen kultivieren und Ihre Fähigkeit stärken können, ihn in belastenden Situationen einzusetzen. Auch dazu bedienen wir uns wieder einer Reihe von Bekräftigungen, die Sie ermuntern sollen, folgende Aspekte Ihres guten Willens zu kultivieren: Akzeptanz, Toleranz, Objektivität, Mitgefühl, Verzeihenkönnen und Großzügigkeit.

Wenn Sie die dazugehörigen Erklärungen durchlesen, werden Ihnen einige dieser Bekräftigungen Ihrer Situation angemessener erscheinen als andere. Beginnen Sie mit einer oder zwei, die Ihrer Meinung nach am relevantesten für Ihre Beziehung sind.

Bekräftigung des guten Willens 1 (zur Kultivierung Ihrer Akzeptanz)

Dies ist kein Problem, es ist eine Tatsache des Lebens

Akzeptanz ist ein wesentlicher Bestandteil des guten Willens. Ihren Partner zu akzeptieren ist dasselbe, wie ihn oder sie bedingungslos zu lieben. Sie sagen nicht: »Wenn du guter Laune bist, liebe ich dich«, oder »Ich liebe einiges an dir, aber nicht alles.« Nein, »Ich liebe dich« heißt »Ich liebe dich ganz und gar, einschließlich der Dinge, die mir nicht so gefallen.« Die Dinge an Ihrem Lebensgefährten zu akzeptieren, die Sie nicht mögen, wird vielleicht eine Anstrengung für Sie sein; es erfordert guten Willen.

Sue vergöttert Jeff, aber es geht ihr total gegen den Strich, wieviel Zeit er an seinem Computer beim Internet-Surfen verbringt. »Es ist so eine Zeitverschwendung. Er tut schließlich nichts Nützliches. Und es nimmt uns soviel von der Zeit, die wir früher zusammen verbrachten. Ich finde es einfach gräßlich. Es ist das größte Problem, das wir bisher in unserer Ehe hatten. Jeff stimmt mir ja darin zu, daß es zeitliche Probleme schafft, aber er will es nicht aufgeben. Ich bin am Ende meiner Weisheit angelangt. Ich weiß nicht mehr, was ich tun soll.«

»Es sieht nicht so aus, als ob das Internet von sich aus verschwindet«, meinte ich. »Was würde passieren, wenn Sie aufhörten, es als Problem anzusehen, und es statt dessen als eine Tatsache des Lebens begriffen, eine neue, womöglich unwillkommene Tatsache des Lebens?«

»Ja«, seufzte sie.

Ich fuhr fort. »Ein Problem ist etwas, das Sie lösen müssen. Eine Tatsache des Lebens ist etwas, an das Sie sich gewöhnen müssen.«

Als ich Sue einige Wochen später wiedersah, erzählte sie mir folgendes:

»Ich merkte, daß ich wirklich hart daran gearbeitet hatte, dieses Problem zu lösen. In meiner Phantasie bestand die Lösung darin, daß Jeff ein Licht aufging und er anfing, seine Zeit am Computer zu reduzieren. Je weniger das geschah, desto stärker hatte ich das Gefühl, nichts mehr unter Kontrolle zu haben. Immer wieder malte ich mir das perfekte Gespräch mit ihm aus, in dem er, wenn ich nur auf die richtige Art das Richtige sagte, kompromißbereit wäre. Als ich erkannte, daß ich gar kein Problem zu lösen hatte, veränderte sich meine ganze Sichtweise. Als ich anfing, darüber nachzudenken, wie ich mich an diese Tatsache des Lebens gewöhnen könnte, kamen mir verschiedene Ideen. Eine war die, daß ich ihn bat, mir zu zeigen, was er da überhaupt machte. Er war begeistert, und wir verbrachten wieder mehr Zeit miteinander. Und ich verstand allmählich, warum er soviel Spaß daran hat. Zweitens habe ich mich einer Handarbeitsgruppe angeschlossen, so daß ich jetzt meine Interessen verfolgen kann, während er seine verfolgt. Die ganze Atmosphäre bei uns zu Hause hat sich verändert.

Jeff meinte, das Härteste an meiner Unzufriedenheit mit ihm sei nicht gewesen, daß ich mich über die Zeit beklagt, sondern daß ich das schlechtgemacht hätte, woran ihm soviel lag. Ich hatte ihn und sein Hobby herabgesetzt. Ich weiß heute, daß er ein Recht auf ein Interesse hat, das mich nicht interessiert, und daß es, wenn man jemanden liebt, dazugehört, auch die Teile zu lieben, über die man nicht so glücklich ist.

Aber das Beste kommt noch: Jetzt, wo Jeff sich wegen des Computers nicht mehr so sehr in der Defensive fühlt, ist er komischerweise viel eher bereit, mit mir auszuhandeln, wieviel Zeit er damit verbringt.«

Wenn Sie es nicht schaffen, Gegebenes zu akzeptieren, werden Sie kaum erkennen, daß *Sie* es sind, der oder die das Problem schafft. Gewöhnlich sind Sie davon überzeugt, es sei die Schuld Ihres Partners.

Wenn Sue sich über Jeffs Spielereien am Computer beklagt, ist sie diejenige, die ein Problem heraufbeschwört, nicht Jeff. Jeff ist einfach Jeff, der seinen Bedürfnissen nachgeht. Da Sue Jeffs

Neigungen nicht aus gutem Willen heraus mit Gelassenheit akzeptiert, macht sie sein Hobby zum Problem. Wenn einer von zweien versucht, den anderen zu ändern, wird der Konflikt meist von dem Partner verursacht, der nicht willens ist, zu akzeptieren, nicht von demjenigen, der nicht bereit ist, sich zu ändern.

Das Leben ist hart. Man bekommt nicht immer genau das, was man sich wünscht. Wenn man etwas jedoch nicht ändern kann, ist es für alle Beteiligten weitaus weniger anstrengend, es gutwillig hinzunehmen, als fortgesetzt dagegen anzukämpfen.

Und es ist sogar, wie Sue herausfand, am Ende wahrscheinlicher, daß man durch Akzeptanz das Gewünschte erreicht.

Helen kam zu mir, weil sie sich Sorgen über ihre sexuelle Beziehung zu Harv machte, mit dem sie seit fünfzehn Jahren verheiratet war. »Ich sage ihm immer wieder, wie ich es gern habe. Er macht es dann vielleicht einmal so, aber danach wieder wie sonst. Nichts ändert sich.« Sie dachte, daß ich ihr womöglich ein Rezept geben könnte, mit dem sie es endlich schaffen würde, ihm zu vermitteln, was sie wollte; daß sie es irgendwie nicht richtig machte. Was ich ihr aber sagte, war folgendes: »Vielleicht wird Harv nie ein guter Liebhaber. Vielleicht kapiert er es nie, ganz gleich, wie oft oder auf wie unterschiedliche Weise Sie es ihm sagen.« Diese Vorstellung schockierte Helen. So hatte sie die Sache nie gesehen. Als sie sich mit dem Gedanken vertraut gemacht hatte, fragte ich sie: »Wie fühlen Sie sich dabei?«

»Na ja«, erwiderte sie, »ich bin traurig und verärgert und fühle mich benachteiligt.«

Wir diskutierten jedes einzelne ihrer Gefühle. Ihr wurde klar, daß sie unter den gegebenen Umständen angemessen waren, aber auch, daß sie damit würde leben können. Am Ende unseres Gesprächs meinte sie:

»Im großen und ganzen bin ich sehr erleichtert. Ich sehe jetzt, daß ich an diesem Problem nicht schuld bin und keine Verantwortung dafür trage. Jahrelang war ich davon überzeugt, wenn ich nur mutig oder klug genug wäre, das Richtige zu sagen, würde sich alles ändern. Dieses Gefühl loszuwerden, ist, wie wenn mir eine Riesenlast von den Schultern genommen würde. Außerdem ist es so, daß ich, wenn ich Harv jetzt um etwas bitte, es für mich tue und nicht, um ihn zu ändern! Das ist ein ganz großer Unterschied. Um etwas zu bitten, was ich mir wünsche, ist einfach, aber anzunehmen, daß ich mit meiner Bitte Harv dazu bringe, daß er sich ändert, erscheint mir als eine Riesensache und ist, wie ich jetzt weiß, zum Scheitern verurteilt.«

Jemanden zu akzeptieren, schließt nicht aus, daß man dieselbe Person bittet, etwas zu verändern. Ganz im Gegenteil, Akzeptanz ist der Ausgangspunkt für Veränderungen. Bevor Sie aufhören, gegen etwas anzukämpfen, und es akzeptieren, setzen Sie sich nicht mit der Realität auseinander, sondern mit einem Wunsch, der nur in Ihrem Kopf besteht. Überdies ist es, wenn Sie Ihrem Lebensgefährten generell mit Akzeptanz und vorurteilsfrei begegnen, viel wahrscheinlicher, daß er oder sie positiv auf Ihre Forderungen nach Veränderung reagiert. Akzeptanz in einer Beziehung schafft eine Atmosphäre der Geborgenheit, in der Bitten um Veränderung viel größerer Erfolg beschieden ist.

Manchmal hilft es Ihnen, den Partner besser zu akzeptieren, wenn Sie sich innerlich darauf umstellen können, daß Sie etwas, das Ihnen an ihm oder ihr nicht gefällt, als liebenswerte Eigenart betrachten. Diese Umstellung ging mit der Zeit in Sue vor. Sie erkannte, daß Jeffs Kenntnisse und Ansichten über das Internet ihn zu einem interessanten Gesprächspartner machten, und begann, ihn für sein selbsterworbenes Fachwissen zu respektieren. Sie fing an, ihn gutmütig zu necken und ihren »kleinen Hacker« zu nennen. Der Ausgangspunkt dafür war, daß sie das Unvermeidliche akzeptierte.

Denken Sie daran, etwas zu akzeptieren, heißt nicht, es zu mögen. Es heißt nur, daß Sie aufhören, unnötige Energie auf die

Experiment 30
Akzeptanz kultivieren
Was ist das schwerwiegendste Problem in Ihrer Ehe? Was würde passieren, wenn Sie sagten: »Das ist kein Problem, es ist eine Tatsache des Lebens«?
Versuchen Sie, dementsprechend umzudenken und etwa eine Woche mit diesem neuen Gedanken zu leben. Warten Sie ab, ob sich Ihre Einstellung zu dem »Problem« ändert. Beschreiben Sie in ein paar Worten oder einem Satz Ihr Problem in Ihrem Tagebuch. Schreiben Sie dahinter: »Dies ist kein Problem, es ist eine Tatsache des Lebens.« Schreiben Sie nun unter der Überschrift »Wie ich mich an diese Tatsache des Lebens gewöhnen kann« in Form einer Liste oder eines kurzen Textes verschiedene Möglichkeiten auf, wie Sie sich aus einer Haltung des guten Willens heraus dieser Tatsache des Lebens anpassen könnten.

Bekämpfung von etwas zu verschwenden, das sich höchstwahrscheinlich nicht ändern wird. Erst wenn Sie es akzeptieren, werden Sie erfahren, welche Veränderungen noch möglich sind.

Ich hörte einmal, wie der Psychologe und spirituelle Führer Ram Dass in einer Rede sagte, wir gingen ja auch nicht in den Wald und bäten die Ahornbäume darum, Ulmen zu werden, und die Eichen, sich in Pappeln zu verwandeln. Es wäre schön, wenn wir diese Weisheit auf andere Menschen anwenden könnten.

Ich möchte nun einige Gedanken über das gutwillige Akzeptieren dessen, was uns nicht gefällt, noch einmal wiederholen:

1. Ein Problem ist etwas, das Sie lösen müssen. Eine Tatsache des Lebens ist etwas, an das Sie sich gewöhnen müssen. Vielleicht ist das, womit Sie zu tun haben, kein Problem, sondern eine Tatsache des Lebens.

2. Etwas zu akzeptieren, heißt nicht, es zu mögen. Es heißt nur, daß Sie aufhören, unnötige Energie auf die Bekämpfung

von etwas zu verschwenden, das sich höchstwahrscheinlich nicht ändern wird.

3. Wenn einer von zweien versucht, den anderen zu ändern, wird der Konflikt meist von dem Partner verursacht, der nicht willens ist, zu akzeptieren, nicht von demjenigen, der nicht bereit ist, sich zu ändern.

4. Jemanden zu akzeptieren, schließt nicht aus, daß man dieselbe Person bittet, etwas zu verändern. Ganz im Gegenteil, Akzeptanz in einer Beziehung schafft eine Atmosphäre der Geborgenheit, die das Bitten um Veränderungen leichter macht. Akzeptanz ist der Ausgangspunkt für Veränderungen.

Bekräftigung des guten Willens 2 (zur Kultivierung Ihrer Toleranz)

Mein Partner ist nicht im Unrecht, sondern nur anders als ich
John Warren, ein mir bekannter Redner, erzählt gern über die Streitereien, die seine Frau und er über Pünktlichkeit zu haben pflegten. »Wenn auf der Einladung acht Uhr steht, bedeutet das für mich, daß ich um acht Uhr bei den Gastgebern auf die Klingel drücke«, sagt er. »Für sie bedeutet es, daß sie um acht Uhr anfängt, sich zu überlegen, was sie anziehen soll. Selbst mit einem Kompromiß kommen wir uns noch nicht näher.« Ogden Nash schildert dieses Problem in einem langen Gedicht über Leute, die noch vor dem Ensemble im Theater eintreffen, im Gegensatz zu denen, die über anderer Zuschauer Füße stolpern, um beim Aufgehen des Vorhangs gerade noch ihre Mittelplätze zu erreichen. Sein Gedicht endet so:

Die eine Sorte will pünktlich sein, die andere kommt lieber morgen als heute,
was eigentlich gar nichts ausmachen würde,
nur sind die zwei immer Eheleute.

John erzählt weiter, daß nach etlichen Jahren fürchterlicher Auseinandersetzungen über dieses Thema seine Frau und er zufällig einmal auf einer langen Autofahrt darauf zu sprechen kamen, als sie Gelegenheit hatten, es in Ruhe und ausführlich und mit dem Ziel zu diskutieren, einander wirklich zuzuhören. Sie redeten darüber, wie Pünktlichkeit in ihren Herkunftsfamilien gehandhabt wurde. Natürlich entdeckten sie riesige Unterschiede. Sie fragten sich gegenseitig, was denn am Vorgehen des anderen positiv sei. Er wußte, daß es ihm guttäte, lockerer, weniger strikt zu sein. Sie wußte, daß es ihr guttäte, wenn sie lernte, besser vorauszuplanen. Sie erkannten, daß sie mit ihren Streitereien versucht hatten, den anderen zu dem Eingeständnis zu bewegen, daß er beziehungsweise sie im Unrecht war und bereuen und sich bessern müsse. Sie sahen jetzt, daß sie beide ein Recht darauf hatten, so zu sein, wie sie waren. Keiner war im Unrecht. Sie waren einfach unterschiedlich.

Geschlechtsunterschiede

Kürzlich befand ich mich in einer Gruppe von Frauen, die alle in irgendeiner Form über Männer herzogen. Es hatte damit angefangen, daß eine Frau erzählte, sie sei eine intime Beziehung mit einer anderen Frau eingegangen, und in den höchsten Tönen von ihr schwärmte. »Sie hat Lust zu reden, wenn mir danach ist, sie ist romantisch und ruft mich dauernd an. Sie bringt mir kleine Geschenke mit. Sie weiß, wie sie mich sexuell erregt. Sie läßt mich ausreden und versucht nicht, meine Probleme für mich zu lösen. Es ist einfach wunderbar. Bei ihr kriege ich alles, was ich von einem Mann nie gekriegt habe.« »Oh, wie toll«, stimmten die anderen ein. Und dann ging es los. »Männer sind so dämlich. Sie kapieren nie, was wir wirklich wollen. Nach dem ersten Monat haben sie nicht mal mehr Lust, zärtlich zu sein. Alles, was sie wollen, ist Zeitunglesen. Sie glauben, es ist genug, wenn sie alle zehn Jahre einmal ›Ich liebe dich‹ sagen. Man kann keine langen, intimen Gespräche mit Männern führen. Für Männer steht die Beziehung einfach nicht im Mittelpunkt. Man muß sich immer wieder um ihre Aufmerksamkeit bemühen, und nach einer Weile hat man die Anstrengung satt.« Und so weiter, und so weiter.

»Warum schaffen wir es nicht, die Männer zu verändern – nachdem wir es all die Jahre versucht haben?« fragte eine Frau, ihre Stimme angespannt vor Frustration. Wir begannen, uns umfangreiche Pflichtkurse für Männer auszumalen, in denen sie lernen würden, gute Menschen zu sein.

Sobald ich die Gruppe verlassen hatte, wußte ich allerdings, was ich hätte sagen sollen. »Männer sind keine schrecklichen Wesen. Sie sind Männer. Sie sind weder bösartig noch dumm. Sie tun nur das, was Männer eben tun. Das Problem besteht nicht darin, daß wir ihnen nicht gut genug beigebracht haben, so zu sein, wie wir sie uns wünschen. Wir Frauen haben ein Problem daraus gemacht, weil wir nicht akzeptieren, daß Männer Männer sind, und keinen Weg finden, wie wir uns dieser Tatsache des Lebens anpassen können. Männer sind nicht im Unrecht; sie sind einfach anders.«

Ich habe Mayer mal gefragt, ob er gern eine Frau wäre. Es schien mir so, als hätten Frauen alle Vorteile auf ihrer Seite. Frauen knüpfen leichter engere Beziehungen. Wir haben meist mehr gute Freunde. Wir haben einen besseren Zugang zu unseren Gefühlen. Wir tragen die interessantere Kleidung. Wie naiv ich war! Mayer versicherte mir, er wolle davon gar nichts, er sei ganz zufrieden mit sich und seinem Leben, und sich jeden Tag schminken zu müssen, sei ein zu hoher Preis für sämtliche Beziehungen und Emotionen auf der ganzen Welt.

Beide Geschlechter täten gut daran, den Versuch aufzugeben, einander ändern zu wollen, sich statt dessen die Stärken des anderen zunutze zu machen und sich mit einem Sinn des guten Willens an ihre Gegensätzlichkeiten zu gewöhnen.

Heißt das, daß wir zufrieden sein müssen mit der Welt, wie sie ist? Daß wir nicht auf bessere Verständigung und Verträglichkeit zwischen den Geschlechtern hinarbeiten können? Daß

wir nicht weiterhin Gleichberechtigung und echte Partnerschaft und eine Gesellschaft anstreben sollten, die nicht von
repressiven, patriarchalischen Werten beherrscht ist? Daß wir
uns keine Zukunft vorstellen können, in der die weibliche
Seite unserer kollektiven Psyche eine ebensogroße Rolle spielt,
wie es heute die männliche tut?

Ganz und gar nicht. Denken Sie daran, Akzeptanz ist der Ausgangspunkt für Veränderungen. Der Kampf gegen das, was
Männer (oder Frauen) gegenwärtig sind, verschwendet unsere
kreativen Energien. Gegenseitige Akzeptanz dagegen eröffnet
grenzenlose Möglichkeiten.

Es ist wichtig zu erkennen, daß man mit einer Person uneins
sein kann und diese Person trotzdem nicht als »im Unrecht«
befindlich ansehen muß. Sicher, manchmal *sind* Menschen definitiv im Unrecht. Solche Situationen werden wir noch erörtern. Oft aber sind ganz vernünftige Leute einfach verschieden. Es kann durchaus zwei oder mehr triftige Meinungen
oder legitime Verhaltensweisen geben.

Marlas Ehe mit Philip war stabil. Sie liebte und bewunderte
ihren Mann und genoß seine Gesellschaft. Allerdings fühlte
sie sich immer ein wenig betrogen, weil Philip nicht zärtlich
war und nie »Ich liebe dich« zu ihr sagte.

Eines Abends hatten sie einige Freunde zu Besuch, und sie
hörte zufällig, wie einer von ihnen meinte: »Ich sehe Philip
und Marla einfach zu gern zusammen. Es ist so offensichtlich,
daß er sie vergöttert.« Die Bemerkung überraschte Marla und
blieb ihr im Gedächtnis.

Am nächsten Tag beschnitt Philip im Garten die Rosen. Marla
fand es herrlich, an einem Ort zu wohnen, wo sie Rosen ziehen konnten. Sie sagte sich: »Er beschäftigt sich mit den Rosen, weil er mich vergöttert.« Am selben Abend reparierte er
die Lampe in der Garage. »Er repariert die Lampe, weil er
mich vergöttert«, dachte sie.

Philips Verhalten in seiner Ehe und seine Art, Liebe zu zeigen,
waren anders als Marlas Verhalten. Aber sie waren nicht
falsch, nur unterschiedlich. Eine zufällig mitgehörte Bemer-

kung veränderte Marlas Sichtweise auf Philip und sein Verhalten, und sie spürte, wie ihre Klagen über ihn in sich zusammenfielen. Sie hatte ein Problem geschaffen, nicht Philip. Philip war einfach nur er selbst.

Wie wir gesehen haben, drücken Männer ihre Liebe oft aus, indem sie etwas tun. Ein Mann fühlt sich einer Frau nahe, wenn sie gemeinsam ins Kino gehen oder zusammengekuschelt vor dem Fernseher sitzen oder die Zeitung lesen oder miteinander schlafen. Frauen spüren eher Nähe, wenn sie den direkten Kontakt von Angesicht zu Angesicht haben. Frauen äußern ihre Liebe, indem sie reden, zärtlich sind, Intimitäten mitteilen. Männer sind nicht im Unrecht; Frauen sind nicht im Unrecht. Sie sind einfach verschieden.

Experiment 31
Toleranz kultivieren

Denken Sie an etwas, das Ihnen an Ihrem Lebensgefährten nicht gefällt, irgendein Verhalten, das Sie sich bei ihm oder ihr anders wünschten. Vielleicht wäre es Ihnen lieber, wenn er mehr Zeit mit den Kindern verbrächte, oder wenn sie nicht soviel redete. Versuchen Sie nun, sich zu sagen: »Mein Partner tut nichts Falsches, nur etwas anderes als das, was ich möchte. Mein Partner hat ein Recht darauf, sich so zu verhalten.«

Leben Sie ungefähr eine Woche mit diesem neuen Gedanken. Versuchen Sie, ihn mit einem Freund oder einer Freundin zu diskutieren oder in Ihrem Tagebuch etwas darüber zu schreiben. Verändert er die Art und Weise, wie Sie Ihren Partner sehen? Wer macht den Punkt zum Problem?

Auch wenn Sie sich eine Veränderung der Situation wünschen, beziehungsweise gerade dann, versuchen Sie aufzuhören, dagegen anzukämpfen und zu opponieren. Akzeptieren Sie sie. Denken Sie daran, Akzeptanz ist der Ausgangspunkt für Veränderungen.

Bekräftigung des guten Willens 3 (zur Kultivierung Ihrer Objektivität)

Das hat nichts mit mir zu tun

Erinnern Sie sich an die Geschichte zu Beginn dieses Kapitels, in der Sherry Arthur mit ihren ständigen Ratschlägen und ihrer ewigen Besserwisserei verrückt machte? Erinnern Sie sich, wie Arthur erkannte, daß Sherrys Hineinreden in alles etwas war, das sie für sich selbst tun mußte – weil es ihr besserging, wenn sie meinte, die Dinge unter Kontrolle zu haben? Ihm wurde klar, daß Sherry sich jedem gegenüber so verhielt, daß sie ihm keine Sonderbehandlung zukommen ließ. Sie gab Arthur nicht deswegen Ratschläge, weil sie ihn für inkompetent hielt, sondern weil sie dann glaubte, alles besser im Griff zu haben. Ihre Besserwisserei existierte unabhängig von ihm. Sie hatte nichts mit ihm zu tun!

Kurz nachdem ich mit Arthur gesprochen hatte, hörte er mit, wie Sherry mit Freunden redete, in deren Haus sie ein Wochenende verbringen wollten. »Habt ihr genug Decken?« erkundigte sie sich. »Wir essen gern frisches Obst. Habt ihr reichlich frisches Obst da?« Arthur lachte. Sherry war einfach mal wieder Sherry. Er sah ganz deutlich, daß es ein Fehler von ihm wäre, ihre kontrollierende Art persönlich zu nehmen.

Die Bekräftigung »Das hat nichts mit mir zu tun« ist besonders dann wichtig, wenn Sie das Gefühl haben, Ihr Lebensgefährte wende sich *direkt* an Sie. Wenn Ihr Partner Ihnen Ratschläge gibt, Sie kritisiert, ignoriert, ungeduldig mit Ihnen ist, Sie anschreit oder sogar anlügt, versuchen Sie es mit dem Gedanken: »Das hat nichts mit mir zu tun. Mein Partner ist bloß mein Partner und tut das, was er oder sie eben tut.«

Zugegeben, manchmal kann das äußerst schwierig sein. Wenn Ihr Partner Sie mit einem sehr starken Gefühl oder einer sehr entschiedenen Meinung konfrontiert, ist es schwer, nicht darauf einzugehen.

Peter war sehr aufgeregt, als ich das erste Mal mit ihm sprach. Diane, mit der er seit einem Jahr zusammenlebte, kritisierte ihn dauernd. Und wenn sie ihn kritisierte, wurde sie sehr wütend. Peter war in Dianes Augen zu unordentlich, zu langsam, zu desorganisiert, und sie pflegte ihn anzuschreien, er solle sich gefälligst bessern.

Ich fragte Peter: »Was wäre, wenn sich herausstellte, daß Diane an einer Krankheit namens Chronisches Anschreien und Kritisieren leidet?« Es ist nicht genau bekannt, was diese Krankheit auslöst, aber zum Glück kennt man ein Mittel dagegen. Wenn die Patientin den Satz »Du hast recht, ich wünschte, ich könnte mich bessern« hört, fängt sie an, sich zu beruhigen.

Peter war sehr skeptisch und berichtete mir im folgenden, daß ihre Streitereien eskalierten. »Ich bin nicht unordentlich und langsam«, sagte er zu mir. »Sie bringt mich in Rage.«

Ich aber blieb bei meiner Meinung. »Lassen Sie es an sich abgleiten«, schlug ich vor. »Zum Streiten gehören zwei. Lassen Sie sich einfach nicht darauf ein. Sagen Sie sich immer wieder: ›Das hat nichts mit mir zu tun.‹«

Nach etlichen Monaten erhielt ich eines Abends einen Anruf von Peter. »Jetzt verstehe ich endlich, was Sie meinen«, erzählte er ganz aufgeregt. »Ich habe den Nachmittag freigenommen und die ganze Küche und das Wohnzimmer geputzt – für sie. Als sie nach Hause kam, freute sie sich. Es mußte ihr einfach auffallen, aber schon nach drei Sätzen fing sie an, mich zu belehren, was ich hätte besser machen können. Ich meine, wenn sie das nicht beeindruckt hat, wird sie nichts beeindrucken. Ich weiß jetzt, daß sie mich immer kritisieren wird, ganz gleich, was ich tue! Es hat nichts mit mir zu tun.«

Was Peter veränderte, war, daß er aufhörte, mit Diane zu streiten. Er ließ sie fortan »ihre Nummer abspulen«, wie er es nannte, und danach wandten sie sich dann anderen Aspekten ihrer Beziehung zu, die für beide erfreulich waren und deren es zahlreiche gab. Peter gefiel Dianes Genörgel nicht, aber er lernte, es zu akzeptieren und sich dadurch nicht blockieren zu lassen. Er begegnete ihr mit gutem Willen, indem er sie als die hinnahm, die sie ist.

Eve und Gary hatten ein potentiell ernsthafteres Problem. Obgleich sie sich sehr stark zueinander hingezogen fühlten, hatte Gary riesige Angst vor Verbindlichkeit. Trotzdem willigte er ein, Eve zu heiraten. Nach zwei Jahren Ehe erfuhr Eve, daß er sich mit einer anderen Frau traf und daß er sie über diese Frau belogen hatte.

Ich interviewte Eve mehrere Jahre, nachdem die beiden ihre Krise gemeistert hatten.

»Ich dachte zwar daran, Gary zu verlassen, aber tief im Innern wußte ich, daß unsere Beziehung stimmte und daß er nur seine Ängste ausagierte. Ich war viel wütender darüber, daß Gary mich belogen hatte, als darüber, daß er sich mit dieser Frau traf, einer alten Freundin, die überhaupt keine Bedrohung für mich war. Aber ich erkannte, daß das Lügen Garys Überlebensstrategie angesichts dessen war, was er getan hatte. Das Lügen war sein Abwehrmechanismus, ähnlich wie wir manchmal Dinge vor uns selbst leugnen oder vorwurfsvoll oder defensiv werden. Er fühlte sich schrecklich und hatte große Angst, mich zu verlieren. Ich war wütend, aber ich hatte auch eine Menge Mitgefühl mit ihm. Ich weiß, was für ein innerer Kampf es für ihn war, mich überhaupt zu heiraten. Gary log nicht *mich* an. Er log einfach. Das ist es eben, was Gary tut. *Es hatte nichts mit mir zu tun.*«

Die Bekräftigung »Das hat nichts mit mir zu tun« erlaubt Ihnen, Ihrem Partner guten Willen entgegenzubringen, ohne daß Ihnen Ihr Urteil dabei im Wege steht. Eve gefiel es nicht, daß Gary gelogen hatte. Aber sie war in der Lage, ihr Urteil über sein Verhalten von ihrer Unterstützung für Gary als Person zu trennen. Sie war in der Lage, ihn zu unterstützen, wenn auch nicht das Verhalten, das sie mißbilligte. Sie nahm es nicht persönlich, und sie übernahm auch nicht die Verantwortung dafür, Gary dahingehend zu »bessern«, daß er nicht mehr log.

Natürlich rührten Eves Unterstützung und Loyalität nach ei-

ner solchen Verfehlung Gary sehr. »Eve machte meine Rück-
kehr zu ihr zu einer sicheren Sache für mich«, sagte Gary mir.
»Das war auch die einzige Möglichkeit.«
Eve fügte hinzu:

»Ich glaube nicht, daß man Affären immer so auf die leichte
Schulter nehmen kann. Ich kannte aber den Kontext, in dem
Gary tat, was er tat, und ich wußte, es wäre dumm von mir,
das wegzuwerfen, was wir hatten. Nur weil ich wußte, welche inneren Kämpfe er durchmachte, konnte ich ihm verzeihen und weitermachen. Ich wußte, daß seine Affäre und
seine Lügen nichts mit mir, sondern nur mit ihm zu tun hatten.«

Experiment 32
Objektivität kultivieren
Hat Ihr Lebensgefährte eine ärgerliche Angewohnheit? Tut
Ihr Partner ständig etwas, das Ihnen nicht gefällt? Macht
er oder sie Ihnen Vorwürfe, versucht, Sie zu ändern, zu
»bessern«?
Halten Sie sich eine solche Situation vor Augen und sagen
Sie sich: »Das hat nichts mit mir zu tun.«
Schreiben Sie in Ihr Tagebuch, was dieser Satz für Sie bedeutet, oder diskutieren Sie ihn mit einem Freund oder einer Freundin.
Wenn Ihnen der Gedanke einleuchtet, behalten Sie diese
Bekräftigung gut im Gedächtnis und sagen Sie sie sich das
nächste Mal vor, wenn Ihr Lebensgefährte Sie herausfor-
dert. Lassen Sie sie aber Ihrem Partner gegenüber nicht laut
werden.
Sie distanzieren sich erfolgreich von etwas, das Ihr Partner
aus ganz eigenen Gründen tut, indem Sie ohne Feindseligkeit oder Vorwürfe schweigen. Akzeptieren Sie, daß er
oder sie so handelt; lassen Sie es nicht an sich herankom-
men.
Dies ist eine schwere Übung. Arbeiten Sie beständig daran.

Wenn Sie eine enge, intime Beziehung zu jemandem haben, kann es ungeheuer schwierig sein, sich emotional von etwas freizumachen, was Ihr Partner getan hat oder ständig tut. Es erfordert eine Menge guten Willen. Manchmal ist es jedoch ausschlaggebend.

Charles und Hong hatten Probleme, weil Hong sich nicht für einen Beruf entscheiden konnte, der ihr zusagte. Charles war der Meinung, er müsse zu ihrer Unterstützung laufend Vorschläge machen und sich dann vergewissern, daß Hong sie auch aufgriff. Wenn Hong das nicht tat oder etwas, das sie sich vorgenommen hatte, nicht klappte, hatten beide das Gefühl, sie wären gescheitert. Ich empfahl Charles, es mit der Bekräftigung »Das hat nichts mit mir zu tun« zu versuchen. Als er aufhörte, sich für Hongs Berufsleben verantwortlich zu fühlen, waren beide wie befreit. Er lächelte. »Jetzt sage ich ihr nur: ›Ich liebe dich. Laß mich wissen, wenn ich dir irgendwie helfen kann. Viel Glück.‹«

Bekräftigung des guten Willens 4 (Stärkung Ihres Mitgefühls)

Sie tut ihr Bestes
oder
Er tut sein Bestes
Sie werden leichter verzeihen und Mitgefühl empfinden können, wenn Sie erkennen, daß Ihr Partner oder Ihre Partnerin unter den gegebenen Umständen sein oder ihr Bestes tut.

Als Eve mir davon erzählte, wie sie sich in obiger Geschichte mit Garys Affäre auseinandersetzen mußte, sagte sie:

»Alle meine Freundinnen meinten, ich müsse wütend auf Gary sein. Zuerst war es mir richtig peinlich, daß ich ihm verzieh, weil ich Angst hatte, ich sei einfach nur ein Schwächling. Aber der Unterschied zwischen mir und meinen Freundinnen war der, daß ich den Kampf so gut kannte, den Gary bis zu diesem

Punkt mit sich ausgefochten hatte, und ich sah dies als den letzten Schritt in diesem Kampf, mit dem er das Alte endlich hinter sich lassen konnte. Ich weiß, daß es ihm aufrichtig leid tat und daß er wirklich sein Bestes tat. Er redete mit mir darüber, wie alles gekommen war und was er daraus gelernt hatte, und weil ich Gary kenne, vertraute ich darauf, daß die Lektion saß.«

Guter Wille verlangt, daß Sie sich nicht mehr auf sich selbst, sondern auf den anderen konzentrieren. Mit Verletztheit, Ärger, Wut und Rachgier fixieren Sie sich auf Ihre eigene Person. Mitgefühl und Verzeihenkönnen dagegen rücken den Partner in den Mittelpunkt. Eve dachte nicht an sich, sondern an Gary. Das erfordert Mut und Einfühlungsvermögen.

Die Ehe ist kein halbherziges, sondern ein hundertprozentiges Versprechen. Das heißt, beide Partner müssen jederzeit hundert Prozent dessen geben, was sie zu geben haben. Uns sollte jedoch klar sein, daß sie eventuell eine *ungleiche Menge* Ressourcen mit in die Ehe bringen. Die hundert Prozent der einen Person sind im übertragenen Sinne vielleicht 40 Dollar, die der anderen 80. In einer idealen Beziehung werden sich beide Partner mit Liebe, Unterstützung und Verständnis gegenseitig zur weiteren Entfaltung ihres »Besten« verhelfen, so wie Eves mutige und großzügige Unterstützung Garys ihm half zu wachsen. Um Ihrem Lebensgefährten Mitgefühl und guten Willen entgegenbringen zu können, wenn Sie über ihn oder sie verärgert sind, müssen Sie sich stets fragen: Von wo startete Ihr Partner?

In Lorraine Hansberrys Stück *Eine Rosine in der Sonne* sagt es eine Person sehr schön:

»Ihn lieben? Da gibt's nichts mehr zu lieben.«
»Es gibt immer noch was zu lieben. Wenn du das nicht gelernt hast, hast du gar nichts gelernt... Bedenk doch, was er durchmachen mußte und wie ihm das zugesetzt hat. Wann glaubst du denn, Kind, mußt du jemanden besonders lieben; wenn er brav gewesen ist und allen das Leben leichtgemacht

hat? Also dann hast du noch 'ne ganze Menge zu lernen – weil das nicht der richtige Zeitpunkt ist. Der kommt dann, wenn er ganz unten ist und nicht mehr an sich glauben kann, weil die Welt ihm schwer eins übergebraten hat. Wenn du anfängst, jemanden zu beurteilen, Kind, dann beurteile ihn richtig. Paß auf, daß du berücksichtigst, welche Hügel und Täler hinter ihm liegen, bevor er da angekommen ist, wo er jetzt ist.«

Um Wut in Mitgefühl zu verwandeln, müssen Sie sich über die unmittelbare Situation hinaus den Menschen dahinter anschauen. Was ist der Ursprung seines oder ihres Verhaltens? Was hat zu dem aktuellen Ereignis geführt? Tut dieser Mensch unter den gegebenen Umständen sein oder ihr Bestes?

Jill war besorgt, weil ihr Mann Ricardo ihren beiden kleinen Kindern nicht genügend Aufmerksamkeit schenkte. Er hatte unbedingt Kinder haben wollen, und jetzt kamen sie für ihn an letzter Stelle. Jill erklärte ihm, warum sie fand, es sei wichtig, daß er sich mit den Kindern beschäftigte. Sie organisierte spezielle Situationen, in denen er mit ihnen zusammensein konnte. Aber es änderte sich nichts. Als sie ihr Problem zum erstenmal in einem Seminar erwähnte, klang sie verzweifelt, nicht so sehr um ihretwillen, sondern wegen der Kinder. Sie malte sich katastrophale Folgen für die Kleinen aus, etwa die Angst, verlassen zu werden, wenn sie erwachsen wären.

Wir baten Jill, zu Hause in ihrem Tagebuch auf einer oder zwei Seiten zu beschreiben, was ihrer Meinung nach zu Ricardos Verhalten beitragen könnte. In der nächsten Woche berichtete sie uns, daß ihr vier mögliche Faktoren eingefallen waren:

1. Ricardos Vater schenkte ihm sehr wenig Aufmerksamkeit in seiner Kindheit, so daß er in ihm kein gutes Vorbild hatte.
2. Ricardo war beruflich sehr eingespannt; er wollte unbedingt erfolgreich sein, und dafür brauchte er viel Zeit.

3. Ricardo hatte sich nie mit kleinen Kindern beschäftigt und wußte eigentlich gar nicht, was er mit ihnen anfangen sollte. Die Leute sagten Jill immer wieder, er würde schon mehr Interesse zeigen, wenn sie erst älter wären.

4. Ricardo fand, daß Kinderbetreuung Aufgabe der Frauen sei.

Natürlich wußte Jill nicht genau, ob diese Faktoren wirklich maßgeblich waren; es handelte sich hierbei um Spekulationen ihrerseits. Sie erschienen ihr aber einleuchtend und halfen ihr, sich über Ricardos spezifisches Verhalten hinaus die Person anzuschauen, die dahintersteckte. Ricardo tat sein Bestes.

Wir erinnerten Jill außerdem daran, daß Akzeptanz der Ausgangspunkt für Veränderungen ist. Sie gab ein gutes Beispiel für das Prinzip, daß das Bekämpfen einer Tatsache in Wahrheit deren Fortbestehen verursacht. Indem Jill sich gegen Ricardos Verhalten wehrte und mit aller Macht versuchte, es zu verändern, stärkte sie womöglich Ricardos Widerstand gegen seine Vaterschaft, machte ihm nur noch mehr Angst davor. Wir hielten ihr vor Augen, wie es wäre, wenn sie Ricardo gelassen als den akzeptierte, der er ist, ihm aktiv dankte für alles, was sie an ihm schätzt, und das Vaterschaftsthema ganz fallenließe. Wir forderten sie auf, dies drei Monate lang auszuprobieren. Sie meinte, sie wäre schon aufgrund dessen, was wir gesagt hätten, sehr erleichtert. Dann ging sie nach Hause und versuchte es.

Im Laufe der nächsten Wochen berichtete Jill uns, daß sie grundsätzlich zwar an Mitgefühl und Verzeihen glaubte, es in der Praxis aber sehr schwierig fand. Immer wieder stellte sie fest, daß sie Ricardo trotz großer Bemühungen, es nicht zu tun, kritisierte, und immer wieder war sie besorgt und verärgert.

Wie wir bereits gesagt haben, sind Mitgefühl und Verzeihen kein »Glaube« oder »Grundsatz«. Sie sind konkrete Praxis. Sie können sie nicht in einer Woche lernen; Sie können nur anfangen, sie einzuüben. Je mehr Sie sich in Verzeihen und

Mitgefühl üben, desto besser wird es Ihnen gehen, desto bessere Resultate werden Sie erzielen, und desto leichter fällt es Ihnen. Das Ziel ist nicht Vollkommenheit, sondern Fortschritt.

Es half Jill sehr, zu hören, daß andere Teilnehmer unserer Gruppe Fortschritte machten, indem sie ihren Partnern verziehen und Mitgefühl entgegenbrachten. In der vierten Woche überraschte sie uns alle hiermit:

»Mein Leben lang habe ich das Problem gehabt, daß ich schüchtern bin, was in meinem Beruf (sie war Immobilienmaklerin) ein großes Handicap ist. Vor ein paar Jahren habe ich ein Seminar für Schüchterne mitgemacht, das mir sehr half. Ich fing an, darüber nachzudenken, wie lange und angestrengt ich mich schon bemühe, meine Schüchternheit zu überwinden. Einen kleinen Fortschritt habe ich bereits gemacht, doch ich erleide immer wieder Rückschläge. Diese Woche sah ich plötzlich Ricardos Versuche, ein guter Vater zu sein, in demselben Licht! Ich glaube, er möchte wirklich ein guter Vater sein, aber es ist einfach nicht so leicht für ihn, besonders, wenn man bedenkt, was er sonst noch alles zu tun hat. Endlich hatte ich das Gefühl, ich weiß, was Sie damit meinen, daß er sein Bestes tut. Ich sollte ja am besten wissen, wie schwer es ist, bestimmte Gewohnheiten zu ändern. Ich muß ihm Zeit lassen!«

Indem Jill sich auf unser Experiment einließ, entdeckte sie ihren eigenen Weg zum Mitgefühl.

Dieser Weg ist für uns alle ein guter Ausgangspunkt. Haben Sie zunächst Mitgefühl mit sich selbst. Sie tun auch Ihr Bestes. Wenn Sie sich mit Ihren Schwächen lieben können, wird es Ihnen leichter fallen, Ihren Partner genau so zu akzeptieren, wie er oder sie sich Ihnen präsentiert.

Auch hier liegt das Geheimnis des Erfolgs wieder beim Verwandeln von Ärger in Mitgefühl darin, daß Sie sich über die spezifische Situation hinaus, die Ihnen nicht gefällt, den Menschen dahinter anschauen. Vielleicht gibt Ihr Lebensgefährte bereits alles, was er oder sie zu geben hat.

Wir wollen nun etwas konkreter bestimmen, was es bedeutet, sich den Menschen hinter der Situation anzuschauen. Da kämen zum Beispiel a) die Familiengeschichte des oder der Betroffenen in Betracht, b) frühere Erfahrungen, von denen Sie wissen, sowie c) sein oder ihr genereller Persönlichkeitstypus. Hier einige Fragen, die Ihnen helfen sollen, sich die einzelnen Faktoren zu verdeutlichen. Sie können sie selbst nach bestem Wissen beantworten oder vielleicht auch Ihren Partner bitten, zu den jeweiligen Fragen – zwanglos – Stellung zu nehmen. Womöglich führt das zu einer interessanten, verbindenden Diskussion.

Was in seiner oder ihrer Familiengeschichte könnte der Situation zugrunde liegen, die mir nicht gefällt?
1. Wie war es für Ihren Partner nach dem, was Sie gehört haben, in seiner oder ihrer Familie aufzuwachsen?
2. Inwiefern ähnelt Ihr Partner seiner oder ihrer Mutter in Einstellung, Verhalten und Ansichten?
3. Inwiefern ähnelt Ihr Partner seinem oder ihrem Vater in Einstellung, Verhalten und Ansichten?
4. Ist Ihr Partner stark beeinflußt von Geschwistern oder der Beziehung zu seinen oder ihren Geschwistern?
5. Welche Empfindungen hegt Ihr Partner heute gegenüber seiner oder ihrer Familie?

Haben frühere Erfahrungen meines Partners Einfluß auf die Situation?
1. Was wissen Sie über frühere Erfahrungen Ihres Lebensgefährten zu diesem Punkt?
2. Welchen Einfluß könnten diese früheren Erfahrungen auf Ihren Partner haben?

Was hat der generelle Persönlichkeitstyp meines Lebensgefährten mit der Situation zu tun?

1. Welches sind die zwei oder drei beherrschenden Persönlichkeitsmerkmale Ihres Partners?

2. Ergänzen Sie folgenden Satz mit so vielen Adjektiven, wie Ihnen angemessen erscheinen: Mein Partner tendiert stark dazu, _____ zu sein. Das wären zum Beispiel: perfektionistisch, hilfsbereit, leistungsorientiert, melancholisch, übereifrig, optimistisch, jähzornig, gutmütig, kopflastig, gefühlslastig ... usw.

3. Welches Sternzeichen hat Ihr Partner? Inwiefern entspricht er oder sie den Eigenschaften, die diesem Sternzeichen herkömmlicherweise zugeschrieben werden, oder auch nicht?

4. Im allgemeinen haben Männer die Tendenz, Gefühle abzuwerten oder zu ignorieren und sich statt dessen gleich konkreten Lösungen zuzuwenden, mit Streß fertig zu werden, indem sie schweigen und sich zurückziehen, und ihre Liebe zu zeigen, indem sie das gut machen, was sie tun, oder in aufwendigen, beeindruckenden Gefälligkeiten. Frauen haben die Tendenz, Gefühle hoch einzuschätzen und zu äußern, mit Streß fertig zu werden, indem sie um Unterstützung bitten und sich aussprechen wollen, und ihre Liebe in kleinen Gefälligkeiten und zärtlichen Gesten zu zeigen.

Inwiefern entspricht Ihr Lebensgefährte diesen Verallgemeinerungen oder auch nicht?

Was haben Sie durch die Erörterung dieser Fragen herausgefunden? Vielleicht, daß Ihr Partner nicht bösartig, rücksichtslos oder undankbar ist oder Sie bewußt vernachlässigt? Vielleicht, daß Ihr Partner einfach tut, was er oder sie schon immer getan hat, der Mensch ist, der er oder sie immer schon war? Falls das zutrifft, können Sie die Eigenschaften, die Sie nicht mögen, eventuell leichter akzeptieren, weil Sie verstehen, daß sie Teil der Gesamtstruktur Ihres Partners sind?

In seinem Buch *When »I Can't Help It« Is for Real* beschreibt der Psychiater Daniel Amen bahnbrechende Studien, die zeigen, daß Störungen in bestimmten Teilen des Gehirns spezifischen dysfunktionalen Verhaltensweisen entsprechen.

So verursacht zum Beispiel eine Erkrankung der Hirnrinde Symptome wie Sucht, obsessiv zwanghaftes Verhalten und Eßanomalien. Menschen, die extrem launisch sind oder große Schwierigkeiten haben, sich von einem Verlust oder einer Enttäuschung zu erholen, können tatsächlich an einer Störung ihres limbischen Systems leiden. All diese Erkrankungen, die in der Gesamtbevölkerung viel verbreiteter sind, als man früher annahm, können auf genetische Störungen, Umweltfaktoren oder Verletzungen zurückgehen. Psychiater wissen heute, wie unerwünschte Tendenzen oder Verhaltensweisen zu korrigieren sind, indem sie die normalen Gehirnfunktionen mittels Verhaltens- oder Chemotherapie wieder herstellen. Dr. Amens Buch ist voller außergewöhnlicher Geschichten von Menschen, die von allem möglichen »geheilt« wurden, von extremen Stimmungsschwankungen über Angst, Erregbarkeit, Konzentrationsschwäche und geringe Vorstellungskraft bis hin zu Gewalttätigkeit, und das mit einfachen, allgemein verfügbaren Therapien. Dr. Amen erwartet, daß dieser ganz neue klinische Ansatz die Psychiatrie in den nächsten zehn Jahren revolutionieren wird.

Der befriedigendste Aspekt seiner Methode ist laut Amen der, beobachten zu können, wie bei Patienten und ihren Familien Kritik und Ungeduld auf einmal in Mitgefühl umschlagen, wenn sie erfahren, daß derjenige, der sich problematisch verhält, wirklich *nichts dafür kann*. Robert zum Beispiel erschien seinen Angehörigen als träge und unmotiviert. Er brachte nichts zu Ende, was er anfing, und hatte keinerlei Beharrungsvermögen. »Reiß dich zusammen!« pflegten sie ihm zu sagen. »Zwing dich dazu!« Mit Robert durchgeführte Tests ergaben jedoch, daß sein Gehirn jedesmal, wenn er versuchte, es in Gang zu setzen, buchstäblich aufhörte, zu funktionieren! Sowohl er als auch seine Familie wurden mitfühlend und verständnisvoll statt kritisch und herabsetzend – und chemische und behavioristische Therapien korrigierten sein Problem.

Ich erwähne dies hier nicht nur, um die Möglichkeit anzudeuten, daß bestimmte Verhaltensmuster, die Ihnen an Ihrem

Lebensgefährten nicht gefallen, eventuell behandelt werden könnten, sondern mehr noch, weil dieser Durchbruch in der Psychiatrie eine nützliche Metapher ist. Ob es nun an einer spezifischen Dysfunktion des Gehirns liegt oder nicht, Ihr Partner kann nichts dafür, so zu sein, wie er oder sie ist! Die Gewohnheiten, Gedanken, Einstellungen und Verhaltensweisen Ihres Partners existieren aus Gründen, die mit Ihnen nichts zu tun haben. Wenn Sie die Hoffnung haben, je glücklich miteinander zu sein, müssen Sie damit beginnen, Ihren Lebensgefährten mit Gelassenheit, Mitgefühl und Verständnis

---

Experiment 33
Mitgefühl kultivieren
Worüber ärgern Sie sich am meisten bei Ihrem Partner? Was würden Sie an ihm oder ihr ändern, wenn Sie einen Zauberstab hätten? Oder was hat Ihr Partner kürzlich getan, das Sie gereizt oder empört hat?
Suchen Sie nun über die Situation hinaus nach der Person dahinter. Stellen Sie sich in Ihrem Tagebuch, in Gedanken oder zusammen mit einem Freund oder einer Freundin die Fragen in diesem Abschnitt über den Ursprung des Verhaltens bei Ihrem Partner.
Wenn Sie glauben, daß Ihr Lebensgefährte sein oder ihr Bestes tut, könnten Sie dann einen Weg für sich finden, ihm oder ihr Unterstützung statt Kritik anzubieten? Was könnten Sie tun oder sagen, das Ihrem Partner eine Hilfe wäre?
Schreiben Sie in Ihr Tagebuch einen kurzen Aufsatz mit dem Titel »Ich habe Mitgefühl für (Name des Partners)«.
Wiederholen Sie jetzt das ganze Experiment mit sich selbst statt mit Ihrem Partner.
Sagen Sie sich jedesmal, wenn Sie selbstkritisch oder kritisch gegenüber Ihrem Lebensgefährten sind: »Ich tue mein Bestes«, beziehungsweise »Mein(e) Partner(in) tut ihr/sein Bestes.«
Praktizieren Sie Mitgefühl.

zu akzeptieren. Glauben Sie daran, daß Ihr Partner sein oder ihr Bestes tut, und verhalten Sie sich unterstützend, nicht kritisch. Ihr geduldiger Beistand könnte für Sie beide Wunder bewirken.

Bekräftigung des guten Willens 5 (damit Sie leichter verzeihen können)

Mein Partner hat etwas falsch gemacht. Ich habe die Wahl.
Wenn Ihr Partner sich Ihnen gegenüber gedankenlos, rücksichtslos oder verletzend verhält, fühlen Sie sich wahrscheinlich traurig, wütend, beleidigt, verraten und / oder betrogen. Das ist normal und angebracht – aber es muß nicht das Ende sein.

Sie haben nämlich die Möglichkeit, Ihrem Partner zu verzeihen und Mitgefühl mit ihm oder ihr zu entwickeln. Jeder kann verärgert sein, nachdem ihm Unrecht getan wurde; um in solch schwierigen Situationen guten Willen zu mobilisieren, ist eine reifere, bewußtere Person vonnöten.

Ich fuhr einmal mit Paul, einem Mann, den ich nicht sehr gut kannte, zu einer Konferenz. Während wir auf einer kurvenreichen Gebirgsstraße unterwegs waren, hängte sich über eine lange Strecke ein anderes Auto direkt hinter uns, was wahrhaftig gefährlich und ärgerlich war.

»Blöder Kerl«, sagte Paul, »dem werd ich's zeigen!« und verlangsamte zu meinem Erstaunen absichtlich die Fahrt. Je dichter der andere auffuhr, und je ungeduldiger er wurde, desto langsamer fuhr Paul.

»Vielleicht könntest du einfach rechts ranfahren«, schlug ich schüchtern vor.

»Rechts ranfahren! Doch nicht für den (nicht druckreife Bezeichnung). Der kriegt, was er verdient. Guck doch, wie er uns unsere gemütliche Fahrt verdorben hat! Dem werde ich's heimzahlen.«

Ich merkte, Paul erkannte nicht, daß er sich hätte auch anders entscheiden können. Er machte sich zum Sklaven des anderen Fahrers, dem nur eine reflexhafte Reaktion möglich war: Rache. Jemand tat ihm etwas an, und er wurde wütend, so sicher wie das Amen in der Kirche.

Konfuzius hat gesagt: »Wenn du dich aufmachst, um Rache zu üben, dann schaufle zwei Gräber.« Auch Paul schaufelte sich natürlich sein eigenes Grab, indem er die Feindseligkeit eskalierte und sich ein Magengeschwür zuzog. Für ihn waren die Situation und seine Reaktion darauf eine Einheit. Er saß in der Falle.

Seine letzte Bemerkung klingt mir noch in den Ohren: »Man kann es sich in dieser Welt nicht leisten, zu nett zu sein. Dann endet man als Fußabtreter!« Das Wort »nett« spuckte er aus, als ob es Gift wäre.

Zu nett? Zuviel guter Wille? Zuviel Verzeihen und Mitgefühl? Ich glaube nicht. Gewiß kann man zu wenig Durchsetzungsvermögen haben, nicht willens oder unfähig sein, Grenzen zu ziehen und bestimmte Normen für sich festzulegen. Dann endet man sicher als Fußabtreter. Aber so etwas wie zuviel guten Willen gibt es nicht. Guter Wille ist ein warmes, angenehmes Gefühl. Davon kann man ebenso wenig zuviel haben wie von Zufriedenheit oder guter Gesundheit. Und dazu kommt, je mehr man davon verbreitet, desto mehr bekommt man zurück.

Menschen versagen. Menschen machen Fehler. Menschen tun häßliche, schreckliche Dinge. Warum? Vermutlich, weil ihnen andere Menschen in der Vergangenheit häßliche, schreckliche Dinge angetan haben. Diesen Kreislauf kann man entweder fortsetzen oder ihn durchbrechen, indem man aus einer Haltung des guten Willens heraus Mitgefühl anbietet und verzeiht. Man hat immer die Wahl.

Die Geschichte mit Paul klingt extrem. Und doch sind wir alle schon in dieselbe Falle gegangen.

Ihr Mann verspätet sich zum Abendessen. Er vergißt, die Sachen aus der Reinigung zu holen. Ihre Frau plant viel zu viele abendliche Unternehmungen für die Woche. Es ist in Ordnung, wenn Sie ärgerlich sind. Überwinden Sie Ihren Ärger jedoch. Lecken Sie Ihre Wunden nicht; lassen Sie sie heilen.

Sich an frühere Verletzungen zu klammern, ist eine andere Version des Trostpreises. Sie haben doch recht! Ihr Partner hat einen Bock geschossen, und Sie sind völlig im Recht, wenn Sie beleidigt oder wütend sind. Einverstanden. Aber was haben Sie davon? Was wäre Ihnen lieber, recht zu haben oder glücklich zu sein und sich Ihrem Partner nahe zu fühlen? Sie haben die Wahl. Mobilisieren Sie Ihren guten Willen, verzeihen Sie, und lassen Sie die Angelegenheit hinter sich.

In *The Way of Marriage* läßt Henry James Borys uns an folgender Tagebuchaufzeichnung teilhaben:

»Heute morgen wollte ich mit Susan schlafen, aber sie hatte keine Lust. Sie war ungewöhnlich gereizt deswegen und meinte, alles, was ich wollte, sei Sex, ohne Rücksicht auf sie. Die Bemerkung erschien mir ungerecht. Ich war verletzt. Schließlich hatte ich sie nicht überfallen, sondern nur ein wenig Zärtlichkeit gezeigt.

Sobald Susan richtig wach war, entschuldigte sie sich. Ich sagte, es sei in Ordnung, merkte aber, daß in meinem Hinterkopf ein Gedanke lauerte: Sie hat mich verletzt? Ist ihr das klar?

Aus solchen Gedanken ist noch nie etwas Gutes entstanden.«

Borys traf eine Entscheidung. Er ließ in dem Moment den Trostpreis sausen, beschloß aktiv, seine wie ein Reflex aufwallende Reaktion zu unterdrücken, und zeigte guten Willen. Er ließ Vergangenes Vergangenheit sein und kümmerte sich nicht mehr darum, wer im Recht und wer im Unrecht war.

Jedesmal, wenn Ihr Partner sich wirklich falsch verhalten hat, haben Sie, ob Sie dafür eine Entschuldigung zu hören bekommen oder nicht, die Wahl. Sie können Ihre Verletztheit mit sich herumtragen, oder Sie können guten Willen üben und verzeihen. Es liegt ganz bei Ihnen. Seien Sie ruhig eine Weile wütend. Dann aber mobilisieren Sie Ihren guten Willen, vergeben und vergessen Sie.

Verwechseln Sie Verzeihenkönnen nicht mit der Erlaubnis, sich mißhandeln zu lassen. Falls Ihr Partner etwas getan hat – oder ständig etwas tut –, das wirklich ungehörig ist, müssen Sie einen Schlußstrich ziehen und ihm oder ihr klarmachen, daß Sie dieses Verhalten nicht dulden. Wenn Sie rücksichtsloses oder verletzendes Benehmen immer wieder »verzeihen«, so ist das kein Mitgefühl; es ist Angst, Verdrängung oder Selbstverleugnung.

Experiment 34
Üben Sie sich im Verzeihen
Was hat Ihr Partner in letzter Zeit getan, das Sie verletzt hat?
Wenn Ihnen nicht sofort etwas in den Sinn kommt, halten Sie sich mit dieser Frage nicht auf. Kommen Sie darauf zurück, wenn Sie sie das nächste Mal brauchen.
Wenn Ihnen mehrere Gelegenheiten einfallen, bei denen Ihnen unrecht getan wurde, suchen Sie sich eine aus.
Beschreiben Sie in Ihrem Tagebuch oder in Gedanken, wie Sie reagiert haben. Wie fühlen Sie sich?
Falls Sie wütend und verärgert sind und Ihnen nicht nach Verzeihen zumute ist, werden Sie dies Gefühl nicht ändern können, nur weil Sie wissen, daß Sie die Wahl haben. Das macht nichts. Seien Sie wütend und verärgert. *Sie tun Ihr Bestes!*
Kehren Sie zu Experiment 33 zurück. Versuchen Sie, über die Handlung hinaus die Person zu erreichen und etwas Verständnis und Mitgefühl zu verspüren.
Fragen Sie sich, was Sie dadurch gewinnen, daß Sie Ihre Verletztheit und Wut mit sich herumtragen. (Ist es der Trostpreis?)
Sagen Sie sich immer wieder, daß Sie die Wahl haben. Werden Sie weich, falls und wann Sie wollen, und vergeben Sie Ihrem Partner, aber erst, wenn Sie dazu bereit sind.
Haben Sie Geduld mit sich. Auch wenn Sie merken, daß es Ihnen unmöglich ist, zu verzeihen, tun Sie Ihr Bestes.

Versuchen Sie im Normalfall jedoch, eine großzügige Haltung gegenüber den Unzulänglichkeiten Ihre Partners einzunehmen. Denken Sie daran, daß Sie nicht unbedingt »automatisch« reagieren müssen. Sie haben die Wahl.

Bekräftigung des guten Willens 6 (zur Kultivierung Ihrer Großzügigkeit)

Wie kann ich meinem Partner gegenüber heute großzügig sein?

Als ich heiratete, gab mir meine Mutter folgenden Rat: »Wenn verheiratete Leute weniger Zeit mit dem Versuch zubringen würden, die Befriedigung ihrer Bedürfnisse zu erwarten, und mehr Zeit, sich einfach mal in den Arm zu nehmen, hätten wir nicht so viele gescheiterte Ehen.«

Wie wir bereits gesagt haben, ideal ist ein Gleichgewicht. Die Bemerkung meiner Mutter war jedoch auf die heutige Zeit gemünzt.

Seit Jahrzehnten beschäftigen wir uns jetzt schon in erster Linie mit der Befriedigung unserer eigenen Bedürfnisse. Die 60er erlebten eine Revolution in Sachen Lebensstil: Bloß nicht konformistisch werden! In den 70ern fragten wir uns: Da ich nun das Recht durchgesetzt habe, ich selbst zu sein, wer bin ich? Es war die Ich-Dekade, samt dem Gestalt-Gebet, das so anfing: »Ich bin nicht auf der Welt, um deine Bedürfnisse zu befriedigen.« Die moderne Frauenbewegung begann mit Erklärungen wie: »Eine Frau ohne Mann ist wie ein Fisch ohne Fahrrad.« In den 80ern waren wir emsig dabei, es den Meiers von nebenan gleichzutun in einem Konsumrausch, der völlig aus dem Ruder lief. Und wir waren so von dem Gedanken besessen, die gefürchtete »Co-Abhängigkeit« zu vermeiden, daß das gute alte *Geben* in Verruf geriet, ein Geben aus der Güte unseres Herzens heraus, das nichts damit zu tun hat, anderen Leuten dabei »helfen« zu wollen, sich zu kurieren oder zu bessern.

Die Suche in den 90er Jahren nach einem Lebenssinn jenseits

von Materialismus ist eine Umkehr in die richtige Richtung, aber die Frage ist immer noch: was ist mein Lebenssinn, was sind meine Bedürfnisse?

Können Sie sich ein Jahrzehnt der Großzügigkeit vorstellen? Zuvorkommenheit ist eine verlorengegangene Kunst. Der Vorschlag, Ihrem Partner spontan etwas Gutes zu tun, klingt altmodisch. Und doch erfaßt nichts das Wesen des Glücks so einfach und erzeugt es so schnell. Henry James Borys formuliert es so: »Durch Geben, nicht durch Nehmen setzen wir das Glück frei, das in unserem Sein verborgen ist.«

In einem Seminar diskutierten wir eine ganze Zeitlang über Großzügigkeit. In der nächsten Woche wollte Kurt darüber reden.

»Ich weiß, daß ich kein sehr freigebiger Mensch bin. Ich habe mich in der letzten Woche beobachtet. Ich will Charlotte nichts geben. Sie mußte eine größere Postsendung fertigmachen und bat mich um Hilfe. Ich arbeitete ein bißchen mit, beklagte mich aber, weil ich auch zu arbeiten hatte, so daß es ihr schließlich reichte und sie mich wegschickte. Später kam sie noch einmal darauf zu sprechen. Es war irgendwie erstaunlich, weil sie natürlich keine Ahnung hatte, daß wir im Moment in diesem Kurs übers Geben reden, aber sie sagte so was wie: ›Du kümmerst dich immer mehr um deine eigenen Bedürfnisse als um meine. Du willst in dieser Ehe überhaupt nichts geben.‹ Sie meint, ich sähe Dinge, die erledigt werden müssen, einfach nicht. Ich glaube, sie hat recht. Mir ist klar, wie wichtig es ist, großzügig zu sein, doch ich glaube nicht, daß ich jemals sehr gut darin sein werde.«

Kurt brachte einen wichtigen Punkt zur Sprache. Manche Persönlichkeitstypen sind von Natur aus freigebig und hilfsbereit, aber für andere ist es womöglich nicht leicht, Geben zu lernen. Wie also lernen Sie zu geben, wenn Sie nicht von Natur aus großzügig sind?

Durch Geben.

Wie die anderen Aspekte des guten Willens ist Geben keine Theorie, sondern eine Praxis. Je öfter Sie geben, desto stärker werden Sie die Freude empfinden, die der oder die Gebende erleben kann, und desto mehr werden Sie geben wollen. Das Ziel ist nicht Vollkommenheit, sondern Fortschritt. Wenn Sie nicht von Natur aus großzügig sind, versuchen Sie nicht, Ihre gesamte Persönlichkeit zu verändern. Fangen Sie damit an, einmal wöchentlich spontan großzügig zu sein.

Das kann geschehen, indem Sie

- freundlich auf an Sie gerichtete Bitten reagieren,
- Ihren Teil der anfallenden Arbeit leisten, ohne dazu aufgefordert zu werden,
- etwas sehen, das Ihr Partner gern von Ihnen erledigt hätte, und es erledigen, ohne darum gebeten zu werden,
- Ihren Lebensgefährten völlig unerwartet mit einem Geschenk oder einer großzügigen Geste zu überraschen.

Es brauchen nur Kleinigkeiten zu sein. Schneiden Sie ihr einen passenden Witz aus der Zeitung aus, putzen Sie ihm die Schuhe, räumen Sie einen Teil der Wohnung auf, verstecken Sie ein Liebesbriefchen in seinem Butterbrotpaket oder in ihrer Schminkschatulle, übernehmen Sie ihren Anteil am Kochen oder Saubermachen, wenn sie müde ist, legen Sie seine Lieblings-CD auf, wenn er nach Hause kommt, kaufen Sie ihr eine lustige Grußkarte, dämpfen Sie das Licht und stellen Sie Kerzen auf den Tisch, massieren Sie Ihrem Partner die Füße oder den Rücken ...

Großzügigkeit kann auch sehr weit gehen. Ein Mann erzählte mir, daß er, wenn er mit seiner Frau einen Wochenendausflug macht, bereitwillig an jedem Antiquitätengeschäft anhält, obwohl ihm die ersten drei eigentlich reichen würden. Mayer fuhr einmal zwei Stunden zurück, um etwas zu holen, das ich vergessen hatte.

Liebe und Ehe haben sehr viel mit Geben zu tun. Sie können Ihr Leben in einer Beziehung nicht genauso führen, wie Sie es täten, wenn Sie allein wären. Es gilt jetzt, Sie beide zu berücksichtigen, zwei gleich wichtige Ansammlungen von Bedürfnissen und Wünschen. Wenn Sie nicht freigebig und großzügig sein wollen, heiraten Sie nicht. Wenn Sie freigebig und großzügig und mit jemandem verheiratet sind, den Sie lieben, wird Ihr Lohn Ihre Verluste bei weitem überwiegen.

Manche Leute reden gern über die Notwendigkeit von »Opfern« in einer Liebesbeziehung, mit der sie ein Bild von Märtyrerschaft und Selbstverleugnung heraufbeschwören. Ein Opfer ist aber ein *Geschenk*, und ein Geschenk machen Sie nur jemandem, der Ihnen lieb und teuer ist. Das *Random House College Dictionary* bezeichnet ein Opfer als »die Darbietung von etwas Hochgeschätztem oder Wertvollem um einer Sache willen, die als noch höher zu bewerten ist oder noch dringlicher angesehen wird«.

Kurt hätte ein »Opfer« bringen, seiner Frau, die bei ihrer Postsendung seine Hilfe brauchte, ein Geschenk machen können. Er hätte in dem Fall seine eigene Arbeit (etwas Hochgeschätztes und Wertvolles) ein paar Stunden liegen lassen sollen, um seiner Frau zur Hand zu gehen und damit ihre Beziehung zu festigen und glücklicher zu machen (etwas, das noch höher zu bewerten und noch dringlicher ist). Er aber gönnte ihr seine Zeit nicht, weil er das nicht als Geschenk für sie, sondern als Verlust für sich selbst empfand. Statt ihnen beiden etwas zu geben, fügte er ihnen beiden einen Verlust zu.

Eines der bekanntesten und am meisten vernachlässigten Axiome in der Beziehungslehre ist, daß insbesondere Frauen Kleinigkeiten eine Menge bedeuten. Männer, tut etwas für eure Frau, das euch nicht viel kostet! Macht abends mal das Essen, oder schenkt ihr nach dem Essen ein Glas Portwein ein und sagt, ihr würdet die Küche aufräumen. Bringt ihr eine Videokassette oder CD mit, die ihr gefallen wird, oder ihr Lieblingsdessert aus der Konditorei oder frisches Brot. Ruft sie mitten am Tage an, nur um ihr zu sagen, daß ihr sie liebt. Bringt ihr einen Schößling für den Garten mit und sagt ihr, es sei ein Liebesbaum; so wie er wüchse auch eure Liebe für sie.

Geschenke wie diese sind es, die sich die meisten Frauen mehr als alles andere wünschen, kleine, wohlüberlegte Gesten, die zeigen, daß ihr an sie denkt.

Auch Männer schätzen kleine Gesten, liebe Frauen. Was sie jedoch eigentlich am liebsten haben, ist Anerkennung für das, was sie bereits tun. Dankt eurem Mann für bestimmte Dinge, die er tut, oder einfach dafür, daß er so ist, wie er ist. Vermittelt ihm immer wieder, wie sehr ihr ihn zu würdigen wißt.

Die schönste Geschichte über Großzügigkeit und Opfer in der gesamten Literatur ist O. Henrys »Das Geschenk der Weisen«, indem sie ihr langes Haar abschneidet und verkauft, um ihm eine goldene Kette für seine Uhr schenken zu können, und er seine geliebte Uhr verkauft, um einen prächtigen Kamm für ihr Haar zu erstehen. Ich kenne eine Frau, die, so fand ich immer, das Äquivalent ihres langen Haars aufgab, zum Glück nicht mit einem so traurig-komischen Resultat.

Melinda und Marty lernten sich kennen, als sie beide in den Fünfzigern waren und viele Jahre allein gelebt hatten. Ihre Begegnung war für die zwei wie ein Wunder und verwandelte sie völlig. Innerhalb weniger Monate hatten sie ein Haus gekauft, das ihnen beiden zusagte, und innerhalb eines Jahrs waren sie verheiratet.

Das Haus, das sie gefunden hatten, war groß und schön, mußte jedoch umfassend instand gesetzt werden. Beide hatten ihre vorherigen Domizile veräußern müssen, um es zu kaufen; in Melindas Fall handelte es sich um eine luxuriöse Eigentumswohnung. Wenn es nach Melinda gegangen wäre, hätten sie einen Kredit aufgenommen und die Renovierungen an ihrem neuen Heim vor ihrem Einzug durchführen lassen. Marty aber war zu ängstlich, um es so zu machen. Er wollte einige Arbeiten selbst erledigen; er wollte jeden einzelnen Schritt sehr sorgfältig planen; und er fand, sie müßten erst mal eine Weile in dem Haus leben, um zu entscheiden, was sie genau daran verändern wollten.

Melinda erzählte mir folgendes:

»Ich hätte meinen Willen durchsetzen können; wir hätten es uns ohne Probleme leisten können. Ich erkannte jedoch schnell, daß das Marty große Sorgen bereitet und Konflikte zwischen uns geschaffen hätte. Wir haben uns ja nicht zusammengetan, um noch mehr Schwierigkeiten und Streß in unser Leben zu bringen. Wir haben uns zusammengetan, um die Liebe und Gesellschaft des anderen zu genießen. Marty war einverstanden, einige Renovierungen durchführen zu lassen, bevor wir einzogen. Auf die größeren Umbauten verzichtete ich erst einmal. Zunächst war ich enttäuscht und frustriert. Aber die Wahrheit ist, ich war so glücklich, mit ihm zusammenzusein, und wir hatten es so schön miteinander, daß die Sache mit dem Haus für mich einfach in den Hintergrund trat. Es würde sich schon alles irgendwann finden. Ob ich mich auf einen anderen Zeitplan einstellen konnte, um mich an Martys Bedürfnisse anzupassen? Ja. Ohne Streit.«

Melinda war geduldig und scherzte immer wieder über ihr »Jugendstil-Eßzimmer« oder ihre »Phantomwaschküche«. Sie versuchte nie, mit ihren Kompromissen zu feilschen, sagte nie zu Marty: »Wenn ich in diesem Punkt nachgebe, mußt du in jenem nachgeben.« Mit der Zeit aber stimmte Marty Veränderungen zu, mit denen er am Anfang nie einverstanden gewesen wäre. Da Melinda instinktiv beschlossen hatte, bei der Renovierung auf ihre Vorgehensweise zu verzichten, hatte sie am Ende eine wunderbare Beziehung und nach etwa zwei Jahren das phantastische Haus, das sie sich ausgemalt hatte.

Melinda hing ebenso an ihrer Vorstellung von einem schönen, funktionalen Haus wie die Frau in O. Henrys Geschichte an ihrem Haar. In beiden Fällen aber brachte ihnen ihre mutige und liebevolle Entscheidung, zu *geben*, schließlich mehr Glück und Erfüllung, als es das Festhalten an ihrem Besitz oder ihren Rechten getan hätte.

Melinda löste – ganz allein – ein Problem durch den Einsatz von Großzügigkeit und gutem Willen. Sie bewies wieder einmal die Richtigkeit des Punktes, den Emerson so beredt in seinem Aufsatz über Ausgleichung hervorhebt: Wenn du mehr willst, gib mehr.

Stehen wir am Beginn eines Jahrzehnts der Großzügigkeit? Ich bezweifle es. Warten Sie nicht darauf. Begründen Sie gleich jetzt in Ihrer eigenen Beziehung ein Jahrzehnt der Großzügigkeit. Wenn Sie anfangen, darauf zu achten, werden Sie staunen, wie viele Gelegenheiten Sie jeden Tag haben, etwas Zuvorkommendes und Großzügiges für Ihren Partner zu tun.

In meinem Internat verlosten wir unsere Namen und wurden sogenannte Adventsengel füreinander. Den ganzen Dezember über mußten wir uns alle möglichen kleinen Überraschungen und Geschenke für diejenige ausdenken, deren Namen wir gezogen hatten. Wir gaben uns unheimliche Mühe, unsere Identität geheimzuhalten, auch nachdem der Dezember vorbei war. Und trotzdem versuchte jede, die andere mit phantasievollen Geschenken und Gefälligkeiten zu übertrumpfen. Man durfte aber den ganzen Monat lang nicht mehr als zehn Dollar ausgeben.

Ich kann Ihnen gar nicht sagen, wieviel Spaß wir daran hatten. Was für ein Gedanke! Stellen Sie sich vor, wie es wäre, das ganze Jahr über Engel für Ihren Lebensgefährten zu spielen!

Experiment 35
Denken Sie sich Großzügigkeiten aus
Konkrete Ideen, wie Sie großzügig zu Ihrem Partner sein können, finden Sie in Kapitel fünf. Oder lassen Sie sich einfach selbst etwas einfallen. Vielleicht sollten Sie sich eine Seite in Ihrem Tagebuch freihalten, auf der Sie Ideen vermerken, die Sie in Zukunft umsetzen wollen.

Wir haben nun sechs Bekräftigungen Ihres guten Willensf diskutiert, die Ihnen helfen sollen, ihn in Ihrer Ehe zu kultivieren.

Dies ist kein Problem, sondern eine Tatsache des Lebens.
Mein Partner ist nicht im Unrecht, sondern nur anders als ich.
Das hat nichts mit mir zu tun.
Sie tut ihr Bestes
ODER
Er tut sein Bestes.
Mein Partner hat etwas falsch gemacht. Ich habe die Wahl.
Wie kann ich meinem Partner gegenüber heute großzügig sein?

Versuchen Sie nicht, alle auf einmal in Angriff zu nehmen; suchen Sie sich eine aus, die Ihnen für Ihre Situation am relevantesten erscheint, und konzentrieren Sie sich eine Zeitlang darauf. Wenn Sie sowieso schon sehr viel guten Willen zeigen, ist es womöglich weitaus wichtiger für Sie, zunächst daran zu arbeiten, daß Sie Ihre eigenen Bedürfnisse in Ihrer Beziehung befriedigen.

Guter Wille belohnt sich selbst. Wenn Sie das bisher in Ihrem Leben und vor allem in Ihrer Ehe oder intimen Partnerschaft noch nicht herausgefunden haben, wünsche ich Ihnen eine ereignisreiche Entdeckungsreise.

Kapitel 9
Liebevolles Lenken: Selbstfürsorge und guter Wille als harmonische Mischung

Wie wir gesehen haben, sind Sie ein Individuum, das Bedürfnisse, Wünsche, Träume, Gewohnheiten, eine Geschichte und eine Zukunft hat. Sie brauchen Autonomie, Raum, um Sie selbst zu sein, Unabhängigkeit. Sie brauchen Unterstützung, Liebe, Aufmerksamkeit. Sie müssen herausfinden, was Sie wollen und benötigen, und der Erfüllung Ihrer Wünsche Zeit und Aufmerksamkeit widmen. Überdies haben Sie einen Intimpartner, eine Person, die Sie sich als Lebensgefährten erwählt haben. Dieser Partner hat ebenfalls Bedürfnisse, Wünsche, Träume, Gewohnheiten, eine Geschichte und eine Zukunft. Er oder sie braucht ebenfalls Liebe, Unterstützung und Aufmerksamkeit – in diesem Fall von Ihnen.

Als Partner in einer Liebesbeziehung müssen Sie immer wieder »Goldbarren« auf beide Waagschalen legen, damit sie gut ausbalanciert sind. Das ist nicht einfach, denn manchmal bringt das Hinzufügen oder Wegnehmen auf einer Seite die Waage aus dem Gleichgewicht. Oft geraten die beiden Seiten in Konflikt zueinander. Das ist die Ehe!

Selbstfürsorge / guter Wille: eine »Legierung«

Im wirklichen Leben erfahren Paare, die gut miteinander auskommen, deren Waage mehr oder weniger im Gleichgewicht ist, »ich« und »wir«, Geben und Nehmen, Durchsetzung und Akzeptanz oft gar nicht als etwas Getrenntes. Nur selten den-

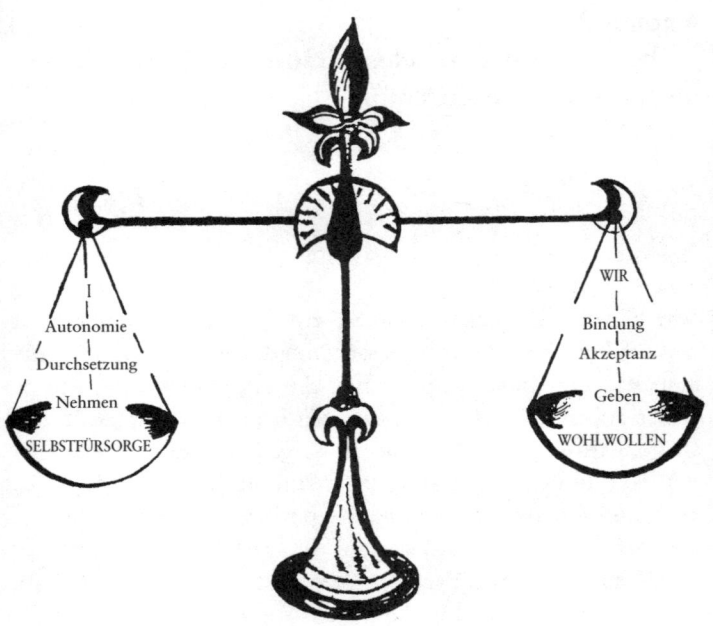

Autonomie
Durchsetzung
Nehmen
SELBSTFÜRSORGE

WIR
Bindung
Akzeptanz
Geben
WOHLWOLLEN

ken sie: »Jetzt lege ich etwas in die eine Waagschale und jetzt etwas in die andere.« Sie erleben sich nicht als *entweder* gebend *oder* nehmend, *entweder* eigennützig *oder* akzeptierend. Statt dessen erleben sie eine Mischung: Durchsetzung *und* Akzeptanz gleichzeitig. Sie haben das Gefühl, zu nehmen und zugleich zu geben. Das WIR und das ICH sind in einem Rhythmus miteinander verwoben, der sowohl das WIR als auch das ICH trägt.

Wenn Mayer zum Beispiel möchte, daß wir am Samstagnachmittag zu einer Auktion gehen, und ich an diesem Nachmittag eigentlich mit Freunden wandern wollte, dann aber doch »nachgebe« und mit zu der Auktion komme, fühle ich mich nicht betrogen oder so, als ob ich »verloren« hätte, denn a) wäre mir die Wanderung wichtig genug, würden wir diese Leute nur selten sehen, oder würden sie zu einer Stelle wandern, wo ich allein wahrscheinlich nie hinkäme, würde ich vielleicht darauf bestehen. Ich könnte auch allein mitwandern und ihn zu der Auktion gehen lassen. Anders gesagt, mir ist klar, daß ich Entscheidungsmöglichkeiten habe, und ich treffe eine bewußte Wahl. b) Die oberste Priorität für mich ist die, den Samstagnachmittag mit Mayer zu verbringen. c) Es ist oft vorgekommen, daß er das tut, was ich tun möchte.

Also sorge ich eigentlich für mich und ihn zugleich. Ich empfinde das nicht als voneinander getrennt. Wenn Sie versuchen, Ihre Fähigkeit zu stärken, das Gleichgewicht zwischen Selbstfürsorge und Freigebigkeit gegenüber dem Partner aufrechtzuerhalten, müssen Sie beide Fertigkeiten einzeln trainieren, wie wir es in den letzten zwei Kapiteln getan haben. Unser Ziel aber ist es, eine *Verschmelzung* zu erreichen, in der Sie sich nicht mehr als durchsetzungsfähig *oder* akzeptierend erleben, sondern als »selbstbewußt akzeptierend«, nicht als autonom *oder* zusammengehörig, sondern als »autonom zusammengehörig«. Worauf es uns ankommt, ist eine Einheit. Wenn Sie geben, dann tun Sie das in einem Umfeld, in dem Sie auch Ihre eigenen Bedürfnisse befriedigen. Wenn Sie nehmen, können Sie das freizügig tun, weil Sie auch gegeben haben. Selbstfürsorge und guter Wille verschmelzen zu einer Einheit.

Ich finde es erstaunlich, daß unsere so wortreiche Sprache keinen einzigen Begriff kennt, um dieses Konzept zu vermitteln. Der Ausdruck »gegründet« aus dem psychologischen Jargon kommt ihm vielleicht nahe. Er besagt, daß Ihre Basis so solide ist, daß Sie nicht leicht aus dem Gleichgewicht zu bringen sind. Aus dieser Art Selbstsicherheit heraus ist es einfacher, flexibel und freigebig zu sein. »Gegründet« impliziert, daß Sie sowohl selbstbewußt als auch offen sind. Ich habe mich jedoch entschieden, diese Mischung »Liebevolles Lenken« zu nennen, eine »Legierung« aus Selbstfürsorge und gutem Willen.

Gute Führer sind Menschen, die andere durch selbstlose Hingabe an eine Sache inspirieren. Diese Freiheit besitzen Sie nur, wenn Sie ein positives Gefühl für sich selbst haben. Führer, die mit sich selbst uneins sind, werden die Ziele des Unternehmens untergraben, indem sie andere benutzen, um ihr eigenes Bedürfnis nach Anerkennung und Liebe zu erfüllen.

Führer haben zwei Aufgaben: 1) Sie müssen ständig auf der Hut sein, daß sie angemessene, lohnende Ziele verfolgen. Sie müssen das große Ganze im Auge behalten und dürfen sich nicht so in Details verlieren, daß ihr Unterfangen keinen Zweck, keine Richtung mehr hat. 2) Außerdem müssen sie alle beteiligten Personen dabei unterstützen, das Ziel zu erreichen.

Jede Beziehung braucht derartige liebevolle Lenkung, jemanden, der durch selbstlose Hingabe an die gemeinsame Sache, nämlich eine gegenseitig unterstützende und angenehme Partnerschaft, inspiriert. Idealerweise hat diese Führerperson ein gutes Selbstwertgefühl, damit sie die Ziele der Beziehung nicht unterminiert oder den anderen dazu benutzt, ihr eigenes Bedürfnis nach Anerkennung und Liebe zu befriedigen. Ein starker, liebevoller Führer wird beide Aufgaben erfüllen: 1) das große Ganze, Richtung, Zweck und Ziele der Beziehung im Auge behalten und 2) beide Beteiligten unterstützen.

Viele Beziehungen haben zwei liebevolle Führer, die sich die Führungsverantwortung teilen. Es reicht aber auch, wenn es nur einen gibt, denjenigen oder diejenige von Ihnen, die Sie beide einander nahe bringt. Viele erfolgreiche Beziehungen funktionieren mit einem Führer, einer Person, die dem großen Ganzen mehr Aufmerksamkeit schenkt, die ihre Erfüllung gefunden hat und deshalb in der Lage ist, aus der eigenen Stärke und Liebe zu sich selbst heraus zu geben. Entweder der Führer selbst oder sein Partner kann der- beziehungsweise diejenige sein, die sich um die Details kümmert. Wenn Sie in Ihrer Beziehung die Rolle des oder der Liebevoll Lenkenden spielen, so sollten Sie das nicht übelnehmen, sondern als ein Privileg ansehen, eine Gelegenheit, hervorragende Arbeit und einen wertvollen Beitrag zu Ihrer Partnerschaft zu leisten.

Liebende Führerschaft gibt ein eindrucksvolles Bild davon, wie die ideale Mischung aus Selbstfürsorge und gutem Willen aussehen kann. Um uns die verschiedenen Kombinationen zu verdeutlichen, wollen wir aus diesen zwei Eigenschaften eine Matrix bilden.

Manche Menschen besitzen von beidem wenig. Manche bringen ihrem Partner viel guten Willen entgegen, schenken ihren eigenen Bedürfnissen jedoch kaum Aufmerksamkeit. Dann gibt es noch diejenigen, die großartig für sich selbst sorgen, aber wenig guten Willen gegenüber anderen haben. Und manche besitzen natürlich beides: die Fähigkeit zur Selbstfürsorge und zum guten Willen: die ausgewogene, liebevolle Führerpersönlichkeit.

Hier nun die möglichen Kombinationen:

	Kein guter Wille	Guter Wille
Keine Selbstfürsorge	A. Unzufrieden	B. Gefällig
Selbstfürsorge	(C. Narziß)	D. Führer

Experiment 36
Ermitteln Sie Ihren Typ
Nehmen Sie sich, bevor Sie weiterlesen, einen Moment Zeit, um sich in obige Kästchen einzuordnen. Zeichnen Sie die Matrix in Ihr Tagebuch und setzen Sie einen Punkt in das entsprechende Viereck oder auf eine der Linien dazwischen.
Schreiben Sie ein paar Sätze in Ihr Tagebuch, in denen Sie erklären, warum Sie diese Position gewählt haben.

Die meisten von uns sind eher Zwischenpositionen als einer eindeutigen Kategorie zuzuordnen. Trotzdem werde ich hier die »reinen« Typen beschreiben.

A. *Die Unzufriedenen.* Sie haben weder gelernt, für sich selbst zu sorgen, noch sind sie imstande, ihrem Partner mit Akzeptanz und gutem Willen gegenüberzutreten. Unzufriedene wissen nicht, was sie wollen, oder sie wissen es, tun aber nichts, um ihr Leben dementsprechend zu verändern. Sie empfinden sich als Opfer. Da sie sich nicht wohl in ihrer Haut fühlen, mangelt es ihnen an der Fähigkeit, voller gutem Willen auf ihren Lebensgefährten oder Partner beziehungsweise jedes andere menschliche Wesen zuzugehen. Statt dessen betonen sie die negativen Seiten des Partners und der Beziehung. Sie machen Vorwürfe, beklagen sich und vermeiden jegliches Handeln. Unzufriedene sind oft passiv-aggressiv, das heißt, sie äußern Ärger nicht direkt, weil sie sich dazu nicht stark genug fühlen. Sie äußern ihn indirekt, indem sie feindselig, abweisend, unkooperativ oder gleichgültig sind.

Unzufriedene müssen daran arbeiten, ihre wahren Wünsche, Wertvorstellungen, Ambitionen und Gefühle zu entdecken. Sie sollten sich auf die sechs Selbstbestätigungen in Kapitel sieben konzentrieren. Erst danach können Sie sich darin üben, guten Willen zu zeigen, zu verzeihen, verständnisvoll und akzeptierend zu sein, denn nur, wer sich selbst liebt, kann einer anderen Person aufrichtige Liebe entgegenbringen. Wenn Ihr Ausgangspunkt ein schwach entwickeltes Selbst ist, haben Sie Ihren Mitmenschen wenig zu geben.

B. *Die Gefälligen.* Das sind Leute, denen es gutgeht, wenn sie die Bedürfnisse anderer Menschen befriedigen. Sie sind überfürsorglich. Unbewußt wollen sie mit ihrer hartnäckigen Freigebigkeit die Leere kompensieren, die sie in sich selbst spüren, und sie fühlen sich unerfüllt und werden ärgerlich, wenn ihre Gaben nicht anerkannt werden.

Es dem Partner immer recht zu machen und die eigenen Bedürfnisse nicht durchzusetzen, heißt, in schweigender Selbstverleugnung zu leben. Gefällige sind duldsame Opfer, die ihre Machtlosigkeit akzeptieren, meist, weil sie glauben, daß sie keine Alternativen haben. Gefällige haben innerlich beschlossen, daß es wichtiger ist, eine Beziehung zu haben als ein Selbst.

Die extremsten Beispiele für Gefällige sind Opfer von Mißhandlungen, die ihre blauen Flecken damit erklären, sie seien die Treppe hinuntergefallen. Sie können durch systematische, wiederholte Gewalt so gebrochen sein, daß sie tatsächlich denken, die Mißhandlung sei auf ihr eigenes Versagen zurückzuführen. Viele Männer und Frauen erleben jedoch eine weniger intensive Form des Syndroms der schweigenden Gefälligkeit. Sie geben ihre eigenen Wünsche einfach auf und fügen sich passiv in die Forderungen und Verhaltensweisen ihres Partners; sie verlieren sich stillschweigend selbst. Schon im neunzehnten Jahrhundert sagte der dänische Theologe Kierkegaard, der größte Verlust, nämlich der des eigenen Selbst, könne völlig unbemerkt vonstatten gehen, wohingegen man jeden anderen Verlust, den eines Arms, einer Frau oder einer Geldsumme, sogleich bemerken würde.

Mark, der seine Frau das Haus auf eine Weise einrichten ließ, die seinen eigenen Geschmack überhaupt nicht einbezog, war ein Beispiel für die gemilderte Variante des Gefälligen. Ohne viel Aufhebens oder Streit fügte er sich in aller Stille den entschiedenen Wünschen seiner Frau und verlor damit, ohne es zu merken, einen Teil von sich selbst.

Gibt es etwas, das Sie stillschweigend aufgegeben haben, seit Sie in Ihrer Beziehung leben, und das Sie insgeheim gern wiederhätten?

Gefällige versuchen manchmal, durch eine Art emotionaler Erpressung, die da lautet »Wenn ich dir gebe, *mußt* du mir auch etwas geben«, zu bekommen, was sie sich wünschen. Ihre Freigebigkeit hat einen Haken. Statt innerlich an sich zu arbeiten, so daß sie es schaffen, sich selbst zu lieben, manipulieren diese Gefälligen die Menschen in ihrer Umgebung, damit sie ihnen Aufmerksamkeit und Zuwendung schenken. Gefällige tendieren dazu, sich mit Tagträumen zu beschäftigen, sich ideale Lösungen für ihre unglückliche Situation auszumalen, tun jedoch nichts, um diese Phantasien umzusetzen.

Gefällige haben die Aufgabe, sich selbst zu erforschen, mehr darüber in Erfahrung zu bringen, was sie glücklich und was sie unglücklich macht, was sie verletzt und was ihnen Freude bringt. Auch sie müssen sich auf die Selbstbestätigungen in Kapitel sieben konzentrieren

C. *Das Phantomkästchen.* Obwohl viele Seminar-Teilnehmer sich dem Kästchen C zuordnen (ausgeprägte Selbstfürsorge, schwach entwickelter guter Wille), gibt es so etwas wie ein reines »C« nicht (tut mir leid!). Menschen, die sich hier plazieren, sagen mit anderen Worten: »Ich weiß, was *ich* will, aber ich habe Probleme, meinem Lebensgefährten guten Willen entgegenzubringen, weil er oder sie sich unfair verhält und gedankenlos und rücksichtslos ist.«

Hier der Trugschluß einer solchen Behauptung: Wenn Sie für sich selbst sorgen und den Punkt erreicht haben, wo Sie sich liebevoll sagen können: »Ich tue mein Bestes«, so bedeutet das, daß Sie Mitgefühl mit sich selbst haben. Sie bejahen und schätzen sich trotz bestimmter Eigenschaften, die Sie nicht mögen. Wenn Sie diese Art Mitgefühl für sich selbst empfinden, erstreckt es sich fast immer auch auf andere Menschen, weil Sie erkennen, daß diese ebenfalls Härten zu überwinden hatten. Auch sie tun ihr Bestes mit dem, was sie haben, und mehr kann man nicht verlangen.

Sie sehen also, Selbstfürsorge ohne guten Willen ist eine unwahrscheinliche Kombination, weil sich Mitgefühl und guter Wille ganz natürlich aus echter Selbstliebe ergeben.

Zu sagen: »Ich liebe mich selbst, doch ich empfinde keinen guten Willen gegenüber meinem Partner«, kommt dem Anspruch auf den guten, alten Trostpreis verdächtig nahe: »Ich habe recht. Ich kenne und liebe mich, aber mein Partner ist nicht ganz dicht.«

Wenn Sie sich in das »C«-Kästchen eingeordnet haben, gehören Sie in Wirklichkeit vielleicht eher in das »A«-Kästchen, zu den Unzufriedenen, die noch einiges zu tun haben, um echtes Mitgefühl mit sich selbst zu entwickeln und auszudrücken. Wenn Sie gelernt haben, sich zu verzeihen und zu tolerieren, werden Sie wie von selbst auch anderen verzeihen und sie tolerieren können, weil Sie erkennen, daß wir alle im selben Boot sitzen.

Womöglich sind Sie auch ein Pseudo-»C«.

Pseudo-»C«s sind Narzißten. Das sind genau diejenigen, die für sich selbst sorgen und nicht guten Willens sind. Ihre Selbstfürsorge ist jedoch nicht auf echte Selbstliebe zurückzuführen; im Gegenteil, sie ist ein obsessives Interesse an der eigen Person, das aus einem *Mangel* an Selbstliebe herrührt. Pseudo-»C«s sind immer mit sich selbst beschäftigt. Narzißten *scheinen* sich zwar zu kennen und bewußt zu handeln, doch in Wahrheit verbirgt sich hinter ihrem starken Auftreten eine tiefsitzende Unfähigkeit zu fühlen. Wo andere Menschen ein Empfinden für sich selbst haben, gähnt bei Narzißten ein großes Loch. Um den Verlust ihres wahren Selbst zu kompensieren, wenden Narzißten eine Menge Energie auf, um sich eine eindrucksvolle Persönlichkeit zu konstruieren. Sie sind nicht durch tiefe innere Impulse motiviert, sondern durch das Bedürfnis nach Bewunderung. Sie sind auf andere angewiesen, um das Bild, das sie von sich selbst haben, aufrechtzuerhalten, um ihre mangelnde Fähigkeit zur Selbstbestätigung zu ersetzen.

Um die Aufmerksamkeit zu erlangen, die sie brauchen, sind Narzißten meist ehrgeizig, sehr fleißig und haben eine übertriebene Vorstellung von ihrer eigenen Wichtigkeit. Wenn ihnen die Bewunderung nicht zuteil wird, nach der sie streben, können sie vor Wut fast wahnsinnig werden. An Problemen sind ihrer Ansicht nach immer die anderen schuld.

Narzißten müssen zunächst daran arbeiten, ein starkes, inneres Selbst zu entwickeln und dann die Fähigkeit zum guten Willen gegenüber anderen. Sie müssen die Pseudo-Selbstliebe einer schillernden Persönlichkeit durch das Wissen um ihr wahres Selbst ersetzen, das sich hinter dem äußeren Anschein von Erfolg versteckt.

Da Narzißten glauben und andere glauben machen möchten, daß sie erfolgreich und bedeutend sind und generell in den meisten Dingen recht haben, und da sie es sich nicht leisten können, etwas zu tun, das ihr ach so wichtiges Image ankrat-

361

zen oder bedrohen könnte, horchen sie paradoxerweise nur selten wirklich in sich hinein. Falls sie es doch tun, dann nur, weil ihr Image unter anderem besagt: »Ich bin ein Mensch, der tief in sich hineinhorcht.«

D. *Führer.* Das »D«-Kästchen repräsentiert die liebevoll Führenden, die ideale Mischung aus Selbstliebe und gutem Willen.

Stellen Sie sich vor, daß Sie Ihre Beziehung klug, selbstbewußt, fürsorglich und kooperativ lenken. Sie interessieren sich für die Beziehung, bieten Ideen an und initiieren Veränderungen aus einer Position der eigenen inneren Stärke und des guten Willens gegenüber Ihrem Partner heraus. Sie sind kooperativ und ergreifen die Initiative, systematisch und bewußt auf einen positiven Umschwung hinzuarbeiten. Sie zeigen guten Willen, Verständnis und Großzügigkeit und können gut für die Befriedigung Ihrer Bedürfnisse sorgen.

Mit welchem der obengenannten Typen identifizieren Sie sich jetzt, da wir sie erörtert haben, am meisten? Wenn Sie in diesem Moment einen Blick auf Ihre eigene innere Waage werfen könnten, wie würde sie aussehen? Es kommt selten vor, daß ein Mensch die perfekte Mischung aus Selbstfürsorge und gutem Willen aufweist; wir weichen fast alle in der einen oder anderen Richtung davon ab. Welche Waagschale wiegt bei Ihnen schwerer?

Es ist natürlich auch relevant, wie Sie sich mit Ihrem Partner ergänzen. Wenn Sie eher gefällig und mit einem Narzißten verheiratet sind, werden Ihre eigenen Bedürfnisse wahrscheinlich nicht besonders gut befriedigt. Es mag wenig Konflikte in Ihrer Ehe geben, aber womöglich erstickt sie Sie. Oder wenn Sie beide gut für sich selbst sorgen und keiner von Ihnen sonderlich mitfühlend ist, haben Sie vermutlich oft Konflikte.

Es ist interessant, sich die »Ergänzung« Ihrer Stile anzusehen, doch wir sollten unsere Aufmerksamkeit nicht darauf fixieren, wenn Sie die Person sind, die daran arbeitet, Sie beide einander nahe zu bringen. Ganz gleich, welchen Platz Ihr Partner auf der Skala Selbstfürsorge/guter Wille einnimmt, Sie werden Ihre Beziehung verändern, wenn Sie sich *selbst* besser ins Gleichgewicht bringen.

Das »Gefühl« der Ausgewogenheit

Eine der besten Möglichkeiten, neue Informationen zu integrieren, ist die, sie körperlich zu erfahren. Über die obengenannten Kästchen zu sprechen, ist nicht annähernd so wirkungsvoll, wie zu spüren, wie sich diese Kästchen in Ihrem Körper anfühlen. Sie können die Typen A bis D tatsächlich in Ihrem Körper *ausleben*, und ich ermuntere Sie, es zu probieren. Da Körper und Seele unauflöslich miteinander verknüpft sind, werden Sie sich in jedem Kästchen anders fühlen, und Sie werden deutlich spüren, wenn Sie im Gleichgewicht sind: fest verwurzelt in Ihrer Selbstliebe, aus der heraus Sie für Ihren Partner guten Willen aufbringen können. Mit Ihrem Körper zu experimentieren, kann eine ausgewogene Beziehung für Sie physisch spürbar machen. (Überspringen Sie dieses Experiment nicht! Es ist eines der wirkungsvollsten in unseren Seminaren.)

Experiment 37
Erleben Sie jeden Typ in Ihrem Körper
Wenn möglich, machen Sie die unten beschriebenen Übungen in Gegenwart eines Freundes oder einer Freundin. Oder führen Sie sie allein aus. Der Vorteil einer zweiten Person ist der, daß Sie über Ihre Erfahrungen reden können, was vielleicht eine zusätzliche Dimension hinzufügt. Sprechen Sie auf jeden Fall über Ihre Erfahrungen, *bevor* Sie meine Erklärungen dazu lesen.

A. Stellen Sie sich hin. Pressen Sie die Knie zusammen. Lehnen Sie sich etwas zurück. Atmen Sie ganz leicht, nur so tief, daß Sie nicht die Luft anhalten. Verharren Sie ungefähr eine Minute in dieser Stellung.

Wie fühlen Sie sich?

Mit zusammengedrückten Knien sind Sie nicht sehr beweglich oder flexibel. In Ihrer nach hinten gelehnten Position und so flach, wie Sie atmen, könnte Sie leicht jemand umstoßen.

Diese Haltung nehmen Sie ein, wenn Sie Angst haben, mit sich selbst oder jemand anderem in Verbindung zu treten. Sie sind von Ihrem Selbst abgekoppelt – nicht solide genug zentriert, um zu wissen, wer Sie sind und was Sie wollen. Deshalb verfügen Sie nicht über die Stärke oder Standfestigkeit, aus der heraus Sie sich aktiv jemandem zuwenden können, oder über die Fähigkeit zum guten Willen. Erst wenn Sie sich selbst lieben, können Sie jemand anderen lieben. Anders ausgedrückt, wenn Sie sich nicht sicher fühlen, und das tun Sie nicht, wenn Sie »kippelig« sind, wird die Beschäftigung mit den Bedürfnissen einer anderen Person Ihre Angst und Unsicherheit nur verstärken. Das ist das Gefühl des Unzufriedenen, Kästchen A.

B. Stellen Sie sich mit dem Gesicht zu Ihrem Bett oder Sofa. Pressen Sie wiederum die Knie zusammen. Strecken Sie jetzt die Arme zum Sofa hin aus, und beugen Sie sich so weit nach vorn, daß Sie fallen.

Wie hat sich das angefühlt?

Das ist Ihre Haltung, wenn Sie sich ausschließlich auf Ihren guten Willen konzentrieren und jeden Versuch, sich um Ihre eigenen Bedürfnisse zu kümmern, aufgegeben haben. Die klassischen »Co-Abhängigen« fallen in diese Kategorie sowie viele von uns, die ihre eigenen Bedürfnisse vergraben haben und versuchen, für jeden Mitmenschen zu sorgen. Wenn Sie Ihre eigenen Bedürfnisse leugnen, ist natürlich ein großer Teil Ihrer Fürsorge destruktiv. Sie sind nämlich darauf angewiesen, daß die Person, für die Sie sorgen, auch für Sie sorgt – indem sie auf die eine oder andere Weise für Sie einsteht. Diese Art der Fürsorge hat immer einer Haken. Ihr Partner wird Ihre

»Hilfe« als Forderung empfinden, und Sie werden irgendwann unter Ihrer selbstauferlegten Last zusammenbrechen, weil Sie nicht aus einer soliden Basis der Selbstliebe heraus tätig sind. Dies ist das Gefühl des Gefälligen, Kästchen B.

C. Stellen Sie sich leicht auf Ihre Zehen. Atmen Sie tief in den oberen Brustbereich. Schlingen Sie die Arme in einer festen Umarmung um sich. Pressen Sie die Lippen zusammen. Verharren Sie ungefähr eine Minute in dieser Stellung.

Sagen Sie, wie sie sich anfühlt.

Dies ist der Pseudo-»C«, der Narziß. In dieser Position sind Sie, wenn Sie sich um Ihre eigenen Bedürfnisse kümmern und sich nicht für guten Willen oder andere Leute interessieren. Sie fühlen sich wichtig und sicher aufgehoben. Sie schenken sich Aufmerksamkeit. Handeln Sie aber aus tiefer Selbstliebe heraus? Nein. Ihr Selbstvertrauen ist ein aufgeblähter, aufgesetzter Zustand, ein Image, das Sie züchten, weil Sie Angst haben, Ihr wahres Selbst zu enthüllen. Ihre Selbstsicherheit spüren Sie nur von der Taille an aufwärts. Sie haben wenig Kontakt zu Ihren Füßen und wurzeln nicht fest im Boden echter Selbstliebe. Sie »klammern«; all Ihre Gefühle sind in Ihrer Brust, Ihren Schultern und Ihrem Kopf angesiedelt, als ob Sie auf einem Bügel hingen, statt auf dem Boden zu stehen.

Dies ist die Haltung von Menschen, die aus einer Pseudo-»Ich-bin-okay«-Position heraus handeln, zu deren Aufrechterhaltung sie soviel Energie benötigen, daß in ihrem Leben keine Zeit für die Bedürfnisse anderer ist. Es mangelt ihnen sowohl an Selbstliebe als auch an gutem Willen.

D. Stampfen Sie mehrmals mit den Füßen auf. Schütteln Sie Ihren Körper und lockern Sie sich. Atmen Sie tief in den Bauch ein. Beugen Sie dann die Knie, so weit Sie können, ohne die Füße vom Boden zu heben. Verharren Sie dreißig Sekunden in dieser Stellung, auch wenn sie unbequem ist.

Richten Sie sich auf. Beugen Sie die Knie leicht, und lassen Sie sich auf die Füße sinken. Dehnen Sie sich ein wenig in der Brust, und halten Sie den Kopf erhoben.

Atmen Sie tief und ruhig.

Strecken Sie mit nach oben gerichteten Handflächen die Arme, etwas weiter als Schulterbreite voneinander entfernt, nach vorn aus. Verweilen Sie eine Minute in dieser Stellung. Sprechen Sie dann darüber, wie sie sich angefühlt hat.

So fühlt es sich an, wenn Sie Führer einer Beziehung sind, in der Sie Ihren Platz behaupten, mit Entschlossenheit für sich selbst sorgen und zugleich – tatsächlich genau deshalb, weil Sie sich in Ihrer Selbstliebe geborgen fühlen – offen für andere sind.

Da diese Positionen Extreme repräsentieren, ist es hilfreich, wenn Sie sie am eigenen Körper spüren. Was sich in Ihrem Körper abspielt, steht in einem Ursache-Wirkung-Verhältnis zu Ihrer Psyche: Ihr Körper spiegelt das wider, was in Ihrem Leben geschieht. Eine Veränderung Ihrer Körpersprache kann aber auch zu einem psychischen Umschwung beitragen. Versuchen Sie zum Beispiel mal, zu lächeln und laut loszuprusten und dabei gleichzeitig deprimiert zu sein.

Üben Sie also die Haltung des Liebevollen Führers ein, und sei es nur für ein paar Sekunden oder eine Minute, wenn Sie aufstehen, sich zum Schlafengehen zurückziehen oder sowieso Gymnastik treiben. Behalten Sie sie eine volle Minute oder länger bei. Spüren Sie, wie fest verwurzelt in sich und zugleich offen Sie sind. Lassen Sie das Gefühl in Ihren Körper und Ihren Geist eindringen. Machen Sie diese Übung zu einem kleinen, privaten Ritual, einer Erinnerung daran, daß Sie in Ihrer Ehe die »Legierung« von Selbstfürsorge und gutem Willen anstreben. Wenn Sie das Gefühl davon in Ihrem Körper spüren, werden Sie es allmählich auch in Ihrer Beziehung spüren.

Was ist Ihre Aufgabe?

Wenn Sie sich in der Beschreibung von »A« oder »C« wiedergefunden haben, sollten Sie daran arbeiten, Ihre eigenen Bedürfnisse zu identifizieren und zu befriedigen (Kapitel sieben) sowie verständnisvoller gegenüber Ihrem Partner zu sein (Kapitel acht). Sie werden davon profitieren, wenn Sie sich sowohl des »Ich« als auch des »Wir« in Ihrer Ehe annehmen.

Falls Sie sich als »B« sehen, müssen Sie lernen, durchsetzungsfähiger zu werden, in Ihrer Beziehung besser für sich und Ihre Bedürfnisse zu sorgen (Kapitel sieben).

Und wenn Sie sich für ein »D« halten, brauchen Sie womöglich nur noch Ermutigung und ein paar Ideen wie die in diesem Buch, um ein noch besserer und Liebevollerer Führer zu werden, der oder die Ihre Beziehung positiv verändert.

In einem Seminar erzählte Linda uns ganz aufgeregt, daß sie ein Paar Kopfhörer erstanden und an ihren Fernseher angeschlossen hatte, so daß sie jetzt abends im Bett lesen konnte, während ihr Mann sich die Nachrichten anschaute. Wir begriffen, was für ein Sieg dies für sie war, und gratulierten ihr dazu, daß sie ihre Bedürfnisse so gut befriedigte.

Dann aber äußerte sich William leicht verblüfft dazu: »Ich fühle mich ein bißchen komisch, wenn ich das so sage, doch ich weiß wirklich nicht, was das Getue soll. Sie hat also Kopfhörer gekauft. Na und? Das hätte sie schon vor Jahren tun können!«

Wir erklärten William, daß Linda jahrelang abends mißmutig vor dem Fernseher gesessen hatte; sie war daran gewöhnt, ihrem Mann die Kontrolle zu überlassen und sich ihm zu fügen; daß es deshalb ein sehr wichtiger Schritt, ein Symbol und Wendepunkt für sie war, auf diese Weise ihre Bedürfnisse zu befriedigen. William war jemand, der hervorragend für sich selbst sorgte und sich gar nicht vorstellen konnte, jahrelang gegen seinen Willen fernzusehen, wenn sich doch eine so einfache Lösung anbot. Als wir ihn aber ein bißchen ausfragten, fanden wir heraus, daß er angefangen hatte, abends nach dem Essen das Eßzimmer zu saugen, und daß das ein ziemliches »Ding« für ihn war. Warum tat er das nicht schon seit Jahren? Er hatte seiner Frau außerdem seit Beginn unseres Seminars zweimal Blumen mitgebracht, was er nie zuvor getan hatte, während ein anderer Seminar-Teilnehmer seiner Frau ständig Blumen mitbrachte und überhaupt nicht verstand, wieso das solch ein »Ding« sein sollte.

Am Ende unserer Diskussion kamen wir zu dem Schluß, daß wir ein neues Universalgesetz entdeckt hatten: Für jeden Menschen gibt es unterschiedliche »Dinger«!

Welche Tat wäre ein solches »Ding« für Sie? Was würde Sie aus Ihrer Bequemlichkeit herausreißen? Wäre es etwas, mit dem Sie für sich selbst sorgen würden? Oder etwas, mit dem Sie Ihrem Lebensgefährten aus Liebe und gutem Willen heraus ein Geschenk machen würden?

Das »Ich« gegenüber dem »Wir«

Überlegen wir einen Moment, wie die oben vorgestellte Matrix kollektiv auf uns zutrifft.

Betrachten wir uns als Gesellschaft, dann sehen wir, daß unsere innere Waage erbärmlich aus dem Gleichgewicht geraten ist. Als Nation interessieren wir uns weitaus mehr für die Rechte des einzelnen als für soziale Verantwortlichkeit, mehr für das »Ich« als für das »Wir«. Unsere Kultur ist ein einziges, riesiges Pseudo-»C«.

Gegründet haben wir uns auf die Prinzipien des Liebevollen Lenkens: Wir bejahten die persönliche Freiheit *und* unser gemeinsames Einstehen für das Leben, die Freiheit und das Streben nach Glück eines jeden. Allerdings legten wir das ganze Gewicht auf die Waagschale der persönlichen Freiheit und ließen die Seite der sozialen Verantwortung so schwerelos werden, daß sie sich praktisch in die Stratosphäre verflüchtigt hat. Wenn man nur dem »ungebremsten Individualismus« und »jedermann für sein eigenes Wohl« (*sic*) seine Aufmerksamkeit schenkt und diesen Impuls nicht durch guten Willen dämpft, werden unweigerlich die Menschen, die am selbstsüchtigsten und rücksichtslosesten sind, schließlich alles Geld, alle Macht und allen Einfluß besitzen.

Genau das ist passiert, ebenso wie in einer Ehe, die zerbricht, wenn sich beide Partner nur auf ihre eigenen Bedürfnisse konzentrieren. Es erfordert Phantasie, Kreativität und Geld, für das allgemeine Wohlergehen unserer gesamten Bevölkerung zu sorgen. Das meiste von dem, was in unserem Land an Phantasie, Kreativität und Geld existiert, wird für die Steigerung des Reichtums und der Macht großer Firmen aufgewendet und nicht zum Wohl der Allgemeinheit.

Es gibt nichts auszusetzen an diesem Land, das nicht mit einer Dosis gutem Willen kuriert werden könnte, die dem gegenwärtig als Handlungsmotiv herrschenden Narzißmus ebenbürtig sein müßte. Wir fördern die persönliche Freiheit auf Kosten des Allgemeinwohls, das »Ich« auf Kosten des »Wir«, eine aus dem Gleichgewicht geratene Waage.

Nehmen Sie sich die Werte unserer Nation nicht zum Vorbild für Ihre Ehe.

Halten Sie sich statt dessen an die Berichte derjenigen, die sich zu Liebevollen Führern in ihrer Beziehung entwickelt haben.

FRAN: »In meiner ersten Ehe habe ich meinen Mann nie mit dem konfrontiert, was mir nicht gefiel. Ich machte einfach mit. Ich bin sogar umgezogen, als es mir überhaupt nicht paßte. Ich erhielt unsere Ehe, aber meine Seele ging dabei verloren.

In meiner jetzigen Ehe verhalte ich mich anders. Eddie traf sich häufig mit einer Ex-Freundin, mit der er inzwischen eng befreundet ist. Bis zu einem gewissen Punkt hatte ich nichts dagegen, aber ich fand, daß sie sich unpassend verhielt und er es stillschweigend hinnahm. Ein gelegentliches Mittagessen war eine Sache, doch freitagabends zusammen ausgehen, ohne mich? Ich bitte Sie! Also stellte ich Eddie zur Rede. Es war nicht einfach, aber ich sagte ihm, daß ich ihn liebte und Gefühle hätte, von denen er meiner Meinung nach wissen sollte. Am Ende stimmte er mir zu, und die Tatsache, daß ich ihn konfrontiert hatte, gab ihm den Mut, den er brauchte, um sich ihr gegenüber abzugrenzen. Es war schwer für mich, hat aber wunderbar geklappt.«

Frans »Ding« bestand darin, ihrer inneren Stimme Gehör zu schenken, den Empfindungen, die sie hatte, und sie zu äußern. Sie fand eine Möglichkeit, dies mit Liebe und Respekt zu tun, die sie ebenfalls ganz klar ausdrückte. Sie brachte ihre eigenen Bedürfnisse ins Gleichgewicht mit dem guten Willen, den sie für ihren Mann empfand, und der Rücksicht auf seine Bedürfnisse. Sybil dagegen war eine Expertin in Unabhängigkeit. Ihr »Ding« war es, mit gutem Willen auf ihren Mann zuzugehen.

SYBIL (seit drei Jahren verheiratet): »Ich mußte mir eingestehen, daß es Sachen an ihm gibt, die ich nicht mag. Das war das erste. Und das war eine Enttäuschung. Mein erster Impuls war, mich in meine Enttäuschung zurückzuziehen: Es ging mir gut, bevor ich ihn kennenlernte; es kann mir wieder gutgehen. Eine Zeitlang hatte ich das Gefühl, wir seien Singles, die zufällig verheiratet sind. Wir waren Freunde, aber ich hielt mich sehr zurück, sorgte für mich selbst.

Nachdem ich mit diesem Seminar angefangen hatte, wurde mir klar, daß mir diese Einstellung nie das bringen würde, was ich wollte. Als ich begann, mit »gutem Willen« auf ihn zuzugehen, ›so zu tun, als ob‹ ich eine liebende Ehefrau wäre, erkannte ich, daß er sein Bestes tut. Er kann wahrhaftig nichts dafür, daß er in einer Familie aufwuchs, in der er nie erlebte, daß man einander gut behandelte. Ich glaube, daß ich eine umfassendere Sicht der Dinge habe als er, keine überlegene, doch ich sehe, daß seine Verhaltensweisen *ihm* nicht sehr gut bekommen, geschweige denn mir. Ich muß das Verhalten, das mir nicht gefällt, nicht unterstützen, doch wenn ich *ihn* mit meiner Liebe unterstützen und ihm ein Beispiel geben kann, was Liebe für mich bedeutet, dann besteht die Möglichkeit, daß er wächst und sich verändert. Und ich will ihn unterstützen, weil ich ihn wirklich liebe. Meine Güte, meine Eltern haben zu mir gehalten, als ich ziemlich wüste Dinger gedreht hatte. So ähnlich ist es jetzt auch. Ich will, daß er sich jederzeit meiner Liebe sicher ist.

Es war schwer für mich, damit anzufangen. Ich sträubte mich

dagegen, ich sah es nicht ein. Als ich es dann aber doch tat und begann, ihm gegenüber auf unterschiedliche Weise großzügig zu sein, als ich mich bemühte, *Verständnis* aufzubringen, fühlte *ich* mich richtig gut. Ich spürte wieder, daß ich ihn liebe. [An dieser Stelle kamen ihr die Tränen.] Ich habe die Unordnung in der Diele wochenlang nicht erwähnt, aber gestern abend meinte er, er würde die Kisten darin an diesem Wochenende wegräumen. Das war ein echtes Geschenk, denn er weiß, wieviel es mir bedeutet.«

Denken Sie daran, was wir letztlich anstreben, ist eine Mischung, eine Möglichkeit, auf akzeptierende Weise selbstbewußt und auf selbstbewußte Weise akzeptierend zu sein, unsere Partner auf eine Weise zu unterstützen, die uns selbst unterstützt, und umgekehrt. Um diese Mischung zu erreichen, müssen wir jedoch oft an beiden Eigenschaften separat arbeiten. Welche Qualität könnten Sie bei sich verbessern?
Vielleicht hilft Ihnen folgende Bekräftigung, Ihre Fähigkeit zum Liebevollen Lenken Ihrer Beziehung zu entwickeln:

Ich liebe mich selbst, und ich liebe dich.

Fragen Sie sich, nachdem Sie bis hierher gelesen haben, immer noch, ob Sie überhaupt für Ihren Lebensgefährten und sich selbst Sorge tragen wollen? Womöglich ist Ihr Partner einfach nicht der richtige für Sie. Falls Sie sich diese Frage stellen, wird Ihnen Kapitel zehn nützlich sein. Falls nicht, dürfen Sie es ruhig überschlagen und gleich zu Kapitel elf übergehen, in dem Sie Ihre Partnerschaft feiern können.

Teil V
Wenn Sie Veränderungen initiieren, kann alles mögliche passieren

Kapitel 10
Bewerten Sie Ihre Beziehung

Neun Kapitel hindurch haben Sie jetzt diese neue Herangehensweise, Sie beide einander näher zu bringen, ausprobiert,
aber immer noch sind Sie unglücklich und unsicher. Nachdem
Sie das Buch soweit gelesen und etliche Experimente durchgeführt haben, sind Sie nach wie vor im Zwiespalt, ob die Beziehung, in der Sie leben, zu dieser Zeit der richtige Ort für Sie
ist. Vielleicht haben einige der Experimente sogar unerwartet
unerfreuliche Resultate gezeigt.

Sie sind sich der Defizite Ihres Partners und Ihrer Beziehung
bewußt und nicht sicher, ob sie Ihnen schwerwiegend genug
sind, um eine Trennung in Erwägung zu ziehen. Ein Teil von
Ihnen befürchtet, es könnte so sein, und es ist unerheblich, ob
dieser Teil nun zehn Prozent oder neunzig Prozent von Ihnen
ausmacht. Sie wissen bloß nicht genau, in welche Richtung Sie
gehen sollen.

Wann ist es an der Zeit, daß Sie *aufhören*, Ihren Partner zu tolerieren und zu akzeptieren? Wann schlägt guter Wille in Ausgenutztwerden um? Wann bedeutet die Befriedigung Ihrer eigenen Bedürfnisse, daß Sie sich aus einer Beziehung lösen
müssen, die Ihnen nie genug zurückgibt, ganz gleich, was Sie
tun? Wie unglücklich ist zu unglücklich?

Eine von mir interviewte Frau sagte zum Beispiel:

»Ich habe nur ein Leben, und ich möchte es nicht vergeuden!
Könnte ich einen anderen Partner finden und viel glücklicher
werden? Sind das Herzeleid und das Trauma einer Scheidung
das wert, was ich gewinnen würde, wenn ich ganz neu an-

finge? Oder bin ich dumm, wenn ich das Gute aufgebe, das ich jetzt habe?«

Die wichtigen Fragen sind folgende: *Wie* treffen Sie eine Entscheidung, wenn Sie sich nicht sicher sind, ob Sie Ihre Beziehung beenden sollen oder nicht? Und *wie* sollten Sie sich entscheiden? Dieses Kapitel wird Ihnen Antworten auf beide Fragen geben.

Wie treffe ich eine Entscheidung?

Bevor wir diskutieren, ob Sie bleiben oder gehen sollten, müssen wir uns ansehen, wie solch eine Entscheidung zu fällen ist. »*Wie entscheide ich mich?*« ist so oft die gequälte Frage, wenn ich ein Publikum anspreche oder in Radio- oder Fernseh-Talk-Shows auftrete.
So gehen Sie vor:

1. Sammeln Sie Informationen und prüfen Sie sie.
2. Konsultieren Sie Ihre innersten Gefühle.
3. Stellen Sie einen Aktionsplan mit festen Terminen auf.

Schritt eins – Sammeln Sie Informationen
Sie kommen zu keiner Entscheidung, indem Sie über Ihre Beziehung nachdenken – ein Fehler, den die meisten Menschen machen, manchmal jahrelang. Durch das Nachdenken über Ihre Beziehung bleiben Sie ewig Ihrer Ambivalenz verhaftet, denn die Informationen, die Sie besitzen, *reichen Ihnen nicht*, um eine Entscheidung zu treffen. Sonst hätten Sie sie bereits gefällt. Im Kopf immer wieder dieselben Informationen durchzuspielen, ist eine Sackgasse. Sie brauchen neue Daten. Erinnern Sie sich an Zeiten, in denen Sie mit einem kreativen Unterfangen befaßt waren, zum Beispiel der Planung eines Treffens, der Organisation einer Veranstaltung, mit Malen,

Bildhauern, Schreiben, Gärtnern, Nähen, Bauen – etwas, das das Einbringen von Ideen oder das Gestalten eines Materials beinhaltete. Sowie Sie mit der Arbeit begannen, tauchten neue Ideen auf, weil Sie sich in Ihr Werk vertieften. Eine Entwicklung führte zur nächsten, und so veränderte das Projekt allmählich immer mehr seine ursprüngliche Form. Sie hätten sich die späteren Verbesserungen nie vorstellen können, bevor Sie mit der Arbeit anfingen; sie ergaben sich aus dem Prozeß, in den Sie involviert waren.

Betrachten Sie Ihre Ehe als ein kreatives Unterfangen. Neue Informationen und Ideen treten zutage, während Sie die Beziehung leben, nicht, während Sie über sie nachdenken.

Anders gesagt, müssen Sie in Ihrer Partnerschaft etwas Neues ausprobieren, um neue Daten über sie zu gewinnen. Verhalten Sie sich weiterhin so, wie Sie sich immer schon verhalten haben, werden Sie nie neue Informationen sammeln können, die Sie zu einer Entscheidung benötigen.

Sie müssen experimentieren.

Die Experimente in diesem Buch sind ein idealer Ausgangspunkt. Vielleicht haben Sie sie überlesen, weil Sie sich sicher waren, was dabei herauskommen würde. Wie wir bereits betont haben, wissen Sie aber nicht, ob Ihre Voraussage zutrifft oder nicht. Und Sie wissen nicht, welche anderen unerwarteten Veränderungen sich aus dem ergeben, was Sie in Bewegung setzen. Falls das einzige Ergebnis darin besteht, daß Sie etwas Neues ausprobiert und trotzdem dasselbe alte Resultat erzielt haben, ist sogar das eine nützliche Information. Doch die Chancen stehen gut, daß Sie auch unerwartete Resultate erzielen, und daß diese Resultate zu weiteren, nicht vorhergesehenen Veränderungen führen.

Wenn Sie Veränderungen initiieren, haben Sie keine Ahnung, was geschehen wird. Sie können Ihr Handeln kontrollieren, aber nie dessen Ergebnis. Was immer es ist, es liefert Ihnen Informationen, die Sie brauchen, um aus Ihrer Unentschlossenheit herauszufinden.

Ein großer Teil der Daten, die Sie zu gewinnen suchen, sind Informationen über Ihre eigenen Empfindungen, über Ihre Motivation, die Beziehung zu verbessern, und über Ihre eigenen tiefsten Wünsche. Sie versuchen, Ihre eigene Ambivalenz zu knacken. Wenn Sie also Ihre Experimente durchführen, ist es ebenso wichtig, daß Sie auf Ihre eigenen Reaktionen achten wie auf die Ihres Partners.

Nehmen wir an, Sie probieren eines der Experimente in Kapitel vier, in denen Sie eine liebevolle häusliche Atmosphäre schaffen, oder eines aus Kapitel acht, wo Sie aufgefordert sind, Ihrem Lebensgefährten gegenüber großzügig und liebevoll zu sein – oder großzügig und liebevoll zu *tun*, auch wenn Ihnen nicht danach ist. Wie fühlen Sie sich, wenn Sie diese Taten liebevoller Generosität vollbringen? Bewirken sie, daß Sie Liebe empfinden? Oder verspüren Sie Groll und Verbitterung? Können Sie sich kaum zu diesen Handlungen überwinden? Das kriegen Sie nicht heraus, wenn Sie nur über die Durchführung eines Experiments nachdenken. Sie müssen es tatsächlich *machen*.

Sie gewinnen aber nicht nur Daten über sich selbst, sondern auch über Ihren Partner. Wenn Sie sich liebevoll verhalten, wie reagiert er oder sie dann?

Wenn es Ihnen ernst damit ist, Ihre Ambivalenz hinsichtlich Ihrer Beziehung aufzulösen, suchen Sie sich fünf bis zehn Experimente aus diesem Buch aus, vielleicht eins oder zwei aus jedem der folgenden Kapitel: drei, vier, fünf, sieben und acht. Oder denken Sie sich Ihre eigenen Experimente aus.

Führen Sie nun über einen Zeitraum von mehreren Wochen jedes dieser Experimente präzise aus. Gehen Sie vor wie ein Wissenschaftler. Schreiben Sie Ihren Plan auf; schreiben Sie dann Ihre Resultate dazu. Dokumentieren Sie Ihre eigenen Gefühle, die Worte und Handlungen Ihres Lebensgefährten und alle etwaigen Veränderungen in Ihrer Beziehung, die Sie bemerken.

Wiederholen Sie einige Experimente eventuell oder führen Sie sie eine ganze Weile durch. Oft erhalten Sie beim ersten- oder zweitenmal keine großartigen Resultate. Es kann sein, daß Sie mehr Informationen bekommen, wenn Sie dasselbe Experiment ständig wiederholen, als wenn Sie verschiedene Experimente nur einmal durchführen.

Hüten Sie sich vor dem Satz: »Es hat nicht geklappt.« Wenn Sie ihn aussprechen, so bedeutet das, daß Sie ein bestimmtes Ergebnis erwartet haben. Sie dürfen wohl auf ein bestimmtes Ergebnis hoffen und sind womöglich enttäuscht, wenn es nicht eintritt, doch was immer es auch ist, das Experiment hat »geklappt«, weil Sie etwas daraus gelernt haben.

Familienangehörige werden sich gegen Ihre Experimente zur Wehr setzen. Vielleicht sträubt sich auch in *Ihnen* alles dagegen, und Ihr Partner kann auf die verschiedenste Art und Weise reagieren. Sehen Sie Widerstand nicht als Zeichen für »Scheitern«. Behinderung und Abwehr sind unweigerlich Teil vieler Experimente, die Sie ausprobieren werden. Auch sie verschaffen Ihnen Informationen.

Ebenso unweigerlich werden Sie Fehler machen. Sie werden die Experimente unvollkommen ausführen. Sie werden bei sich Schwächen und Verletzlichkeiten entdecken, von denen Sie vorher nichts wußten. Gut! Tallulah Bankhead sagte: »Wenn ich mein Leben noch einmal leben müßte, würde ich dieselben Fehler machen, nur früher!«

Wenn Sie wie die meisten Menschen sind, die zwiespältige Empfindungen über ihre Ehe haben, wird Ihnen der bloße Gedanke an Experimente widerstreben. Sie werden sagen, Sie kämen sich blöd dabei vor. Sie hätten bereits alles versucht. Es gäbe nach all den Jahren nichts Neues zu erfahren.

Was sich vermutlich in Ihnen abspielt, ist *die Angst, Ihre Beziehung könnte sich auf eine Weise verändern, die Ihnen nicht gefällt.* Vielleicht fürchten Sie entweder, daß Sie positivere Gefühle für Ihren Partner entwickeln, oder, daß Sie die Situation verschlimmern. Wenn Sie herausfinden, welche Befürchtung Sie haben, so ist das allein schon eine wichtige Information für Sie. Worauf *hoffen* Sie in Ihrem tiefsten Inneren, wenn Sie Veränderungen bei sich selbst vornehmen? Welches Ergebnis wünschen Sie sich? Möchten Sie, daß die Experimente Ihnen zeigen, Sie sollten die Beziehung fortsetzen – oder beenden?

Vielleicht haben Sie Angst, daß jegliche Veränderung eine Veränderung zum Schlechteren sein wird, ganz gleich, was geschieht. Ihre Ambivalenz ist bequem und vertraut. Wenn Sie die Dinge so lassen, wie sie sind, müssen Sie keine schmerzlichen Entscheidungen treffen, Risiken eingehen oder dauerhafte Beschlüsse fassen. Ihnen stehen nach wie vor alle Möglichkeiten offen, und Sie müssen nichts preisgeben. Vielleicht *gefällt* Ihnen ja der Trostpreis, sich im Recht zu fühlen, wer in Ihrer Ehe die Schuld hat.

Allerdings zahlen Sie einen enormen Preis, wenn Sie ewig auf Ihrem Zaun sitzenbleiben, bequem und sicher, aber unerfüllt, weil Sie Ihr Leben nicht voll ausleben. Sie leben Ihre Beziehung nicht voll aus, und Sie befreien sich nicht von ihr, um neue Erfahrungen zu machen. Es ist Ihr Leben, über das wir reden!

Die traurigste Grabinschrift von allen ist vielleicht »Ich habe gewartet«.

In einem Buch, das die Kreativität vieler Menschen geweckt hat, *Der Weg des Künstlers*, sagt Julia Cameron: »Wir verändern uns, und das Universum treibt diese Veränderung weiter. Spring, und plötzlich ist das Netz da.«

Mit neuen Verhaltensweisen zu experimentieren und die Resultate dann genau zur Kenntnis zu nehmen, ist die einzige Form des Datensammelns, die Sinn ergibt. Die Meinung anderer Leute einzuholen, ist nicht sachdienlich, denn Sie sind es, der oder die sich entscheiden muß. Mit Ihrem Lebensgefährten über die Beziehung zu sprechen, wenn Sie etwas daran auszusetzen haben, erfordert eine gewisse Geschicklichkeit und auch Glück. Es passiert nur allzuleicht, daß sich dadurch die Spannung zwischen Ihnen verstärkt und Sie in Ihrem Dilemma steckenbleiben.

Manche Paare bedienen sich, wenn einer von ihnen unglücklich ist oder es beide sind, der Hilfe einer professionellen Beratung als einer Methode, Daten zu sammeln. Das ist an sich schon ein Experiment und wird mit großer Sicherheit nützlich sein, weil Sie etwas bisher nicht Bekanntes unternehmen. Außerdem wird man Ihnen während dieser Beratung höchstwahrscheinlich empfehlen, zu – experimentieren!

Die Antwort auf Ihre Frage: »Wie entscheide ich mich?« ist also Schritt eins – tun Sie etwas anderes als bisher, um neue Informationen zu gewinnen. Experimentieren Sie, indem Sie den Vorschlägen in diesem Buch folgen, sich eigene ausdenken oder sich auf die eines geschulten Therapeuten stützen. Dieses Stadium des Datensammelns kann zwischen sechs Wochen und sechs Monaten dauern, vermutlich aber nicht länger. Setzen Sie sich einen Maximaltermin, wenn Sie Ihre Experimente planen. Vielleicht stehen Ihnen die Daten, die Sie brauchen, schon früher zur Verfügung, doch zu diesem spätesten Zeitpunkt sollten Sie zu Schritt zwei bereit sein.

Schritt zwei – Konsultieren Sie Ihre innersten Gefühle, Ihre Intuition

Die Entscheidung, ob Sie an Ihrer Liebesbeziehung festhalten oder sich trennen sollten, können Sie nicht mit dem Kopf treffen, obwohl die meisten Menschen das versuchen. Ihr Verstand ist unbegrenzt fähig, Gedanken zu produzieren, mit Pros und Kontras aufzuwarten, mit Theorien und Ratschlägen, Ihnen Ihre Verpflichtungen und Wünsche vorzuhalten und bis in alle Ewigkeit mögliche Szenarien zu entwerfen. Sie müssen sich nicht in jeden Gedanken vertiefen, der in Ihnen aufsteigt, doch die Frage ist: Welche Gedanken sollten Sie verfolgen und welche fallenlassen? Diese Überlegung werden Sie mit weiteren Gedanken zu beantworten suchen und schließlich in einem Morast von Gedanken untergehen, der so überwältigend ist, daß Sie nicht mehr atmen, geschweige denn denken können.

Um eine endgültige Entscheidung über Ihre Beziehung zu fällen, müssen Sie Ihre Gedanken beiseite schieben, Ihren Verstand zum Schweigen bringen und tief in sich hineinhorchen. Dorthin, wo Sie *fühlen*. Während Ihr Geist in verblüffendem

Ausmaß zu Selbstbetrug, Leugnung und Verwirrtheit fähig ist, wird Ihr Körper, in dem Ihre Intuition angesiedelt ist, Sie nie belügen. Die meisten von uns erhalten klare Botschaften aus ihrem Inneren, hören jedoch nicht hin. Wir lassen uns von unserem Verstand irreführen und sagen dann viel später: »Ich hätte es wissen müssen!« oder: »Irgendwie war mir klar, daß ich nicht das Richtige tat.« Vielleicht wissen Sie tief drinnen *genau in diesem Moment schon*, was Sie tun müßten. Aber vielleicht verstellen Sie sich mit einer Menge Gedanken auch den Blick auf diese klare Botschaft. Oder Sie sind noch dabei, Ihren ganzen Mut zusammenzunehmen, um entsprechend Ihrer Einsicht zu handeln.

Zwei Schritte sind notwendig, wenn Sie Ihre innersten Gefühle zu Rate ziehen. Zunächst müssen Sie Ihren Geist soweit wie möglich von all den oben genannten Überlegungen befreien.

Nehmen Sie ein großes, leeres Blatt Papier zur Hand und teilen Sie es in vier Quadrate ein. Schreiben Sie über die linke Hälfte »Bleiben« und über die rechte Hälfte »Gehen«. Schreiben Sie in die oberen beiden Kästchen »Pros« und in die unteren beiden »Kontras«.

Bleiben	Gehen
Pros:	Pros:
Kontras:	Kontras:

Lassen Sie nun Ihren Gedanken freien Lauf. Füllen Sie die Kästchen mit allem, was Ihnen einfällt. Verwenden Sie auch die Notizen, die Sie während Ihrer Experimente gemacht haben. Es könnte sogar von Vorteil sein, diesen Teil der Übung mit einem Freund oder einer Freundin durchzusprechen, denen womöglich Faktoren einfallen, die Sie vergessen haben.

Gehen Sie noch einen Schritt weiter, wenn Sie möchten, und gewichten Sie jedes Pro und Kontra entsprechend seiner Wichtigkeit für Sie. Sie könnten zum Beispiel zwölf Pros haben, die Sie jeweils nur mit 3 gewichten, und bloß ein Kontra; doch dieses Kontra gewichten Sie mit 10 – oder gar mit 50.

Arbeiten Sie an Ihren Pro- und Kontra-Kästchen, bis Sie das Gefühl haben, daß es nichts mehr zu sagen gibt.

Legen Sie sie dann beiseite.

Es ist meistens eine gute Idee, mehrere Stunden oder einen Tag zu warten, bevor Sie sich dem zweiten Teil von Schritt zwei zuwenden.

Sie brauchen dazu einen ruhigen Ort und Zeit, in der Sie nicht gestört werden. Beruhigen Sie sich mit langen, tiefen Atemzügen. Lassen Sie Ihren Körper zusammensinken. Entspannen Sie jeden Muskel. Konzentrieren Sie sich nacheinander auf jeden einzelnen Körperteil und achten Sie darauf, wie er sich anfühlt.

Sagen Sie sich jetzt, Sie hätten bereits die Entscheidung getroffen, an Ihrer Beziehung festzuhalten und sich aus ganzem Herzen auf sie einzulassen. Stellen Sie sich das so detailliert vor, wie Sie können. Wie wird es morgens sein? Wie werden Ihre Abende aussehen? Was wird bei Ihnen zu Hause anders ablaufen? Was werden Sie zu Ihrem Partner sagen? Was werden Sie anders machen? Denken Sie über jeden Tag nach, jede Woche. Malen Sie sich die Gegenwart und die Zukunft aus, und zwar in Details.

Was fühlen Sie, wenn Sie sich ganz in diese Phantasie hineinbegeben? Sind Sie erleichtert? Sind Sie glücklich? Haben Sie Angst, sind Sie besorgt oder traurig? Versenken Sie sich in die Vorstellung, daß Sie sich hundertprozentig auf Ihre Beziehung verpflichten, und schauen Sie, was Sie dabei empfinden.

Kehren Sie nach dreißig oder vierzig Minuten wieder in die Gegenwart zurück und gehen Sie ein wenig im Zimmer herum. Setzen Sie sich dann woanders hin und wiederholen Sie den Prozeß, wobei Sie sich diesmal vorstellen, Sie hätten den festen Entschluß gefaßt, Ihren Partner zu verlassen. Malen Sie sich die Situation der nächsten Tage, Wochen und Monate im Detail aus und achten Sie darauf, wie Sie sich dabei fühlen.

Eine Variante dieses Experiments, die manche noch zweckmäßiger finden, ist die, es auf mehrere Tage oder sogar eine Woche auszudehnen. Erleben Sie eine ganze Woche, in der Sie sich so überzeugend wie möglich einreden, Sie hätten sich zum Bleiben entschieden. Lassen Sie all Ihre Gedanken, Worte und Verhaltensweisen von dieser Phantasie ausgehen, und achten Sie ständig darauf, *wie Sie sich fühlen*. Tun Sie dann über einen gleich langen Zeitraum so, als hätten Sie die Trennung beschlossen, und nehmen Sie diesen Gedanken als Ausgangspunkt für alles. Achten Sie auch hier genau darauf, *wie Sie sich fühlen*.

Am Ende des einen oder anderen Experiments hat sich vielleicht eine klare Botschaft herauskristallisiert – oder auch nicht.

Wenn Sie wissen, was Sie tun müssen und wollen, sind Sie bereit für Schritt drei.

Haben Sie hingegen noch keine Lösung gefunden und empfinden nach wie vor Zwiespältigkeit und Verwirrung, so machen Sie an dieser Stelle Schluß. Gratulieren Sie sich für die Mühe, die Sie auf Ihre Experimente verwandt haben. Schließen Sie den Handel mit sich ab, daß Sie einfach noch ein Weilchen länger im Zustand der Ambivalenz leben und dann, wenn Sie dazu bereit sind, Schritt eins und zwei wiederholen werden.

Es kann sein, daß Sie nie die Gewißheit verspüren, die Sie gern verspüren würden – weder vom Kopf noch vom Bauch her. Alle wichtigen Entscheidungen werden auf der Basis unzureichender Daten getroffen, denn was Sie nie wissen, ist, was geschehen wird, nachdem Sie die Entscheidung gefällt und entsprechend gehandelt haben. Wenn Ihre Daten vollständig wären, brauchten Sie keine Entscheidung zu treffen; die Entscheidung würde sich selbst treffen.

An einem bestimmten Punkt müssen Sie deshalb das Risiko eingehen, sich auf der Grundlage der Daten zu entscheiden, die Ihnen zur Verfügung stehen. Wenn Sie warten, bis Sie überhaupt keine Zweifel und Ängste mehr haben, können Sie ewig warten. Entscheiden Sie sich, sich aus vollem Herzen für Ihre Beziehung zu engagieren – oder entscheiden Sie sich zur Trennung. Lassen Sie Ihre tiefsten, innersten Gefühle Ihnen dazu den Weg weisen.

Schritt drei – Stellen Sie einen Aktionsplan mit festen Terminen auf

Viele Menschen haben schon Jahre vor der eigentlichen Trennung beschlossen, sich scheiden zu lassen oder aus einer langfristigen Beziehung zu lösen. Manchmal gibt es dafür einen triftigen Grund, etwa zu warten, bis die Kinder aus dem Haus sind. (Obwohl ich kürzlich einen Leserbrief las, in dem gerade wegen der Kinder zur *Scheidung* geraten wurde! Und ich habe von Eheleuten gehört, die sich im Alter von fünfundneunzig scheiden ließen, weil sie warten wollten, bis ihre Kinder alle gestorben waren! Denken Sie daran, die schlimmste Grabinschrift von allen ist »Ich habe gewartet«.)

Sehr oft aber hat der Aufschub mehr mit mangelndem Mut zu tun. Wenn Sie beschließen, sich zu trennen, haben Sie womöglich eine ungeheuer schwierige Aufgabe zu bewältigen. Doch daß sie so schwierig ist, ist noch lange kein Grund, es nicht zu tun – wenn es für Sie das Richtige ist.

Wenn Sie genau wissen, was Sie zu tun haben, müssen Sie in diesem Fall vielleicht Ihre Angst spüren, sich auf eine schwere Zeit gefaßt machen, sich Freunde suchen, die Sie unterstützen, allen Mut zusammennehmen und dann den Sprung wagen. Denken Sie daran, wenn Sie springen, ist das Netz plötzlich da.

Sobald Sie mit sich selbst im reinen darüber sind, was Sie tun sollten, ob Sie nun für Ihre Beziehung einstehen oder sie beenden, ist es das angenehmste für alle Beteiligten, wenn Sie einen Aktionsplan mit festem Termin machen und Ihren Plan dann ausführen.

Was sollten Sie beschließen?

Natürlich wissen letztlich nur Sie selbst, was das Richtige für Sie ist. Ich kann Ihnen nicht sagen, was Sie zu tun haben, auch kein anderer, obgleich es mancher vielleicht versucht.

Ich kann allerdings einige Faktoren ins Feld führen, die Sie berücksichtigen sollten.

Zunächst einmal sind Ihre Erfolgschancen, wie wir in Kapitel eins schon ausführlich erläutert haben, recht hoch, wenn Sie sich voll und ganz auf *Qualität* in Ihrer Beziehung verpflichten. Die meisten schwierigen Beziehungen profitieren enorm von Experimenten wie denen in diesem Buch oder solchen, die von einem kompetenten Eheberater vorgeschlagen werden. Wenn zumindest in einem von beiden Partnern auch nur der winzigste Funke Bereitschaft vorhanden ist, *kann* einer von Ihnen Sie einander nahe bringen, oder Sie beide können gemeinsam an der Erneuerung Ihrer Beziehung arbeiten. Wir wissen mit Sicherheit, daß Hunderte von unglücklichen Paaren ihre Beziehung völlig umgekrempelt und zu Freude und Erfüllung miteinander gefunden haben, wenn einer oder beide sich bemühten, etwas zu verändern.

Ist Scheidung eine Lösung?

Wir wissen auch, daß Scheidung oft mehr Probleme verursacht als löst. Die Nachteile, die damit einhergehen, können ungeheuer sein und ewig andauern: finanzieller Druck, psychische Zerrüttung und endloser emotionaler Aufruhr, selbst wenn keine Kinder beteiligt sind.

Scheidungsvermittler Joel Edelman zufolge ist eine Scheidung nicht das Ende einer Beziehung, sondern deren Umstrukturierung. Er identifiziert vier Arten der Trennung, wenn eine Familie zerbricht: die gesetzliche Trennung (amtlicher Vorgang), die ökonomische Trennung (Aufteilung des Besitzes und der Kinder), die soziale Trennung (neuer Umgang mit Freunden und Verwandten) und die emotionale Trennung (das echte Loslassen voneinander, ein Prozeß, der Jahre dauern kann).

Angeblich befreit eine Scheidung zwar die Beteiligten, doch sehr oft hält sie sie jahrelang in ihren Gefühlen der Wut, Verzweiflung, Einsamkeit und Angst, noch einmal Liebe zu riskieren, gefangen.

Mit einer Scheidung tauschen Sie Ihre gegenwärtigen Probleme vielleicht gegen schlimmere ein: eine dreißigprozentige Senkung Ihres Lebensstandards (wenn Sie eine Frau sind), finanzielle Einbußen und Verpflichtungen (wenn Sie ein Mann sind), Einsamkeit (fragen Sie Alleinstehende, wie gut ihnen die Single-Szene wirklich gefällt) und den Schmerz über einen verlorenen Traum.

Und bei all Ihrem Kummer und Verlustgefühl sind die echten Verlierer bei einer Scheidung Ihre Kinder. Noch Jahre nach der eigentlichen Trennung müssen sie sich mit den emotionalen Narben herumschlagen, die Ihre mangelnde Motivation, daran zu arbeiten, daß Sie ein glücklicheres Paar werden, bei ihnen hinterlassen hat.

»Aber wenn es uns so schlechtgeht, sollen wir dann um der Kinder willen zusammenbleiben?« mögen Sie fragen.

Diese Frage offenbart ein Pseudo-Dilemma. Denn wenn Sie sich auch eingeredet haben, daß Ihre beiden einzigen Möglichkeiten die sind, 1) jahrelang miteinander unglücklich zu sein oder 2) sich scheiden zu lassen, ist das doch keineswegs der Fall. Mindestens eine weitere Möglichkeit wäre die, wieder liebevoll aufeinander zuzugehen, die Ehe zum Funktionieren zu bringen – für Sie selbst und für Ihre Kinder. Das erscheint Ihnen im Moment vielleicht undenkbar. Die Erfahrung vieler Menschen, die vor Ihnen dasselbe getan haben, spricht aber dafür.

Sie werden sicherlich erstaunt sein über die positiven Veränderungen, die Sie in Ihrer Beziehung bewirken können, falls Sie bereit sind, zu experimentieren, Ihren Stereotypen und bisherigen Vorstellungen über die Ehe zum Trotz etwas zu wagen. Die meisten Menschen glauben, glückliche Paare führten eine gute Ehe, weil sie Glück hatten und einfach füreinander bestimmt sind. Wie ich jedoch aus meiner Studie über erfolgreiche Paare weiß, verläuft die Kausalbeziehung gewöhnlich anders: Glückliche Paare scheinen füreinander bestimmt zu sein, weil sie *tun, was notwendig ist*, um eine glückliche Ehe zu führen. Sie haben unter denselben Unstimmigkeiten, Machtkämpfen, Unzufriedenheiten und Konflikten zu leiden, die in den meisten Ehen auftreten. Aber – *weil* sie an ihre Beziehung glauben und wollen, daß sie funktioniert, tut sie es auch. Es kommt nicht auf die »Rohstoffe« an, mit denen sie arbeiten müssen, sondern auf das, was sie mit ihnen *anfangen*, um glücklich zu werden.

Vielleicht glauben Sie, eine Scheidung gäbe Ihnen Gelegenheit zu persönlichem Wachstum, die Chance zu erkennen, was Sie falsch gemacht haben, damit Sie es beim nächsten Mal anders machen können, doch seien Sie sich darüber klar: Wenn Sie sich *persönlich* nicht verändern, werden Sie Ihr altes Selbst mit in Ihre neue Ehe nehmen und dort höchstwahrscheinlich Ihr selbstschädigendes Verhaltensmuster wiederholen. Und wenn Sie zu persönlichen Veränderungen bereit sind, wieviel vernünftiger und lohnender wäre es dann, wenn Sie das im Rahmen Ihrer jetzigen Ehe tun, in der Sie auf Ihre gemeinsame Geschichte, die Familie und den Freundeskreis, dem Sie angehören, bauen können, vor allem, wenn Sie Kinder haben. Andererseits ...

Es gibt ganz sicher Situationen, in denen die Beendigung einer Beziehung die beste Lösung für Sie sein könnte. Schauen wir uns einige davon an.

Ein Wort an die Singles unter Ihnen

Ich glaube, Sie sollten eine Beendigung Ihrer Beziehung erwägen, wenn Sie mit der Person, mit der Sie zusammen sind, noch nicht verheiratet oder ihr fest verpflichtet sind, sich aber doch einen Partner fürs ganze Leben wünschen und sehr viele Zweifel hinsichtlich Ihrer gegenwärtigen Beziehung haben. Ich habe zwar betont, daß guter Wille und Selbstfürsorge in den unterschiedlichsten Beziehungen oft zu hervorragenden Ergebnissen führen, doch solange Sie Ihren Lebensgefährten noch frei wählen können, *wählen Sie sorgfältig*! Machen Sie nicht den Fehler, aus lauter Unachtsamkeit an einer Partnerschaft festzuhalten, die Sie ganz und gar nicht begeistert oder die sehr problematisch ist!

Das wichtigste Kriterium, an dem Sie sich orientieren sollten, wenn Sie noch auf der Suche sind, ist ein tiefes Gefühl der Sicherheit, daß Sie den richtigen Menschen gefunden haben. Sie wollen ja jemanden, den Sie als wahrhaft ebenbürtig empfinden: emotional ebenbürtig, intellektuell ebenbürtig und vom »Bewußtsein« her ebenbürtig.

Vermutlich finden Sie nicht bis auf die letzte Haarlocke genau die Person, die Sie sich in Ihren Phantasien erträumt haben. Wie bei fast allen erfolgreichen Paaren, die ich interviewte, zeigt die Liebe sich immer in der Form, die Sie am wenigsten erwarten. Trotzdem hohe Ansprüche zu haben, heißt, daß Sie einen Menschen wählen, von dem Sie vollkommen begeistert sind und der dieselben Gefühle für Sie hegt, auch wenn einige der »wünschenswerten Eigenschaften«, auf die es Ihnen vermeintlich ankam, fehlen.

Wie ist Ihre jetzige Beziehung zustande gekommen? Sind Sie mehr oder weniger hineingestolpert, oder haben Sie bewußt die Wahl getroffen: Dies ist definitiv die Person, mit der ich zusammensein will? Wenn Sie sich die Eigenschaften Ihres Partners ansehen, die Sie sich im Geiste guten Willens zu »tolerieren« und zu »akzeptieren« bemühen, sind es Eigenschaften, die ein Ärgernis für Sie sind, ob nun ein kleines oder ein großes? Oder handelt es sich eher um verhängnisvolle Fehler, unversöhnliche Differenzen oder unüberwindliche Hindernisse? Wenn Sie noch alleinstehend sind und die Möglichkeit haben, sich einen Lebensgefährten auszusuchen, dann zwingen Sie sich nicht dazu, bei Ihrem Partner etwas zu tolerieren, das Sie nicht respektieren oder ertragen können.

Es mag schwierig sein, eine Beziehung zu beenden, die bequem für Sie ist und einige Ihrer Bedürfnisse befriedigt. Falls Sie jedoch ernstliche Zweifel haben, daß dies wirklich Ihr Seelengefährte oder Begleiter fürs ganze Leben ist – und Sie wissen, daß Sie sich einen solchen Partner wünschen –, ist die Schwierigkeit einer Trennung kein ausreichender Grund, sie nicht zu vollziehen.

Sehr weit verbreitet bei Singles ist der Fehler, monate- oder jahrelang an etwas festzuhalten, das ich »BAN«-Beziehung nenne: Besser Als Nichts. BANs hindern Sie daran, die wahre Liebe Ihres Lebens zu finden, und mindern Ihr Selbstwertgefühl. In meinem Buch *Ich finde mich so toll, warum bin ich noch Single?* habe ich ausführlich über BANs geschrieben sowie darüber, wie Sie auf der Suche nach Ihrem seelischen Pendant Ihre hohen Ansprüche – und Ihre gute Laune – beibehalten können. Hier sei nur folgendes gesagt: Wenn Sie Verbindlichkeit in einer Beziehung anstreben, die Ihre gegenwärtige nicht besitzt, kann dies schon Grund genug sein, sie zu beenden. Sparen Sie sich Ihre Fähigkeit des Liebevollen Lenkens für eine Partnerschaft auf, der Sie sich sicher sind.

Keine Kinder, kein Geld, kein Besitz

Eine andere Situation, in der es sinnvoll sein kann, das Risiko einer Trennung einzugehen, ist gegeben – auch wenn Ihre Beziehung nicht unbedingt eine Katastrophe ist –, wenn Sie erst seit kurzem zusammen sind, keine gemeinsamen Kinder haben, nicht finanziell oder gesetzlich aneinander gebunden sind wie etwa als Miteigentümer desselben Hauses oder Geschäfts und erkennen, daß Sie Ihren Partner ganz einfach falsch beurteilt oder einen Fehler gemacht haben. Vielleicht entdecken Sie Seiten an ihm oder ihr, die Ihnen in der ersten Zeit völlig verborgen waren.

Dies ist gefährliches Terrain, weil praktisch jede Beziehung den Übergang von der ersten Verliebtheit bis zu Desillusionierung und Enttäuschung erlebt, und die meisten Beziehungen, die diese harten, schmerzlichen Zeiten überstehen, blühen und gedeihen noch viele Jahre. Falls Sie aber bei Ihrem Partner etwas feststellen, das für Sie schlichtweg unannehmbar ist, falls Sie bei Ihrem Partner keinerlei Kompromißbereitschaft vorfinden, falls Sie erkennen, daß Ihr Partner nicht zu Ihnen steht, tun Sie sich womöglich einen großen Gefallen, wenn Sie diese Beziehung als Meilenstein betrachten, daraus lernen, was Sie können, und den Mut haben, sich zu verabschieden.

Sarah lernte während ihres Studiums in England im ersten College-Jahr einen reizenden jungen Mann kennen, Juan. Sie blieb weitere sechs Monate in England, während denen Juan sein Studium beendete; dann kamen sie gemeinsam in die Staaten. Eines Abends sagte Sarah bei einer Tasse Kaffee zu mir: »Ich weiß, es scheint übereilt, und mir ist klar, daß ich ziemlich jung zum Heiraten bin, aber ich bete Juan einfach an! Er hat so viele wunderbare Eigenschaften. (Sie zitierte eine lange, wohlüberlegte Liste.) Ich bin sicher, daß ich den Rest meines Lebens mit ihm verbringen will. Ich glaube, wir können uns ein sehr schönes Leben aufbauen.«

Sie heirateten und richteten sich häuslich ein. Es fiel Juan jedoch nicht leicht, sich an seinen neuen Job und ihr zurückgezogenes Leben in der Großstadt zu gewöhnen. Er wurde deprimiert. Eines Nachts um 1 Uhr rief Sarah mich ganz aufgelöst und verängstigt an. Juan benahm sich total bizarr und äußerte Verrücktheiten. Ich überredete sie, die Polizei zu rufen, die Juan in eine psychiatrische Klinik brachte.

In den nächsten Tagen erfuhr Sarah, daß Juan ihr seine immer wiederkehrenden manisch-depressiven Anfälle verschwieg und sich immer gegen eine Behandlung gesträubt hatte. Juans Familie beschloß, ihn zur Behandlung nach England zu holen, und in den folgenden Monaten überdachte Sarah ihre Entscheidung und kam – nach vielen schwierigen Telefonaten und qualvollen Gesprächen – zu dem Schluß, daß sie sich in ihrem zarten Alter nicht auf ein Leben mit einem psychisch Kranken verpflichten wollte. Ihre Scheidung ging unkompliziert und schmerzlos vonstatten.

Bob dagegen war vierundsechzig und seit acht Jahren allein, als er über eine Zeitungsannonce die ebenfalls vierundsechzigjährige Barbara kennenlernte und sich leidenschaftlich in sie verliebte. Die beiden waren verliebt wie Teenager. Zwei Jahre lang unternahmen sie gemeinsam Reisen, besuchten ihre Familien und richteten sich in der großen Stadt, die sie beide liebten, eine entzückende Wohnung ein. Ein Gespräch übers Heiraten schob Barbara jedoch immer wieder hinaus. Und sie fing an, mehr und mehr Zeit getrennt von Bob zu verbringen, verreiste mit Freundinnen oder verbrachte längere Zeit bei ihrer Schwester in einer weit entfernten Stadt. Bob war tolerant und geduldig, obgleich er Barbara ganz klar sagte, daß diese Trennungen ihn beunruhigten und verstimmten. Dann beschloß Barbara, eine Woche mit einem ehemaligen Freund zu verbringen. Aus der Woche wurden zehn Tage. Widerstrebend gestand Bob sich die Fakten ein: Barbara hatte einfach nicht das Engagement für ihre Beziehung, das sie behauptete. Er sah Jahre mit Barbaras kapriziösem Verhalten vor sich, und obwohl es ihm das Herz brach, zog er aus dem gemeinsamen Apartment aus und bat sie, ihn nicht anzurufen.

Glenda, eine Therapeutin in den Vierzigern, erzählte mir: »Als ich mich mit zwanzig verlobte, wußte ich, daß ich einen schrecklichen Fehler machte, aber ich war damals einfach so schwach und beeinflußbar, daß ich nicht erkannte, ich hätte auch nein sagen können. Ich war von Nicks starker Persönlichkeit buchstäblich gefesselt und wußte nicht, wie ich mich davon befreien sollte.« Glenda und Nick waren sieben Jahre zusammen, hatten jedoch keine Kinder oder gemeinsame finanzielle Verpflichtungen. Nachdem Glenda sich einer Frauengruppe angeschlossen und begonnen hatte, Tagebuch zu führen, konzentrierte sie sich bewußt darauf, ihr Selbstwertgefühl zu stärken, und emanzipierte sich von einer Beziehung, die von vornherein nicht die richtige für sie gewesen war. Die Scheidung war unkompliziert und der Bruch mit Nick total. Glendas Entscheidung schenkte ihr inneren Frieden, Freude und Freiheit.

Sie verdienen eine wundervolle Beziehung in Ihrem Leben. Sie verdienen einen Partner, der Sie vergöttert und glücklich machen will. Sie verdienen es, mit jemandem zusammenzusein, den Sie respektieren und lieben. Wenn Sie absolut sicher sind, daß Ihr augenblicklicher Partner nicht diese Person ist, und eine saubere, unkomplizierte Trennung vollziehen können, brauchen Sie vielleicht nur noch den Mut, es zu tun.

ABER – selbst wenn Sie im Moment die dunkelste Verzweiflung mit Ihrem Partner erleben: falls Sie noch einen winzigen Zipfel positiver Gefühle für ihn oder sie haben, falls Sie wissen, daß Sie diesen Menschen einmal geliebt haben, falls Sie die guten Eigenschaften Ihres Partners aufzählen können, ODER falls Sie Kinder haben oder in einer finanziell verwikkelten Lage sind, rate ich Ihnen, mit großer Entschlossenheit für Ihre Beziehung zu kämpfen. Sie können sich gar nicht vorstellen, wie reich Sie womöglich belohnt werden, wenn Sie das tun – und welche emotionale Achterbahnfahrt Sie erwartet, wenn Sie es unterlassen.

Verbale oder körperliche Gewalt

Wenn Sie in einer Gewaltbeziehung leben oder einer, die reines Gift für Sie ist, mag eine Trennung ebenfalls die beste Lösung für Sie sein.

Gewalt kann sich in körperlicher Mißhandlung, aber auch verbal äußern. Patricia Evans, die Autorin von *Worte, die wie Schläge sind*, ist der Meinung, die Auswirkungen verbaler Gewalttätigkeit seien ebenso katastrophal wie die physischer Brutalität, und es könne sogar wesentlich länger dauern, bis die Wunden – die sie Ihrem Selbstwertgefühl und Ihrer Fähigkeit zu vertrauen schlagen – geheilt sind.

Körperlicher Mißhandlung geht immer verbale Gewalttätigkeit voraus. Wenn Ihr Lebensgefährte Ihnen Gewalt antut, *sind Sie der einzige Mensch, der die Initiative ergreifen kann, um diese Situation zu beenden*. Sie ganz allein müssen handeln. Falls Sie den Verdacht haben, das, was sich in Ihrer Beziehung abspielt, könne als Gewalttätigkeit gelten, so wenden Sie sich ohne Zögern an Ihr örtliches Frauenhaus, an Ihren Pastor, den Betriebspsychologen Ihres Arbeitgebers oder eine der Einrichtungen, die Sie in den Gelben Seiten Ihres Telefonbuchs unter »Psychotherapie«, »Familienberatung« oder »Psychosoziale Kontakt- und Beratungsstellen« finden.

Erfahrene ehrenamtliche Helfer und Fachleute werden Sie dabei unterstützen, die beiden entscheidenden Schritte zu tun, die Ihr Leben verändern und Sie aus Ihrer Situation befreien. Der erste Schritt besteht darin, daß Sie die Gewalt als solche erkennen, klar benennen und sich eingestehen, daß Sie das Opfer von Mißhandlung sind. Im zweiten Schritt müssen Sie anfangen, Ihrem Partner Grenzen zu setzen – das heißt, daß Sie aufhören, die Gewalttätigkeiten weiter zu tolerieren –, und sich aus der Situation und womöglich ganz aus der Beziehung lösen.

Beide Schritte sind kaum allein zu vollziehen. Zum Glück stehen Ihnen fast überall Experten zur Verfügung. Den ersten Anruf müssen allerdings Sie tätigen.

Ihr Lebensgefährte tut Ihnen Gewalt an, wenn er (ich sage hier der Einfachheit halber »er«; zwar sind auch Frauen Männern gegenüber gewalttätig, aber weitaus seltener) mehrmals in der Woche wütend auf Sie wird aus Anlässen, die Sie völlig überraschen – und dann leugnet, daß er böse ist, oder behauptet, Sie hätten den Streit angefangen. Er weigert sich, zur Kenntnis zu nehmen, daß Sie verletzt oder gekränkt sind, so daß Sie nie das Gefühl haben, Sie hätten etwas mit ihm geklärt. Ein gewalttätiger Ehemann gibt Ihnen an *allem* die Schuld, erniedrigt Sie und lehnt es ab, sich Ihren Standpunkt anzuhören oder Ihre Bedürfnisse anzuerkennen. Wenn Sie versuchen, über einen zurückliegenden Streit mit ihm zu diskutieren, tut er so, als hätte er keine Ahnung, wovon Sie reden, wird nur erneut wütend und macht Ihnen Vorwürfe.

Das Ziel eines gewalttätigen Partners ist es, Sie zu *kontrollieren*. Er wird versuchen, Ihre *Zeit* zu kontrollieren, indem er zu spät kommt, sich zeitlich nie auf etwas festlegen will, und Pläne von sich aus in der letzten Minute ändert. Er wird versuchen, Ihre *Beziehungen* zu kontrollieren und Sie von Personen, die Sie unterstützen könnten, zu isolieren, indem er sich weigert, telefonische Nachrichten weiterzugeben, und wütend wird, wenn Sie sich mit einer Freundin treffen wollen. Er wird versuchen, Ihren *Verstand* zu kontrollieren, indem er Sie ständig unterbricht und verwirrende, einander widersprechende Argumente vorbringt, die Sie zermürben. Er wird Ihre *Privatsphäre* verletzen, indem er Sie stört, wenn Sie allein sein wollen, und Sie nicht schlafen läßt. Er wird Ihre Post öffnen, Ihre Telefongespräche mithören und verlangen, daß Sie ihm genau erzählen, wohin Sie gehen und wo Sie gewesen sind. Vielleicht ohrfeigt oder verprügelt er Sie sogar. Er wird versuchen, Sie *finanziell* zu kontrollieren. Er wird sogar versuchen, Ihre *Realität* zu kontrollieren, indem er behauptet, Sie hätten etwas gesagt, getan oder gesehen, an das Sie sich überhaupt nicht erinnern. Er wird es darauf anlegen, daß Sie sich verwirrt, unsicher und machtlos fühlen.

Patricia Evans unterscheidet fünfzehn Kategorien verbal gewalttätigen Verhaltens: Entzug, Herabsetzung, Ablenken, Vorwürfe machen, Kritisieren, Trivialisieren, Beschimpfen usw. Sie bietet ihren Lesern außerdem spezifische verbale und verhaltenstechnische Reaktionen auf jede einzelne Kategorie an, mit denen die Versuche, Sie zu kontrollieren, vereitelt werden und die Machtkonstellation wieder ins Gleichgewicht gebracht werden kann.

Gewalttätigkeit zu identifizieren und Ihnen Instrumente zu nennen, die Sie brauchen, um ihr zu entkommen, geht über das Anliegen dieses Buches hinaus. Ich will hier nur darauf hinweisen, daß Sie eine Gewaltbeziehung vielleicht lieber beenden sollten.

Womöglich wollen Sie aber zuerst versuchen, an Ihrer Partnerschaft zu arbeiten. Wenn Ihnen die Methoden der Mißhandlung bewußt sind, die Ihr Mann einsetzt, und Sie Möglichkeiten finden, sie nicht mehr zu tolerieren, kann es sein, daß er positiv reagiert. Gewalttätige Menschen sind tatsächlich manchmal imstande, sich zu ändern, wenn man sie auf ihr Verhalten hinweist. Auch in diesem Fall wird Ihnen das in diesem Buch umrissene Programm nützlich sein, obgleich ich nicht mit Partnern gewalttätiger Beziehungen gearbeitet habe, doch ich rate Ihnen dringend, sich an Fachleute zu wenden, die eine spezielle Ausbildung für die Arbeit an gewalttätigen Beziehungen haben.

Falls Ihnen Gewalt angetan wird und Ihr Partner sich auf Ihre Bemühungen, etwas zu verändern, nicht einläßt, könnte – so schmerzlich es auch für Sie und Ihre Kinder emotional wie finanziell sein mag – die Scheidung tatsächlich eine gute Lösung für Sie sein.

Eine Scheidung empfiehlt sich vielleicht auch dann, wenn Ihr Lebensgefährte hoffnungslos drogen-, alkohol- oder spielsüchtig ist oder andere dysfunktionale Verhaltensmuster aufweist, die eine normale Beziehung für Sie beide praktisch unmöglich machen. Falls Ihr Partner kein Quentchen Entgegenkommen zeigt, absolut desinteressiert an Ihrer Beziehung oder völlig unzuverlässig ist, so sind auch das Umstände, unter denen die Sorge für Sie selbst womöglich Vorrang hat vor der Verantwortung für eine Beziehung, die Sie aufreibt, statt Sie zu stützen.

Ich rate selten zur Scheidung. Allerdings haben Sie nur ein Leben zu leben. Wenn Ihre jetzige Partnerschaft wirklich Gift für Sie ist, könnten Sie durch eine Trennung ein ganz neues Selbst und Jahre der Produktivität und des Glücks gewinnen, die Ihnen sonst verlorengingen – verloren in dem Bemühen, sich an einen Menschen anzupassen, der nie in der Lage sein wird, Sie zu lieben und für Sie zu sorgen, und dem Sie auch mit bestem Willen nicht helfen können.

Sind Sie unglücklich in Ihrer Ehe und unsicher, was Sie tun sollen?

Wir haben uns angeschaut, wie Sie bei einer Entscheidung vorgehen müssen, und Ihnen einige Kriterien vorgestellt, nach denen Sie sich entscheiden sollten.

Die Frage ist im Grunde: Wollen Sie in dieser Beziehung leben? Wollen Sie Ihre Probleme lösen, damit Sie und Ihr Partner glücklicher sein können? Oder haben Sie die Grenze bereits überschritten und glauben eigentlich gar nicht mehr an Ihre Ehe, wollen ganz tief im Inneren auch gar nicht mehr, daß sie funktioniert?

Wenn Sie den Wunsch haben, Ihre Beziehung zu verbessern,

und die Bereitschaft zu experimentieren, können Sie Ihre Konflikte lösen und Ihre Liebe neu entfachen. Wenn Ihnen aber dieser Wunsch und diese Bereitschaft abhanden gekommen sind und Sie sie auch durch dieses Buch nicht ein Stück weit zurückgewonnen haben, dann ist es möglich, daß Sie es *nicht* schaffen, Sie beide einander näher zu bringen, und Sie sich statt dessen der gewaltigen Aufgabe zuwenden sollten, einen Weg des Abschieds zu finden.

Kapitel 11
Die gute Ehe, das gute Selbst

Eine großartige Beziehung ist wie ein schönes Erbstück. Die Ecken mögen etwas verschrammt sein und ein oder zwei Teile fehlen, trotzdem wird es höher geschätzt und in Ehren gehalten als sein funkelnagelneues Gegenstück. Sie sind ihm zugetan, weil es schon so lange Teil Ihrer eigenen Geschichte ist. Es beschwört ein Gefühl von Zugehörigkeit herauf, von Kontinuität und Sicherheit. Ein Erbstück ist etwas, das von Anfang an Qualität besaß, denn es hat unzählige Erschütterungen durchlitten, bis es dort war, wo es jetzt ist, und doch überlebt! Ebenso verhält es sich mit Ihrer Beziehung. Ihre Eingespieltheit und ihre tröstliche Vertrautheit haben sich nicht von selbst eingestellt.

Wissen Sie sie zu würdigen.

Und übrigens, zögern Sie nicht, der Welt mitzuteilen, daß Sie in einer glücklichen Beziehung leben. Die negative Aura, die die Ehe in unserer Kultur umgibt, ist überwältigend. Sie können dazu beitragen, der allgegenwärtigen Meinung entgegenzuwirken, Ehe sei harte Arbeit, und das Höchste, was man sich von ihr erhoffen könne, wenn man sich jahrelang anstrenge, sei mittelmäßige Zufriedenheit. Ich glaube, dieses Weltuntergangsszenario wird für viele Paare zur sich selbst erfüllenden Prophezeiung. Die Welt soll wissen, daß eine erfolgreiche Ehe kein unerreichbarer Traum ist, sondern eine Realität – an manchen Tagen mehr als an anderen, aber dennoch Realität –, die viele von uns glücklich leben.

Ihre Beziehung als spiritueller Weg

John Welwood zufolge, Psychologe und Autor spiritueller Werke, ist etwas heilig, wenn es »uns in größeren Einklang mit dem bringt, was wir sind«. Da Ihr Bemühen, in Ihrer Beziehung zu einer Mischung aus Selbstfürsorge und gutem Willen zu finden, genau das tut, bietet Ihre Partnerschaft Ihnen eine einzigartige Gelegenheit zu spirituellem Wachstum.

Wenn Sie jemanden lieben, wenn Sie Ihre eigene Welt dahingehend erweitern, daß sie das Wohlergehen einer anderen Person einschließt, begeben Sie sich automatisch auf eine Reise. Wenn Sie diese Reise auch nur ein klein wenig bewußt antreten, wird sie Sie in größeren Einklang mit sich selbst bringen. Und Ihre Liebesbeziehung kann dazu beitragen, daß andere mehr in Einklang mit sich selbst sind. Wenn wir genügend Liebe geben könnten, wären wir in der Lage, eine Welt zu schaffen, die in größerem Einklang mit ihrer wahren Natur steht, denn das einzige Hindernis auf dem Weg zu universellem Frieden und Glück, zum Garten Eden, sind Handlungen, die der Liebe zuwiderlaufen.

Obgleich es Ihnen im Alltag nicht immer so vorkommen mag, ist Ihre Liebe eine spirituelle Reise, ein Weg zu mehr Ganzheit, eine Pilgerfahrt. Das endgültige Ziel dieser Pilgerfahrt ist Ihr wahres Selbst, kein separates Selbst, wie sich herausstellt, sondern ein Selbst, das eine Einheit bildet mit der Person, die Sie lieben, und mit jedem, der liebt, überall. Ebenso wie ein Wassertropfen Teil des Ozeans wird, der Wolken, des Regens und dann wieder des Ozeans, ist Ihre Liebe nichts Isoliertes, sondern Teil der universellen Erfahrung von Liebe.

Was heißt es, daß Ihre Beziehung »Sie in größeren Einklang mit sich selbst bringt«?

Jeder von uns ist ein Wesen, das sich aus a) ererbten körperlichen Merkmalen, b) grundlegenden Tendenzen der Persönlichkeit und c) einem nicht greifbaren, schwer zu definierenden inneren Selbst zusammensetzt, das man als vitale Energie oder Lebensatem bezeichnen könnte. Manche nennen es Seele oder Antriebskraft oder auch Bewußtsein. Diese vitale Energie ist bei uns allen der innerste Kern, das Wesentliche, um das sich Körper und Persönlichkeit drapieren.

Von dem Moment an, in dem ein Kind gezeugt wird, beginnen äußere Einflüsse den Menschen, der da entsteht, zu modifizieren. Familie, ökonomische Bedingungen, Beziehungen aller Art, Klima, soziale Gegebenheiten – immer mehr Schichten von außen wirkenden Materials umhüllen und formen den innersten Kern.

Bei einer spirituellen Reise geht es, welche Form sie auch annimmt, darum, diese Schichten der zusätzlichen Lebenserfahrung zu durchdringen, dabei zu entdecken, woraus sie bestehen und wie sie das innerste Wesen beeinflußt haben, und das eigentliche Selbst zu enthüllen und zu befreien. Je mehr Sie über die Kräfte herausfinden, die Sie zu dem Menschen gemacht haben, der Sie heute sind, desto größere Entscheidungsfreiheit haben Sie darüber, wer Sie wirklich sein wollen. Denn obgleich Ihre Familie, Ihr Freundeskreis, Ihr Heimatort, Ihre Erziehung, Ihre Reisen und alle Erfahrungen während des Heranwachsens, die so ganz Ihre eigenen sind, Sie enorm geprägt haben, besitzen Sie im Erwachsenenalter dennoch eine außerordentliche Freiheit, zu entscheiden, wer Sie sein, was Sie mit Ihrem Leben anfangen und wie Sie mit anderen Menschen umgehen wollen. Eine spirituelle Reise ist einfach der Prozeß, in dem Sie Ihr wahres Wesen wiederentdecken, Ihr inneres Selbst finden, das Selbst, das Sie wirklich lieben können und in Ihrem Leben am liebsten sein möchten.

Die spirituellste Frage, die Sie sich in jeder Situation, ob schmerzlich oder erfreulich, stellen können, lautet: »Was kann ich daraus für mich lernen? Was erfahre ich über mich selbst?« Meistens fragen wir eher: »Was hat dieser Mensch für ein Problem?« oder »Wieso ist das gerade mir passiert?« Wenn Sie sich jedoch durchringen können, danach zu suchen, werden Sie mit Sicherheit eine neue Nuance an sich entdekken.

Das Entdecken der eigenen Person führt fast immer zu einem

Gefühl der Verbundenheit mit anderen Menschen und der Kraft des Lebens selbst oder wird dadurch motiviert. Wir existieren nicht als einsame Organismen auf diesem Planeten, sondern sind auf unzählige Weise miteinander und mit einem Prozeß und einer zielstrebigen Kraft verknüpft, die jenseits unseres Seins liegt. Wir tragen ein Verlangen in uns, im Einklang mit der Natur zu sein, mit den Gesetzen des Guten, des Sinn- und Wertvollen, statt uns unser Leben so einzurichten, daß es diesen Idealen zuwiderläuft. Deshalb entdecken wir auf unserer Suche nicht nur unser eigenes wahres Wesen, sondern außerdem eine Realität, die umfassender ist als unsere ganz persönliche, eine Kraft oder Ordnung, die unsere Welt zusammenhält und uns aneinander bindet. Große Lehrer, die ihr gesamtes Leben spirituellen Übungen widmen, berichten, die höchste spirituelle Errungenschaft sei die Erfahrung, daß wir in Wirklichkeit nicht als Einzelwesen existieren, sondern alle verschiedene Aspekte eines Seins sind; so sehr sind wir miteinander verbunden.

Diesem Modell zufolge ist das Böse keine separate Armee, die dem Guten den Krieg erklärt hat und dabei die Menschen und den Planeten Erde als Schlachtfeld benutzt, sondern es ist reine Ignoranz. »Böse« Menschen sind solche, die noch den Kräften ausgeliefert sind, welche ihr inneres Selbst verschüttet haben. Als die Welt auf jene winzige Flamme einstürmte, welche ihr eigentliches Wesen ist, entwickelten diese Menschen Schutzschichten der Angst, der Wut und des Hasses. Aus diesen Schichten heraus handeln sie heute und sind sich nicht bewußt, daß ein wunderschöner Funke der Liebe immer noch tief in ihnen glimmt, der, fast erstickt von all den »schützenden« Schichten, nach Luft lechzt. Jeder, der irgendeine Art der spirituellen Reise antritt, wird sich dieser Schichten bewußt werden, wird erkennen, daß sie etwas Zusätzliches sind, nicht das wahre Wesen des eigenen Selbst. So können schlechte, egoistische Menschen nach Jahren im Gefängnis oder am Ende ihres Lebens manchmal zum Guten zurückfinden. Sie treten wieder mit der inneren Flamme der

Güte in Verbindung, die eigentlich immer schon ihr wahres Selbst ausmachte. Sie gelangen zu größerem Einklang mit sich selbst.

Eine Religion oder eine bestimmte spirituelle Tradition ist lediglich ein Vehikel für diese Entdeckungsreise. Von solchen Vehikeln gibt es sehr, sehr viele. Es können die großen Weltreligionen, es kann regelmäßiges Meditieren sein. Seminare, die das persönliche Wachstum fördern, und Selbsthilfebücher können eine spirituelle Reise einleiten oder begleiten. Eine innige Beziehung zu einem erfahrenen Psychotherapeuten ist für viele Menschen ein spirituelles Vehikel, das vielleicht einen der direktesten Wege zur Selbstentdeckung eröffnet, zum tiefen, dauerhaften Durchdringen alter Schichten und zu der Ekstase des Wieder-Verbundenseins mit dem wahren, inneren Selbst, befreit von den Lasten, das es so viele Jahre tragen mußte.

Und mit Sicherheit ist auch Ihre Beziehung Vehikel für eine spirituelle Reise. Die Arbeit an Ihrer Partnerschaft, den Hinweisen in diesem Buch folgend, wird Ihnen einige Ihrer »Schutzschichten« bewußtmachen, Sie näher an Ihr eigentliches Wesen heranführen und »Sie in Einklang mit sich selbst bringen«.

Ihre Beziehung ist auch noch in anderer Hinsicht »spirituell«. Seit Tausenden von Jahren und auch heute lehren die großen spirituellen Traditionen im wesentlichen dieselben Ideale: Liebe, die Fähigkeit zu verzeihen, Großzügigkeit und Wahrhaftigkeit. Es ist erstaunlich, wie wenig die Welt sich immer noch an diesen Werten orientiert. Aber Menschen, für die die Quelle des Lebens die »Schichten« Angst, Gier, Wut und Haß sind, die ihr wahres Selbst überdecken, sind einfach nicht motiviert, sich nach zeitlosen spirituellen Werten zu richten oder sich für sie zu entscheiden.

Das in diesem Buch vorgestellte Programm bietet Ihnen praktische, leicht einzusetzende Techniken, mit denen Sie sich in Übereinstimmung mit den großen spirituellen Prinzipien verhalten können. Alles, was wir vorschlagen, entspringt aus

Liebe, der Fähigkeit zu verzeihen, Großzügigkeit, Authentizität und Ehrfurcht vor dem Leben.

Mir ist völlig klar, daß ich mit einigen meiner Vorschläge viel von Ihnen verlange, Eigenschaften bei Ihrem Partner zu akzeptieren, die Ihnen nicht gefallen, zu tun, als seien Sie glücklich, wenn Sie wütend sind. Das sind keine einfachen Aufgaben. Sie müssen spirituelle Prinzipien jedoch nicht perfekt beherrschen, um sie zu *verstehen* und nach bestem Können nach ihnen zu leben. Wahrscheinlich tun Sie das sowieso schon. Die Ideen in diesem Buch sind nur eine Unterstützung. Sie zeigen Ihnen, wie Sie sich wie ein spiritueller Meister *verhalten* können, ohne tatsächlich einer zu sein.

Manche der von uns erörterten Strategien sind von der Art, die in einer Minute zu erlernen sind und doch ein Leben lang nicht voll gemeistert werden. Aber das heißt nicht, daß Sie keine großen Fortschritte machen – und wunderbare Veränderungen in Ihrer Beziehung erwirken – können, und zwar sehr bald. Die Vorschläge in diesem Buch bieten Möglichkeiten, in einfachen, konkreten Schritten spirituelle Prinzipien zu praktizieren. Zumindest werden sie Ihnen eine Richtung weisen, die in den großen spirituellen Lehren vieler Jahrhunderte ihren Ursprung hat.

Natürlich kann es sein, daß Sie sich bereits auf einer spirituellen Reise befinden und mit spirituellen Lehren vertraut sind. Ich hoffe, dieses Buch liefert Ihnen Hinweise, wie Sie die Prinzipien, die Sie für sich schon anstreben, in Ihrer Beziehung umsetzen können.

Rückblick

Lassen Sie uns einen Moment zurückblicken und zusammenfassen, was wir in diesem Buch gesagt haben. Hier noch einmal ohne Listen und einzelne Schritte das Wesentliche:
Eine großzügige Haltung und guter Wille gegenüber Ihrem

Partner verhilft Ihnen wahrscheinlich schneller zu einer glücklichen, friedlichen Beziehung, als wenn Sie sich auf die Lösung Ihrer Probleme fixieren. Je mehr Möglichkeiten Sie finden, in Ihrer Ehe für sich selbst und die Befriedigung Ihrer Bedürfnisse zu sorgen, desto leichter können Sie aufhören, Ihren Partner ändern zu wollen, damit er oder sie Ihre Bedürfnisse erfüllt, ein anstrengendes und vergebliches Unterfangen. Konzentrieren Sie sich auf das, was Sie an Ihrem Partner mögen, und genießen Sie alles, was Ihnen an Ihrer Beziehung gefällt.

Übernehmen Sie die Verantwortung für Ihr eigenes Glück. Warten Sie nicht darauf, daß Ihr Partner sich ändert. Akzeptieren Sie, soweit Sie können, alles, was Sie haben, und zwar so, wie es ist. Halten Sie sich die guten Seiten vor Augen, und brüten Sie nicht über etwas nach, das Ihnen anders lieber wäre. Methoden, sich auf das Positive zu konzentrieren, sind folgende:

- »so tun, als ob« Sie sich so fühlen, wie Sie sich gern fühlen würden
- »guten Willens« sein
- sich auf das Angenehme konzentrieren, nicht auf das Unangenehme
- »Gegensätzlichkeit« in »Ergänzung« umdeuten
- erholsame, vergnügliche Stunden für Sie beide einplanen
- die »Sieben Schritte, die Sie einander näher bringen« (am Ende von Kapitel vier) ausprobieren

Versuchen Sie, nicht über Ihren Partner zu richten oder ihm Vorwürfe zu machen. Blicken Sie hinter das Verhalten, das Ihnen mißfällt, auf die Person, und entwickeln Sie Mitgefühl und Verständnis. Ihr Lebensgefährte tut vermutlich unter den gegebenen Umständen sein oder ihr Bestes. Bedenken Sie all diese Umstände, und seien Sie möglichst verständnisvoll und verzeihend. Ihr Partner wird viel eher positiv auf Liebe als auf Kritik reagieren.

Wenn Sie ärgerlich oder verletzt sind, so lassen Sie diese Gefühle zu, setzen Sie dann aber Ihre ganze Kreativität ein, um eine Möglichkeit der Veränderung zu finden, die *Sie* zur Beseitigung des Problems einbringen können. Lassen Sie die Situation, die Sie wütend macht, nicht auf unbestimmte Zeit andauern. Unternehmen Sie etwas, das in Ihrer Macht steht. Ideen zur Problemlösung, die wir ausführlich erörtert haben, sind unter anderem:

- Eigenverantwortlich handeln: versuchen Sie, sich ebensoviel zu nehmen, wie Sie Ihrem Partner geben.
- Bewußt das Gegenteil dessen tun, was Sie bisher getan haben.
- Machtkämpfe depolarisieren.
- Das Problem zu *Ihrem* erklären und den Partner zu seiner Lösung heranziehen.
- Verständnis und Mitgefühl für die Position Ihres Partners zeigen.
- Akzeptieren, was Sie nicht ändern können.
- So um etwas bitten, das Sie sich wünschen, daß Sie höchstwahrscheinlich Erfolg haben werden.
- Männer: Lassen Sie sich ein; Frauen: Hören Sie auf, ihn zu belehren.

Intimität und die Freude am Beisammensein werden sich ganz selbstverständlich aus Ihrer Großzügigkeit und Kreativität ergeben. Versuchen Sie jedoch nicht, sie Ihrer Beziehung aufzuzwingen. Machen Sie sich auch klar, was Ihr Partner will, und versuchen Sie, wie immer, für Sie beide Sorge zu tragen. Wissen Sie die alltäglichen Freuden der Zweisamkeit mit Ihrem Lebensgefährten zu schätzen. Entspannen Sie sich, und nehmen Sie sie so, wie sie sind, in sich auf.
Allein die Verantwortung für Ihre Beziehung zu übernehmen, läuft letztlich darauf hinaus, daß Sie folgende Fähigkeiten ausbalancieren: für sich selbst zu sorgen und für Ihren Partner zu sorgen. Die Bekräftigungen, die Ihnen helfen sollen, für sich selbst zu sorgen, sind:

Ich tue mein Bestes.
Wenn ich nicht für mich sorge, wer dann?
Ich schaffe es.
Alles braucht seine Zeit.
Meine Wünsche sind gerechtfertigt.
Ich kann Stellung beziehen.

Die Bekräftigungen, die Ihnen helfen sollen, für Ihren Partner zu sorgen, lauten:

Dies ist kein Problem, sondern eine Tatsache des Lebens.
Mein Partner ist nicht im Unrecht, sondern nur anders als ich.
Das hat nichts mit mir zu tun.
Sie tut ihr Bestes
ODER
Er tut sein Bestes
Mein Partner hat etwas falsch gemacht. Ich habe die Wahl.
Wie kann ich meinem Partner gegenüber heute großzügig sein?

Wenn Sie es schaffen, in Ihrer Beziehung ein vernünftiges Gleichgewicht zwischen Selbstfürsorge und gutem Willen zu erreichen, werden Sie es als eine Mischung erleben, die man sich als Liebevolles Lenken vorstellen kann. Es ist durchaus möglich, dieses Gefühl auch körperlich zu erfahren: als einen in sich ruhenden, stabilen inneren Kern, von dem aus Sie in der Lage sind, auf andere zuzugehen und zu geben, ohne sich bedroht zu fühlen.

Wenn Sie schließlich zu entscheiden versuchen, ob Sie sich aus Ihrer jetzigen Beziehung lösen sollten, bringen Sie Ihre Gedanken zum Schweigen und ziehen Sie Ihre Intuition, Ihre innersten Gefühle zu Rate. Stellen Sie sich vor, Sie wüßten tief in Ihrem Inneren bereits, was Sie tun müssen, und hören Sie auf dieses Wissen. Und warten Sie nicht zu lange mit Ihrer Entscheidung.

Zum Schluß

Während ich mich damit herumplagte, das letzte Kapitel zu diesem Buch zu schreiben, besuchte ich eine Konferenz, bei der eine Rundfunkberühmtheit aus Dallas, Suzie Humphreys, die Hauptrednerin war. Sie ist eine von den Frauen, die von ihrem Publikum vergöttert werden. Sie erzählt ihre Geschichten so, daß die Zuhörer ihre Rückschläge und Triumphe als ihre eigenen empfinden. Wir waren ständig zwischen Tränen und Gelächter hin und her gerissen.

Stellen Sie sich meine Überraschung vor, als es im letzten Teil ihres Vortrags um genau die Prinzipien ging, über die ich seit Monaten schrieb. Sie hätte kein besseres Zeugnis für guten Willen und Selbstfürsorge ablegen können, als wenn ich sie dazu aufgefordert und ihr eine Million Dollar gezahlt hätte. Mit ihrer freundlichen Erlaubnis gebe ich hier ihre Geschichte so wieder, wie sie sie uns erzählte. Versuchen Sie, sich dabei einen warmherzigen, völlig unprätentiösen, entzückenden, komischen Rotschopf – mit dem schönsten texanischen Akzent – vorzustellen.

»Ich sage Ihnen gleich, ich bin ganz verrückt nach meinem Mann. Ich hätte nie gedacht, daß das jemals so sein könnte; mein erster ist er jedenfalls nicht.

Auch nicht mein zweiter. Ich verrate Ihnen nicht, der wievielte er war, denn darauf kommt es nicht an.

Aber ich verrate Ihnen eins: er ist derjenige, welcher! Das wußte ich allerdings damals nicht, als wir uns kennenlernten. Ich hatte keine Ahnung, wie man jemanden liebt. Ich suchte immer nur jemanden, der mich liebt! Und ich glaubte immer, ich könnte denjenigen ändern. Ich mag nicht, wie er sich anzieht – ich kann ihn ändern. Ich mag nicht, wie er redet – ich kann ihn ändern. Das einzige Kriterium, das ich hatte, war, daß er atmen mußte!

Dann begegnete ich Tom. Er und ich gingen zur Eheberatung. Sie wissen ja, wie das am Anfang ist. Bestimmte Sachen gefallen uns nicht. Mir gefällt nicht, daß er schnarcht. Mir gefällt nicht, wie er sich kleidet. Er verdient nicht genug Geld. Mir gefällt nicht, daß er nicht an meinen Geburtstag denkt. Mir gefällt nicht, daß er unseren Hochzeitstag vergißt. Mir gefällt nicht, daß er ständig an seinem Flugzeug rumbastelt. Mir gefällt nicht, daß er im Winter immer jagen geht – was soll ich machen, wenn er weg ist?

Eines Tages guckten Tom und ich uns schließlich an, sahen, daß wir gute Freunde waren, nahmen uns bei den Händen und sagten: ›Weißt du was? Um der Freundschaft oder Liebe oder Zuneigung willen, die wir noch füreinander empfinden, müssen wir das hier in Ordnung bringen. Wir müssen es entweder in Ordnung bringen oder uns auf die Socken machen.‹

Also beschlossen wir, zur Eheberatung zu gehen. Wir marschierten zur Eheberaterin, und ich redete die ganze Zeit nur. Sie meinte: ›Ich werde Sie in eine Gruppe stecken.‹

Ich sagte: ›Gruppen sind nichts für mich. Gruppen sind für Verrückte.‹

Sie sagte: ›Sie brauchen aber eine!‹

Also ging ich jeden Mittwochabend hin und legte los: ›Mir gefällt es nicht, wie er ... Nie macht er ...‹

Schließlich stützte so ein Rechtsanwalt, einsfünfundneunzig, mit sooo großen Füßen und riesigen Cowboystiefeln, seine Ellbogen auf die Knie, beugte sich zu mir rüber und meinte: ›Wissen Sie was? Ich hab' Sie jetzt ein volles Jahr über Ihren Mann reden hören. Und ich sag' Ihnen, was Sie meiner Meinung nach tun sollten.‹

Das interessierte mich! Ich fragte: ›Und das wäre?‹

Er sagte: ›Ich finde, Sie sollten ihn verlassen.‹

Ich sagte: ›Ihn verlassen? *Ihn verlassen?*‹

Er sagte: ›Klar! Denn wenn Sie ihn nicht genau so akzeptieren können, wie er ist, müssen Sie sich auf die Socken machen!‹

Ich sagte: ›Ihn akzeptieren? Ihn genau so akzeptieren, wie er ist?‹

Er sagte: ›Genau so, wie er ist. Also, warum denken Sie heute

408

abend nicht mal drüber nach und lassen zur Abwechslung jemand anderen reden – und dann kommen Sie nächste Woche wieder und erzählen uns, wie Sie sich entschieden haben.‹

Ich ging nach Hause und dachte die ganze Woche darüber nach, und ich sage Ihnen was, meine Freunde. Sie kennen doch diese Momente im Leben, wenn sich alles verändert. Sie wissen, was ich meine. Sie haben sie ständig vor Augen, spüren sie, erinnern sich. Sie begleiten Sie Tag für Tag. Dieser ein Meter fünfundneunzig große Anwalt hatte mich dazu gebracht, an etwas zu denken, an das ich zuvor nie gedacht hatte, nämlich daran, wie es wäre, Tom zu verlieren. Und indem ich mich auf das konzentrierte, was ich verlieren würde – konzentrierte ich mich auf das, was ich an ihm mag.

Ich liebe es, wie er einen Raum ausfüllt. Ich liebe es, wie er geht. Ich liebe seinen zielstrebigen Gang und die Art, wie er seinen Kopf bewegt, und ich liebe die Leidenschaft, mit der er alles anpackt. Ich liebe es, wie er eine Holzplattform baut, den Zaun repariert, Grundstücke verkauft, liest – er hat fünfzehn Projekte am Laufen, und das seit vier Jahren. Ich liebe es, daß er abends nicht schlafen gehen mag, weil er nichts versäumen will. Und ich liebe es, wie er, egal, was gerade bei ihm ansteht, jeden Morgen aufsteht und sagt: ›Dann werd ich mal wieder.‹ Ich liebe es, wie er die Kinder nimmt – alle, ob sie nun vierzig sind oder, wie unser Josh, achtzehn – sie auf die Stirn küßt und so stolz auf sie ist –, er ist sehr stolz auf sie und versucht nicht, sich in ihr Leben einzumischen oder ihnen zu sagen, was sie tun oder lassen sollen. Ich liebe es, wenn ich ungeschminkt bin und rote Backen und Sommersprossen habe und keine Augenbrauen oder Wimpern, nur zwei blaue Löcher, und er mein Gesicht in die Hände nimmt und sagt: ›Du bist die Allersüßeste. Am liebsten würde ich dir jetzt an die Wäsche gehen.‹

Ich ging nächste Woche wieder hin, und der große Rechtsanwalt fragte: ›Was ist denn nun?‹ und ich sagte: ›Ich schaffe es! Ich schaffe es!‹

Er sagte: ›Und wenn er nun nicht genug Geld verdient?‹

Ich sagte: ›Das Geld ist mir egal. Ich habe ihn nicht wegen seines Geldes geheiratet. Ich kann selbst Geld verdienen. Wir können alle Geld verdienen. Wir wissen es bloß nicht.‹

Er sagte: ›Was ist, wenn er ständig jagen geht?‹

Ich sagte: ›Dann sage ich ihm auf Wiedersehen, wenn er geht, und wünsche ihm viel Spaß.‹

Wissen Sie, was mit einem Mann passiert, wenn Sie ihn wegschicken und ihm viel Spaß wünschen? Er kommt zwei Tage früher zurück!

Ich nenne ihn John Wayne. Wissen Sie, was mit einem Mann passiert, wenn Sie ihn John Wayne nennen – statt Trottel?

Wir sind seit zwanzig Jahren verheiratet. Und Tom hat sich kein bißchen verändert. Ich schon. Ich sehe ihn jetzt mit anderen Augen. Ich sehe das, was an ihm stimmt, nicht das, was nicht stimmt.

Da war ich nun also bei diesem Radiosender, führte eine großartige Ehe und wohnte in einem Haus, das ich liebte. Ich hing an diesem Haus. Wir hatten eine Menge daran rumgebastelt. Wenn ich in die Auffahrt fuhr, sang mein Herz.

Na ja, vor ungefähr fünf Jahren kommt John Wayne zu mir rein und sagt: ›Wir müssen weg aus Dallas.‹

Ich fragte: ›Wieso? Weg aus Dallas?‹

Er sagte: ›Ja, laß uns was Neues anfangen.‹

Ich sagte: ›Zum Beispiel?‹

Er sagte: ›Zum Beispiel ins Hill Country ziehen, ins texanische Hill Country. Da gibt's jede Menge richtige Eichen und Flüsse. Laß uns da was bauen.‹

Ich sagte: ›Was? Warum sollte ich aus Dallas weggehen? Ich bin beim Radio. Jeder kennt mich. Ich bin schließlich wer.‹

Er sagte: ›Laß uns einfach mal hinfahren und es uns angukken.‹

Also fuhren wir runter, und ich meinte: ›Ja, wirklich schön hier! Mitten in der Wildnis. Man steht jeden Morgen auf und aaatmet die frische Luft – *und dann* ?!!‹

Er sagte: ›Laß uns einfach drüber nachdenken.‹

Also zog ich mit und versuchte, na ja, es zu mögen.

Aber ich mochte es *nicht*. Es gab nichts zu tun da. Keine
Leute. Keine Gremientreffen. – Doch dann kamen wir zu einem kleinen Ort namens Fredericksburg. Der gefiel mir! Lauter kleine, deutsche Häuser standen da. Alles wirkte unver-
dorben, und es gab eine Menge Geschäfte! Ich sagte: ›Hier
könnte ich leben. Laß es uns tun, Tom, *irgendwann*!‹

Tom sagte: ›Nein, laß es uns jetzt tun.‹

Ich sagte: ›Ich will jetzt nicht umziehen.‹

Er sagte: ›Dann gewöhnen wir uns eben langsam dran. Laß
uns einfach öfter zu Besuch hinfahren.‹ Und das taten wir in
den nächsten ein, zwei Jahren.

Januar 1993. John Wayne weckt mich mitten in der Nacht auf
– zusammengekrümmt. Er sagt: ›Ich hab' Probleme.‹ Wir stie-
gen ins Auto. Ich versuchte unheimlich, keine Angst zu haben.
Aber er sah mir die Angst an, und er hat einen besonders hin-
tergründigen Sinn für Humor. Als wir fast am Krankenhaus
waren, sagte er: ›Meinst du nicht, wir sollten noch mal an den
Straßenrand fahren und miteinander schlafen, bevor wir rein-
gehen?‹

Wir also ins Krankenhaus, und das lachend! Es war ein soviel
besseres Gefühl, lachend da reinzugehen. Ich fragte ihn: ›Wo
ist dein Testament? Wer sind deine sechs besten Freunde?
Welche Musik willst du?‹

Nachdem sie ihn untersucht hatten, meinten sie, er käme
schon wieder in Ordnung, sei aber sehr gestreßt. Als er wieder
zu sich kam, ging ich zu ihm und sagte: ›Hör mal, John, du
weißt doch, daß das für uns beide ein Warnschuß war.‹

Er sagte: ›Das weiß ich.‹

Ich fragte: ›Was möchtest du gern noch in deinem Leben
tun?‹

Er sagte: ›Ich möchte nach Fredericksburg ziehen.‹

Ich sagte: ›Dann tun wir das doch.‹

Er sagte: ›Wir haben kein Grundstück!‹

Ich sagte: ›Ich hab' eine Überraschung für dich. Ich habe für
den ganzen Februar ein Zimmer in einer Pension für dich ge-
mietet. Fahr runter und finde deinen Traum.‹

411

Er zieht also mit seinem schwarzen Labrador Retriever los. Zwei Tage vor dem Ende der Mietzeit entdeckte er, indem er seiner inneren Stimme folgte, genau das Grundstück, das wir gesucht hatten. Bis ins letzte Detail.

Er rief mich an und sagte: ›Das schnappe ich mir.‹

Ich sagte: ›Dann los!‹

Er sagte: ›Eine Frage hab' ich noch. Was sollen wir auf das Grundstück setzen?‹

Ich sagte: ›Wir verkaufen das Haus.‹

Ich sagte das? Mein kostbares Haus?

Ich sagte das. Denn Glück ist keine Frage des Standorts, sondern der inneren Einstellung. Es wird immer wieder ein Haus geben.

Und vor allem sagte ich das auch, weil ich erkannte, daß Liebe kein Gefühl ist. Sie ist eine Tätigkeit. Sie ist nichts, was einem geschenkt wird. Sie ist etwas, das man gibt.

Dreiunddreißig Tage später hatten wir unser Haus verkauft. Ich kündigte beim Sender, und wir zogen ins Hill Country, wo wir eine Rollbahn für Toms Flugzeug haben und ein elektrisch betriebenes Tor und ein Gewächshaus und einen Hundezwinger und einen Hangar und ein Büro und ein Zimmer für unseren Sohn. Wir selbst wohnen in einem ehemaligen Kramladen. Er ist ein Zweizimmerhaus. Unsere Freunde aus Dallas kommen zu Besuch und sagen: ›Oh, was für ein niedliches Häuschen! Richtig goldig!‹

Es ist unser *Zuhause!* Denn was wir ändern mußten, war unser Verständnis davon, was ein perfektes Leben ist. Was ist das perfekte Zuhause? Fragen Sie mich, und ich sage Ihnen, es ist ein Zweizimmerhaus!

Ich möchte Ihnen noch erzählen, warum sich das meiner Meinung nach so für uns entwickelte, meine Freunde. Das hat schon Goethe gewußt. Er sagte: ›Fang jetzt an.‹ Sobald Sie sich wirklich auf etwas einlassen, sobald Sie es vor Ihrem geistigen Auge sehen, werden im Universum alle möglichen Dinge geschehen, die Ihnen das ermöglichen. Aber Sie müssen den Anfang machen. *Fangen Sie jetzt gleich an!* Lassen Sie sich nicht durch Angst von Ihrem Weg abbringen. Lassen Sie sich nicht durch Zweifel von Ihrem Weg abbringen.

Und die Hauptsache ist, daß Sie gut zu sich selbst sind. Machen Sie sich eine besondere Freude. Wenn Sie sich eine besondere Freude machen, müssen Sie nicht darauf warten, daß jemand anders es für Sie tut. Sie haben ihn also vier Jahre lang vor Weihnachten immer zum Juwelier geschleift und ihm das Armband gezeigt. Und vier Jahre lang hat er es Ihnen nicht geschenkt. Kaufen Sie es sich selbst, und setzen Sie seinen Namen auf die Glückwunschkarte! Damit ist er aus dem Schneider, und Sie sind zufrieden.

Oder Sie warten darauf, daß sie Ihnen endlich die Angelrute schenkt. Darin ist sie nun wieder nicht gut. Kaufen Sie sich die Angelrute selbst.

Das ist mir klargeworden, als ich dreißig war und mit einem von diesen Ehemännern verheiratet, und ich wußte, er würde zu meinem Geburtstag keine Überraschungsparty für mich veranstalten. Und ich hatte mir immer eine Überraschungsparty gewünscht. Frauen lieben so was! Wir machen sie doch auch für euch Männer! – Und ihr revanchiert euch nie! Ihr denkt, eine Rose aus dem Supermarkt bringt es schon.

Also beschloß ich, meine eigene Überraschungsparty zu planen. Eines Abends waren wir zu einem großen Essen eingeladen, und ich sagte: ›Streicht euch den 24. im Kalender an. Ich gebe mir selbst eine Überraschungsparty zum Geburtstag.‹ Alle lachten – ebenso wie Sie jetzt –, bis sie die Einladung mit der Post erhielten. Sie war für die erste Überraschungsparty zum Geburtstag von Suzie Humphreys. Zeit und Ort waren angegeben, und ich hatte eine kleine Skizze beigefügt, die ihnen zeigte, wo sie ihre Autos parken sollten, damit ich keinen Verdacht schöpfte. Und für jedes Pärchen waren zwanzig Dollar fällig. – Warum sollte ich für das Essen zahlen, ich kochte es schließlich! – Und dann stand da noch: ›Verschwendet Euer Geld nicht für einen albernen Gag als Geschenk; legt alle zusammen und kauft mir etwas richtig Schönes. Ich hätte gern eine silberne Wärmepfanne!‹

Als der Abend der Party näherrückte, pumpte ich 350 Helium-Ballons auf und malte Schilder, auf denen stand: ›Wir lieben dich, Suzie! Du bist super!‹ Meine beiden besten Freundinnen mußten mit mir einen trinken gehen, damit die anderen alle Zeit hatten, ins Haus zu kommen und sich zu verstecken. Um sieben Uhr spazierte ich in ein pechschwarz abgedunkeltes Zimmer, und vierundzwanzig Leute schrien: ›Überraschung!‹ – Und ich weinte!

Die Sache ist nämlich die: wer kann eine Überraschungsparty für Sie schon besser planen als Sie selbst? Und wenn wir es selbst tun, warten wir nicht darauf, daß jemand anders unser Leben spannend macht. Wir können in Ehe oder Freundschaft zusammenleben und wissen, daß es an uns liegt, das zu tun, was für uns nötig ist. Wir müssen nicht nach jemand anderem Ausschau halten, weil ›unser Leben nicht so geworden ist, wie wir es wollten‹.«

Suzie Humphreys hat es kapiert!
Was bei Suzie geklappt hat, wird auch bei Ihnen klappen!
Sorgen Sie für sich selbst, und sorgen Sie für Ihren Partner.
Fangen Sie jetzt damit an.

Bibliographie

Beck, Aaron T.: *Liebe ist nie genug. Mißverständnisse überwinden, Konflikte lösen, Beziehungsprobleme entschärfen*. München: dtv 1994.

Borys, Henry James: *The Way of Marriage*. Kirkland, Washington: Purna Press 1991.

Bugen, Larry A.: *Love and Renewal*. Oakland, California: New Harbinger Publications 1990.

Campbell, Susan: *The Couple's Journey*. San Luis Obispo, California: Impact Publishers 1980.

Edelman, Joel und Crain, Mary Beth: *Das Tao der Verhandlungskunst. Über den konstruktiven Umgang mit Konflikten*. Hamburg: Kabel 1995.

Gray, John: *Männer sind anders. Frauen auch*. München: Goldmann 1993.

Hendricks, Gay und Hendricks, Kathleen: *Liebe macht stark. Von der Abhängigkeit zur engagierten Partnerschaft*. München: Mosaik 1992.

Kipnis, Aaron und Herron, Elizabeth: *Wilder Frieden. Das Experimentieren einer neuen Partnerschaft zwischen Männern und Frauen*. Hamburg: Rowohlt Taschenbuch 1997.

Oden, Thomas: *Game Free. The Meaning of Intimacy*. New York: Harper & Row 1974.

O'Hanlon, Patricia Hudson und O'Hanlon, William Hudson: *Liebesgeschichten neu erzählen. Ein Lehrbuch für Paare und ihre Therapeuten*. Heidelberg: Auer 1997.

Pransky, George S.: *Divorce Is Not the Answer*. Blue Ridge Summit, Pennsylvania: Tab Books (McGraw-Hill) 1990.

Tavris, Carol: *Wut. Das mißverstandene Gefühl*. München: dtv 1995.

Weiner-Davis, Michelle: *Das Scheidungs-Vermeidungs-Programm*. München: Goldmann 1997.

Welwood, John: *Dem Herzen folgen. Durch Liebe und Freundschaft zu sich selbst finden*. München: Knaur Taschenbuch 1996.

Register

Abwärtsspirale 37, 145
Abwehr 26, 32, 126, 128, 130, 185, 199, 238, 275 f., 379
Aggression 89 f., 98 ff.
Aggressionstyp 90 ff.
– Aggressionsäußerer 91 f., 94, 98
– Aggressionsverdränger 91 f., 94, 101
Akzeptanz (siehe auch AND; Anerkennung; Respekt) 25, 77, 84 f., 111, 114, 116, 121, 127, 130, 135, 152, 178, 198, 209, 216 ff., 221 f., 231, 254, 261, 268, 275 ff., 300, 309, 317 ff., 326, 335, 340, 352 f., 357 f., 371, 389, 405 f.
Alternative 30 f., 74, 204, 244
Ambivalenz 87, 199, 303, 376, 378, 380, 384
Amen, Daniel 292, 338 f.
AND (»Anerkennung. Nicht Defensiv werden.«) 126, 129 f., 135
Anerkennung (siehe auch Akzeptanz; AND) 52, 85, 127, 134, 161, 185, 255, 257, 260, 277
Angst 78, 95, 98, 275, 344, 364, 379 f., 387, 403
Arbeitsteilung 41, 43
Ausdauer 47, 129, 230, 274, 294 ff., 307, 407
Ausdrücken siehe VAM

Ausführen siehe VAM
Ausgewogenheit 32, 180 f., 187, 195, 223 f., 262, 273, 284, 307, 313, 316, 345, 351, 353, 355, 357, 363
»autonom zusammengehörig« 355

BAN (»Besser-als-Nichts«) 390
Bankhead, Tallulah 379
Bestechung, emotionale 31, 359
Bestes tun siehe Sein-Bestes-Tun
Bewertung 19, 49, 76 f., 176, 296, 375
Beziehung 14, 19, 34, 42, 93
– Analyse der 67, 69, 84, 89, 133
– Ansatz des Alleinarbeitens 11, 14 ff., 19 f., 23 ff., 27 ff., 30, 32 f., 36, 38 f., 41, 43 ff., 48 f., 55, 65, 82, 89, 134, 177, 181, 187, 307
– Aufbau einer 42
– Beziehungstypen 91, 304, 313, 357 ff., 364 f., 369
– Fähigkeit zur 42
– Führer einer siehe Liebevolle Lenkung
– Fürsorge siehe Liebevolle Lenkung
– Qualität 154 f., 166, 178, 386
Bitten 30 f., 178, 207, 223 ff.,

Bitten (*Forts.*)
228 ff., 243, 253, 268, 321 f.,
406
Blickwinkel ändern (siehe auch
Depolarisierung) 17, 19, 25,
27 f., 30, 38, 53, 64, 108, 139 ff.,
164, 201, 253, 290, 310
Borys, Henry James 115, 152,
236, 240, 343, 346
Briggs, Dorothy 83
Bugen, Larry A. 36

Cameron, Julia 380
Campbell, Susan 216
Chopra, Deepak 198
Co-Abhängigkeit 44, 316, 345,
364
Covey, Stephen 143

Dass, Ram 322
Defensive *siehe* Abwehr
Demut 296
»Denken, olympisches« 290,
293, 295 f.
Depolarisierung (siehe auch Blickwinkel ändern) 195 ff., 200 f.,
203, 208, 214, 268, 310, 364,
406
Desinteresse 232
Doppelbindung 74
Durchsetzungsvermögen (siehe
auch Selbst-Fürsorge) 182,
185, 296, 302, 307, 342, 353,
365 f., 371, 407

Edelman, Joel 386
Ego-Position aufgeben 50, 53
Ehe *siehe* Beziehung
Ehe- und Familientherapie 14,
24 ff., 29, 70 f.
Ehrlichkeit 66, 263 f., 266 f., 403 f.
Eigenarten 25, 34
Eigenschaften 167
Eigenständigkeit 288
Eigenverantwortung 121, 178 f.,

181 f., 185, 195, 254, 268,
273 f., 282, 285, 296, 313, 375,
405 f.
Einfühlungsvermögen (siehe auch
Mitleid; Verständnis) 66, 309,
333
Einsamkeit 387
Engagement 54 f.
Entspannen *siehe* VAM
Entweder-Oder-Denken 115 f.,
195 f., 201, 203, 250
Erwartungen 78
Evans, Patricia 393, 395
Experiment 15 ff., 25, 27, 34, 46,
50, 53, 60, 68, 84, 176, 289,
377 ff., 381, 387
Nr. 1 18
Nr. 2 Inventur machen 34
Nr. 3 Trostpreis 60
Nr. 4 Hauptgewinn 67
Nr. 5 Kritik 83
Nr. 6 Aggressionsstil 92
Nr. 7 Umgang mit Wut 104
Nr. 8 »So tun, als ob« 151
Nr. 9 guter Wille 154
Nr. 10 Konzentration auf posi-
tive Eigenschaften 159
Nr. 11 Deuten Sie »Gegensätz-
lichkeit« in »Ergänzung«
um 163
Nr. 12 Mußestunden 166
Nr. 13 Handeln Sie auf eigene
Faust 185
Nr. 14 Was wäre, wenn Sie al-
lein wären? 186
Nr. 15 das Gegenteil tun 193
Nr. 16 Machtkampf 204
Nr. 17 Bitten Sie Ihren Partner
um Hilfe 207
Nr. 18 Verständnis und Mitge-
fühl 215
Nr. 19 Akzeptanz 222
Nr. 20a (Nur für Männer) Las-
sen Sie sich ein 235
Nr. 20b (Nur für Frauen) Hö-

ren Sie auf, ihn zu belehren
238 f.
Nr. 21 Intimitätsdiskrepanz
267
Nr. 22 Ihr inneres Selbst 278 f
Nr. 23 Selbstliebe 280 f.
Nr. 24 Selbstfürsorge 286
Nr. 25 So sorgen Sie für sich
selbst 289
Nr. 26 Mut 293
Nr. 27 Ausdauer 298
Nr. 28 Selbstsicherheit und
Selbstbestätigung 301
Nr. 29 Beziehen Sie Stellung
307
Nr. 30 Akzeptanz kultivieren
322
Nr. 31 Toleranz kultivieren
327
Nr. 32 Objektivität kultivieren
331
Nr. 33 Mitgefühl kultivieren
340
Nr. 34 Verzeihen können 344
Nr. 35 Großzügigkeit 351
Nr. 36 Beziehungstyp ermit-
teln 357
Nr. 37 Beziehungstyp erleben
363
Nr. 38 Eigenschaften verbes-
sern 371

Freizeit, gemeinsame 162, 164 ff.,
263, 267, 405
Frustration 26, 30, 95, 104, 269

Geborgenheit 152, 197, 247,
254 f., 321 f.
Geduld 47 f., 82, 103, 150, 221,
295 ff., 307
Gefällige, der siehe Beziehung, Beziehungstypen
Gegensätze 159, 161, 167, 268,
325
– in Ergänzung umdenken (sie-

he auch Blickwinkel än-
dern) 159–164, 167, 268
Gegenteil-Strategien 178, 190,
192, 268, 406
»gegründet« 355
Gelassenheit 87, 178, 201, 223,
230, 296, 309, 320, 340
Gerzon, Mark 72
Gewalt 306, 358, 393, 395
– verbale 393, 395
Gewinner / Verlierer (siehe auch
Entweder / Oder-Denken) 52,
313
Gleichgewicht siehe Ausgewogen-
heit
Gleichgültigkeit 295, 358
Gray, John 36
Grenzen setzen 274, 303, 342,
394
»Große«, der oder die sein siehe
Liebevolle Lenkung
Großzügigkeit 32, 43, 52 f., 152,
181, 187, 269, 274, 308 f., 317,
344 ff., 351 f., 355, 358, 362,
403 f., 406 f.
Güte 274

Hansberry, Lorraine 333
Harmonie 19, 52, 118, 126, 150,
208
Haß 403
Hendricks, Gay 36
Hendricks, Kathlyn 36
Hudson, Pat 36

Individualismus 313, 368
»identifizierter Patient« (IP)
70 f.
Initiative ergreifen 45 f., 52, 133,
152, 162, 290, 316, 393
Interaktion 17, 25 ff., 31, 39,
44 f., 70 ff., 75, 78, 82, 135,
184 f., 187, 190, 290, 340
– dysfunktionale Verhaltensmuster 71, 396

Interesse 232 ff., 260, 365
Intimität 19, 39 f., 43, 64, 114,
    118, 132, 140, 142, 146, 161,
    164, 167, 241 ff., 247, 251 ff.,
    261–269, 296, 405 f.
Intimitätsdiskrepanz 241, 243 f.,
    250 ff., 267, 278
Introspektion 278, 307
Intuition 381 f., 407

Jonas, Barbara 167
Jonas, Michael 167

Kameradschaft 114, 252, 269
Keller, Helen 293
Kennedy, Rose 293
Kin, Marilyn 290
Kommunikation 42 f., 139, 152
Kontrolle 26, 53, 65, 82, 87, 89,
    98, 101, 125, 128, 135, 180,
    204, 253, 269, 273, 282, 296,
    310, 367, 394
Kooperation 27, 29, 39, 41, 55,
    59, 162, 180, 309, 313, 358,
    362
Kreativität 115 ff., 316, 368, 406
Kritik 31, 54, 64, 72, 82, 228 f.,
    240, 243, 255 f., 305, 339, 405

Lebensqualität 89, 105, 181, 274,
    282
LEMP 134
Lern- und Veränderungsmuster
    47
Liebevolle Lenkung 19, 39 f.,
    49 f., 53 ff., 126 f., 129, 134,
    181, 355 ff., 362, 364 ff., 368 f.,
    390, 407
Lob 260
Loslassenkönnen 296 f.

McGinnis, Alan Loy 293
Machtkampf 52, 116, 131 f., 146,
    178, 194 ff., 198 ff., 244, 251,
    268, 406

Machtlosigkeit 358
Märtyrerhaltung 31
Mentorin, emotionelle 42
Millman, Dan 150
Mini-Explosion 112 ff.
Mitchell, W. 293
Mitgefühl (siehe auch Verständ-
    nis) 49, 54, 60, 66, 108, 132 f.,
    182, 185, 197, 213, 215, 223,
    259, 268, 275 f., 289, 309, 317,
    332–344, 360, 402, 405 f.
Mut 65, 129, 178, 192, 274,
    289 f., 292, 316, 333, 350, 385

Nähe siehe Intimität
Narziß siehe Beziehung, Bezie-
    hungstypen
Nash, Ogden 323
Neid 275
Nörgeln 26, 32, 237, 240, 358

Objektivität (siehe auch Blickwin-
    kel ändern; Depolarisierung)
    317, 328, 331, 352, 407
Offenheit (siehe auch Ehrlich-
    keit) 66, 152, 263 f., 266, 355
O'Hanlon, Bill 36
Opfer 29, 50, 348, 358

Peale, Norman Vincent 292
Perls, Fritz 201
Polarisierung siehe Machtkampf
Pransky, George 140, 143, 163 f.
Problem 13, 20, 24, 26, 29, 34 f.,
    39 f., 43, 47, 72, 80, 87, 182,
    268
    – Lösung eines 19 f., 30, 43,
    88, 139, 178

Rachgier 333
Ratschläge erteilen 32,
Rechthabenwollen 26, 59 ff.,
    64 f., 68, 82, 84, 87, 91, 98, 102,
    108, 115, 119, 127, 130, 134,
    188, 198, 268, 343, 360, 380

Relativieren *siehe* VAM
Respekt (siehe auch Akzeptanz)
25, 54 f., 108, 150 f., 152, 197,
226 f., 230, 254, 369

Scheidung 14, 375, 385 – 393,
396
Schmerz 275 f.
Schuldzuweisung 134, 268, 394
Seelenverwandtschaft 242
Sein-Bestes-Tun 274 f., 277,
279 f., 289, 296, 307, 332,
335 f., 340, 352, 360, 405
Selbst 33, 276, 300, 358, 361,
364, 396, 400 f.
– aktives 84
– beobachtendes 53, 84
Selbstachtung 52, 240
Selbstakzeptanz 264, 274 f., 277,
279 f., 295, 316, 336, 358,
360 – 365, 401, 407
Selbstbeherrschung 102, 106,
148
Selbstberuhigungstechniken
103 f.
Selbstbestätigung 307, 358, 361
Selbstbewußtsein 27, 52, 275,
288, 303, 355, 362, 365, 371,
390, 393
»selbstbewußt akzeptierend«
355
Selbstfürsorge (siehe auch Eigenverantwortung) 181, 273 f.,
282 ff., 286, 288 f., 296, 303,
307, 313, 316, 345, 352 f.,
355 ff., 360 ff., 364 ff., 369, 375,
388, 396, 400, 405, 407 f.
Selbstsicherheit 52, 196, 227 f.,
274, 299, 301, 355, 365
Selbstsucht 313
Selbsttadel 275
Selbstverleugnung 32 f., 273,
295, 344
Selbstzweifel 275
»So tun, als ob« 96, 144 – 148,

151, 163, 167, 188 f., 190 f.,
221 f., 268, 405
Stärke 52 f., 66, 364
– innere 27, 38 f., 52 f., 65, 88,
125, 195, 273, 356, 361 f.
Streit siehe Machtkampf

Tagebuch 17 f., 34, 60, 67, 69, 78,
81, 84, 92, 95, 104, 176
Tavris, Carol 99, 103
Toleranz 47, 269, 317, 323, 327,
360

Unzufriedene, die *siehe* Beziehung,
Beziehungstypen

VAM (Verfahren zur Aggressions-
Minderung) 89 f., 93, 98, 102,
114, 118 f., 121 f., 125 f.,
131 – 135, 196, 208
Veränderung 13 f., 20, 27 ff., 34,
37, 41 ff., 48, 66, 82, 133, 145
Verantwortung (siehe auch Liebevolle Lenkung) 223, 284, 307,
316, 368, 405 f.
Verletzheit 275, 333
Verschmelzung 355
Verständnis (siehe auch Mitgefühl) 26, 60, 63 f., 66, 68 f.,
91, 108 f., 119, 132 f., 178, 185,
196 f., 201, 205, 208 – 215, 223,
230, 248, 251, 253, 259, 265,
268 f., 309 f., 313, 326, 333,
336, 340, 352, 358, 362, 366,
371, 402, 405 ff.
Verzeihenkönnen 275, 290, 309,
317, 332 f., 335 f., 341 f., 344,
360, 403 ff.
Vorbild (siehe auch Liebevolle
Lenkung) 54, 223, 256, 283,
285, 288

Wachstum, persönliches 31, 38,
47 f., 114, 116, 275 f., 278
Wahl 53, 75, 77 f., 105, 114, 126,

Wahl (*Forts.*)
131, 148, 284, 341 f., 344, 352,
389, 407
Weiner-Davis, Michelle   36
Welwood, John   400
Wille, guter   12, 40, 141, 146 f.,
152 ff., 161 f., 167, 178, 189,
224 f., 268 f., 274, 309, 388,
341 ff., 347, 351 ff., 355 ff.,
360 ff., 365 f., 368 f., 375, 388 f.,
400, 404 f., 407 f.

Wohlwollen *siehe* Wille,
guter
Wut   19, 26, 31, 78, 89, 94 ff., 98,
103 f., 115, 125, 135, 269,
333 f., 387, 403

Zuversicht   37
Zuvorkommenheit *siehe* Großzügigkeit
Zwickmühle   116, 195, 243,
253

Bitte beachten Sie die folgenden Seiten ...

kühn – provozierend – kontrovers

Harriet Rubin
Machiavelli für Frauen
Strategien und Taktik im Kampf der Geschlechter
208 Seiten. Gebunden.
ISBN 3-8105-1618-X

»Machiavelli für Frauen« ist eines der provozierendsten Bücher, das
jemals von einer Frau für Frauen geschrieben wurde. Rubins Strategien und Taktiken im Kampf der Geschlechter beginnen da, wo die
meisten Werke der Frauenliteratur aufhören: bei der Macht und der
Frage, wie sie zu erlangen ist. Es geht Rubin nicht darum zu zeigen,
wie Frauen sich in der Welt der Männer behaupten können, indem
sie sich mit den vorgegebenen Regeln arrangieren. Fürstinnen im
Sinne Machiavellis bestimmen die Spielregeln selbst. Sie leben ihr Leben, als sei das Siegen ihr angeborenes Recht. Sie schätzen die weiblichen Eigenschaften hoch ein und nutzen sie. Sie kennen ihre eigenen
Schwächen und Stärken genau und haben den unbedingten Willen,
das zu bekommen, was sie möchten – in ihren Beziehungen ebenso
wie im Beruf.

Ein Buch für alle Frauen, die in den klassischen Beziehungskriegen
gefangen sind und sich von Vorgesetzten, Liebhabern, Eltern oder
wem auch immer vom Erreichen ihrer eigenen Wünsche und Ziele
abhalten lassen. Diese Taktiken und Erfolgsstrategien werden niemanden kaltlassen.

»›Machiavelli für Frauen‹ ist eines der Bücher, die auch dann noch
gegenwärtig bleiben, wenn man sie schon längst wieder aus der
Hand gelegt hat.«
Fortune

Wolfgang Krüger Verlag

Der souveräne Weg: *Lösung statt Lamento*

Ute Erhardt
**Gute Mädchen
kommen in den Himmel,
böse überall hin**
Warum Bravsein uns nicht weiterbringt
224 Seiten. Klappenbroschur
ISBN 3-8105-0515-3

Frauen trauen sich selten, deutlich zu sagen, was sie wollen. Sie fühlen sich leicht »irgendwie« schuldig, wenn sie nein sagen. Sie achten darauf, andere nicht zu verletzen, nicht zu übergehen und niemanden zu enttäuschen.
Würden Frauen statt dessen ihre Kräfte in Selbstorganisation, Selbstbehauptung und eigene Stabilität investieren, hätten sie bessere Chancen, Gleichberechtigung durchzusetzen. Sie könnten ihre Persönlichkeit denen entgegenstellen, die sie ausbooten wollen, statt faule Kompromisse zu schließen.

Wolfgang Krüger Verlag

Denken beginnt im Bauch

Regine Schneider
Gefühle lügen nicht
Die Intelligenz der Emotionen
288 Seiten. Klappenbroschur.
ISBN 3-8105-1882-4

Intelligenz allein ist nicht alles – vor allem dort, wo Menschen
miteinander auskommen müssen, zählen andere Qualitäten:
der bewußte Umgang mit Gefühlen, die Fähigkeit, eigene Empfindungen zu verstehen und auf die der anderen angemessen
einzugehen.
Regine Schneider setzt sich mit der Intelligenz der Emotionen
in aktuellen Lebenssituationen auseinander (zunehmende Ar-
beitslosigkeit, »neue Armut«, vielfältige Ablenkungen durch
Medien, Belastungen durch »Freizeitstreß«, unsichere Zu-
kunftsaussichten durch Umweltzerstörung, zunehmende
Aggressionen usw.). Sie zeigt Strategien auf, wie diese tief ver-
grabene und kümmerlich entwickelte Seite im Menschen wie-
dererweckt und trainiert werden, und wie man den besseren
Umgang mit sich selbst und anderen lernen kann. Denn: Der
EQ, das Maß emotionaler Intelligenz, bestimmt den sozialen
Erfolg, das eigene Lebensglück.

Wolfgang Krüger Verlag

Nie mehr graue Maus

Eva Wlodarek
Mich übersieht keiner mehr
Größere Ausstrahlung gewinnen
208 Seiten. Klappenbroschur.

ISBN 3-8105-2327-5

»Sie hat das gewisse Etwas!« – wer würde sich nicht gerne so charakterisieren lassen? Die Frage ist nur, wie kommt man an dieses gewisse Etwas heran. Eva Wlodarek bietet das psychologische und praktische Know-how, um an der eigenen Ausstrahlung zu arbeiten. Ausgehend von der These »Wir strahlen aus, was wir über uns denken«, erläutert sie, wie unser negatives Selbstbild entsteht und zeigt, wie sich diese hinderlichen Einflüsse auflösen lassen. In zehn Schritten lernen Sie, Ihre persönliche Ausstrahlung zu entwickeln.

Wolfgang Krüger Verlag